국가의 역할
Globalization, Economic Development, and the Role of the State

Globalization, Economic Development and the Role of the State
by Ha-Joon Chang
Copyright © Ha-Joon Chang, Third World Network, 2003
All rights reserved.

Korean Translation Copyright © 2006 by Bookie Publishing House, Inc.
Korean translation rights arranged with Mulcahy Associates, London, UK

이 책의 한국어판 저작권은 멀케히 어소시에이츠와의 독점 계약으로 부키㈜에 있습니다.
저작권법에 의해 한국 내에서 보호를 받는 저작물이므로 무단 전재와 복제를 금합니다.

국가의 역할

우리 모두를 위한 발전과 진보의 경제학!

장하준 지음 | 이종태·황해선 옮김

부·키

지은이 장하준은 서울대 경제학과를 졸업하고 영국 케임브리지대학에서 경제학 석사 및 박사 학위를 받았다. 1990년 이래 케임브리지대학 경제학과 교수로 재직 중이다. 2003년 신고전학파 경제학에 대안을 제시한 경제학자에게 주는 뮈르달 상을, 2005년 경제학의 지평을 넓힌 경제학자에게 주는 레온티예프 상을 최연소로 수상함으로써 세계적인 경제학자로 명성을 얻었다. 2014년에는 영국의 정치 평론지 『PROSPECT』가 매년 선정하는 '올해의 사상가 50인' 중 9위에 오르기도 했다. 주요 저서로는 『장하준의 경제학 강의』 『그들이 말하지 않는 23가지』 『나쁜 사마리아인들』 『사다리 걷어차기』 『쾌도난마 한국경제』(공저) 『무엇을 선택할 것인가』(공저) 『국가의 역할』 『다시 발전을 요구한다』(공저) 등이 있다. 그의 저작들은 36개 언어로 39개국에서 출간되었거나 출간될 예정이다.

옮긴이 이종태는 연세대 영문학과를 나와 같은 학교 대학원에서 경제학 석사 학위를 취득했다. 1995년 대구 『매일신문』에 입사, 경제부와 사회부를 거쳤으며, 2001년엔 '한국전 직후 민간인 학살' 관련 기사로 한국기자상을 수상했다. 2000년 3월 진보적 시사 종합지인 월간 『말』로 직장을 옮겨 편집장을 지내고, 금융경제연구소 연구위원을 거쳐 현재 『시사IN』에서 경제·국제팀장을 맡고 있다. 저서 및 역서로는 『쾌도난마 한국경제』(공저) 『국가의 역할』(공역) 『다시 발전을 요구한다』(공역) 『한국 사회와 좌파의 재정립』(공저) 『역동적 복지국가의 길』(공저) 『금융은 어떻게 세상을 바꾸는가』 등이 있다.

옮긴이 황해선은 성균관대 경제학과를 졸업한 뒤 영국 요크 대학University of York에서 MSC 석사 학위를 취득했다. 메리츠증권 전략투자본부 벤처사업팀 및 대한상공회의소 경제조사부에서 근무하였으며, 현재 (주)엔터스코리아에서 전속 번역가로 활동하고 있다. 역서로는 『그린스펀 경제학의 위대한 유산』 『런치타임 경제학』 『MIT 수학천재들의 카지노 무너뜨리기』 『안락의자에 앉아 있는 경제학자들』 외 다수가 있다.

2006년 11월 18일 초판 1쇄 펴냄
2017년 3월 31일 초판 12쇄 펴냄

지은이 장하준
옮긴이 이종태, 황해선
펴낸곳 부키(주)
펴낸이 박윤우
등록일 2012년 9월 27일 등록번호 제312-2012-000045호
주소 03785 서울 서대문구 신촌로3길 15 산성빌딩 6층
전화 02) 325-0846
팩스 02) 3141-4066
홈페이지 www.bookie.co.kr
E-mail webmaster@bookie.co.kr
제작대행 올인피앤비 bobys1@nate.com
ISBN 978-89-6051-002-9 03320

책값은 뒤표지에 있습니다.
잘못된 책은 구입하신 서점에서 바꾸어 드립니다.

차례

서장 **신자유주의의 대안을 찾아서** 10

1부 (국가 개입의 이론적·역사적 배경) **국가의 개입을 어떻게 볼 것인가?** 35

1 국가의 경제 개입을 둘러싼 논쟁사 37

1 자본주의 황금시대와 국가의 부상 40 선진자본주의국가에서의 국가의 부상 41 | 저개발국가에서의 국가의 부상 42 | 사회주의 국가에서의 국가의 부상 46
2 황금시대의 몰락과 신자유주의의 역습 48 선진자본주의국가에서의 국가의 몰락 48 | 통화주의자들의 맹공 49 | 제도적 경화증의 압박 50 | 신계약주의의 대두 50 | 주인-대리인 모델의 등장 51 | 저개발국에서의 국가의 몰락 52 | 수입 대체 산업화에 대한 공격 53 | 지대 추구와 신정치경제학의 확대 53 | 공기업에 대한 재평가의 확산 54 | 사회주의 국가에서의 국가의 몰락 55 | 부족경제라는 현실 55 | 소유권적 접근의 적용 56 | 오스트리아 학파의 공격 56
3 반개입주의의 진원, 신자유주의 비판 57 주인-대리인에서 주인은 누구인가? 58 | 국가에 대한 불신의 근거를 묻는다 60 | 개인적 기업가 정신에 대한 맹신 62 | 벗어날 수 없는 반공리주의적 한계 63
4 보다 업그레이드된 국가 개입론을 향하여 65

2 구조 조정 시대의 국가의 역할 71

1 후생경제학, 신자유주의, 제도주의의 개입론 74
2 기업가로서의 국가의 역할 81
3 갈등 조정자로서의 국가의 역할 88
4 '산업 정책 국가' 대 '사회적 조합주의 국가' 97
5 국가는 이제 무엇을 하는가? 105

3 신자유주의를 넘어서 107

　　1 신자유주의의 내적 모순 110　결코 신성하지 않은 출발 110 | 애매모호한 국가 개입 여부 114 | 신자유주의는 지적 독트린에 불과하다 116
　　2 신자유주의 비판 117　자유 시장이란 무엇인가? 117 | 무엇이 국가 개입인가? 117 | 개입을 어떻게 측정할 것인가? 122 | 시장 실패는 무엇을 의미하는가? 125 | 시장 실패는 어떤 때 일어나는가? 125 | 시장 실패는 얼마나 중요한가? 127 | 태초에 시장이 있었다? 130 | 시장에서 정치를 제거할 수 있는가? 134 | 모든 가격은 '정치적'이다! 135 | 구자유주의 정치학의 부활, 탈정치화 137
　　3 제도주의 정치경제학을 향하여 139

2부　(대외 경제 정책 이슈 점검) 발전과 진보를 위한 경제학을 향하여 145

4 초국적기업의 등장과 산업 정책 147

　　1 세계화와 초국적기업에 대한 신화와 진실 149
　　2 초국적기업의 유치는 곧 경제 발전인가? 158
　　3 초국적기업 때문에 산업 정책이 불가능한가? 165
　　4 아직 확보 가능한 개발도상국의 정책 선택권 172
　　5 전략적 산업 정책은 여전히 유효하다! 176

5 경제 발전에서 지적재산권의 역할 179

　　1 경제 발전과 기술이전, 지적재산권의 관계사 181
　　2 지적재산권은 경제 발전에 필수적인가? 192　지적재산권 찬성론과 반대론의 근거 194 | 지식 창출을 위한 인센티브이다 195 | 지식을 공개하는 인센티브이다 199 | 현행 지적

재산권 제도의 문제점 199 | 현행 지적재산권 제도에 대안은 있는가? 202
  3 무역 관련 지적재산권과 국가 발전 206 무역 관련 지적재산권 협정의 진화 206 | 개발도상국은 무엇을 얻을 수 있는가? 209 | 개발도상국은 무엇을 지불해야 하는가? 211
  4 무역 관련 지적재산권의 대안을 찾아서 213

6 선별적 산업 정책은 지금도 유효한가? 219

  1 제도적 선결 요건론에 담긴 허구 224
  2 제도적 선결 요건론의 실증적 검증 226 수준 높은 관료 조직은 전통의 산물인가? 227 | 수준 높은 관료란 누구인가? 228 | 관료 조직의 정치적 독립은 가능한가? 230 | '선도 기관'의 설치는 필수인가? 231 | 효율적인 관료 조직 구축은 불가능한가? 233 | 자원 통제 방식을 둘러싼 오해와 진실 235 | 국영기업은 어떻게 활용되었는가? 236 | 금융 통제가 위기를 불렀는가? 238 | 연결고리로서의 중개 기관의 존재 242
  3 국제 환경의 변화와 선별적 산업 정책 246
  4 선별적 산업 정책은 여전히 가능하다! 250

3부 (국내 경제 정책 이슈 점검) 신자유주의 경제학의 반경제성 비판 253

  7 산업 정책의 정치경제학 255

  1 산업 정책을 둘러싼 논쟁들 256 제조업 중시론과 탈산업 사회론 257 | 산업 정책이란 무엇인가? 260
  2 정태적 차원에서의 산업 정책 논리 266 시장에 조절 기능이 있는가? 267 | 시장 조절 장치로서의 산업 정책 274 | 전략적 불확실성의 제거를 통한 투자 조절 275 | 일시적 수요 변동의 대응책, 불황 카르텔 277 | 수요 감퇴의 대응책, 퇴출·생산 설비 폐기 279 | 시장에는 신뢰와 공정성, 유연성이 필요하다! 283

3 동태적 차원에서의 산업 정책의 논리 286　지식과 변동, 그리고 그 진화의 메커니즘 288 | 경제·기술 변동 조절 장치로서의 산업 정책 291 | 경제 변동 조절 장치로서의 산업 정책 292 | 산업·기술 변동 조절 장치로서의 산업 정책 294 | '혁신의 원천' 의 다양성과 산업 정책 297 | 리스크의 사회화가 발전을 촉진한다 299

4 반산업 정책론자들의 질문에 답한다! 301　정보의 비대칭으로 산업 정책은 불가능하다? 301 | 정보가 불충분하면 미래 계획도 없는가? 302 | 기업이 국가보다 정보 면에서 앞서는가? 304 | 지대 발생으로 기업가 정신이 무너진다? 306 | 관료 권한 강화로 부패 가능성이 높아진다? 310 | 결과의 공정성은 누가 담보할 것인가? 310 | 효율적인 민주적 의사결정이 가능한가? 312 | 제도적 선결 없이는 산업 정책도 없다? 314

5 문제는 타당성이 아니라 실행 방법이다! 318

8 규제의 경제학과 정치학 321

1 정부 규제의 역사적 변천 과정 324　자유방임주의에서 적극적 개입주의 시대로 324 | 정부 실패, 규제 포획, 지대 추구라는 비판 332 | 탈규제·민영화와 '발전 없는 10년' 338

2 탈규제 논쟁에서 간과된 것은 무엇인가? 347　규제가 없었다면 시장도 없었다 348 | 시장은 규제에 의해 창출된다 351 | 판단 기준이 효율성밖에 없는가? 354 | 동태적 효율성은 왜 따지지 않는가? 358 | 인간에게는 이기적 동기밖에 없는가? 361

3 아직은 결론을 내리기에 너무 이르다 365

9 개발도상국에서 공기업의 효율성 369

1 '비효율적' 인 공기업이라는 허구 371

2 공기업을 둘러싼 찬반 양론 378　경제 발전에서 공기업의 역할 379 | 이른바 '주인-대리인' 문제의 대두 381 | 이기적인 대리인을 견제할 방법이 없다 381 | 사기업 경영자는 감독이 가능한가? 383 | 공기업에는 징계 메커니즘이 없다 386 | 민영화 하면 자본 시장의 징계가 가능하다 386 | 자본 시장의 징계에 문제가 있다 387 | 공기업 반대론은 설득력이 없다 391

3 공기업과 사기업의 효율성 비교 391　수익성 기준에 의한 효율성 비교 392 | 수익성이 실제로 실적을 반영하는가? 392 | 공기업에는 수익성 외의 목표가 있다 393 | 무엇이 공기업의 수익성을 제약하는가? 395 | 기술적 효율성 지표와 비용 효율성 지표 399 | 기술적 효

율성 지표에 내재된 문제점 399 | 비용 효율성 지표에 내재된 문제점 401 | 두 효율성 지표의 일반적인 한계 402 | 공기업의 목표와 연관된 평가가 필요하다 403

4 실증적 증거를 통한 저개발국의 공기업 평가 404 공기업이 항상 비효율적인 것은 아니다 404 | 공기업 실적은 최고에서 최악까지 있다 405 | 국가 소유라 실적이 부실한 것이 아니다 406 | 사기업보다 비효율적이라는 근거가 없다 406

5 공기업의 실적을 향상시킬 방법은 있는가? 407 민영화만이 공기업 실적 향상의 대안인가? 408 | 공기업의 수익성이 낮은 이유는 따로 있다 409 | 민영화 추진 자체가 현실적으로 난제이다 412 | 민영화 외의 공기업 실적 향상 수단들 415 | 조직 개혁으로도 실적 향상은 가능하다 415 | 소유자 변경보다는 경쟁 촉진이 효과적이다 418 | 저개발국에서는 정치 개혁이 선결 요건이다 419

6 공기업은 단순히 경제학만의 문제가 아니다 421

주 422
참고 문헌 444

일러두기

- 이 책의 구성은 원서 ≪Globalization, Economic Development, and the Role of the State(2003, Zed books)≫와 약간의 차이가 있다. 원서의 2부는 이 책의 3부에 해당하고, 원서의 3부는 이 책의 2부에 해당한다. 저자의 동의 아래 독자들의 이해를 돕기 위해 일반적인 서술은 앞에, 좀 더 이론적인 서술은 뒤에 배열하였음을 밝혀 둔다.

- 이 책에서는 내용의 출처 및 관련된 참고 도서만을 제시하는 경우에는 미주로, 내용과 관련된 필자의 추가적인 설명이 있는 경우에는 각주로 처리하였다.

서장 신자유주의의 대안을 찾아서

경제 부문에서 국가가 차지하는 역할은 예전부터 논란이 많은 주제였다. 그러나 국가의 역할과 관련된 논쟁이 가장 뜨겁게 진행된 시기는 아무래도 지난 20여 년 동안이라 할 수 있을 것이다. 이 무렵, 시대의 총아로 등장한 신자유주의는 규제 없는 시장의 미덕을 설파하고, 탈규제와 개방·민영화를 설교했다. 신자유주의 옹호자 중 상당수는 사실 국가를 억압하는 것이 인간의 본성과 현대 정치 제도의 본질에 더 적합하다고 주장하고 싶었으리라. 국가의 역할을 줄이면 줄일수록 경제에는 이롭다면서 말이다. 이와 같은 최소 국가minimal state 내지는 친기업적 pro-business state 정부에 관한 주장은 지난 10여 년 동안 부상한 세계화 담론과 결합하면서 한층 더 강화되었다. 세계화 담론 역시 국민국가 nation-state를 기껏해야 시대착오적인 것으로, 최악의 경우에는 인류의 진보를 가로막는 장애물 정도로 간주하였기 때문이다.

특히 상당수 개발도상국의 경우에는 1980년대 중반 이후 급진적인 신자유주의적 '개혁'이 추진되었다. 그 중 일부는 자발적으로 시도한 것이었으나 상당수는 국제통화기금IMF, 세계은행World Bank, 세계무역기구WTO 등의 다국적 기구와 채권 국가의 압력 때문에 울며 겨자 먹기 식으로 나서야 했다. 그런데 여기서 주목해야 할 사실은 개발도상국에 대한 외부 개입의 범위가 계속 확대되고 있다는 것, 그리고 거기에는 국가 주권과 초국적 제도multinational institutions의 역할이라는 중차대한 문제가 함의되어 있다는 것이다.

예컨대 국제통화기금은 1982년의 세계적 외채 위기 이후에야 비로소 구조 조정 프로그램SAPs(Structural Adjustment Programs)과 관련된 권한들을 행사할 수 있게 되었다. 국제통화기금은 그 이전에는 단기적 국제수지 불균형 문제를 처리하는 기구에 불과했던 것이다. 그러나 국제통화기금은 구조 조정 프로그램을 운영하게 되면서 통화, 예산, 무역, 국영기업 경영 등 경제 정책 전반에 개입할 수 있게 되었고, 급기야 1990년대 후반 들어서는 한국의 기업들에게 어떤 형태의 기업 지배 구조가 바람직하고, 기업 채무는 어느 정도가 적당한지까지 지시할 수 있게 되었다. 뿐인가. 최근에는 채권 국가와 다국적 기구들이 국제적인 금융 지원에 나설 경우 이른바 '제도에 관련된 융자 조건governance conditionalities'이라는 것을 관례적으로 제시하고 있는데, 그 내용은 채무 국가가 경제 정책뿐만이 아니라 정치적·법률적·사회적 제도들까지 바꾸라는 것이다.*

---

* '제도에 관련된 융자 조건'에 대한 국제 정치경제학적 관점에서의 비판은 카푸르D. Kapur와 베버R.Webber의 〈국제 금융 기관들의 제도와 관련된 융자 조건들Governance-related conditionalities of the IFIs〉(G-24 Discussion Paper Series, no.6, 2000, Geneva, UNCTAD)를 참조하라. 역사적 관점에서의 비판은 필자의 ≪사다리 걷어차기 Kicking Away the Ladder≫(2004, 서울, 부키) 제2부를 참조하라.

그러나 이처럼 개입의 범위를 계속 확장시켜 왔음에도 불구하고 신자유주의적 개혁 프로그램은 공언했던 것과 같은 성공적인 결과를 이끌어 내지 못했다. 사실 신자유주의적 개혁의 성적표는 대단히 초라하다. 신자유주의 정책이 실시된 국가들의 경우 소득 불평등이 심화된 것은 물론 경제 전반의 불안정성이 증대되었고, 이에 따라 정치적 불안과 사회적 분열이 빚어지게 되었음은 이미 널리 알려진 사실이다. 옛 공산주의 국가들이나 1997년 아시아 금융 위기 이후의 인도네시아, 2000년대 초반의 아르헨티나 등이 그 실례라 할 수 있다. 그러나 신자유주의 정책에 있어서 가장 끔찍한 실패는 경제 성장조차 촉진하지 못했다는 것이다. 신자유주의자들은 경제 성장을 위해서는 불평등이나 경제적 불안정성의 증대 등 수많은 부작용을 감수해야 한다고 주장해 왔음에도 말이다.

세계의 1인당 소득은 '바람직하지 않은 구시대 bad old days'로 불리는 1960~1980년 기간에도 3.1% 증가했다. 그러나 신자유주의가 대세를 이루었던 1980~2000년에는 소득 증가가 겨우 2%에 그쳤다.* 개발도상국의 1인당 소득 증가율도 (1960~1980년) 3%에서 (1980~2000년) 1.5%로 떨어졌는데, 그나마 중국과 인도의 급성장이 없었다면 그 수치는 더 낮아졌을 것이다. 여기서 중국과 인도는 보기 드물게도 신자유주의 영향권에서 벗어나 있던 국가였다. 이 두 나라를 빼면 개발도상국의 1인당 소득 성장률은 1% 정도이다. 게다가 상당수의 개발도상국들은 1% 정도나마 성장하기는커녕 마이너스 성장을 기록하기도 했다. 라틴 아메리카의 1인당 소득은 1980년대 이후 내내 제자리에 머무르고 있

---

* 이 통계 수치들의 출처는 필자의 《사다리 걷어차기》 제4부를 참조하라.

고, 사하라 이남의 아프리카의 경우 오히려 줄어들었으며, 옛 공산주의 국가들은 공산주의 몰락 이전보다 약간 줄어들었거나 심지어 절반 수준으로까지 급락했다.

이런 처참한 성적표는 신자유주의자들에게조차도 참으로 황당하게 느껴졌을 것이다. 신자유주의자들은 효율성과 경제 성장을 마치 도깨비 방망이처럼 모시고, 분배에 앞서 부富부터 키워야 한다는 식으로 자신들의 정책을 정당화해 오지 않았던가. 이런 상황을 감안하면 개발도상국에서 시민 소요가 벌어지고 선진국에서 '반反세계화' 시위가 발생하는 등 신자유주의 독트린에 대한 불만이 전 세계적으로 범람하고 있는 것도 전혀 이상한 일이 아니라 할 수 있다. 신자유주의 독트린의 수혜자를 제외한 다른 사람들은 사태가 이상하게 전개되고 있다는 사실을 받아들이기 시작한 것이다.

그러나 신자유주의에 맞서 내세울 만한 실질적 대안이 있는가? 그 대안은 어찌 보면 이미 존재해 왔다. 1980년대 이전 상당수 개발도상국이 추진했던 수입 대체 산업화ISI(Import Substitution Industrialization) 정책이 그 중 하나이다. 또 한국, 일본, 대만 등의 '동아시아 모델'이나 중국이 지난 십 수 년간 형성해 온 독특한 자본주의·사회주의 혼합 체제도 대안일 수 있다. 그러나 이런 대안적 '모델'들에는 고유의 문제점이 존재한다. 게다가 더 중요한 문제도 있는데, 이 모델들에는 이데올로기적으로, 그리고 실천적으로 신자유주의적 정통 교리에 도전할 만한 강고한 이론적 기반이 결여되어 있다는 것이다.

이 책에 실린 글들은 신자유주의에 대한 이론적 대안을 구축하기 위한 시도의 결과이다. 그 중에는 상당히 이론적인 것도 있고, 다소 실증적인 주제에 치중한 것도 있다. 또 국내 정책은 물론 국제적 정책에 관련된 다소 넓은 범위의 글도 포함되어 있다. 하지만 이것을 관통하는 이론적 맥락이 있는데, 필자는 그것을 제도주의적 정치경제학institutionalist political economy에 입각한 접근이라고 부르고자 한다. 주목해 주면 감사하겠다.

이 책의 1부 '국가의 개입을 어떻게 볼 것인가?'에서는 이후 진행될 보다 구체적인 정책 논의에 필요한 역사적·이론적 배경을 제시하고자 했다.

필자는 로손Bob Rowthorn과 함께 작업한 1장 '국가의 경제 개입을 둘러싼 논쟁사'에서 지난 2세기 동안, 특히 제2차 세계 대전 이후 국가의 역할을 둘러싼 논쟁이 어떻게 전개되어 왔는지 검토했다.

19세기 후반과 20세기 초의 세계를 지배했던 (제국주의와 결합된) 자유주의적 자본주의라는 낡은 교리는 제1차 세계 대전 이후 대불황이나 볼세비키 혁명 등의 사건으로 말미암아 동요하게 된다. 그리고 그에 따라 후생경제학welfare economics, 케인스주의Keynesianism 등 국가 개입주의state interventionism에 입각한 경제 이론과 뉴딜, 스웨덴 사회적 조합주의를 비롯한 새로운 정책들이 몇몇 선진자본주의국가에 나타나게 된다. 하지만 대다수 국가에서는 제2차 세계 대전 당시까지 여전히 구질서가 유지되고 있었다.

제2차 세계 대전 이후, 이론과 정책적 실행이라는 두 측면 모두에서 국가 개입주의가 극적으로 부상하게 된다. 자유주의적 구체제가 사회적 신망을 잃게 되면서 케인스주의 경제학에 입각한 거시경제 정책과 복지국가 시스템이 선진자본주의 경제에서 현실화된 것이다. 이와 함께 사회주의 또한 확산되었고, 어느 정도의 기간 동안에는 주목할 만한 성공을 거두기도 했다. 특히 대다수 개발도상국들은 자국을 식민지화했던 이전 종주국들이 극단적인 자유 시장 정책을 채택하고 있었던 것에 대한 반동으로 국가 개입주의를 채택했는데, 그 과정에서 당시 등장하기 시작하던 개발경제학development economics이 적극 활용되었다.

그러나 제2차 대전 종전 이후 이처럼 세력을 넓혀 가던 국가 개입주의는 1970년대부터 주로 통화주의monetarism에 입각한 거시경제 이론, (후생경제학의 '시장 실패'론에 맞선) '정부 실패'론, 개발도상국의 수입 대체 산업화 전략에 대한 다양한 공격 등을 통해 거세게 전개된 '신자유주의'의 역습으로 인해 위기를 맞게 된다.

1장에서는 이 같은 신자유주의 이론들을 관통하는 논리를 서술하는 동시에 이런 논리들에 내포된 이론적 전제를 비판하고자 했다. (상당수의 초기 개입주의 이론에 나타나는) 국가를 사회적 개선에 헌신하는 전지전능한 대리인agent으로 간주하는, 국가에 대한 다소 순진한 견해들을 비판한다는 점에서는 신자유주의 이론들이 옳았다. 그러나 국가를 도덕적 가치를 백안시하거나 (아니면 냉소적인 태도를 취하면서 윤리적 가치를 틈새 마케팅 전략marketing ploys 정도로 악용하면서) 오직 자기 이익만 추구하는 대리인들의 집합체로 몰아갔다는 점에서 신자유주의적 국가관도 문제가 있기는 마찬가지인데, 이와 관련된 논의는 3장에서 좀 더 확장된다.

2장인 '구조 조정 시대의 국가의 역할'에서는 경제 발전 과정에서 핵심적 지위를 차지하는 개념인 구조 변동에 대한 '제도주의적' 국가 개입 이론을 발전시키고자 했다.

2장의 경우 후생경제학 등 전통적 국가 개입주의 이론에 대한 신자유주의적 비판이 일구어 낸 이론적 공헌을 인정하는 것에서 출발하지만, 곧바로 신자유주의와 전통적 개입주의는 그 외형상의 차이에도 불구하고 너무나 중요한 이론적 한계를 공유하고 있다는 점이 지적된다. 그것은 필자가 '시장의 우선성 primacy of market'이라고 부르는 것에 대한 신앙이다. 시장의 우선성을 전제하면 국가를 포함한 모든 비非시장 제도들이 '자연적인' 시장 질서가 약속된 결과를 낳지 못할 때에야 비로소 나타나는 차선의 '인위적' 대체물에 불과하게 된다. 신자유주의가 전통적 개입주의와 다른 점은 이 같은 대체물이 (비시장 제도들, 특히 국가 개입이) 시장 실패보다 더 나쁜 결과로 귀결되고 만다는 믿음밖에는 없다.

필자는 이런 주장을 펼치는 신자유주의적 국가관에 대한 대안으로 국가 개입에 대해 명확하게 '제도주의'적인 접근 방법론을 발전시키고자 했다. 그래야 시장, 국가 등의 제도들을 통합적이고 불편부당한 이론 틀 내에서 이해할 수 있기 때문이다. 3장에서 이 같은 이론적 접근을 좀 더 체계적으로 다루고 있는 만큼 2장에서는 구조 변동 상황에서의 국가의 역할들, 즉 공식·비공식적 제도들에 대한 설계자·옹호자·개혁자라는 각각의 역할에 초점을 맞추었다. 그리고 다른 차원에서 분류한 국가의 역할 중 두 가지를 집중적으로 논의했다. 그 중 하나는 기업가로서의 역할인데, 이 경우 국가는 미래에 대한 비전을 제시하고 그에 필요한 제도를 건설한다. 다른 하나는 구조 변동 과정에서 나타나는 갈등들을 조정하는 역할인데, 이런 기능들을 수행하는 데 뒤따르는 정치적 난관과 ('경제 활동의 다국적화'라 불리는) 세계화가 그에 미치는 영향에 대해서도 또한 논의했다.

2장의 마지막 부분에서는 제도주의적 접근법의 타당성을 보여 주기 위해 동아시아의 '산업 정책 국가'와 스칸디나비아의 '사회적 조합주의 국가를 간략하게 비교했다. 이 두 유형의 국가들은 기업가이자 갈등 조정자라는 이중적 역할을 성공적으로 수행했다고 평가할 수 있는데, 이들 국가는 각각의 정치적 상황이나 구조 변동 과정에서 사용한 정책 수단 및 경제 제도라는 면에서는 상당히 달랐다.

3장인 '신자유주의를 넘어서'에서 필자는 1장과 2장에서의 분석에 기반이 되는 제도주의적 접근법을 더욱 완전하게 발전시키고자 했다.*

3장에서는 우선 신자유주의 이론의 내적 모순을 지적했는데, 그것은 신자유주의가 (기술적 분석 수단을 제공하는) 신고전학파와 (철학적 기초 및 정치적 수사를 제공하는) 오스트리아 자유주의 전통 간의 '신성하지 않은 동맹'으로 태어난 데서 기인한다. 하지만 이런 내적 모순은 사소한 문제에 불과하다. 신자유주의의 기본적 문제점은 오히려 시장과 국가, 그리고 시장과 국가 간의 관계를 이론화하는 방법 그 자체에 있다는 것이 필자의 주장이다. 이런 논의에 이어 필자는 신자유주의의 이론적 기초가 얼마나 허약한지를 보여 주는 네 개의 간단한 질문을 준비했는데, 이 질문들을 통해 우리는 신자유주의에 대한 대안적인 접근 방법론으로 나아갈 수 있을 것이다.

첫째, '자유 시장free market이란 도대체 무엇인가?'라는 질문을 통해 자유 시장을 (그리고 그에 따라 국가 개입을) 정의하기 위해서는 결코 윤리적·정치적 관점을 배제할 수 없음을 지적할 것이다. 즉 자신의 윤리적·정치적 관점에 따라 '자유 시장'을 정의하게 된다는 이야기이다. 그렇다면 심지어 이론적 차원에서도 국가와 시장은 명백하게 구분되지

---

* 이 이론은 필자의 논문 〈정형의 파괴 Breaking the Mould-An Institutionalist Political Economy Alternative to the Neo-Liberal Theory of the Market and the State〉(*Cambridge Journal of Economics*, September, 2002)에서 보다 발전시켜 나간다.

않는다. 반면 신자유주의자들은 시장의 개념과 국가의 개념을 명확하게 갈라 세울 수 있다고 가정한다. (그래서 '최소 국가'라는 개념이 나오는 것이다. 그러나 현실 속에서는 국가가 어느 정도의 역할을 수행해야 '최소 국가'인지를 놓고 여러 가지 방법으로 정의할 수 있을 것이다.) 그러나 신자유주의자들이 시장과 국가 사이에 그린 경계선의 위치가 '정확'하다고 단언할 수 있는 근거는 그 어디에도 없다. 신자유주의자들은 다만 자신들의 윤리적·정치적 관점에 따라 그들이 선호하는 곳에 시장과 국가를 가르는 경계선을 그렸을 뿐이다.

둘째, '시장 실패란 무엇이며 또 얼마나 중요한가?'를 물으면서 시장 실패가 (무엇이고) 어떻게 정의할 것인지의 여부는 '이상적 시장ideal market'을 규정하는 사람이 가진 경제 이론에 달려 있고, 그렇다면 신자유주의 '이상적 시장'은 결국 수많은 '이상적 시장'의 상像 중 하나일 뿐이라는 사실을 논증할 것이다.

셋째, '태초에 시장이 있었다'고 믿는 신자유주의 이론가들의 믿음에 대해 검증할 것이다. 신자유주의자들의 이 같은 신앙은 2장에서 언급하는 '시장의 우선성 가정'과 동일한 것인데, 그 정책적 함의가 대단히 중요하기 때문이다. 만약 시장이 정말 태초부터 존재했던 '자연스러운' 제도로 국가 개입 없이도 번성할 수 있다면, 옛 공산주의 국가나 개발도상국에서 추진된 신자유주의 개혁 프로그램이 저토록 처참한 실패로 끝나지는 않았을 것이다. 따라서 필자는 국가가 제도적 변화에서 중요한 역할을 수행해야 한다고 단언하는데, 이 같은 주장을 확증할 수 있는 근거 중 하나는 시장이 태초부터 존재했던 '자연스러운' 제도가 아니기 때문이다.

넷째, '시장에서 정치를 제거할 수 있는가?'를 따져 볼 것이다. 신자유주의자들은 시장에서 정치를 제거해야 한다고 생각한다. 그 방법으로는 국가의 역할을 축소하거나, 아니면 국가의 '최소' 기능에 포함될 수밖에 없는 재량권의 제한을 제시한다. 그러나 어떤 가격이든 일정한 수준까지는 정치적으로 결정될 수밖에 없다. 이는 결국 '순수한 시장' 따위는 존재할 수 없다는 이야기이다. 그렇다면 신자유주의자들이 요구하는 시장의 '탈정치화'는 여러 종류의 시장에서 자신들이 혐오하는 정치 행위, 예컨대 노동조합주의 등을 말살하기 위한 속이 뻔히 들여다보이는 시도일 뿐이다.

필자는 이와 같은 질문에 이어 3장의 결론에서 '제도주의적 정치경제학'을 더욱 발전시키는 데 필요한 연구 아젠다를 제시할 것이다.

2부 '발전과 진보를 위한 경제학을 향하여'에 실린 글들은 세계화라는 상황에서 국가 개입과 경제 발전에 관련된 논점들을 다루었다. 최근 세계화의 전개에 따라 (국경 간 경제 활동의 상대적 중요성이 커졌다는 측면에서나, 이런 활동들에 대해 정치적으로 설정되었던 장벽들이 축소되고 있는 측면에서나) 국가의 역할에 대한 논쟁은 새로운 국면에 접어들었다. 즉 그 어떤 정책이든 세계화라는 대세에 장애물로 작용한다면 철폐되어야 한다는 주장들이 거세게 울려 퍼지고 있는 것이다. 2부에서는 이런 내용의 주장들을 비판적으로 검토할 것이다.

4장 '초국적기업의 등장과 산업 정책'에서 필자는 현재 대중적으로 확산되고 있는 신자유주의적 견해를 비판적으로 살펴보았다. 이 견해에 따르면 세계화라는 대세 속에서, 더욱이 외국인 직접투자FDI(foreign direct investment) 흐름이 증대되고 있는 상황이라면, 개발도상국들은 외국인 직접투자와 초국적기업TNCs(transnational corporations)에 개방적인 방향으로 자국의 정책을 자유화해야 한다는 것이다.

　이런 관점에 대항해 필자는 우선 세계화라는 현상이 모든 국가 정책을 무의미하거나 해로운 것으로 바꿔 놓을 정도까지는 진행되지 못했다는 점을 지적할 것이다. 그 다음 단계로는 외국인 직접투자의 흐름이 여전히 소수 국가들에 집중되어 있어 대다수 개발도상국을 배제시키고 있음을 밝힐 것이다. 다소 거칠게 정리한다면, 외국인 직접투자의 3분의 2 이상이 선진국 간에 발생하고 있으며, 그 나머지의 4분의 3 가량도 10여 개 국가에 집중되어 있다. (또 개발도상국을 대상으로 하는 전체 외국인 직접투자액 중 3분의 1이 중국에 몰려 있다. 중국에 투자된 외환은 전체 외국인 직접투자액 기준으로는 10%에 이르는 셈이다.) 마지막으로 신자유주의자들이 우리에게 믿게 하고 싶은 것과는 반대로 성공적인 동아시아 국가들은 일반적으로 외국인 직접투자에 크게 의존하지 않았다는 점을 지적할 것이다. 성공적인 동아시아 국가들 중에서 외국인 직접투자에 개방적인 자유주의 정책을 채택한 나라로 묘사될 수 있는 것은 홍콩 정도밖에 없다. 말레이시아도 홍콩보다는 덜 하지만 자유주의적인 정책을 구사한 나라로 볼 수 있을지도 모른다. 싱가포르는 물론 초국적기업에 대한 의존도가 높긴 하지만 사회 간접 시설 개발, 기술 육성, 선별적 보조targeted subsidies 등의 수단을 통해 자국의 이익에 합당한 방향으로 초국적기업들을 유도한 경우이다.

　또한 신자유주의자들은 초국적기업과 (초국적기업의 현지 법인이 소재하는) 현지 국가의 이해가 일치한다고 순진하게(?) 믿는다. 당신은 여기에 동의하는가? 동의하지 않는다면 문제는 초국적기업의 이동성이다. 즉 현지 국가가 국민 경제적 이익을 위해 초국적기업을 규제하려고 시도하는 경우 기업의 이동성이 높다면 다른 나라로 법인을 옮겨 버릴지도 모른다. 그래서 신자유주의자들은 초국적기업에 대한 규제는 해당 국가로 향하는 외국인 직접투자를 줄여 그 나라의 잠재적 경제력을 훼손할 뿐이라고 주장한다.

그러나 이 문제에 대한 필자의 답변은 간단하다. 즉 초국적기업을 규제하는 경우, 그 기업이 다른 나라로 탈출할 것인가의 여부는 기실 현지 국가와 산업의 상태에 달려 있다. 예컨대 초국적기업이 A 국가의 B 산업에 투자했으며, B 산업의 특성은 자본 설비가 작고 A 국가 이외의 수많은 다른 나라들에서도 그리 어렵잖게 운영할 수 있는 (의류, 봉제완구, 신발 같은) 사업이라고 가정하자. 이 경우 A 국가에 투자한 초국적기업의 이동성은 실제로 매우 높다고 할 수 있다. 또한 A 국가가 강하게 규제하면 이런 초국적기업은 다른 나라로 현지 법인을 옮길 가능성이 클 것이다. 그렇다면 이번에는 초국적기업이 C 국가의 D 산업에 투자한 상태이며, D 산업의 특성은 (화학, 강철의 경우처럼) 생산 설비를 옮기기가 어렵거나, (예컨대 D 산업에 필요한 숙련 노동자가 C 국가에 몰려 있는 식으로) C 국가 이외의 나라에서는 거의 생산이 불가능하다고 가정하자. 이런 경우 D 산업에 투자한 초국적기업의 이동성은 그리 높을 수 없다. C 국가의 입장에서는 국민 경제적 차원에서 정책 개입을 할 수 있는 여지가 상당히 넓어지는 셈이다.

신자유주의자들은 규제가 없거나 느슨해야 외국인 직접투자를 유치할 수 있다고 주장한다. 그러나 4장에서 가장 중요하게 지적한 점은 다음과 같다. 즉 규제 시스템의 '자유도liberality'는 외국인 직접투자 유치의 성패를 결정하는 핵심적인 원인이 아니다. 초국적기업들이 해외 투자를 결정할 때 우선적으로 고려하는 것은 그 나라의 시장(규모가 어떤가? 성장하고 있는 시장인가?), 우수한 사회 간접 시설, 뛰어난 노동력

등이다. 규제 시스템은 그 다음 문제일 뿐이다. 다시 말해 초국적기업들은 국민 경제적 환경이 우수한 곳에 투자하는 성향이 있다. 그리고 우수한 국민 경제적 환경을 창출하는 것은 초국적기업이 아니라 그 나라 정부가 구사하는 (신자유주의는 아닌) 좋은 경제 정책이다.

4장의 결론은 신자유주의자들의 주장과는 반대로 개발도상국들의 경우 외국인 직접투자에 대해 무차별적으로 일률적인 자유화 정책을 채택해서는 안 된다는 것이다. 오히려 개발도상국들은 국민 경제 차원의 전략 속에서 각각의 산업들이 차지하는 지위, 그리고 개별 산업의 특수한 필요에 따른 맞춤형 규제 시스템을 설계해야 한다.

5장인 '경제 발전에서 지적재산권의 역할'에서는 지적소유권과 관련된 정책 논점들을 살펴볼 것이다. 지적소유권은 세계무역기구의 무역 관련 지적재산권TRIPS(Trade-Related Intellectual Property Rights) 협정에 따라 각별히 중요한 사안이 되었다.

무역 관련 지적재산권 협정에 따르면, 이제 모든 국가들은 지적소유권의 당사자에 대한 '글로벌 스탠더드'적 보호를 준수해야 한다. 이 협정은 결코 또 하나의 무력한 국제 선언이 아니다. 어떤 국가든 자국 국민의 지적소유권을 침해한 무역 상대국에 대해 무역 제재로 처벌할 수 있는 길이 열렸기 때문이다. 이처럼 저개발국이나 개발도상국에 불리한 국제 협정이 체결될 수 있었던 이론적 근거는 다음과 같다. 즉 무역 관련 지적재산권은 대다수의 특허와 (상표권, 저작권 등의) 지적 재산을 보유한 선진국뿐만 아니라 개발도상국에도 이롭다는 것이다. 우선 지적재산권이 강화되면서 개발도상국 국민 경제 내부의 혁신에 대한 인센티브가 강화된다. 지적소유권 보유자들의 선진 기술을 개발도상국으로 순조롭게 이전시키려면 그들의 권리부터 확실히 보장해야 한다는 주장도 무역 관련 지적재산권의 근거 중 하나이다. 무역 관련 지적재산권의 옹호자들은 선진국의 역사를 보면 지적소유권에 대한 강력한 보호가 경제 발전을 촉진시키는 것이 확실하다고 주장한다.

이런 관점에 대항해서 필자는 우선 현재 선진국들의 발전은 지적소유권의 강력한 보호에 기반한 것이 아니라고 논할 것이다. 대다수 선진국들이 특허법을 19세기 후반에 도입한 것은 사실이다. 그러나 이 특허법들은 무역 관련 지적재산권으로 인해 현재의 개발도상국들이 준수해야 하는 기준과는 비교도 할 수 없을 정도로 미흡한 수준이었다. 특히 상당수의 선진국에서는 해외의 발명품에 대해 그것을 처음 수입한 사람이 특허를 취득하는 것을 공공연하게 허용하였다. 심지어 스위스와 네덜란드에는 20세기 초반까지도 특허법이 도입되지 않았었다.

또 필자는 특허권 등 개인에 부여되는 지적소유권이 새로운 지식을 창출하기 위한 투자 동기를 유발하는 데 항상 필요한 것은 아니라고 주장할 것이다. 새로운 지식이란 창출되고 활용되고 소멸되는, 그 자체의 길이 있다. 예컨대 혁신가가 (기술 혁신, 조직 혁신 등의) 새로운 지식을 창출하여 산업 활동에 적용하는 경우 다른 경쟁자들은 이를 모방하게 된다. 지적소유권은 그런 혁신가로 하여금 '혁신의 이익'을 누릴 수 있도록 다른 경쟁자의 모방을 억제한다는 논리를 깔고 있다. 그러나 대다수 산업에는 '모방 격차'라는 것이 '자연스럽게' 존재하게 마련이다. 즉 혁신가의 '혁신'을 다른 경쟁자들이 모방하기까지는 일정한 시간이 걸릴 수밖에 없고, 이 기간 동안 혁신가는 시장에서의 독점적 지위를 통해 혁신에 투자한 것에 대한 (예컨대 특별 이윤 같은) 보상을 충분히 얻어 낼 수 있다. 사실 슘페터Schumpeter의 유명한 혁신 이론은 이 같은 가정을 기저에 깔고 있다. 한편 경제학 이론과 실증적 증거들에 따르면, 특허권이 오히려 '낭비'를 유발하기도 한다. '승자 독식'이 가능한 상황 속에서는 다수의 경쟁자들이 특허권을 획득하기 위해 자신의 자원을 혁신에 투자하게 되지만, 이 중 승자는 한 사람밖에 없기 때문이다. 결국 사회적으로는 승자 이외의 다른 경쟁자들은 헛된 투자를 한 것이 된다. 그리고 특허권이 관련 영역의 기술 진보를 가로막는 경우도 있다.

5장의 마지막 절에서 필자는 개발도상국의 입장에서 무역 관련 지적재산권의 비용과 이익을 살펴볼 것이다. 우선 필자는 개발도상국이 무역 관련 지적재산권 덕분에 얻을 수 있다는 (혁신의 가속화와 기술이전 등의) 이익이 실제로는 극히 작을 것으로 본다. 다른 한편 무역 관련 지적재산권으로 인해 개발도상국에는 부가적 비용이 발생할 수 있다. 로열티가 증가하며, 독점의 폐해가 훨씬 더 커질 수 있고, 전문 인력이 부족한 상태에서 고급 인력이 특허 시스템에 종사하게 되는가 하면, 심지어 (강황이나 바스마티 쌀의 경우에서 보듯) 전통적 지식을 도둑맞을 위험까지 존재하기 때문이다. 적어도 개발도상국의 입장에서는 무역 관련 지적재산권의 비용이 이익을 훨씬 웃돌 것으로 추정된다.

마지막으로 필자는 지적소유권의 사회적 정당성을 따져 볼 것이다. 지적소유권이 다른 재산권과 마찬가지로 사회적 정당성을 획득하게 되는 명분은 간단하다. 즉 지적소유권에 따라 발생하는 사회적 수익이 사회적 비용보다 더 크다는 것이다. 그러므로 지적소유권에 따른 사회적 대차대조표에서 이익보다 비용이 클 경우, 사회는 이 같은 권리를 폐지할 수 있는 권한을 가지게 된다. 이와 관련된 사례 하나를 보자. 미국의 제약 회사들은 개발도상국의 제약업자들이 생산한 저렴한 에이즈 치료제의 수출을 방해하기 위해 무역 관련 지적재산권에 호소해 왔다.

그리고 미국 정부는 이때 자국의 제약 회사들을 전적으로 지원했다. 그런데 이런 미국 정부가 독일 바이엘 사의 탄저병 예방제에 대해서는 특허권을 취소하겠다고 위협해서 무려 50%에 달하는 가격 인하를 이끌어 냈다. 필자는 이런 특별한 상품들에 대한 특허권의 사회적 비용이 그 사회적 수익을 훨씬 뛰어넘는다고 감히 단언할 수 있다.

6장 '선별적 산업 정책은 아직 유효한가?'에서 필자는 선별적 산업·무역 정책의 쟁점들을 세계화 현상과의 관계 속에서 다시 다룰 것이다.

신자유주의자들은 선별적 산업·무역 정책이 예외적으로 특수한 조건에서만 작동하는 반면, 시장 지향적 정책은 '보편적' 정책이기 때문에 어떤 나라, 어떤 상황에도 적용될 수 있다고 주장한다. 6장은 이런 논리에 대한 비판으로 시작된다. 산업·무역 정책이든 시장 지향적 정책이든 '보편적'으로 적용될 수 없기는 마찬가지라는 이야기이다. 즉 동아시아의 산업·무역 정책이 잘 작동하는 데 (우수한 관료 조직 등의) '특별한 조건'이 필요하다면, 영미식 시장 지향적 정책의 경우에도 (우수한 계약법 체계나 발전된 금융 시스템 등의) 특별한 제도가 필수적이다. 지난 수십 년 동안 상당수 국가들이 영미식 모델을 자국에 복제하려고 시도했으나 성공한 사례는 극히 드물다. 이 같은 사실은 시장 지향적 정책을 원활히 작동시킬 수 있는 '특별한' 제도의 수립 역시 극히 어려운 과제라는 것을 입증하는 명백한 증거이다. 이 같은 주장에 이어 필자는 동아시아의 산업·무역 정책의 성공에 필요 불가결했던 것으로 보이는 제도들을 하나씩 검토할 것이다. 이런 제도에는 관료제, 자원 흐름을 통제하는 각종 제도들 (예를 들어 국영기업이나 국가의 금융 통제), 산업 협회와 같이 국가 관료제와 개별 기업을 연결시켜 주는 소위 '중개 제도intermediate institutions' 등이 포함된다. 현재의 논쟁 구도에서는 이런 제도들의 역할이 이론적으로나 실증적으로나 심하게 오해를 받고 있다. 그래서 필자는 이를 교정하기 위해 노력했다.

6장의 마지막 절에서 필자는 현재 대중적으로 확산되고 있는 주장, 즉 과거의 성과에 상관없이 WTO로 새로운 세계적 자유 무역 체제가 출범한 이후부터 선별적 산업·무역 정책은 사실상 무용화되었다는 논리를 비판적으로 검토할 것이다. 이는 세계화가 산업·무역 정책에 미치는 영향을 따지는 문제이기도 하다. 선별적 산업·무역 정책의 무용화를 주장하는 논자들은 WTO 체제가 맹렬하게 관세를 줄여 놓았고, 쿼터제 등 각종 수량 제한 제도를 소멸시켰으며, 대다수 보조금 제도까지 금지했다고 지적한다. 이 제도들은 모두 동아시아 국가들이 산업·무역 정책의 일환으로 활용해 온 수단들이다.

그러나 필자의 주장은 이렇다. WTO가 세계 무역 규칙을 엄청나게 변화시킨 것은 사실이지만, 그렇다고 해서 산업·무역 정책이 종언을 고했다고 말할 수는 없다. 우선 WTO 규범들은 아직 형성 단계이며, 여느 법률들과 마찬가지로 적극적인 해석 행위를 필요로 한다. 그리고 이런 해석 행위는 국제적인 정치 동향의 영향을 받게 된다. 가령 최근 무역 관련 지적재산권에 대한 선진국들의 입장이 슬그머니 온건해졌는데, 이것은 선진국들의 에이즈 치료제 정책에 대한 비판이 국제적으로 격렬하게 일어났기 때문이다. 더욱이 관세 및 보조금에 대한 규범이 엄격해진 것은 사실이지만 개발도상국의 입장에서는 '운용의 묘'를 발휘할 수 있는 여지가 남아 있다. 예를 들어 유치 산업 보호를 위한 관세, (부분적이거나 전체적인 국제수지 문제에 직면하는 경우 적용 가능한) 긴급 관세, 일련의 (지역 발전, 농업, 기초 연구개발에 대한) 보조금 등은 여전히 허용된다. 이에 더해 무역 관련 투자 조치TRIMS(Trade-Related Investment Measures)에 관한 협정도 선별적 산업 정책을 더욱 어렵게 만들 것으로 보이지만, 이 부분에서도 마음먹기에 따라서는 분명히 '운용의 묘'를 살릴 여지가 있다.

이 책의 3부 '신자유주의 경제학의 반경제성 비판'에서는 국민 경제 발전에 관련된 국내 정책 상의 핵심적 주제인 산업 정책, 규제, 민영화 등에 대해 다룬다.

특히 7장 '산업 정책의 정치경제학'에서는 우리 시대의 가장 논쟁적인 정책 논점인 산업 정책의 문제를 논의한다. 이것은 국민 경제의 장기적 생산성을 개선하기 위한 (관세, 보조금, 산업 진입 및 규제, 기술 지원 등에 관한) 일련의 맞춤형 정책으로서, 특정 산업을 육성하거나 퇴출시키려는 국가 개입 행위를 총괄하는 산업 정책에 대해서는 1980년대 이후 '국가, 특히 개발도상국이 (선별적) 산업 정책을 채택하는 것이 과연 이로운가'를 둘러싸고 치열하게 논쟁이 전개되어 왔다.

7장에서는 우선 1990년대 초반까지의 산업 정책 논쟁을 검토한 뒤 (일반적 혹은 비선별적에 반대되는) 선별적 산업 정책에 대한 몇 가지 경제 이론들을 발전시켜 나갈 것이다. 정태적 측면에서 보자면, 자원의 이동성이 불완전한 경우에는 비非규제 산업에 따르기 마련인 조절 실패가 결국 사회적 낭비로 귀결될 수 있는데, 이 문제를 해결하는 정책은 산업 단계에 따라 두 가지로 분류될 수 있다. 우선 성장 산업의 경우 해당 부문에 진입하려는 잠재적 경쟁 기업들 간에 투자를 조절하는 정책을 추진할 수 있다. 반대로 사양 산업의 경우에는 불황 카르텔에 대한 국가의 감시, 기업 퇴출과 생산량 축소를 둘러싼 민간 기업들의 협상에 대한 국가 중재 등의 방안을 추진할 수 있다. 동태적 측면에서 보자면, 국가는 산업 정책을 바탕으로 '리스크의 사회화'를 통해 국민 경제의 구조 변동을 촉진할 수 있다. 이 같은 맥락의 정책 중에는 상호 보완적 프로젝트 간의 투자 조절, 리스크가 큰 연구개발 계획에 대한 보조금 지급 등이 있다.

이 같은 논의에 이어 (선별적) 산업 정책의 효율성을 해칠 수 있는 일련의 잠재적 문제점들을 검토할 것인데, 여기에는 (정보의 불충분성, 정보의 비대칭성 같은) 정보의 문제, 지대 추구의 가능성, (특히 정치적 정당성 문제나 민주적 통제 같은) 정치적 문제 등이 포함된다. 한편 (예컨대 우수한 엘리트로 구성된 관료 제도 같은) 산업 정책의 성공에 필요한 결정적 제도의 부재로 여러 가지 문제가 발생하기도 하는데, 이와 관련해서는 해결에 필요한 제도나 정책 수립과 관련된 제안을 몇 가지 내놓을 것이다.

7장의 결론은 제2차 세계 대전 종전 이후 동아시아 국가들과 프랑스, 오스트리아, 노르웨이, 핀란드 등 상당수 유럽 국가에서 실행된 선별적 산업 정책의 경우, 비록 최근까지도 제대로 평가되고 있는 것은 아니지만 강력한 이론적 정당성을 가지고 있다는 것이다. 물론 이 같은 산업 정책을 수행하다 보면 곳곳에서 함정에 빠질 수 있는 것이 사실이다. 그러나 산업 정책에 적대적인 학자들의 주장과는 달리 이런 함정들 중에서 극복할 수 없는 것은 절대로 존재하지 않는다.

(선별적) 산업 정책의 가치에 회의적인 평론가들은 거의 예외 없이 이들 국가에 필요한 것은 산업 규제의 실질적인 축소라고 주장한다. 실제 지난 20여 년 동안 신자유주의 정책 프로그램의 핵심 항목 중 하나가 탈규제였다. 8장 '규제의 경제학과 정치학'에서는 이 문제를 다룬다.

8장에서는 먼저 간단하지만 그냥 지나칠 수 없는 몇 가지를 명확히 정의한다. 이어서 제2차 세계 대전 이후 규제에 대한 관점이 어떻게 진화해 왔는지 살펴볼 것인데, 그 과정에서 현실 세계의 정치적·경제적 발전과 지적인 변화 간의 상호 작용을 강조할 것이다. 이 같은 이론적 검토 방식은 1장에서 이루어진 것과 비슷하지만, 여기서는 일반적인 국가 개입보다는 규제에 대한 관점에 특히 주목할 것이다. 다음 단계에서 필자는 현재의 규제 관련 문헌들에서는 무시되고 있지만 기실은 규제 변동의 역동성을 이해하는 데 결정적으로 중요한 몇 가지 주제들을 살펴볼 것이다.

첫째, 상당수 신자유주의 경제학자들의 주장과는 반대로 탈규제가 국가 역할의 전면적인 후퇴와 동일시되어서는 안 된다. 상당수 시장은 효율적인 작동을 위해서는 물론이거니와 그 존재 자체에도 필수 불가결한 규제들이 있기 때문이다. 둘째, 특히 개발도상국이나 체제 전환을 겪고 있는 경제 시스템(구사회주의 국가들-역자 주)에서는 국가가 시장을 규제하는 역할도 하지만 시장을 창출해 내는 역할도 한다. 때문에 우리는 국가가 시장을 창출하는 과정에서 부딪치는 난점들을 주의 깊게 고찰할 필요가 있다. 이 경우 국가는 어디까지는 시장이라 개입해서는 안 되고, 어디서부터는 시장이 아니라 개입할 수 있는지 등의 규범을 만들어야 한다. 이와 함께 재산권 등 제반 권리를 누구에게 어떻게 부여할지 결정하는 것도 정말 어려운 문제이다. (이와 관련 보다 다양한 논의를 위해서는 3장을 참조하면 도움이 될 것이다.) 셋째, 국가는 규제 개혁을 계획할 때 분배에 대한 고려를 얼마간은 공공연하게 도입할 필요가 있다. 규제 개혁의 성공 가능성을 높이고 싶다면 특히 그렇다. 넷째, 규제 변화가 (정적 배분의 문제에 대해서뿐만 아니라) 동태적인 변화에 대해 가지는 의미에 대해 보다 많은 관심을 가질 필요가 있다. 다섯째, 규제의 정치학을 더욱 세련된 이론으로 발전시킬 필요가 있다. 신자유주의 문헌들이 가정하는 것과는 달리 '자기 이익 추구'가 인간의 행위를 결정하는 유일한 동기라고 단정할 수는 없다. 특히 공적 부문에서 일하는 사람일수록 자신의 이익만 챙기기는 어렵다. 규제 개혁을 계획하는 이들이 '도덕적' 동기의 중요성을 무시하면 잘못된 결과를 낳을 위험이 높다. (이와 관련 보다 다양한 논의를 위해서는 1장과 3장을 참조하면 도움이 될 것이다.)

9장인 '개발도상국에서 공기업의 효율성'은 싱Ajit Singh과 함께 작업한 논문을 축약한 것이다. 여기서 필자는 신자유주의적 정책 개혁 패키지 중 또 하나의 중심적 요소인 민영화 문제를 다룬다.

신자유주의 경제학자들은 개발도상국은 물론 특히 체제 전환 경제 시스템에서 공기업 민영화의 중요성을 크게 강조해 왔다. 이유는 공기업처럼 사적 재산권이 결여되어 있는 경우 누구도 기업 활동을 개선하고자 하는 인센티브를 갖지 못하기 때문이라는 것이다. 9장에서 필자는 이 같은 주장의 기저에 깔려 있는 이론들과 그 실증적 증거들을 비판적으로 검토할 것이다.

공적 소유의 비효율성에 대한 신자유주의적 믿음은 두 가지 이론적 토대에 기반하고 있다. 첫째, 경영 개선으로 효율성 이득efficiency gains을 취하는 능력은 사적 소유권에서 비롯되므로, 사적 소유권이 결여된 공기업 등의 경영자에게는 기업 효율성을 개선할 인센티브가 없다는 것이다. 그러나 이런 관점의 문제점은 쉽게 드러난다. 예컨대 실제로 거대 민간 기업들 중에서 소유자가 직접 운영하는 기업은 극히 드물지 않은가.

이런 반론에 다시 반박하기 위해 신자유주의 경제학자들은 또 다른 이론적 토대를 동원한다. 그 내용은 공기업 경영이 부실할 수밖에 없는 이유이다. 즉 공기업은 법률상 독점 기업이므로 상품 시장의 규율에 종속되지 않을뿐더러, 파산이나 피인수 합병의 위험에서 자유로운 탓에 자본 시장의 규율에도 종속되지 않는다. 이처럼 시장과 무관하게 경영할 수 있으니 공기업의 부실 경영은 필연적인 현상이라는 이야기이다. 그러나 이는 매우 과장된 주장이다. 오히려 실제로는 대다수의 공기업들 역시 상당한 정도까지 상품 시장의 경쟁에 노출되어 있다. 또한 운영이 부실한 경우 (사기업의 경우로 따지면 인수 합병에 해당되는) 공기업 경영진의 교체가 가능하고, 경우에 따라서는 (사기업의 경우로 따지면 파산에 해당되는) 기업 자체의 청산이 있을 수도 있다. 게다가 신자유주의 학자들은 사기업의 경우 자본 시장의 규율에 강력하게 종속되어 있는 것처럼 가정하는데, 이는 사실과 다르다. 현실 속의 자본 시장은 공기업에게나 사기업에게나 그리 원활하게 작동하지 않는다. 예컨대 실증적 연구들에 따르면, 인수 합병을 결정하는 가장 중요한 요인은 기업의 효율성이 아니라 규모이다. 더 중요한 사실은 자본 시장이 '단기주의short termism'라는 형태의 왜곡된 인센티브를 창출한다는 점이다. 이 같은 인센티브 시스템 하에서 경영자들은 기업의 장기적 전망을 희생시키는 대가로 단기적 이윤을 허겁지겁 취하는 경우가 많은 것이다.

경험적인 측면에서 봐도 공기업이 사기업보다 본질적으로 비효율적이라는 체계적 증거는 없다. 일부 학자들은 공기업 부문이 비대할수록 경제 성장이 부진하다는 것을 통계학적으로 증명하려고 했으나 결론을 내리지 못했다. 사실 효율적인 공기업의 사례는 세계적으로 많다. 다만 부실 공기업의 사례들만 부각되면서 성공한 공기업들은 은폐되다시피

했기 때문에 낯선 것뿐이다. 또한 프랑스, 오스트리아, 대만 등의 국가들은 세계적으로 가장 거대한 공기업 부문을 가지고 있는데도 불구하고 (혹은 가지고 있었기 때문에) 성공적으로 국민 경제를 운영해 온 실례이다.

이 같은 주장에 이어 필자는 실제로 추진된 민영화 과정에서 발생할 수 있는 문제를 특히 개발도상국을 중심으로 논의할 것이다. 그 경우 공적 소유가 부실한 기업 운영의 주요 원인이라 할지라도 민영화는 비용이 지나치게 소요되는 해결책이다. 국내의 사기업 부문이 그리 발전되지 않은 나라들은 공기업에 대한 원매자를 찾는 작업은 매우 어려운 일이다. 또한 주식 시장을 통해 공기업을 민영화하는 것도 주식 평가, 발행 및 모집 등에 필요한 돈을 감안하면 만만치 않은 비용이 필요하다. 따라서 필자는 조직 개혁, 경쟁력 제고, 정치 개혁 등 공기업 운영을 개선할 수 있는 다른 방안들을 대안으로 제시할 것이다.

신자유주의자들이 어떻게 변명하든지 상관없이 그들의 정책은 특히 개발도상국에서 무참하게 실패했다. 이 같은 신자유주의의 실패는 어디서 비롯된 것일까. 그것은 궁극적으로 신자유주의자들이 시장과 국가와 그 외의 다른 제도들 간의 상호 관계를 균형 잡히고 세련된 형태로 이론화하지 못했기 때문이다. 그럼에도 신자유주의자들은 이런 실패한 이론을 기반으로 여러 가지 담론을 전개해 왔다. 게다가 이들은 실증적 증거들까지 지나치게 편향되고 부분적인 방식으로 해석함으로써 신자유주의의 이론적 결함을 증폭시켰다.

이 책에서 필자는 일련의 주제들을 다양한 방식으로 제기하면서 신자유주의의 지적 파산을 드러내는 한편, 실증적 증거들이 균형적으로 반영된 대안적 이론 틀을 구성해 보려고 시도했다. 이 책이 신자유주의에 대한 신뢰할 만한 대안을 이론적으로 혹은 실천적으로 건설하기 위해 노력하는 분들에게 조금이라도 도움이 되기를 바란다. 설사 그들의 대안이 나의 대안과 심각하게 다르더라도 말이다.

Globalization, Economic Development, and the Role of the State　1부
국가의 개입을 어떻게 볼 것인가?

Globalization, Economic Development, and the Role of the State 1

국가의 경제 개입을 둘러싼 논쟁사

1989년에 딘P. Deane이 경제 사상사에 대한 자신의 걸작 ≪국가와 경제 시스템 *The State and the Economic System*≫에서 보여 주었듯이, 국가의 역할은 당초 경제학의 발전 과정에서 중심적 지위를 차지하는 독립적인 학문 영역이었다. 경제학은 초기에 '정치산술political arithmetic' 또는 '정치경제학political economy' 등으로 불렸다. 당시 서유럽에서는 국민국가의 등장과 함께 자본주의가 발전하면서 국가의 역할이 증대되었고, 이에 따라 국민국가의 지배자들은 경제 운영에 대한 '정치적' 조언이 점점 더 필요하게 되었는데, 그 '정치적' 조언이 '정치산술'의 탄생으로 이어진 것이다. 이후 수많은 학자들은 이 학문에서 '정치'(혹은 국가)라고 하는 학문적으로 다루기 까다로운 요소를 떼어 내기 위해 끈질기게 시도했고, 이는 20세기로 접어드는 시기에 이 학문의 이름이 '경제학economics'으로 명명되면서 그 절정을 이루었다. 그러나 양차 세계 대전 사이의 기간 동안 국가 혹은 정치는 다소 극적인 방식으로 경제 이론과 정책 결정 과정으로 회귀한다.

국가를 경제학의 영역으로 돌려보낸 사건 중 하나가 바로 피구Arthur Pigou가 개척한 후생경제학welfare economics의 탄생이었다. 후생경제학은 개인적 효용 극대화 행위에 기반한 자유 시장 시스템이 새로운 정통 이론인 신고전학파 경제학이 예측한 사회적으로 '최적의 optimal' 자원 배분을 달성하지 못하는 이유를 설명함으로써 국가의 가격 신호price signal 조작을 정당화했다. 양차 세계 대전 사이의 기간 동안 후생경제학은 실용적인 정책 문제와 분리된 다소 현실과 동떨어진 학문에 불과했으나, 한계 이론적 분석marginalist analysis이라는 정통적 언어를 구사한 덕분에 이후의 정책 입안자들은 비과학적이라는 오명을 피하면서도 자유방임적 정책에서 벗어날 수 있었다.

국가를 경제학의 영역으로 돌려보낸 또 하나의 중요한 사건은 케인스 경제학Keynesian economics의 탄생이었다. 케인스 '혁명'은 자유 시장 경제가 완전고용 상태에서도 최적의 자원 배분을 달성하지 못할 수도 있음을 증명함으로써 실업과 경기 변동에 대응하는 적극적인 예산 정책을 정당화했는데, 그 혁명은 미국의 뉴딜 정책, 독일 나치의 군수 프로그램, 스웨덴의 초기 조합주의 타협 등에서 동시에 나타났다.[1] 나중에 자세히 서술하겠지만, 제2차 세계 대전 이후 사반세기 동안 완전고용과 경기 조절은 그에 대한 도전이 용납되지 않을 정도로 공고한 국가 개입의 목표였다. 그리고 그 과정에서 케인스주의적인 아이디어들은 정부의 정책 입안에서 계속 우월한 지위를 차지했다.

소련에서 사회주의적 중앙 계획 시스템이 확립된 것은 양차 대전 사이에 일어난 또 하나의 중요한 사건이었다. 소련의 급속한 산업화는 기업 국유화, 계획적 투자 등 국가 개입이라는 비정통적인 수단이 어느 정도 유용하다는 것을 증명했고, 이는 제2차 세계 대전의 종전 이후 다수의 비사회주의 국가들에 의해 채택되기도 했다.[2] 또 제2차 세계 대전 기간 동안 나치가 동부 전선 진출에 실패한 것이 소련의 산업화 성공 때문이었다는 것도 이후 입증되었다. 그 밖에 비정통적인 국가 개입이라는 수단을 채택한 사례로는 영국과 프랑스의 국유화, 프랑스나 일본을 비롯한 여러 개발도상국들의 (대개 5년 단위로 이루어지는) 경제 개발 계획 등이 있다.

이 같은 양차 대전 사이의 이론적 흐름은 종전 직후 경제 이론과 경제적 실천이 국가 개입주의interventionism로 극적으로 전환되면서 절정을 이루었다. 선진자본주의국가들의 전후 경제 재건의 필요성, 아시아 및 동유럽 일부 국가들의 사회주의 건설 시도, 다수의 개발도상국들의 식민주의로부터의 해방에 따라, 전 세계의 거의 모든 국가들은 2차 대전 직후 고도로 국가 개입주의적인 견해를 기꺼이 채택했으며, 또 채택할 수밖에 없었다. 또한 자본주의의 '황금시대'로 알려져 있는 2차 대전 이후의 사반세기 동안 국가 개입주의 정책들은 세계적으로 매우 성공적이었고, 그에 따라 국가 개입주의 정책을 시행하는 정부 역시 경제의 작동에서 매우 중요할 뿐 아니라 심지어 주도적인 경제 주체로 여겨지기도 했다.[3]

이처럼 자본주의 황금시대의 경제 이론과 실천에서 국가의 부상은 매우 극적인 것이었다. 그러나 황금시대 이후 국가는 급격한 추락을 경험하는데 이 또한 상당히 극적인 과정을 거쳤다. 자본주의의 황금시대가 종말을 고하자 경제 이론과 실천이라는 두 측면에서 국가는 가혹하게 공격을 당했다. 먼저 선진자본주의국가들에서 복지국가주의 welfare statism의 권위가 떨어지더니, 1980년대에는 개발도상국들에서 탈규제 프로그램이 확산되면서 국가에 대한 공격이 한층 강화되었다. 국가에 대한 공격은 1989년 이후 구소련과 동유럽에서 사회주의적 중앙 계획 시스템이 와해되고, 자본주의 경제 체제의 이식이 시도되면서 그 절정에 달한다. 물론 수많은 국가 개입 반대주의자, 즉 반개입주의자anti-interventionist들이 당초 생각했던 것만큼 국가의 후퇴가 순조롭게 이루어진 것은 아니었다. 하지만 이 같은 현실적 흐름 자체가 국가 개입의 이론과 실천에 엄청난 충격을 가했다.

여기서 우리는 이 같은 변화 과정을 살펴보고, (보통 '신자유주의 neoliberalism'로 불리는) 현대의 주요한 반反개입주의 이론들을 비판적으로 검토하고자 한다. 그러기 위해 우선 황금시대에 나타난 국가의 부상에 대해 설명한 뒤, 황금시대 이후 국가의 추락으로 넘어갈 것이다. 그 다음으로 신자유주의라는 새로운 정통 이론에 문제를 제기하는 그간의 이론적 발전과 실증적 증거들을 제시함으로써 신자유주의의 주요한 이론적 근거들을 비판할 것이다.

1 자본주의 황금시대와 국가의 부상

먼저 제2차 세계 대전 이후의 황금시대에 국가의 경제 개입을 광범위하게 확장시켰던 정치적, 지적, 경제적 요소들을 살펴보자.

1.1 선진자본주의국가에서의 국가의 부상

제2차 세계 대전을 통해 선진자본주의국가에서는 조직 노동자들의 강력한 대표체로 상징되는 새로운 정치 연합이 탄생하는데, 이것은 종종 '조합주의자corporatist' 연합으로도 묘사되었다. 제2차 세계 대전 기간 동안 좌파는 파시스트에 대항한 투쟁에서 두드러진 활약을 보였는데, 이는 전후의 사회적 계급 타협에서 노동자 계급의 가장 중요한 목표인 완전고용과 사회복지가 최우선적인 정치 의제로 부상하리라는 것을 의미했다. 더욱이 파시즘 등장의 원인이 1930년대의 대불황 때문이라는 생각이 널리 퍼져 있었고, 이에 따라 새롭게 발견된 케인스주의 정책 수단들을 통해 급격한 경기 변동을 완화시키기 위한 국가의 적극적 개입은 필수 불가결한 것으로 간주되었다. 비록 냉전의 여파로 노동 운동 등 각종 정치 운동의 급진화는 엄격하게 억제되었으나 선진자본주의국가의 새로운 체제는 국가 정책을 수립하는 데 전례 없이 노동자 계급의 이해를 반영하고 있었다.

한편 경제 시스템에 정부의 구매력을 주도면밀하게 투입하는 것으로 경기 침체를 피할 수 있다는 이론적 가능성이 양차 대전 사이와 종전 직후의 기간 동안 입증되었다. 양차 대전 사이의 기간 동안에는 (적자 예산 편성과 같은) 원시적인 케인스주의proto-Keynesian 정책이, 종전 직후에는 (대외 지원과 같은) 마셜 플랜Marshall Plan이 성공을 거둔 것이다.[4] 이에 따라 국가는 예산 정책을 통해 경제를 '보다 효과적으로 조정fine tuning'하는 새로운 역할을 적극적으로 떠맡게 되었다. 예산 정책이 투자와 저축을 조화시켜 경제가 완전고용 수준에 머물게 하는 주요 수단이 된 것이다. 그 결과 어떻게든 균형 예산을 유지해야 한다는 신념은 낡은 도그마로 전락하게 되었다. 또 전쟁 이전에는 미약했던 사회복지 시스템 또한 '조합주의적' 정치 연합의 부상에 따라 광범위하게 확장되었으며, 국가가 경기 순환 국면 중 불황기에는 재정 지출을 늘리고, 호황기에는 재정 지출을 줄여 경제를 안정시키는 역할을 수행하는 것이 당연하게 받아들여졌다.

이제 국가의 역할은 상당수 나라에서 총 수요 관리 정도의 수준을 훨씬 뛰어넘었다. 경제 활동에 대한 국가의 조정은 실패할 수밖에 없다는 주장이 전시 계획 경제의 성공에 따라 기각되면서, 각국에서는 자국의 경제 구조를 변화시키기 위한 국가 개입에 시동을 걸었다. 일본과 프랑스는 경제 개발 5개년 계획에서 부문별 산업 정책을 국가의 투자 조정과 결합시켰다.[5] 스칸디나비아 국가들은 '사회적 조합주의 social corporatist' 모델을 작동시켰다. 이 모델에서는 중앙 집중화된 임금 협상과 적극적인 노동 시장 정책이 결합되면서 고생산성 산업으로 신속하고 질서 정연한 구조 변동이 이루어졌는데, 이 같은 구조 변동은 순수한 시장 메커니즘을 통해서는 도저히 불가능한 것이었다.[6] 심지어 산업 정책이라는 개념에 거부감이 강했던 영국과 미국에서도 산업 발전에 대한 국가 개입은 매우 중요한 요소였으며,[7] 유럽에서는 유럽석탄철강공동체ECSC와 유럽경제공동체EEC의 발전으로 인해 각국의 산업 정책을 국제적으로 조정하기 위한 기초가 형성되었다.

1.2 저개발국가에서의 국가의 부상

자본주의의 황금시대가 펼쳐지는 동안 저개발국의 정부들은 선진 자본주의국가의 정부들보다 훨씬 적극적으로 국가 개입을 수행했다.

대다수가 신생 독립국이었던 이들 저개발국은 이전의 식민지 종주국으로부터 정치적 독립은 물론이고 경제적 독립까지 쟁취해야 했다. 따라서 급속한 경제 발전이 가장 중요한 정치적 의제일 수밖에 없었는데, 그 목표를 달성하는 가장 빠르고 확실한 방법은 국가 주도의 산업화라는 것이 이 시기에는 광범위하게 받아들여졌다.[8]

이전의 세계 경제 시스템에서 저개발국은 자국의 원자재를 수출해서 벌어들인 외화로 선진국의 제조업 상품을 수입하곤 했다. 그러나 이 같은 전통적 형태의 교역은 다음과 같은 이유로 더 이상 지속 가능하지 않은 것으로 간주되었다. 첫째, 원자재 수출 부문은 시장 상황이 매우 변덕스러운데다, 그 교역 조건도 원자재 수출국에 명백하게 불리해지고 있었다. 둘째, 1930년대의 대불황으로 인해 국제 무역이 몰락했던 사례에서 알 수 있듯이 국제 경제 환경 변동에 취약했다. 셋째, 원자재의 낮은 소득 탄력성 때문에 미래의 수출 증가폭에 한계가 있을 수밖에 없을뿐더러, 원자재 생산의 경우 제조업에서 관찰되는 생산 증가율이 높을수록 생산성 증가율도 높아지는 형태로 작동되는 자기 강화적인 성장 메커니즘self-reinforcing growth mechanism이 결여되어 있다는 심각한 문제를 안고 있었다.[9] 때문에 저개발국들은 전통적인 국제적 노동 분업에서 떠맡은 지위, 즉 원자재 공급자의 역할에서 벗어나 제조업을 발전시킬 필요가 있었다.

저개발국들이 산업화에 착수하기 위해서는 적극적인 국가 개입이 필요한 것으로 여겨졌다. 개발경제론development economics이라는 경제학의 새로운 하위 분과에서 강도 높은 수입 장벽 및 보조금에 기반한 국가 주도 산업화 전략을 정당화하기 위한 유치 산업론infant industry argument은 물론이고, 중앙 집중화된 산업 투자 조정과 관련된 일련의 새로운 이론들이 제시되고 있었기 때문이다.

로젠스타인-로댄Rosenstein-Rodan(1943), 넉시Nurkse(1952), 스키토프스키Scitovsky(1954) 등의 '빅 푸시big push' 모델들은 각각의 산업들 간에 존재하는 '수요의 상호 보완성demand complementarity'을 강조했는데, 이는 국가의 사전 투자 조정을 정당화하는 개념이었다. 이에 반해 허시먼Hirshman(1958)은 로젠스타인-로댄, 넉시 등의 '균형 성장balanced growth' 모델을 비판하면서 '불균형 성장unbalanced growth' 모델을 개발하기 위해 부문 간 상호 의존성sectorial interdependence이란 개념을 사용했다. 이 모델에서 국가는 가장 광범위하게 다른 산업 부문들과 상호 의존성 - 허시먼은 이를 '연관linkage'이라고 지칭한다 - 을 가진 산업 부문의 발전을 유도한다. 그 결과 경제 내부의 불균형이 발생하게 되는데, 이런 불균형이 다른 산업 부문의 발전을 유인하게 된다는 것이다.

반면 거쉔크론Gerschenkron(1966)은 유럽의 초기 산업화 경험에 기초하여 (최소 유효 생산 규모the minimum efficient scale of production의 증대와 같은) 기술적 요소와 (금융 제도 같은) 제도적 요소의 저발전 상태에서의 상호 작용을 기반으로 한 국가 개입의 정당성을 한층 더 발전시켰다. 거쉔크론에 따르면, 경제 발전에 늦게 착수한 국가일수록 (선행된 경제 발전으로 말미암아 최소 유효 생산 규모가 더 커졌기 때문에) 더 큰 규모의 저축이 형성되어야 하며, 산업에 자금을 공급하기 위한 더욱 강력한 제도가 필요한데, 이런 제도들 중에서 가장 유력한 것은 국가라는 것이다.

이 같은 새로운 이론들은 상당수의 아시아, 아프리카 신생 독립국의 정치 지도자들과 관료들로부터 열광적인 환영을 받았다. 신생 독립국들의 경우 이전의 식민지 종주국이 모두 자본주의 국가였다는 이 유만으로도 자본주의에 대한 반감이 강할 수밖에 없었으며, 실제로도 노골적인 사회주의는 아니더라도 국가 소유와 중앙 집중적 계획을 선호했다. 게다가 신생 독립국의 정부는 현실적으로 스스로 기업가로서의 역할을 수행하는 것 외에는 별다른 뾰족한 대안이 없었다. 이 나라들에는 식민주의자들이 남긴 산업 조직을 맡아서 관리할 만한 자본가 계급이 없거나, 설사 토착 자본가 계급이 일부 남아 있다 하더라도 그들 대다수가 식민지 부역자였던 탓에 정치적으로 무력화되어 있는 상태였기 때문이다. 심지어는 냉전으로 인해 엄혹한 반공주의 체제 하에 있던 동아시아의 신흥공업국들NICs(Newly Industrialized Countries)에서조차도 강력한 국가 개입은 합법적이고 필수적인 것으로 간주되었다. 그리고 어처구니없게 느껴질지 몰라도 동아시아 신흥공업국들의 강력한 국가 개입은 다른 저개발국들의 경우보다 훨씬 더 효율적으로 작동했다고 할 수 있다. 동아시아 신흥공업국들보다 훨씬 더 일찍 독립했고 사회주의 성향이 약했던 라틴 아메리카에서도 국가 주도 산업화 노선이 정치적으로 선호되었다. 양차 대전 사이 라틴 아메리카 나라들이 추진했던 국가 주도 수입 대체 산업화 노선이 성공을 거두면서 새로운 사회적 연합이 형성되었던 것이다. 수입 대체 산업화로 생겨난 신생 산업 자본가 계급과 도시 노동자 계급 간에 형성된 사회적 연합 세력 - 페론주의Peronism가 가장 좋은 사례에 해당된다 - 은 지주 과두제landed oligarchy에 도전할 만한 세력을 얻게 되었고, 그에 따라 라틴 아메리카 국가들은 산업화 프로그램을 주도할 수 있는 권력과 정치적 자신감을 겸비할 수 있었다.

이런 배경으로 인해 저개발국들에서는 새로운 산업화 전략들이 다양하게 나타날 수 있었다. 저개발국들의 경우 정부가 국영기업과 금융 자원을 통제하면서 제조업 및 사회 기반 시설 부문에서 주도적 역할을 수행했는데, 이들 대다수가 자본주의 황금시대 동안 그 밖의 다른 나라들보다 활기차게 경제 성장을 이루어 내면서[10] (흔히 수입 대체 산업화 전략ISI; Import Substitution Industrialization으로 알려진) 그들의 노선은 유력한 산업 발전 전략으로 부상하게 되었다.

1.3 사회주의 국가에서의 국가의 부상

제2차 세계 대전의 종전은 식민지 국가들의 독립과 더불어 세계의 정치 지도에 극적인 변화를 가져왔다. 소련과 몽골은 더 이상 고립된 사회주의 국가가 아니었다. 제2차 세계 대전 종전에서 1950년대 초반 사이 동유럽과 (중국, 북한, 북베트남과 같은) 일부 아시아 국가들에서 사회주의 체제가 수립되었으며, 그 결과 주로 중국 덕분이기는 하지만 세계 인구의 3분의 1이 사회주의 질서 하에서 살아가게 되었다. 사회주의가 다른 빈곤한 국가들 – 특히 아시아의 나라들 – 로 확산되는 것은 선진자본주의국가들이 공산주의를 억제하는 적극적인 정책을 채택하지 않는 한 불가피할 것처럼 보였다.

종전 직후 사회주의 국가들은 자신감과 희망에 가득 차 있었다. 사회주의 국가들은 제2차 세계 대전의 승전국이거나 반反제국주의 투쟁을 통해 독립을 쟁취한 국가였기 때문이다. 특히 소련은 유럽의 가장 뒤떨어진 후진국에서 파시스트로부터 세계를 구원한 국가로 부상했다. 이런 상황으로 말미암아 과격한 반공주의자들을 제외한 많은 이들이 중앙 계획 경제가 적어도 시장 메커니즘에 뒤지지 않는 수준으로 경제를 운영할 수 있다고 확신하게 되었다. 심지어 상당수의 사람들은 소련이 초기의 우주 개발 경쟁에서 미국에 승리하는 모습을 보면서, 국가 규모의 집중적 노력이 필요한 대규모 프로젝트에서는 중앙 계획 경제가 시장 메커니즘보다 우수할 수 있다는 인상을 갖게 되었다. 가장 후진적 사회주의 국가였던 북한이나 중국이 1950년대의 산업화 과정에서 대단히 인상적인 성과를 올린 사실도 중앙 계획 경제가 급속한 산업화와 대규모 구조 변혁을 달성하는 효율적인 길이라는 것을 증명하는 것처럼 보였다.

하지만 경제를 자유화하고자 했던 헝가리(1956)와 체코슬로바키아(1968)의 시도에서 알 수 있듯 중앙 계획 경제에도 역시 고유의 문제점이 있었다. 그러나 중앙 계획 경제 지지자들은 컴퓨터, 투입-산출 분석, 계획수학mathematical programming 테크닉 등 경제를 정밀하게 조작할 수 있는 수단이 끊임없이 발전되고 있는 만큼, 결국에는 사회주의의 합리적 질서가 자본주의의 비합리적 무정부성에 승리를 거두게 될 것이라고 확신했다. 더욱이 정책 입안자들은 사회주의 사회에는 '계급이 없다'고 믿었다. 때문에 사회주의 사회에서의 정책 수립은 정치적인 것이 아니라 기술적technocratic인 것으로 간주될 수 있다고 생각했다. 이 기간 동안 상당수의 사람들이 사회주의를 통해 진정으로 합리적이고 평등한 사회의 씨앗을 보았는데, 그들이 경제 계획을 위한 예측 및 계산 방법이 완전해질 수 있다고 믿는 동시에 사회주의 사회에는 기본적으로 정치적 갈등이 없다고 생각했다는 점을 감안하면 그리 놀라운 일은 아닐 것이다.

2 황금시대의 몰락과 신자유주의의 역습

1960년대 후반부터 발생한 일련의 사건들을 보면, 자본주의의 황금시대에 구축된 국가 개입주의 모델이 점점 더 어려움에 봉착하게 되었다는 것을 알 수 있다. 특히 한때 국가 개입주의 체제의 버팀목이었던 정치적 합의가 붕괴되기 시작했다. 이에 따라 정책 입안자들은 심화되는 갈등을 조정하는 것이 갈수록 어려워진다는 점을 인식하게 되었으며, 경제 이론가들은 더 이상 자신의 논지에서 '정치적 중립성'을 전제할 수도, '정치경제학'적 관점을 무시할 수도 없게 되었다. 이같은 상황이 의미하는 것은 정책 입안자들의 경우 점점 더 많은 정책이 특정한 이익집단의 요구를 수용해야 한다는 것이었고, 경제 이론가들의 경우 예전처럼 '경제 부문 기술자'로 남아 있기가 더더욱 어렵게 되었다는 것이었다. 그런 만큼 자본주의의 황금시대 이후 좌파와 우파 양쪽에서 모두 정치경제학이 부활한 것은 우연이 아니었다.

지금부터 우리는 신자유주의로 통칭되는 현대의 주요 반개입주의 이론들을 살펴볼 것이다. 그러나 이런 이론들을 포괄하는 통일적 정치 철학을 상정하거나, 개별 이론의 모든 세부 항목들을 논의하지는 않을 것이다. 이 글의 목표는 자본주의 황금시대 이후의 지적 풍토에서 나타난 변화를 폭넓게 개괄하는 것이기 때문이다.[11]

2.1 선진자본주의국가에서의 국가의 몰락

유럽과 북미의 전후 장기 호황이 막을 내린 요인으로 꼽히는 것은 농촌 잉여 노동력의 고갈과 과잉 축적으로 인한 이윤 압박, 일본과 신흥공업국들의 거센 도전, 자본의 지구화에 따른 거시경제 운영의 비효율화 등 다양하다.[12] 이 시기 선진자본주의국가들에서는 경제 성장이 지체되는 한편 전체 경제 부문을 포괄한 구조 변동이 시작되었으며, 그에 따라 분배 갈등이 심화되면서 조합주의적coporatist 협상 및 케인스주의적 거시경제 운영에 기반한 복지국가라는 정치적 합의가 붕괴되었다. 이와 더불어 국가의 역할에 대한 이론적 합의 역시 무너지게 되었다.

2.1.1 통화주의자들의 맹공

자본주의 황금시대의 이론적 합의에 대한 비판들 중 가장 유명한 것은 케인스주의에 대한 통화주의Monetarism의 맹공이다. 통화주의자들은 국가에 의한 거시경제적 수요 관리의 효율성을 포괄적으로 기각했는데, 이는 적응적 혹은 합리적 기대adaptive or rational expectations와 왈라스주의적 시장 균형Walrasian market clearing 등의 가정에 기댄 것이었다.[13] 그 결과 국가의 역할을 거시경제 변수의 조절에 제한하고 자원 배분의 문제는 신고전학파의 자유 시장 원칙에 맡겨 버린다는, 이른바 케인스주의적 절충Keynesian compromise의 근본적 취약성이 드러나게 되었다.[14] 통화주의자들은 정치적으로도 상당한 성공을 거두었다. 통화주의자들이 '인플레이션 억제'에 대한 그들의 신념을 포퓰리즘적으로 표현하는 말솜씨를 보라.

"인플레이션은 성실한 노동자 가족들의 수입과 가난한 노파의 연금 저축을 갉아먹는다."

이 같은 정치적 수사는 잠재적으로 통화주의자들의 비대중적인 경기 억제 정책이 대중적 지지를 얻게 되는 과정에서 상당히 효율적인

역할을 해 냈다.[15]

2.1.2 제도적 경화증의 압박

제도적 경화증institutional sclerosis의 핵심은 (복지 제도, 무역 장벽, 노동법과 같은) 정치적 협상에 따라 특정 이익집단에 경제적 혜택을 보장하는 제도는 장기적으로 반드시 경제 발전에 유해한 경직성을 야기하게 된다는 것이다. 이 같은 주장은 조합주의 제도가 강고했던 유럽적 상황에서 특히 발전되어 유럽경화증Eurosclerosis이란 용어를 탄생시켰고,[16] 심지어 올슨Olson(1982)은 미국의 상황을 해석하는 데 이 논리를 적용시키기도 하였다.

국가의 역할에 대한 '제도적 경화증' 이론의 함의는 통화주의보다 훨씬 포괄적이다. 정치적 차원에서 이 이론은 국가 개입의 근거인 조합주의적 제도 그 자체를 저성장과 높은 물가 인상률의 원인으로 간주함으로써 국가 개입에 대한 신뢰를 뿌리째 뒤흔들어 놓았다. '제도적 경화증' 이론은 보다 근본적으로 모든 제도는 필연적으로 타락할 수밖에 없다고까지 강조했는데, 이것은 어떤 종류의 공동체적 제도collective institution든 제도는 사회적 해악으로 귀결된다는 대단히 과격한 논리였다.

2.1.3 신계약주의의 대두

제도적 경화증 이론과 관련된 주장으로 뷰캐넌과 털록Buchanan and Tullock(1962), 노직Nozick(1974) 등 자유주의 이론가들이 발전시킨 신계약주의new contractarianism가 있는데, 이들 두 이론을 연결시키는 논객으로는 아마 하이에크Hayek 정도를 들 수 있을 것이다.

신新계약주의는 (특히 소유권의 보호를 중심으로 하는) 법률과 질서만 제공하는 자유주의적 최소 국가를 넘어서는 국가는 그 어떤 국가라도 개인적 자유의 신성불가침을 믿는 입장에서는 정당화될 수 없다고 주장한다. 이 같은 신계약주의가 대중적 인기를 얻을 수 있었던 것은 개인적 자유를 강조한데다, 또한 복지국가에 얽힌 여러 가지 불평불만들, 예컨대 복지국가가 개인적 선택을 제약한다는 주장 등을 명확하게 표현한 덕분이었다. 이제 복지국가는 가부장적이기만 할 뿐 더 이상 자애로운 제도로 여겨지지 않게 되었고, 심지어 시민 사회의 활력과 개인적 자유를 지키기 위해 억압당해 마땅한 리바이어던leviathan으로 받아들여지게 된 것이다.

2.1.4 주인-대리인 모델의 등장

반개입주의 노선에서 또 하나의 주요한 이론은 니스카넨Niskanen(1973), 피콕Peacock(1979), 롤리Rowley(1983) 등이 발전시킨 관료주의의 주인-대리인 모델Principal-Agent Model이다. 이 모델에는 여러 가지 변종이 있는데 (관료 제도의 지나친 확장, 정부 행정에서의 자원 낭비, 공기업의 비효율성 등) 현대 자본주의의 각종 문제점의 근본 원인으로 주인인 국민은 그 대리인인 관료들이 공적 업무를 처리하는 과정에서 자기 이익을 추구하는 행위를 감시할 수 없다는 점을 지적한다.

이렇게 볼 때 주인-대리인 모델은 자못 중립적인 입장에서 그 효율성만을 따지는 것으로 보이지만 사실은 매우 정치성이 강한 논리였다. 자기중심적 행위self-centered behaviors라는 전제가 사적 부문은 물론 공적 부문의 대리인에게까지 적용될 수밖에 없다는 논지를 전개함으로써 복지국가의 자애로운 가부장제에 대한 대중적 신뢰를 뒤흔

드는 한편, 정부 관료들의 자긍심은 물론이고 업무에 따른 책임감에까지 타격을 가했기 때문이다.

2.2 저개발국에서의 국가의 몰락

저개발국들에게 자본주의 황금시대의 종말이 도래한 것은 선진자본주의국가들보다 약간 늦은 시기인 1980년대였다. 1970년대는 비록 저개발국들의 수입 대체 전략에 대한 비판이 날로 커지긴 했지만 다수의 개발도상국들이 비교적 급속하게 경제적으로 성장한 연대였다. 특히 이른바 오일 달러가 넘쳐 나던 국제 자본 시장에서 많은 외자를 빌린 국가일수록 급속히 성장할 수 있었다.[17] 그러나 세계적 수요 하락, 외채 위기, 고금리 등으로 말미암아 선진자본주의국가들이 통화주의적 정책을 채택하기 시작하면서 심각한 외화 부족 사태가 빚어졌고, 그 결과 대다수 저개발국들은 산업화의 추진에 어려움을 겪을 수밖에 없게 되었다.[18] 국내 문제, 즉 인구 증가와 갈수록 증폭되는 이익집단 간의 갈등조차 제대로 대처하기 힘겨워할 정도로 허약한 정치 상황에 놓여 있던 대다수 저개발국들은 이 같은 엄청난 외부 충격에 버틸 수가 없었고, 결국 심각한 외환 제약에 직면한 저개발국들은 (예컨대 세계은행과 IMF 같은) 브레턴우즈 기관들의 요구에 따라 (상당수가 실패로 귀결되고마는) 극적인 자유화 프로그램을 추진하지 않을 수 없게 되었다. 어느 날인가부터 갑자기 이 브레턴우즈 기관들의 승인은 저개발국들이 외환 흐름의 연속성을 보장 받기 위한 결정적인 중요성을 가지게 되었기 때문이다.

2.2.1 수입 대체 산업화에 대한 공격

수입 대체 산업화ISI(import substitution industrialization)에 대한 비판은 신고전학파 독트린의 핵심, 특히 비교우위에 대한 헥셔-올린-새뮤얼슨Hecksher-Ohlin-Samuelson 이론을 재확인하는 내용인데, 이 이론은 이미 수입 대체 산업화 전략 지지자들에게 기각당한 바 있다.[19] 헥셔-올린-새뮤얼슨 이론에 기초한 수입 대체 산업화에 대한 비판의 주요 내용은 다음과 같다. 즉 수입 대체 산업화 전략을 채택한 국가는 다른 나라에서 상대적으로 저렴한 가격으로 생산할 수 있는 상품을 수입하지 않는다. 오히려 수입품을 대체할 수 있는 산업을 굳이 국내에 육성하려고 시도함으로써 무역에서 얻을 수 있는 이익을 포기한다. 더욱이 이런 나라들의 시장 규모는 그리 크지 않기 때문에 보호 산업 정책은 결국 독점이나 과점 상태로 귀결되고, 그에 따라 적정 규모 이하 혹은 최대 규모 이하로 생산하게 된다. 독과점 때문에 경쟁이 없고, 그에 따라 생산성을 향상시켜야 할 필요도 없다. 게다가 수입 대체 산업화 비판론자들에 따르면, 이런 경우 (예컨대 저금리 정책과 같은) '금융 억압'으로 '자본'의 가격을 인위적으로 저렴하게 유지하는 정책이 수입 대체 산업화 전략과 함께 병행되는데, 그 결과 낮은 저축률에도 불구하고 과도하게 자본 집약적인 기술이 채택되면서 실업 및 소득 불평등이 심화된다는 것이다.

2.2.2 지대 추구와 신정치경제학의 확대

크루거Krueger(1974)와 포즈너Posner(1975)가 발전시킨 지대 추구론rent-seeking argument에 따르면, 국가의 진입 장벽 설치는 표준적 후생의 경제 순손실standard deadweight welfare losses로 이어지는 것은 물론이고, '비생산적' 정치 행위에 대한 지출 때문에 추가적 '낭비' 까지 발생하게 된다는 것이다. 여기서 비생산적 정치 행위는 (소유권이 동반되는) 진입 장벽 설치에 대한 권한을 국가가 특정 이익집단에게 유리한 방향으로 바꾸려고 하는 데서 생겨나는데, 사실 저개발국들의 경우 재산권과 관련된 분쟁 해결 절차가 선진국만큼 투명하게 확립되어 있지 않다. 때문에 수입 대체 전략을 추진하는 경우 국가의 개입 과정에서 특정 이익집단이 여러 가지 수단을 동원해 지대를 추구할 여지가 선진국보다 훨씬 클 수 있다. 신정치경제학New Political Economy은 개발도상국들 중에서 나타나는 '약탈predatory' 국가가 어떻게 사회복지가 아닌 국가의 수익을 극대화하는 재산권 구조를 창출하는지를 이런 관점과 연관해 제시한다.[20] 최근 이 같은 이론들이 확장되면서 신정치경제학은 특히 영향력을 발휘하고 있는데, 이것은 18세기에 중상주의를 대상으로 시도되었던 자유주의자들의 공격과 매우 흡사해 보인다.[21]

2.2.3 공기업에 대한 재평가의 확산

1970년대 후반과 1980년대 초반에는 전 세계적으로 공기업의 업무 수행에 대한 재평가가 확산되었는데, 특히 개발도상국에서 그러했다. 이 중에는 균형 잡힌 연구도 많았다.[22] 그러나 공기업이 저개발국들의 경제적 비효율성과 경기 침체의 주된 원인이라며 격렬하게 비난을 퍼붓는 연구들도 있었다.[23] 신자유주의 이론가들은 이 같은 비효율성의 원인으로 이윤 동기, 경쟁, 자본 시장이 부과하는 금융 질서financial discipline의 결여 등을 꼽으며 민영화를 외쳤는데, 이 같은 주장은 자본주의 황금시대의 국가 개입주의적 경제 운용에 대한 공격의 핵심 내용이다.[24] 저개발국의 경제에서 자주 드러나는 공기업 부문의 비효율성은 제조업 및 사회 기반 시설 부문에서 공기업이 차지하는 비중을 감안하면 특히 파괴적이라고 할 수밖에 없다. 따라서 상당수 저개발국들에서는 민영화에 대한 지지가 들불처럼 번져 나갔다.

2.3 사회주의 국가에서의 국가의 몰락

전후 인상적인 실적을 거두었던 사회주의 국가들 역시 자본주의의 황금시대를 경과한 뒤에는 기술 발전의 지체, 제도적 동맥경화증, 민주주의적 정치 의식의 확산 등으로 말미암아 장기적인 경기 침체를 겪어야 했다.[25] 물론 1980년대 후반 사회주의 국가들의 갑작스런 붕괴 이후 이들 나라의 경험이 예전만큼 중요하지 않게 된 것은 사실이다. 그러나 사회주의의 경험으로부터 발전된 이론 중 일부에 나타나는 국가의 역할에 대한 통찰은 현재 시점에서도 매우 흥미롭다.

2.3.1 부족경제라는 현실

양차 세계 대전 사이에 케인스Keynes가 겪었던 것과는 정반대의 상황, 즉 사회주의 시스템 특유의 배급제로 말미암아 야기된 만성화된 수요 초과 상황에 기초해 코르나이Kornai는 '부족경제Shortage Economy'의 개념을 창안하고, 이것을 사회주의에 대한 제도주의적 비판의 근거로 발전시켰다.[26] 부족경제론의 기본적 함의는, 사적 소유의 부재 및 이와 연관된 (이른바 연성 예산의 제약과 같은) 금융 질서의 결여로 인해 국민 소득 중 상당한 부분이 물적·인적 투입물의 퇴장退藏 같은 '비생산적' 활동에 낭비되는 것은 물론, 동시에 생산 효율성을 향상시킬 수 있는 인센티브까지 사라진다는 것이다. 게다가 투입 노동력의 비축에 대한 필요성이 실업률 0%에 대한 절대적인 정치적 의무와 연관되면서 노동 규율labour discipline에 왜곡된 효과를 초래했는데, 이는 원래 마르크스주의의 이론가들이 자본주의적 상황에서 강조하던 것으로 최근 들어 효율성 임금 이론에 의해 일반화되었다.[27]

2.3.2 소유권적 접근의 적용

소유권적 접근property rights approach이 전적으로 사회주의 경제에 대한 연구에서 출현했다고 주장하기는 물론 어렵다. 그러나 이 이론의 탄생에 결정적으로 공헌한 것은 사회주의 경제에 대한 연구였다.[28] 소유권적 접근의 핵심적 내용은, 사회주의 사회에서는 사적 소유권이 없기 때문에 효율성을 유지하고 생산성을 높이려는 개인적 동기도 없다는 것인데, 이는 사회주의 국가들에 대한 대단히 격렬한 비판이었다. 사회주의 국가들은 전통적으로 그들의 소유권 시스템을 이른바 자본주의 국가들에 대한 경제적 우월성의 근거로 간주했기 때문이다. 사회주의 시스템의 특성, 즉 생산수단에 대한 국가 소유가 경제 문제의 근본적 원인일 수 있다는 인식은 대중의 의식에 심대한 영향을 미쳤는데, 이는 동유럽에서의 공산주의 몰락 이후 벌어진 개혁 과정에서 나타난 거의 비합리적으로 보이기까지 하는 민영화 강박증에서 잘 증명되었다.

2.3.3 오스트리아 학파의 공격

가장 낡았지만, 그럼에도 가장 근본적일 수 있는 사회주의에 대한 공격은 중앙 계획 경제에 대한 오스트리아 학파의 비판이다. 양차 대전 사이의 기간 동안 한편에서는 미제스Mises와 하이에크, 다른 한편에서는 랑게Lange와 테일러Taylor로 나누어져서 벌인 논쟁에서 오스트리아 학파는 줄기차게 중앙 계획 경제는 유지될 수 없다고 주장했다.[29] 그들은 복잡하고 끊임없이 변화하는 현대 사회에서 각종 경제 활동을 중앙 집권적으로 조절하기 위해서는 (현재든 미래든) 국가의 능력을 훨씬 웃도는 정보 수집 및 처리 능력이 필요하다고 말했는데, 그것보다 중요한 주장은 완전히 독립적으로 이윤을 추구하는 경제 주체들 간에 형성된 경쟁적 대립 관계만이 현대 경제를 운영하는 데 필수적인 정확하고 세부적인 정보를 생성하고 또 효과적으로 사용할 수 있다는 것이다. 이 같은 주장은 심지어 국가 개입주의를 옹호하는 상당수 학자들에게도 현재 광범위하게 받아들여지고 있다. 다만 오스트리아 학파의 논리를 극단적인 형태로까지 밀어붙이는 경우, 이는 중앙 계획 경제뿐 아니라 모든 형태의 국가 개입은 실패하거나 자유를 위협하게 된다는, 받아들이기 힘든 주장이 된다.

3 반개입주의의 진원, 신자유주의 비판

다양한 반개입주의 이론들은 각자 나름의 역사적, 정치적, 제도적 상황, 그리고 이론적 전통 속에서 발전되었다. 어떤 이론은 신고전학파(예컨대 수입 대체 산업화에 대한 브레턴우즈 식 비판)를 계승하고 있는 반면, 다른 이론은 오스트리아 학파나 제도주의 같은 다소 비정통적인 전통에 기대고 있다. 그러나 반개입주의 이론들의 공통점은 경제 문제의 '기술적' 측면보다 '정치적'인 측면을 더 강조한다는 것이다.

예컨대 신자유주의 이론들은 개입주의의 정치적 기반에 문제를 제기하면서 윤리, 정의, 권력 등의 쟁점들을 경제학의 영역으로 복귀시켰다. 지금부터는 신자유주의 전통을 계승한 이론들을 일일이 비판하기보다 이 이론들을 관통하는 지적 기반에 대해 포괄적으로 논해 보자.

3.1 주인-대리인에서 주인은 누구인가?

신자유주의 이론들은 주인-대리인 모델을 원용하고 있다는 점에서 공통적이다. 이 모델에 따르면 주인에게는 대리인의 행위 전반을 감시할 수 없다는 한계가 존재하기 때문에 대리인의 사적인 이익 추구를 방지하기 위한 '유인incentives 체계의 설계'라는 문제가 발생하게 된다. 이와 유사하지만 보다 실제적인 사례로는 최적의 복지 혹은 사회보험 프로그램을 설계하는 문제가 있는데, 이 경우 잠재적 가입자의 '유형'을 정확하게 파악하기가 매우 어렵다는 것이 문제이다.[30] 또 산업 보조금이나 공기업 경영 규칙의 적정 수준을 결정하는 문제도 있는데, 이 경우에는 (가령 외부 충격 때문인가 아니면 부실 경영 때문인가와 같이) 특정 산업이나 공기업의 실패 원인을 파악하기가 어렵다는 것이 문제이다.

주인-대리인 모델은 특정한 개별 사안들에 대해서는 알찬 접근 방식이다. 이 모델은 전통적 후생경제학과 그것이 함유한 ('국가 관료들은 시장 실패를 파악하기만 한다면 언제든 이를 교정할 인센티브를 가지고 있다'는 식의) 전제의 유치함에 문제를 제기한다. 그러나 개별적 사안을 넘어서는 일반적 수준에서 주인-대리인 모델을 적용하면 당혹스런 문제가 생길 수 있다. 예컨대 누가 주인이고 누가 대리인이란 말인가.

그것도 현재와 같은 대중민주주의 사회에서 말이다. 사회복지 프로그램 문제와 관련해서는 우리는 '국가'가 주인이라고 주장할 수 있다. 그러나 관료주의의 주인-대리인 모델이나 계약주의적 정치 철학의 관점에서 보면, 국가는 '국민public'의 대리인일 뿐이다. 국가 개입 과정만 예로 들더라도 관점에 따라 주인-대리인 모델에서는 서로 상반되는 여러 가지 형태로 나타날 수 있는 것이다.

어느 쪽이 주인이고 어느 쪽이 대리인인지를 확정하는 유일하게 올바른 방법은 없다. 오히려 누가 주인이고 누가 대리인인지 가리는 방법이 여러 가지라는 사실 그 자체가 현대 정치의 복잡성을 반영하는 것이라고 보아야 한다. 따라서 이 문제의 핵심은 다음과 같다고 할 수 있다.

현대 사회의 복잡한 정치 과정을 충분히 감안하지 않는다면 주인-대리인 모델은 주요 쟁점들을 명확히 하기는커녕 애매하게 만들어 버리는 것으로 귀결될 수 있다. 현대 사회의 정치 과정은 지역, 산업, 국가 등 수없이 다양한 수준에서 이루어지는 집단적 행위와 협상 문제를 포함하고 있다. 더욱이 이런 문제의 해결책은 (노동자 계급의 연대 정도, 노동 윤리, 절제와 같은) 사회적 규범, (독재, 조합주의, 자유주의 등의) 정치 제도, (사회주의, 민족주의, 복지국가주의, 자유 기업과 같은) 사회 정치적 비전 등의 강력한 영향 하에서 형성된다. 그런데 주인-대리인 모델은 이 같은 정치-경제 과정의 복잡성을 반영할 수 없다. 이 모델이 주목하는 요소는 오직 '자신의 부를 극대화하려는 이기적 개인'밖에 없기 때문이다. 때문에 이런 이론에 기반해서 '경제 영역에서 국가를 몰아내자'는 급진적 주장을 받아들이는 것은 매우 위험하다고 할 수 있다.

3.2 국가에 대한 불신의 근거를 묻는다

신자유주의 이론들이 가진 또 하나의 공통점은 국가에 대한 깊은 불신이다. 신계약주의자들에게 국가란 본질적으로 확장 경향이 있는 필요악으로 간주된다. 때문에 사회 계약의 주체인 주권적 개인들sovereign individuals이 국가를 지속적으로 감독해야 한다는 것이다. 이 같은 신념은 관료 정치의 주인-대리인 모델에서도 관철된다. 통화주의자들이 통화의 목표 성장률을 법률적으로 고정해야 한다고 주장하는 이유도 국가는 '특별한 이익집단'의 요구를 물리칠 수 없다고 믿기 때문이다. 스티글러Stigler(1975)의 '규제 포획regulatory capture' 개념도 이와 비슷한 논리적 궤도를 그리고 있는데, 그 주장에 따르면 규제 당국은 국민의 이익에 봉사하기 위해 설립되었지만 결국에는 규제 대상이었던 그 이익집단에 봉사하게 된다는 것이다.

그러나 국가에 대한 신자유주의적 불신에는 심각한 문제가 있다. 신자유주의자들은 무비판적으로 - 혹은 의도적으로? - 국가 또는 그 구성 요소로서의 관료 집단에 대해 언제나 자신 또는 자신들만의 이익을 위해 행동한다고 추정한다. 그러나 우리 주변을 둘러보면 개인이나 단체들이 언제나 자신 또는 자신들의 이익만을 위해 행동하지는 않는다는 것을 쉽게 알 수 있다. 이 외에도 신자유주의자들의 단순하기 짝이 없는 자기중심적 전제를 허무는 사실들은 일상적으로 너무나 많다. 예컨대 정부가 공익에 봉사하는 수준이 국가마다 다르다는 것은 명백하다. 나라마다 국가가 공적 서비스를 제공해야 하는 것으로 인식되는 공적 영역도 다르며, 심지어는 같은 나라 내에서도 끊임없이 변화할 정도이다. 또 (공무원이나 기업인의 경우에서 보듯) 다른 환경에서 활동하는 사람들은 저마다 다른 행동 규칙을 가지고 있으며, 같은 환경에서 활동하는 개인이라도 (예컨대 공무원의 경우 사무실에 있을 때와 퇴근한 뒤와 같이) 시간과 공간에 따라 명백히 다른 행동 규칙을 자신에게 적용한다. 이 같은 사실들을 무시하는 모델에 기반한 정책들은 잘해봤자 혹세무민에 불과하거나, 최악의 경우 그 모델 구축자의 '국가 반대' 이데올로기를 표현하는 사이비 과학일 뿐이다.

여기서 조금만 더 근본적으로 들여다보면 국가에 대한 신자유주의적 불신의 뿌리는 집단 행위에 대한 불신이라 할 수 있는데, 거기에는 이론적 문제점이 있다.

첫째, (국가나 노조와 같은) 제도들이 항상 - 혹은 압도적으로 - 자유로운 개인들 간의 사회적 계약의 결과라는 주장은 정확한 것이라 할 수 없다. 예로부터 인류는 특정한 집단의 구성원으로 존재해 왔다. 때문에 '자유로운 계약 주체'라는 개념은 오히려 자본주의 질서의 결과라고 할 수 있는데,[31] 그 경우 제도가 개인들 간의 계약의 결과라고 주장하기보다는, 개인들이 제도의 결과라고 주장하는 것이 더욱 타당하다. 둘째, 집단적 행위보다 개인적 행위를 선호하는 신자유주의적 관점은 정치적으로 어설프기 짝이 없다. 신자유주의자들은 자주 '이익집단'을 공격한다. 그러나 그 이익집단들은 기실 신자유주의자들이 절대적으로 신성시하는 개인들의 연합일 뿐이다. 그런데 일관된 자유주의자라면 개인이 좋아하는 집단에 들어갈 자유를 박탈할 수는 없는 것 아닌가. 더욱이 신자유주의자들은 사기업 등 특정한 이익집단의 정당성은 승인한다. 그렇다면 사기업 등 일부 이익집단은 정당하고 다른 이익집단은 부당하다는 이야기인데, 이 같은 판단의 기준은 과연 무엇인가. 결국 신자유주의자들의 반反집단주의적 담론은 그들이 반대하는 일부 이익집단에 대항하는 정치적 의제를 은폐하기 위한 것일 뿐이다.

3.3 개인적 기업가 정신에 대한 맹신

신자유주의적 국가 불신의 또 다른 특징은 개개인의 기업가 정신에 대한 맹신이다. 물론 모든 친親시장적 이론들은 자원 배분의 비효율성이 '잘못된' 제도와 국가 정책에서 비롯된다고 생각한다. 하지만 신자유주의자들은 이보다 훨씬 더 나아간다. 즉 경제 전반의 생산능력이 향상되기 위해서는 개인들의 이윤 창출 노력이 (예컨대 혁신과 같은) 새로운 지식을 생성시키는 과정에서 필요한데, 국가 개입은 이런 개인들의 노력을 해친다는 것이다.

이 같은 시각의 문제점은 기업가 정신을 본질적으로 개인적 행위의 일종으로 본다는 것이다. 신자유주의자들은 개인의 내부에만 지식이 비축될 수 있다고 믿는다. 적어도 현대 경제에서는 제도와 조직들 역시 지식을 축적하는 공간으로 역할하고 있다는 사실을 무시하는 것이다. 그러나 슘페터(1987)의 예언과는 반대로, 현대 경제에서 연구개발R&D의 제도화는 혁신의 속도를 늦추기는커녕 오히려 가속화했다. 최근에 발표된 기술 변동 관련 연구들에 따르면,[32] 혁신 활동은 (개인만이 아니라) 국가의 지원 등 집단적인 노력에 의해 촉진된다. 이 같은 사실은 개인만이 기업가 정신을 담보한다는 낡은 개념이 더 이상 유효하지 않다는 것을 의미한다.[33] 기업가 정신은 점점 더 집단적 행위의 성격을 띠어 가고 있는 것이다.

또한 신자유주의자들은 국가 개입이 기업가 정신을 타락시킨다고 믿는다. 즉 국가 개입으로 말미암아 기업가 정신이 정치적 수단을 통한 재산권의 보존이나 노리는 '낭비적' 행위로 변질된다는 것이다.[34] 물론 완전히 틀린 말은 아니다. 그러나 이런 주장을 통해 신자유주의자들은 그동안 주류 경제학자들이 그토록 열심히 경제학에서 제거하기 위해 분투했던 요소, 즉 가치 판단value judgement을 경제학으로 복귀시키고 있다. 예컨대 어떤 행위가 생산적인지 비생산적인지 정의하기 위해서는 그 행위가 경제의 작동에 '필수적'인지 아닌지를 결정할 수 있는 일정한 기준들이 전제되어야 한다. 그리고 이런 기준들을 세우려면 최소한의 정치적·윤리적 가치 판단이 필수 불가결하다. 어느 정도의 정치적·윤리적 가치 판단을 전제하지 않는다면 어떤 행위가 생산적인지, 비생산적인지 정의할 수 없다는 이야기이다. 결국 가치 판단이 없다면 비생산적 혹은 생산적 노동의 개념조차 설득력 있는 수준으로 구축할 수 없게 된다.[35]

(예컨대 지대 추구와 같은) 정치적 경쟁을 '낭비'라고 비난하는 많은 사람들은 이 같은 딜레마를 인식하지 못한다. 그러면서도 현대 경제에서 탈규제만 추진하면 모든 '비생산적' 행위를 제거할 수 있다고 암묵적으로 가정한다. 그러나 반드시 그렇지는 않다.[36]

3.4 벗어날 수 없는 반공리주의적 한계

강력한 반공리주의anti-utilitarianism 혹은 좀 더 폭넓게 말해 반결과주의anti-consequentialism는 대다수 신자유주의 이론들의 공통분모이다.[37] 물론 공리주의와 정치적 자유주의 간에 일정한 긴장이 존재한다는 것은 잘 알려져 있다.[38] 하지만 신고전학파 경제학의 공리주의적 전통 속에서 강고하게 성장한 신자유주의 이론가들은 자신들의 사고에서 공리주의적 유산을 완전히 청산하는 것이 얼마나 어려운지를 잘 알고 있을 것이다. 게다가 (법칙에 대한 신계약주의적 옹호나 자유 경쟁에 대한 오스트리아 학파의 집착, 통화 정책 수립에 대한 법률적 차원의 규제와 같은) 많은 신자유주의적 입장들이 모두 (개인의 자유, 진입의 자유, 제로 인플레이션 등과 같은) 결과에 관계없이 준수되어야 하는 기본 규칙이 있다는 사상에 기반하고 있으며, 상당수의 신자유주의자들은 실제 "개인적 자유와 경제적 효율성 간에 정치적 갈등이 불거지는 상황이 온다면 전자를 위해 후자를 기꺼이 포기해야 한다."고 주장하기까지 한다.[39]

그러나 이 같은 논리에는 많은 자체적 모순이 있다. 무릇 어떤 규칙 혹은 절차에 대한 옹호라는 것은 특정한 결과를 다른 결과보다 선호하기 때문이다. 그렇지 않다면 그 규칙은 신이 부여했거나 완전한 우연에 기반해서 선택된 것이라고 가정할 수밖에 없다. 그러나 대다수의 신자유주의 이론가들은 이런 가정을 납득하지 못할 것이다. 가령 우리가 다수결 원리라는 규칙을 존중하기 때문에 다수결 원리에 따른 것이라면 '차선suboptimal'의 결과라도 기꺼이 받아들이겠다고 말해야 한다. 그러나 우리가 당초 다수결 원리를 존중하기로 한 이유는 무엇일까. 다수결 원리가 어느 정도까지는 대체로 '최선'의 결과를 산출할 것이라고 생각했기 때문이 아닐까. 이런 입장에서 본다면 신자유주의자들의 주장은 기껏해야 (불완전한 예측, 지식의 불완전한 전달, 의지의 박약함, 변덕과 같은) 인간적 오류를 감안해 더 좋은 결과를 내보자는 한 차원 높은 수준의 공리주의에 지나지 않는다.

물론 신자유주의자들이 이런 딜레마에서 빠져 나가기 위해 '신자유주의적 규칙들은 논란의 여지가 없기 때문에 공리주의적 차원에서 나온 것으로 해석될 수는 없다'고 주장할 것이다. 그러나 교조적으로 신자유주의적 규칙들을 받아들이는 사람들을 제외한 대다수의 입장에서 볼 때, 인간이 과연 결과 또는 결과주의적 사고를 전혀 고려하지 않은 상태에서 규칙을 만들 수 있을지 미심쩍을 수밖에 없다.

4 보다 업그레이드된 국가 개입론을 향하여

신자유주의의 부활은 비록 지식 전달의 제한성 및 기업가 정신의 역할을 강조한 오스트리아 학파에 의해 보완되기는 했으나, 19세기 자유방임적 전통이 현대 사회에서 어느 정도 복권되었음을 의미한다. 신자유주의 이론들은 자유 시장의 효능을 강조하는 반면, 국가 개입에 대해서는 무용할 뿐 아니라 반反생산적이라고 주장한다. 그에 따르면 최근에 발생한 경제적 질병들은 과거와 현재의 국가 개입 때문이므로 대다수 경제 문제에 대한 신자유주의적 처방은 탈규제 및 국가의 역할을 '야경국가' 수준으로 후퇴시키는 것이다. 신자유주의 이론들은 또 국가 개입이 실패하는 이유로, 경제 운영에 필요한 정보를 충분히 수집하는 것이 국가로서는 원천적으로 불가능하다는 점(오스트리아 학파), 관료 조직의 자기 이익 추구(니스카넨, 피콕, 롤리), 조직화된 이익 집단의 자기 이익 추구(지대 추구, 제도적 동맥경화증) 등을 거론한다.

1970년대 중반 이후 신자유주의 독트린은 세계 전체에서 광범위한 추종자들을 얻었다. 신자유주의는 많은 선진국과 개발도상국에서 자유화와 민영화를 촉발시켰고, 심지어 사회주의 국가에서는 정치 혁명을 일으키기까지 했다. 선진자본주의국가들 중 특히 미국과 영국에서는 신자유주의적 프로그램이 활발하게 추진되었으나, 다른 나라에서는 그 정도가 덜 했다. 많은 개발도상국들은 무역, 산업, 노동 시장 정책 등에서 이미 신자유주의적 프로그램을 수행했는데, 이는 어떤 경우에는 자발적 선택에 따른 것이었으나 다른 경우에는 해외 채권자들의 압력 때문이었다. 이 같은 프로그램들은 대체로 시장 자유화와 직접적 국가 개입 감소에 따라 경제가 유연하고 창조적으로 변화되면서 당면 경제 문제 해결은 물론 장기적 역동성까지 보장한다고 약속했다.

그러나 현재 신자유주의적 프로그램은 비록 모두가 그렇게 생각하는 것은 아니지만, 이 같은 약속을 지키는 데 거의 실패한 것으로 간주되고 있다. 세계 경제는 여전히 해결 기미가 보이지 않는 난해한 문제들로 곤란을 겪고 있다. 우선 신자유주의적 프로그램을 추종했던 상당수 개발도상국들은 난관에 처해 있는 형편이다. 선진자본주의국가들의 경우, 영국의 대처주의Thatcherite 실험은 영국 경제를 보다 경쟁적으로 만드는 데 확연하게 실패했다. 미국의 클린턴 행정부는 레이거노믹스Reaganomics와 연관된 사상들을 공공연하게 논박한 바 있다. 이런 경험들의 결과로 신자유주의적 프로그램의 마법에서 깨어나는 사람들이 계속 늘어나고 있다. 이 같은 추세에서 부분적으로나마 예외적인 사례로는 아마 동유럽과 소련을 들 수 있을 것이다. 그러나 여기서도 자유 시장의 효능에 대한 당초의 낙관주의는 빠르게 사라지고 있다.

지금까지 우리는 여러 측면에서 신자유주의 이론을 비판했다. 우리는 대다수 신자유주의 이론이 (경제 주체와 사회마다 다르고 시간에 따라 다른) 인간 행위에서의 동기의 복잡성, (누가 주인이고, 누가 대리인인지 불분명한) 현대 정치 형태의 복잡성, 정책 형성 및 수행 과정에서 정당화의 중요성, 복잡한 현대 경제에서 집단적 관리의 필연성 등을 고려하지 않는다고 지적했다. 정치에 대한 신자유주의자들의 극단적으로 단순한 개념은 그들의 주장을 기껏해야 남을 오도하는 것으로, 최악의 경우에는 사기로 만들어 버린다.

만약 신자유주의자들이 '최소 국가' 수준을 제외한 (국가 개입 등과 같은) 모든 집단적 행위를 사실상 금지하는 방향으로 법률을 개정하는 것이 가능하다고 정말 믿고 있다면, 그들은 지나치게 천진난만한 것이다. 그렇게 믿고 있지도 않으면서 그런 주장을 끊임없이 내놓는다면, 그것은 그들이 대중적인 담론 뒤에 은밀한 정치적 의제를 숨기고 있는 것이다. 즉 그들은 노동자 계급과 여러 '진보적' 운동이 20세기에 거둔 성과들을 그 이전으로 되돌린다는 목표를 갖고 있는 셈이다.

신자유주의자, 특히 오스트리아 학파의 영향을 받은 학자들이 중앙 계획 경제가 복잡하고 끊임없이 변동하는 현대 경제를 운영하는 가장 합리적인 방법은 아니라고 주장한 점에서는 옳았다. 그러나 이 정도의 견해를 기반으로 모든 형태의 국가 개입은 필연적으로 실패한다고 결론 내린 것은 지나친 비약으로 다음과 같은 점에서 오류이다. 첫째, 전시戰時나 우주 개발 계획처럼 압도적으로 중요한 목표가 존재하는 상황에서는 중앙 계획 경제가 시장보다는 더 잘 작동한다. 둘째, 중앙 계획 경제만큼 정보 수집 능력이 절실하지는 않지만, 적어도 중앙 계획 경제만큼은 효율적인 또 다른 형태의 국가 개입이 있다. 바로 동아시아 스타일의 산업 정책 경제이다.[40] 하이에크가 말한 것과는 반대로 제3의 길은 있다. 아니, 수많은 제3의 길이 있는 것이다.

보다 폭넓게 보면 신자유주의적 신념, 즉 최소 국가주의자를 제외한 어떤 집단적 조직도 경제에서 긍정적 역할을 해 낼 수 없다는 견해는 다음과 같은 점에서 받아들여질 수 없다. 첫째, 기업만 하더라도 결국 한 무더기의 계약들로 구성된, 순수하게 개인적인 조직이 아니라 수많은 '위계적'이고 '관계적'인 요소들을 가지고 있는 조직이다.[41] 더욱이 현대 경제에는 광범위한 '네트워크'가 존재하는데, 이는 순수한 계약적 관계가 아니라 신뢰와 연대에 기반하는 것이기도 하다.[42] 그런데 신자유주의자들이 가정하는 세계는 타인과는 일시적인 교류를 맺을 뿐인 고립된 개인들로 득시글거리고 있다. 하지만 이런 세계는 결코 존재하지 않으며, 존재할 수도 없다.[43]

그러나 아무리 격렬하게 신자유주의자들을 비판한다 해도, 신자유주의 이론이 정보의 경제적 역할, 경쟁의 중요성 등에 대한 주요한 통찰을 제시했다는 점은 인정해야 한다. 특히 복잡한 현대 경제의 운영에는 상당한 정도까지 국가에서 독립된 시장이 필요하다는 것도 광범위한 동의를 얻고 있다. 다만 시장이 잘 작동되기 위해서 재산권이 어느 정도까지 인정되어야 하는지에 대해 상당한 이견이 존재할 뿐이다.[44] 보다 중요한 것은 개입의 성격과 범위가 상황에 따라 달라질 수 있다는 점이다. 즉 국가 개입에 대한 일반적 원칙을 대략적으로나마 설정할 수 있다 해도, 그 적절한 정도와 바람직한 영역을 결정할 수 있는 엄격한 규칙은 존재하지 않으며, 오로지 구체적인 역사적, 제도적, 지리적 상황 속에서만 결정될 수 있다는 것이다.

신자유주의자들은 현존하는 국가 개입의 유용성에 대한 문제 제기라는 역사적 책무를 성공적으로 수행했다. 실제로 현재의 국가 개입 중 일부는 심각한 문제점을 가지고 있는 것이 명백했고, 그렇기 때문에 국가 개입의 새로운 형태를 정초하기 위한 연구의 막이 오른 것도 사실이다. 하지만 신자유주의자들은 국가를 봉쇄한 상태의 경제에서 '놀라운 신세계'에 대한 비전을 달성할 수 있는, 지적으로 성공적이며 정치적으로 작동 가능한 프로그램을 제시하지는 못했다.

물론 그렇다고 이제 와서 신자유주의의 부활 이전으로 지식 사회의 시계를 되돌리는 것이 가능하거나 바람직하다고 믿는 사람은 거의 없을 것이다. 그동안 세계 경제가 엄청나게 변화했음은 물론, 그 과정에서의 실제 경험과 신자유주의적 비판에 입각해 볼 때 과거 사고방식의 결함들이 일부 밝혀졌기 때문이다. 그러므로 이제 우리가 해야 하는 일은 이전의 지적인 황금시대로 회귀하는 것이 아니다. 오히려 신자유주의의 유효한 통찰로부터 이데올로기적 장막을 벗겨낸 뒤, 더욱 넓고 객관적인 지식 틀로 통합시키는 새로운 종합이 우리의 목표이다.

구 조 조 정 시 대 의 국 가 의 역 할

Globalization, Economic Development, and the Role of the State 2

이른바 자본주의 황금시대가 종말을 고한 이후 서유럽과 북미의 산업 국가들은 자본 축적과 생산성 성장에서 두드러진 후퇴를 겪었다.[1] 이것은 일본과 신흥공업국들NICs의 부상에 따른 국제 노동 분업의 변화에 발맞추어 서유럽과 북미 산업 국가들이 거대 규모의 산업 구조 조정을 단행해야 한다는 것을 의미했다. 이와 같은 '산업 위기'에 대응하기 위해 이들 국가는 자국의 경제 구조를 재조정했다. 그러나 그 실적은 속도와 효율성, 구조 조정 과정의 평등성 등에서 나라마다 크게 달랐는데, 이런 결과는 당시로서는 놀라운 것이었다. 이 국가들은 시장 경제 체제라는 측면에서 비록 동일하지는 않을지 몰라도, 아주 비슷한 나라들로 간주되어 왔기 때문이었다.

산업 국가들이 산업 구조 조정 과정에서 각기 크게 다른 양태를 나타낸 이유는 무엇일까. 이에 대한 설명 중 얼마 전까지 가장 인기를 누렸던 것은 1970년대 후반에 등장한 신자유주의적 해석이다. 그에 따르면 (재산권, 계약법 등 시장에서의 교환에 필요한 것을 제외한) 모든 규칙과 규제, 제도들은 시장의 순조로운 작동을 방해하는 경직성이다. 이 관점의 옹호자들은 특히 유럽의 일부 산업 국가에서 구조 조정이 지체된 이유를 제도적 경직성에서 찾는데, 이 제도적 경직성은 이익 집단의 압력에 굴복한 국가의 개입으로 인해 발생한다는 것이다.[2] 신자유주의자들에 따르면, 제도적 경직성은 생산요소가 더욱 수익성 높은 (또는 여건은 보다 열악하지만 사회적으로 요구되는) 부문으로 이동하는 것을 차단한다. 따라서 국가 개입 및 각종 제도적 경직성 정도가 약한 국가일수록 경제 성장과 산업 구조 조정에서 보다 나은 실적을 거두게 된다는 것이 이들의 주장이다.

그러나 최근에는 '제도주의institutionalism'라는 대안적 해석이 세력을 얻고 있다. 제도주의자들의 경우 산업 구조 조정의 효율성과 공평성에서 나라마다 실적이 차이 나는 이유를 이들 국가의 경제 및 정치 제도가 다르기 때문이라고 설명한다. 그들에 따르면, 특정 국민 경제의 성패는 그 나라가 가지고 있는 여러 가지 제도들에 달려 있다. 시장은 물론 매우 중요한 제도이기는 하나 이 같은 제도들 중의 하나라는 점에서는 역시 마찬가지이다.

상당수의 제도주의자들은 국가의 역할을 특별히 강조한다. 국가는 제도들 중의 하나이기도 하지만, 이 같은 제도들의 매트릭스를 운영하는 경영자 역할을 수행하기 때문이다. 이와 동시에 제도주의자들은 기업 네트워크, 노조, 대기업 같은 비非국가적 제도의 중요성도 인식하고 있다. 제도주의와 관련된 저명한 저작들은 이 외에도 사회적 조합주의,³ 산업 정책,⁴ 포스트 포디즘post-Fordism과 유연 전문화 flexible specialization,⁵ 국민 경제적 혁신 시스템⁶ 등에 대한 논쟁을 포함하고 있다.

이제부터 우리는 제도주의적 관점에서 국가 개입의 이론을 (지금부터 구조 변동으로 간략하게 표현되는) 기술 및 제도의 실질적 변동을 포함하는 대규모 경제 변동의 문제와 관련해 발전시켜 보도록 하겠다. 그러기 위해 우선 필자는 국가의 역할을 이해하는 세 가지 대안적 방법, 즉 후생경제학, 신자유주의, 제도주의를 비교한 뒤 우리의 자체적 이론을 발전시키는 방향으로 나아갈 것이다.

이어서 구조 변동을 위해 국가가 수행해야 할 역할을 다룰 것이다. 구조 변동을 위해 국가가 수행해야 할 역할은 두 가지로 나눌 수 있는데, 그 중 하나는 미래에 대한 '비전'을 제공하고 새로운 제도를 수립한다는 의미에서의 기업가 정신이고, 다른 하나는 구조 변동 과정에서 나타나는 갈등을 조정하는 역할이다.

마지막으로는 다른 '시장' 경제들이 자국의 구조 변동 과정을 관리하는 서로 다른 방법들에 대해 이해할 수 있는 단서를 제공하고자 한다. 여기서 필자는 다양한 시장 경제 모델 중 두 종류를 골라 사례로 제시할 것인데, 그 중 하나는 앵글로색슨 식 자유방임 모델보다 우월한 대안일 수 있다고 기대를 모으는 (한국, 일본, 대만 등) 동아시아와 프랑스의 '산업 정책 국가industrial policy state'이고, 다른 하나는 (스웨덴, 노르웨이, 핀란드 등) 스칸디나비아 반도의 '사회적 조합주의 social coporatist' 경제들이다.

1 후생경제학, 신자유주의, 제도주의의 개입론

후생경제학 혹은 '시장 실패론'적 접근은 2차 대전 이후 국가의 역할에 대한 논쟁을 주도해 왔다. 이들 이론에서 국가 개입은 필수적인 요소인데, 그 이유는 자기 자신의 이익만을 추구하는 분산된 경제주체들로는 경쟁적 균형의 '효율성' 조건the 'efficiency' conditions of a competitive equilibrium을 충족시킬 수 없다고 간주되기 때문이다. 시장 실패론적 접근에 따르면 비분할성indivisibility, 배타적 소유권의 결여, 전략적 행동 등의 현실적 조건들은 '사적인 비용 및 수익'과 '사회적인 비용 및 수익' 간의 불일치로 귀결되는데, 이는 결국 공공재, 외부성, 독점 등의 문제에서 드러난다. 이렇듯 시장 메커니즘이 사회적으로 적정한 결과를 생산하는 데 '실패'하면, 국가는 (플라톤이 말한 철인왕의 현대적 등가물인) 전지전능한 사회의 수호자로서 이 같은 실패들을 교정하기 위해 개입하게 된다. 이때 국가가 사용하는 수단으로는 공적 생산, 가격 조절, 독점권 판매franchise bidding, 세금, 보조금, 재산권의 재배분 등이 있다.

하지만 이러한 관점들은 신자유주의의 부상 이후 가혹한 비판을 받게 된다.[7] 신자유주의 내부에는 국가의 역할에 대한 후생경제학적 관점을 강력하게 비판할 수 있는 세 가지 이론이 존재한다. 첫째, 계약론적 정치 철학이다.[8] 이 철학에 따르면, '야경(국가)' 수준을 넘어서는 국가의 어떤 역할 확장도 윤리적으로 승인될 수 없다. 상당수의 신자유주의 사상가들은 심지어 후생경제학의 '공리주의'적 관점을 비판하며, 경제적 효율성과 개인의 자유가 상충되는 경우 전자가 희생되어야 한다고까지 주장한다.[9] 둘째, 오스트리아 학파의 이론이다.[10] 신자유주의 경제학자 (전부는 아니지만) 대다수는 복잡한 현대 경제에서 국가 개입은 기본적으로 정보 비용의 문제와 함께 불확실성 때문에 실패할 수밖에 없다고 주장하는데, 이는 오스트리아 학파의 학설과 일치한다. 이와 같은 입장을 가진 학자들은 현대 경제에서 유일하게 실현 가능한 질서는 '자연 발생적spontaneous'인 시장 질서뿐이라고 믿는 까닭에, 시장 질서를 '계획'으로 대체하려는 국가의 시도는 오류라고 주장한다.[11] 셋째, 신정치경제학 혹은 '정부 실패'적 접근인데, 이는 신자유주의자들에게 강력한 영향을 미치고 있다. 이 이론들은 후생경제학의 국가관, 즉 '국가는 사회적 후생을 극대화하는 자애롭고 전능한 사회의 수호자'라는 견해를 기각한다. 이들 이론에 따르면 국가는 오히려 (정치가, 관료, 각종 이해집단과 같은) 국가 기구 내외에 걸친 정치적 이익집단들의 이해에 봉사하는 대리인으로 간주된다. 때문에 국가 개입은 '시장 실패'를 교정하기보다는 배분적 비효율성, 조직적 태만 (혹은 X-비효율성), 지대 추구적 '낭비' 등으로 귀결될 가능성이 크다는 것이다.[12]

여기서는 신자유주의의 나머지 두 이론, 즉 오스트리아 학파와 신정치경제학만으로도 후생경제학에 기반한 전통적 국가 개입주의를 충분히 비판할 수 있는 만큼 국가 개입을 '윤리학'적으로 비판하고 있는 계약론적 정치 철학은 일단 제쳐 두기로 하자.

우선 오스트리아 학파에 따르면, 후생경제학이 하나의 분파로 속해 있는 신고전학파 경제학은 기술, 제도 등의 요소를 '고정적인 데이터'로 간주할 뿐이다. 하지만 현실 세계에 실재實在하는 기술과 제도는 '시장 과정market process'의 끊임없는 변화 속에 존재하는 것이다. 오스트리아 학파의 이 같은 주장을 받아들인다면, 시장 실패는 그 개념 자체가 유지되기 어렵다.[13] 그리고 만약 오스트리아 학파의 주장대로 시장 과정에 가득 찬 불확실성들 때문에 (그에 어긋나는 것은 시장 실패로 간주되는) 시장의 이상형, 즉 신고전학파의 경쟁적 균형이라는 것이 존재할 수 없다면, 후생경제학 자체가 무의미해진다.

두 번째, 국가가 전지전능한 사회의 수호자라는 후생경제학의 가정이 지나치게 이상주의적이라는 것에 동의한다면, 그리고 국가는 정치적으로 강한 이익집단의 당파적 이익을 관철시키기 위한 도구라는 (편향되었지만 어느 정도 현실적인) 신정치경제학의 주장을 수용한다면, 우리는 보다 덜 개입적인 국가가 더 바람직하다는 견해를 갖게 될 것이다. 그리고 이 같은 관점에 따르면, 경제 부문에 대한 국가 개입을 차단하는 것만이 정치라는 전염병에서 경제 부문을 보호할 수 있는 유일한 방법이 될 것이다.

이와 같은 (오스트리아 학파와 신정치경제학의) 신자유주의적 비판들은 국가 개입에 대한 이해를 근본적으로 바꿀 수 있는 유용한 통찰들을 다소나마 제공한다. 세계가 속성상 불확실한데다 끊임없이 변화 중이라고 가정하면, 시장 실패에 대한 분석이 아무리 정교하다고 할지라도 완벽하게 만족스러운 해결책을 제시하기는 어려울 것이다. 마찬가지로 국가 개입에 대한 대다수 지지자들은 국가 개입이 어떤 경우에는 매우 바람직하지 못한 결과로 귀결될 수 있고, 또 실제로 바람직하지 못한 결과로 귀결된 적도 있다는 것을 부인할 수 없을 것이다. 이른바 '약탈' 국가나 이익집단에게 '포획된' 국가 등이 그 사례이기 때문이다.

그러나 다음에 사례를 제시하겠지만, 최근의 연구들은 많은 나라의 발전 경험에서 국가가 긍정적인 역할을 해 왔다는 것을 보여 주었다. 물론 국가 개입이 나라마다 다른 실적을 기록하는 이유는 확실하지 않다. 그러나 이 같은 사실은 국가 개입에 대한 신자유주의적 반대 역시 복지국가에 대한 신봉만큼이나 허술하다는 것을 시사한다. 그렇다면 지금 우리에게 필요한 일은 국가 개입의 성패 여부를 결정짓는 요소를 밝히는 것일 터이다.[*] 더욱이 (신제도주의 경제학보다 광의의 개념인) 정치경제학에 대한 제도주의적 접근에서 내놓은 최근의 성과에 따르면, 신자유주의는 근본적으로 이론적 문제점을 가지고 있는데, 이런 문제점들에 대한 교정이 이 글의 주요 목표 중 하나이기도 하다.

첫째, 오스트리아 학파의 주장과는 반대로 조직, 네트워크, 국가 개입 등과 결합되어 '구축된' 질서들은 '자연 발생적'인 시장 질서와 마찬가지로 중요한 역할을 수행했다.[14] 세계가 불확실성으로 가득 차 있다는 것은 사실이다. 그러나 이 같은 사실이 우리가 불확실성을 극

---

[*] 뒷부분에서 몇 가지 실험적으로 논하기는 하겠지만, 이러한 요소에 대한 만족할 만한 논의는 이 글의 당초 의도에서 벗어나는 관계로 여기서는 다음과 같은 기본적인 생각만 제시하도록 하겠다. 우선 국가를 통제하는 것은 무엇인가? (선거나 이익집단의 압력과 같은) 국내 정치 문제의 경우에는 명백한 후보자가 있지만 (개방형 경제나 적대적인 이웃 국가 같은) 외부적 압박의 역할도 과소평가되어서는 안 된다. 둘째, 경제 발전은 국가 개입의 효율성에 어떤 영향을 미치는가? 가령 경제 발전으로 인해 경제가 더 복잡해지면서 국가가 개입하는 데 어려움이 증가할지도 모른다. 그러나 경제 발전은 또한 운영이라는 측면에서 '경험 학습learning by doing' 과정을 통한 국가 역량의 증대를 이끌어 낼 수도 있다. 셋째, 국가의 효과적인 개입에 결정적인 영향을 미치는 정당성을 어떻게 담보할 것인가? 예를 들어보자. 참여적인 정치 체제가 국가에 보다 많은 정당성을 부여할 것인가, 아니면 국가에 과도한 부담을 가하거나 국가의 신뢰도를 떨어뜨림으로써 결과적으로 국가의 정당성을 약화시킬 것인가? 경제를 어느 정도 정치적으로 운용하는 것이 국가의 정당성을 높여 줄 것인가? 넷째, 각종 이해관계를 대표하는 조직의 형태가 국가 개입의 성패를 결정짓는가? 스칸디나비아처럼 국가적 차원에서 이익집단의 집합체를 구성할 필요가 있는가? 그렇지 않으면 다른 영역에 적합한 다른 형태의 이해관계를 대표하는 장치가 있는 것인가? 그들 사이에 충돌이 있는 것은 아닌가? 필자는 이러한 주제에 대해 유용한 논평을 제공한 란데스만Michael Landesmann에게 감사의 뜻을 표하고자 한다.

복하기 위해 어떤 일도 할 수 없다는 것을 반드시 의미하지는 않는다. 결국 모든 제도는, 어느 정도까지는, 인위적인 (그렇기 때문에 필연적으로 불완전한) 질서를 통해 불확실성을 극복하려는 장치로 간주될 수 있다. (이와 관련된 좀 더 자세한 설명은 바로 다음 항목에서 다룰 것이다.) 더욱이 역사적으로 살펴보면, '자연 발생적'인 시장 질서의 탄생 그 자체도 명백히 재산권 등 시장 관련 제도를 설립한 국가의 적극적 역할 덕분이었다. 국가 역할의 중요성은 국가가 실제로 자본가 계급을 창출하고 현대적 금융 제도 및 생산 조직까지 만들어야 했던 '후발 국가들late-developing countries'을 보면 더욱 분명해진다.[15] 심지어 국가는 이런 관점에서 자본주의의 발상지라 할 수 있는 영국에서도 중요한 역할을 수행했다.[16] 바로 다음 항목에서 다시 논의하겠지만, 이 같은 사실을 인식함으로써 우리는 완전히 새로운 연구 영역으로 진입할 수 있는데, 그 영역은 사회에 대한 비전을 제공하고 이를 실현하기 위해 새로운 제도를 창출하는 기업가로서의 국가의 역할이다.

둘째, 정치가 경제를 오염시키지 못하게 하려면 국가 개입을 차단해야 한다는 신정치경제학적 견해는 지극히 의문스럽다. (자발적이든 아니든) 국가가 경제에 개입하는 권력을 '포기'하는 것은, 어떤 조건 하에서는 분명히 바람직하지 못한 정치적 압력에서 국가를 보호하는 훌륭한 방법일 수 있다. 그러나 그렇다고 해서 덜 '정치화'된 경제 운영이 반드시 더 바람직하다고 확언할 수 있는 것은 아니다. 최근 연구들은 노골적으로 정치적인 경제 운영조차도 '공적 의제의 형성에 대한 제도 및 이데올로기의 영향'이나 '공적 의제의 형성과 실행 과정에서 이익집단에 대한 국가의 자율성', '이익집단의 의사 표현 형태', '국가 개입의 과정과 결과에 대한 이익집단의 영향력' 등 그 결과의 성패를 결정하는 요소에 따라 바람직한 결과로 귀결될 수도, 그렇지 않을 수도 있다는 것을 보여 준다.[17] 게다가 기실 특정한 방법으로 '정치화된' 경제 운영 모델에서도 효율적이거나 평등한 구조 변동이 나타난 사례를 보여 주는 연구들도 있다. 우리가 이 글의 마지막 항목에서 논의할 (동아시아와 프랑스 같은) 산업 정책 국가나 (스칸디나비아 반도 같은) 사회적 조합주의가 바로 그것이다.

국가에 대한 제도주의적 관점은 후생경제학이나 신자유주의와는 다르다. 제도주의에서는 후생경제학이나 신자유주의의 사상적 기반인 시장의 제도적 우선성primacy이 기각된다. 제도주의는 시장 질서가 전혀 '자연적인' 것이 아니라고 믿는다. 반면 후생경제학은 시장 외의 제도들을 인위적인 차선의 대체물로 간주한다. 이 차선적인 대체물, 즉 시장 외의 제도들은 시장이라는 자연 발생적 제도가 약속된 결과를 낳지 못할 때에야 나타난다는 것이다. 이런 관점을 대표하는 애로우Arrow(1974)에 따르면, (그가 '조직들'이라고 표현했던) 시장 외의 제도는 단지 '가격 시스템이 실패한 상황에서 집단적 행위의 이익을 실현하는 수단'에 지나지 않는다.

신자유주의의 다른 한 줄기인 신정치경제학은 기본적으로 위와 같은 견해를 공유한다. 그러나 시장의 대체물, 예컨대 '정부' 역시 실패할 수 있으며, 심지어 더 나쁜 효과를 가져올 수도 있다고 주장한다는 점에서 후생경제학과는 다르다. 신자유주의의 다른 분파인 오스트리아 학파는, 후생경제학 및 신정치경제학과는 또 다르게 시장은 그 움직임이 미리 정확히 예측되는 기계적 장치가 아니라 자연스럽게 나타나는 것이라고 주장하면서, 시장 이외의 인위적 제도들에 대해서는 '합리적 구성주의rational constructivism'의 관점에서[18] 몰락할 수밖에 없는 헛된 노력으로 간주한다.

외견상 후생경제학은 친개입주의 성향을 가진 것으로 여겨지지만, 시장의 제도적 우선성에 대해서는 반개입주의 성향인 신자유주의와 믿음을 공유한다. 이는 언뜻 역설적으로 보일 수도 있으나 사실은 그렇지 않다. 시장의 제도적 우선성과 국가 개입의 축소는 동일한 입장이 아니기 때문이다. 예컨대 후생경제학의 경우 시장의 제도적 우선성과 함께 시장 실패를 인정한다. 즉 후생경제학에서는 시장 실패가 광범위한 경우 엄청나게 거대한 규모의 국가 개입도 논리적으로 승인될 수 있는 셈이다.

이와 대조적으로 제도주의적 관점은 시장의 제도적 우선성을 인정하지 않는다. 제도주의에 따르면, 시장은 수많은 경제 제도 중 하나에 불과할 뿐이다. 시장이 가장 중요한 제도일 근거도, 필요도 없는 것이다.[19] 한편 후생경제학과 신자유주의는 '시장 대 국가'라는 이분법에서 볼 수 있듯 제도와 제도 간에 '과학적' 경계선이 존재한다고 본다. 그러나 제도주의자들은 (시장이라는) 제도와 (국가라는) 제도를 구분할 수 있는 '과학적' 기준을 믿지 않는다. 이미 지적했듯 제도주의는 국가의 역할을 유무형의 수많은 제도들에 대한 설계, 수호, 개혁으로 공공연하게 규정하고, 이런 국가의 여러 역할이 효율적으로 수행되려면 (신정치경제학에서 지적된) 정치적 제약 조건들에 대한 신중한 대응이 필요하다고 주장한다.

그러면 이제부터 지금까지의 내용들을 발전시키는 방법으로, 특히 구조 변동 과정과의 연관 속에서 국가 역할의 이론에 대한 윤곽을 그려 보자.

2 기업가로서의 국가의 역할

현대 경제에서는 생산요소들이 '소유권에서는 분산되어 있지만, 사용에서는 상호 의존적이다.'[20] 이런 경제에서 효율적으로 구조 변동을 추진하려면, 해당 경제의 여러 부문에서 나타나는 각각의 변동들을 조절할 필요가 있다. 각각의 개별 부문을 통제하는 주체들이 '체제 전체를 보는systematic' 비전의 결여나 다른 관련 경제 주체들의 행위의 불확실성을 이유로 우왕좌왕하다 보면 구조 변동에 착수하거나 달성하는 것이 불가능할 수 있는 만큼, 경제 전반을 변화시키기 위해서는 (국가든 아니든) 일정한 경제 주체가 중심적 위치에서 조절 역할을 수행할 필요가 있다.* 그러나 조절이 단순히 하나의 균형 상태에서 더 높은 수준의 균형 상태로 가는 이행의 조절로 간주되어서는 안 된다.[21] 이러한 시각(변화의 문제를 하나의 균형에서 더 높은 균형으로 옮겨 가는 것으로 보는 시각)은 유용한 때도 있지만, 큰 한계를 가지고 있다.

조절을 더 높은 균형 상태로 이동이라고 보는 관점은 다음과 같은 가정을 전제한다. 즉 관계되는 모든 경제 주체들은 성립 가능한 모든 균형 상태를 알고 있으며, 그 중 어떤 균형이 가장 최선의 결과인지 (최소한 확률론적으로라도) 파악할 수 있다는 것이다. 이런 상황이라면 구조 변동에 대한 유일한 장애물은 모든 경제 주체들이 동시에 높은 균형 상태로 이동하는 데서 야기되는 혼란밖에 없다. 그러나 오스트리아 학파가 설득력 있게 주장한 바와 같이, 이와 관련된 진정한 문제

---

* 이러한 추론은 이른바 '빅 푸시' 모델이나 '균형 성장' 모델(Rosenstein-Rodan, 1943; Scitovsky, 1954) 같은 초기 산업화 이론의 기초를 형성하였으며, 보다 최근에는 기술적 진보에 관한 연구에도 적용되고 있다(David, 1985; Dosi et al. (eds.), 1988).

점은 우리가 모든 가능한 균형 상태를 파악할 수 없음은 물론, 설사 파악한다 해도 그 중 어떤 균형이 최선인지 알 수 없다는 점에 있다.*

지금까지 살펴보았듯이, 구조 변동은 이미 존재하는 선택 조합 choice set 중 하나를 고르는 행위 이상의 것을 요구한다. 구조 변동에 필요한 것은 오히려 선택 조합 그 자체를 수립하는 것, 즉 미래를 위한 비전을 제공하는 것이다. 그리고 국가는 중심적 경제 주체로서 이런 비전의 제공에 중요한 역할을 수행할 수 있다. 국가는 구조 변동의 초기 단계에서부터 비전을 제공함으로써, 사적 부문의 경제 주체들이 정보 수집 및 처리, 협상 등에 자원을 낭비하기보다는 조화롭게 행동에 나서도록 지도력을 행사할 수 있는 것이다. 따라서 구조 변동을 추진하는 과정에서 국가가 수행하는 역할은 해당 경제가 더 높은 균형 상태로 이행하는 과정을 조절하는 것이 아니라 비전을 제시하는 것이라 할 수 있는데, 이는 국가의 업무에 중요한 기업가적 요소가 있다는 것을 의미한다. 기업가 정신은 그 주체가 사적 부문이든 (국가 같은) 공적 부문이든, 새로운 비전을 제시할 수 있는 능력을 필요로 한다. 그 비전의 폭이 (대량 생산에 대한 헨리 포드의 비전이나 고숙련 소프트웨어 기반 경제에 대한 일본의 비전과 같이) 웅대하든 (점진적 혁신에 대한 수많은 사례처럼) 협소하든 상관없이 말이다.**

---

* 허시먼(Hirschman, 1958) 역시 균형 발전론에 입각한 접근 방식에 대해 유사하게 말했는데, 그는 유명한 비평을 통해 경제 발전은 "주어진 자원과 생산요소의 최적의 조합을 찾아내는 데 달려 있는 것이 아니라, 여기저기 흩어져 잘 보이지도 않아 제대로 활용되지 않는 자원과 능력을 일깨우고 발휘하게 하는 데 달려 있다."(p.5)고 논한다.

** 기업가 정신에 필요한 또 다른 중요한 요소는 자원을 동원하고, 비전을 실행에 옮기는 능력이다. 현존하는 연구들에서 자원 동원이라는 측면에서의 국가의 역할은 - 예를 들어 거쉔크론(1966)에서 보듯 - 광범위하게 논의되었다. 그러나 거기에 '비전' 제공자로서의 국가의 역할에 대한 분석이 곁들여진 적은 거의 없다.

국가가 국민 경제의 진로를 다른 경제 주체들보다 반드시 더 잘 파악한다고 주장하는 것은 아니다. (그러나 이런 측면에서는 국가가 우월할 가능성이 크다. 일본의 하이테크 산업이 좋은 사례라 할 수 있다.)[22] 다만 중요한 경제 변동의 시기에는 여러 경제 활동들을 조직화할 수 있는 중심이 되는 '초점foscal point'[23]이 지극히 유용할 수 있다.* 국가의 기업가 정신에 대한 이 글의 논거는 주로 국가의 전략적 입지에 기초한다. 즉 국가는 정의상 전 사회의 이해를 대표할 수 있는 유일한 주체인 것이다.** 물론 현존하는 모든 국가가 이런 전략적 입지를 국익을 위해 이용하고자 하는 정치적 야망과 권력, 조직적 통일성을 가지고 있다고 가정하는 것은 지나치게 단순한 것이겠지만 말이다.

필자는 기업가로서의 국가가 제공하는 비전이 처음부터 잘못된 것이거나, 혹은 주변 환경의 변화에 적응하지 못한 끝에 실패할 가능성을 인정한다. 그러나 이런 가능성만으로 국가가 기업가 역할을 수행해서는 안 된다고 단정할 수는 없다. 왜냐하면 무릇 기업가가 제시하

---

* 이와 관련 국가 개입을 성공적으로 수행한 동아시아 국가들이 경제학자보다는 법률가나 공학도들을 경제 관료로 투입했다는 관찰 결과에 주목하라. 이것은 개입의 성공이 경제학에 대한 전문 지식에 있는 것이 아니라, 비전을 형성하고 결정을 조화시킬 수 있는 능력에 있다는 것을 보여 준다. 보다 구체적으로 일본에 관해서는 Johnson(1982)과 Dore(1986)를, 대만과 한국에 관해서는 Wade(1990)를, 한국과 일본에 관해서는 Chang(1984)을 참조하라.

** 이러한 관점은 본질적으로 마르크스주의자들이 갖고 있던 것으로, 생산의 사회화의 증대는 보다 중앙 집중화된 조정 구조로, 공장 시스템의 흥기와 독점의 증대로 이어지고, 그것이 국가 개입의 확대에 이어 최종적으로는 사회주의 하에서의 중앙 계획으로 정점에 달하게 된다는 논리이다. '포괄적' 조직 이론(Olson, 1982)이나 중앙 집중화된 임금 협상과 사회적 조합주의 이론(Schott, 1984; Bruno and Sachs, 1985; Pekkarinen et al. [eds.], 1992)의 배후에도 이와 유사한 사고방식이 작동하는데, 여기서의 공통 주제는 그 행동이 경제에 광범위한 영향을 끼치는 사회 하부 집단들의 의사결정을 중앙 집중화시키는 것이 어떻게 사회에 기여할 수 있는지의 여부이다.

는 비전이라는 것은, 그 기업가가 개인이든 (국가 같은) 공적인 주체이든 상관없이 당초부터 실패할 가능성을 포함하고 있기 때문이다. 실패할 위험이 없다면, 즉 우리가 사는 세계가 '완전한 예측'이 가능한 곳이라면, 기업가 정신은 애당초 필요가 없는 개념이다. 현실에서는 국가가 기업가로서 정책을 분별 있게 결정하고, 이를 국가적 차원에서 성공적으로 조절하는 현상이 이미 존재한다. 그렇다면 단지 실패할 수 있다는 이유만으로 국가의 기업가 정신을 완전히 부정하는 것은 바람직하지 않을 것이다. 물론 국가가 그릇된 비전을 추구할 가능성도 있다. 그러나 이런 가능성은 (국가가 제시하는 비전까지 포함해) 그 사회에 퍼져 있는 각종 비전을 수렴해 비교하고, 그 중에서 합의를 끌어 내는 메커니즘을 통해 최소화할 수 있다.*

국가의 기업가 정신은 미래를 위한 비전을 제시하는 데 그치지 않는다. 국가는 그 비전을 현실로 만들 수 있는 제도를 만들어 내야 한다. 개인 기업가의 성공이나 실패 역시 자신의 비전을 현실로 만들 수 있는 새로운 제도적 수단의 수립 여부에 결정적으로 좌우된다. 영국 철도공사나 카네기의 US 스틸, 도요타의 '린 생산방식' 등에서 볼 수 있듯이 말이다.[24] 이런 사례들은 우리가 국가의 역할을 제도 수립자로 볼 필요가 있음을 적시한다.

구조 변동은 과거의 상호 의존성들이 사라지고 새로운 상호 의존성들이 나타나는 과정이다. 로스비Loasby가 말했듯,[25] 새로운 유형의 상호 의존성이 출현하려면 새로운 조절 구조 혹은 새로운 '효율적인

---

* 공감대Consensus는 관련된 모든 주체들의 조화로운 의사결정 과정의 산물로 해석되어서는 안 된다. 현실 세계에서 공감대란 종종 관련된 다른 많은 주체들을 배제하는 갈등 충돌 과정의 결과로 나타나게 되는 것이 보통이다.

조절의 원칙'을 세우는 것이 필요하다. 여기서 우리가 특히 주목해야 하는 것이 있다. 구조 변동에 필요한 것은 개별적으로 적정한 결정이 아니라 조절 원리 혹은 조절 규칙의 조합이라는 사실이다. 지식 발전 과정의 조절은 '합리적 선택보다 합리적 구조와 합리적 절차에 의존'[26] 하기 때문이다.*

이와 같은 새로운 조절 구조의 수립에는 반드시 국가의 개입이 필요하다. 심지어 집권 세력이 개입을 원하지 않는 경우에도 사정은 마찬가지이다. 단지 국가만이 (사회적 수준과 기업적 수준 두 측면에서) 새로운 소유권과 새로운 권력 관계를 법제화할 (혹은 적어도 뒤에서 지원할) 권력을 가지고 있기 때문이다. 그럼으로써 국가는 형성되기 시작한 조절 구조를 제도적으로 현실화한다. 그 과정에서 국가는 충분히 합리적이지 못한 경제 주체들이 짧은 기간 내에 새로운 조직, 새로운 생산 과정, 새로운 계약들을 성취할 수 있도록 도울 수 있다. 경제 주체들의 입장에서는 국가의 역할 덕분에 '새로운 세계'와 접촉하는 과정에 필요한 정보 부담을 덜게 되는 셈이다.

이 같은 제도 수립의 과정에서 국가는 변동에 대응할 뿐 아니라 변동을 이끌기도 한다. 만약 국가가 바람직한 미래에 대한 비전을 가

---

* '이미 그 우월성이 알려진 생산함수를 사용하기 위해 필요한 특화를 합리적으로 선택'하는 데 적용되는 효과적인 조정의 원리와 '결과적으로 입증되기 전에는 그 내용이 알려지지 않은, 그에 따라 혜택도 알려지지 않은 새로운 지식을 위한 보다 뛰어난 시스템의 창출'에 적용되는 효과적인 조정의 원리 사이에는 가공할 만한 차이가 있다(Losby, 1991, p.11). 물론 "미래의 지식이 미래의 것으로 남아 있는 이상 예측될 수 없는 것이기는 하지만, (도저히 불가능한 것을 언급하는 식으로) 어느 정도 그 범위를 정하는 것은 종종 가능하다. 물론 어떠한 일반 명제도 사실이라고 입증할 방법이 없기 때문에 그런 정도의 예측도 틀릴 수 있다."(p.103) 그럼에도 불구하고 이것이야말로 우리가 살고 있는 세계인만큼 우리는 최대한으로 이용할 수밖에 없다.

지고 있지 않다면, 시민들에게 일관된 방법에 따라 재산권 등의 권리를 부여하지 못할 것이다. 매튜스Matthews(1986)에 따르면, 국가는 "어떤 종류의 권리와 의무를 승인하고 강제해야 하는지 결정할 준비가 되어 있어야 한다." 같은 의미에서 국가는 여느 뛰어난 기업가라면 그렇게 하듯, 변동 과정에 대응하는 동시에 변동 과정을 형성해 나가야 한다.

새로운 조절 구조를 수립하는 것은 말로는 쉽지만 실천하기에는 어려운데, 그 이유는 다음과 같다. 우선 이런 제도화를 적절한 시기에 단행하는 것은 결코 단순한 문제가 아니다.* 더욱이 경제 활동이 국제화되고 있는 가운데 새로운 조절 구조를 건설하는 것에는 만만치 않은 장애물이 존재한다. 대다수의 법률들은 국민국가의 국경선 내에서만 효력을 발휘할 수 있기 때문이다.** 게다가 새로운 조절 구조로 인해 피해가 불가피한 이익집단들의 저항을 고려하면 문제는 더욱 복잡해진다. 새로운 조절 구조는 새로운 재산권 구조를 동반한다. 그런데 새로운 재산권 구조에 따라 일부 이익집단의 소득이 그들이 용납할 수 없을 정도로 낮아질 수 있다. 이런 경우가 실제로 발생하게 되면 해당 이익집단은 새로운 제도들에 반대하는 운동을 일으키고, 때에

---

* 예를 들어 어떤 경우에는 새로운 관행을 초기에 제도화하는 것이 변화를 촉진할 수 있다. (기술의 조기 표준화가 그 한 예이다.) 반면에 다른 경우에는 민간 부문이 제도화를 꾀하는 게 시기상조일 경우는 막는 것이 보다 바람직할 수도 있다. 민간의 자발적 제도화가 잘못된 방향으로 흐르더라도 그것이 널리 퍼져 버리면, 국가는 원하지 않아도 그것을 사후적으로 비준하지 않을 수 없기 때문이다. Chang(1994, 3장)을 참조하라.

** 해외에서 공급되는 새로운 자원이나 상품의 끊임없는 출현으로 말미암은 국제 교역 규제의 어려움, 국제화된 금융 시장으로 인한 거시경제 운영의 어려움, 거대 초국적기업이 지배하는 국가의 경우 가변적 정책으로 생산 및 고용 패턴 유지의 어려움 등이 이런 사례에 포함된다. Rowthorn(1971), Banuri and Schor(eds. 1991)를 참조하라.

따라서는 저지하는 데 성공하기도 한다. 좌우를 막론하고 경제학자들은 전통적으로 기득권을 수호하기 위한 저항이 일부 선진국에서 '경화증sclerosis'을 일으키는 요인이라고 지적해 왔다.[27] 그러나 이런 저항을 완화시켜 구조 변동의 속도를 높이는 국가의 역할에 대해서는 학계에서 거의 토의된 바가 없는데, 이에 관해서는 다음 항목에서 논의할 것이다.

이제 지금까지의 논의를 요약해 보자. 현대 경제는 사적 경제 주체들이 각자 생산수단을 소유하지만, 그 생산수단의 사용에서는 광범위하게 상호 의존하는 시스템이다. 이는 국가가 사적 주체들의 경제 행위를 조화시키는 조절 능력을 발휘해야 구조 변동이 효율적으로 진행될 수 있다는 것을 의미한다. 그러나 국가는 이 같은 조절 행위를 통해 현대 경제의 기본적 불확실성, 특히 구조 변동의 역동적 과정 때문에 여러 가지 균형 상태 중 하나를 선택하는 '단순한 조절'을 훨씬 뛰어넘는 주요한 기업가적 역할을 수행하게 되는데, 그것은 미래를 위한 비전을 제시하는 것이다. 국가는 이 같은 비전을 중심축으로 사적 주체들의 각종 경제 행위를 조직하고 조화시킬 수 있다. 그러나 기업가로서의 국가의 역할은 비전을 제공하는 정도로 멈추지 않는다. 기업가로서의 국가도 사적 기업가와 마찬가지로 제도를 수립해야 한다. 그렇게 해서 국가가 수립한 제도들은 조절 구조를 새롭게 구축함으로써 기업가, 혹은 국가의 비전을 현실화한다. 그러나 이런 작업은 적절한 시기에 제도화를 단행하는 것이 매우 어렵다는 점, 국민 경제 단위의 결정을 내리는 경우에도 국제적 상호 의존성을 고려하지 않을 수 없다는 점, 기득권 세력의 저항 등에 얽혀 들면서 심각한 난관에 처할 수 있다. 하지만 이런 이유 때문에 국가의 기업가 역할을 통해 국민 경제가 획득할 수 있는 엄청난 규모의 잠재적 이익을 포기해서는 안 될 것이다.

3 갈등 조정자로서의 국가의 역할

쿠즈네츠Kuznets(1973)가 설득력 있게 주장했듯이, 현대 경제의 성장과 구조 변동에서 핵심 요소인 기술 혁신은 필연적으로 생산요소들을 이동시키고, 이에 따라 구조 변동 과정은 심각한 갈등에 휩싸이게 된다. 물론 생산요소들이 완벽한 이동성을 가진다면 큰 문제는 없을 것이다. 즉 구조 변동에 따라 (자본이든 노동이든 토지든) 자신의 생산요소를 투입하던 부문에서 퇴출된 경제 주체가 곧바로 다른 부문에 자신의 생산요소를 투입할 수 있는 상황이라면 말이다. 이 경우 생산요소의 소유자들은 차선의 선택으로 옮겨 갈 수 있으며, 그 보상도 이전보다 아주 약간 낮을 뿐이다. 하지만 이는 완전 경쟁적인 경제의 경우이다.

구조 변동 과정에서 자신의 물질적(자본이나 토지), 인간적(노동) 생산요소의 이동이 순조롭게 이루어지지 않는 경우, 이 같은 시장의 결과를 받아들이는 경제 주체들은 '자본재의 노후화, 실업, 소득 격차' 등에 직면하게 된다.[28] 그러나 이것을 받아들이지 않는 경제 주체들은 상황을 바꾸기 위해 비시장적이거나 정치적 행위를 선택할 수 있다. 바로 청원, 스트라이크, 뇌물, 정치적 흥정 등이다. 이 경우 구조 변동 과정은 심각한 갈등 상황에 처하게 되면서 정치적으로 경제를 운영하라는 압력이 국가에 가해지기 시작한다.

정부 입장에서는, 특히 자유 시장 이데올로기를 수용한 정부의 경우에는 이런 사회적 갈등을 조절하는 데 개입하는 것을 꺼릴 수 있다. 그러나 문제는 국가가 결코 구경꾼으로 남아 있을 수는 없다는 것이다. 국가가 사회적 갈등에 대한 최종 조정자로서의 역할을 할 수밖에 없는 이유는 다음과 같다. 우선 국가는 재산권을 비롯한 제반 권리를 최종적으로 보증하는 기구이다. 또한 국가는 제반 권리 및 제도의 변동이라는 공적 의제를 설정하고 집행하는 사회적 과정에서 중심적 역할을 맡을 수밖에 없다.

국가가 구조 변동에 따른 갈등을 조정하는 방법은 상당히 많다. 또한 이 방법들은 효율성, 생산성, 평등성 등의 기준으로 볼 때 각각 그 함의가 다르다. 이제 국가가 갈등을 조정하는 몇 가지 방법과 이들의 경제적, 정치적 함의에 대해 논의해 보자.

첫째는 시장적 처방이다. 이는 자본주의 경제에서 갈등을 조정하는 고전적 방법이기도 하다. 대다수 주류 경제학자들 - 특히 신자유주의 경향의 이론가들 - 은 시장적 처방이야말로 자본주의 경제에서 갈등을 조정하는 가장 '자연스럽고' 효율적인 방법이라고 주장한다. 그러나 이후 자세히 논의하겠지만, 시장의 어떤 결과도 자연스럽다거나 필연적이라고 말할 수는 없다. 더욱이 시장적 처방이 갈등을 조정하는 가장 효율적인 방법인 것은 결코 아니다. 오히려 시장적 처방에 따른 피해자들의 부담이 지나치게 높은 경우 엄청난 사회적 긴장만 초래될 뿐이다. 결국 시장 처방이 효력을 발휘하려면 그 피해자들이 저항적 정치 행위를 조직할 수 없도록 국가가 저지해야 하는데, 이 경우 '자유 시장에는 강력한 국가가 필요하다'는 역설이 성립하게 된다.[29] 또한 경제 위기의 경우처럼 피해자가 상당히 많은 규모라면 국가가 아무리 강력하다 해도 시장적 해법으로는 갈등 문제를 해결하기 쉽지 않다. 게다가 시장적 처방은 상당한 규모의 특정 자산specific assets[30] - 이 개념에 대해서는 이후 더 논의될 것이다 - 을 부당하게 폐기하게 되는 경우가 많다. 예컨대 젊은 시절부터 철강 산업에서 숙련된 노동자가 중년기에 해고되어 맥도널드에서 햄버거를 굽는 경우처럼 말이다.

둘째, 국가는 공공연하게 시장의 결과에 도전하는 방식으로 갈등을 줄일 수도 있다. 이 경우 국가는 '누구'를 '무엇'으로부터 보호하는지 명백히 밝히는 셈이다. 이런 사례로는 (유럽 국가들의 일제 승용차에 대한 수입 쿼터제와 같은) 특정 상품에 대한 수입 수량 제한, (1970년대 후반 스웨덴 조선 산업의 국유화나 서독의 폭스바겐 국유화 같은) 사실상 파산 상태인 사기업의 국유화를 통한 기업 관계자 구제, (1990년대 초반 영국의 석탄 위기 당시와 같은) 정치적인 가격 재교섭 등이 있다.* 이처럼 국가가 시장 논리에 공공연하게 도전하는 경우 갈등 문제는 오히려 덜 적대적인 양상으로 풀릴 수도 있다. 그러나 이런 식의 해법에는 신자유주의자들의 용어로 '경제의 수습 불가능한 정치화'의 계기가 될 가능성도 존재한다. (이 문제에 대해서는 나중에 계속 논의하기로 한다.)

셋째, 시장의 결과에 공공연하게 도전하는 대신 노골적이지 않은 방법으로 시장의 결과를 수정하는 해법도 있다. 통화 정책이 좋은 사례라 할 수 있다. 통화 정책은 분배의 결과 측면에서는 중립적인 것으로 보일 수 있다. 그러나 인플레이션의 갈등 이론이 시사하는 바에 따

---

* 국가가 시장 논리를 무시한 사례 중 많은 것들이 (스웨덴의 보수 연합이나 영국의 보수당 정부 같은) '자유 시장 지향'을 선언한 정부와 관계되어 있다는 사실은 갈등 관리에 국가가 불가피하게 개입할 수밖에 없음을 보여 준다.

르면, 통화 정책의 경우 인플레이션으로 나타나는 분배 갈등에 대해서는 결코 중립적이지 않다.[31] 이런 면에서 보자면, 통화 정책은 외관상 불편부당함을 가장하면서 실질적으로는 특정 계층에 유리한 방향으로 이용될 수 있는 것이다. 게다가 특정 계층을 적시하지 않은 상태에서도 해당 계층의 소득을 보전해 주는 방법도 있다. 실업 급여, 소득 저하에 따른 소득 보조 및 세액 공제 등 자동적 재정 이전 제도들이 그 좋은 사례라 할 것이다.

마지막으로 국가는 공적 의제들을 재편하는 것으로 갈등을 해소할 수 있다. 즉 사회적인 차원에서 '경제 문제로 인식되는 사안'과 '정치 문제로 인식되는 사안' 사이에 놓인 경계선을 이동시키는 방법이다.[32] 공적 의제의 재편은 그 행위의 목적에 따라 '정치화'를 심화시킬 수도, 약화시킬 수도 있다. 게다가 동일한 쟁점이 상황에 따라 공적 의제로 인정될 수도 있고, 인정되지 않을 수도 있다. OECD(경제협력개발기구) 국가들에서 고용이라는 쟁점이 역사적으로 겪은 비운을 살펴보면 이 설명이 쉽게 이해될 수 있을 것이다.

초기 자본주의 시대에 고용은 공적 의제에서 극히 중대한 쟁점이었다. (구빈법의 중요성을 상기하라.) 그러나 고용은 노동 시장이 작동하고 자유 시장 이데올로기가 등장하면서 자유주의 정부에 의해 공적 의제에서 퇴출된다.[33] (고용이라는) 쟁점이 가장 중요한 공적 의제로 재등장한 것은 제2차 대전 이후 조합주의 지배 블록이 출현하면서부터이다. 그러나 1980년대 들어 집권한 우파 정부들은 노동 시장 유연성을 강조하면서 고용을 공적 의제에서 다시 밀어내고 만다.[34] 그리고 이와 동시에 국가는 고용에 대해 '국가 권력을 넘어서는 비정치적 쟁점'이라고 선언함으로써 고용과 관련된 갈등을 잠재울 수 있었다.

지금까지의 논의에 이어 우리는 신자유주의적 견해에서 또 하나의 주요한 문제점을 제기할 수 있다. 신자유주의자들은 '정치적 가격 결정은 객관적 시장 법칙의 위반'이란 인식을 기반으로 경제 운영을 탈정치화해야 한다고 주장한다. 이 같은 입장은 폴라니Polanyi(1957)가 기록했던 바와 같이 학술사적으로 장구한 전통 위에 서 있다. 그리고 사실 어떤 측면에서는 정당한 견해이기도 하다. 옛 사회주의 국가들에서처럼 모든 영역의 정치화는 모든 종류의 문제점으로 나타날 수 있다. 협상에서의 시간과 자원의 낭비, 객관적인 수행 기준 설정의 어려움, 특정한 재분배 요구를 수용하는 과정에서의 난점 등이 그 사례라 할 것이다. 때문에 경제가 잘 돌아가게 하려면 시장 메커니즘을 통해 재화 및 서비스의 생산과 분배를 상당한 정도로 탈정치화해야 한다는 주장이 나올 수 있다.

그러나 신자유주의자들의 주장과 반대로 '경제 문제로 인식되는 사안'과 '정치 문제로 인식되는 사안'은 자연적으로 결정되어 있는 것이 아니다. 오히려 시간과 장소에 따라 예전에는 '경제 문제'로 인식되었던 것이 지금은 '정치 문제'로 인식되는가 하면, 어떤 나라에서는 '정치 문제'로 인식되는 것이 다른 나라에서는 '경제 문제'로 인식되는 등 다양하게 설정되는 것이다.* 랑게가 오래전에 지적한 것처럼 모든 가격은 잠재적으로 정치적이다. 또한 어떤 가격이 정치적이고, 어떤 가격이 정치적이지 않은지 – 혹은 정치적이어야 하고, 정치적이어서는 안 되는지 – 를 결정하는 과학적 법칙은 존재하지 않는다. 이 같

---

* 가령 OECD 경제의 경우 대부분 파업이 '경제적' 행동으로 간주되는 것과는 달리, 많은 개발도상국의 경우 파업은 금지되어 있기 때문에 정치적 행동으로 간주된다.

은 주장은 거의 모든 경제 부문에 영향을 미치는 결정적으로 중요한 가격들, 가령 (특히 이민에 대한 제한을 고려할 때) 임금이나 이자율 같은 것들이 상당한 정도로 정치적으로 결정된다는 사실을 고려하면 더욱 분명해진다. 그렇다면 갈등을 푸는 여러 시도 중 시장이 다른 해법들보다 본질적으로 우수하다고 가정할 수 있는 근거가 거의 사라지는 셈이다.

물론 어떤 시기에는 정책 처방의 목적에 따라 몇 가지 가격들이 대체로 경제적인 것으로 간주되고, 그에 따라 더욱 시장 지향적인 수단으로 갈등 문제를 해결하려고 시도할 수도 있을 것이다. (물론 그 반대의 경우도 가능하다.) 그러나 좀 더 장기적으로 보면 어떤 사회의 제도나 이데올로기는 변화하게 마련이며, 그에 따라 '어떤 것이 정당한지'에 대한 그 사회의 인식도 바뀌게 되고, 이와 함께 '정치 문제로 인식되는 것'과 '경제 문제로 인식되는 것'도 변화하게 된다. 예컨대 이미 언급한 바와 같이 실업의 경우 19세기에는 '시장의 절대적 명령'에 따른 현상인 '경제 문제로 인식되는 것'이었다. 그러나 조합주의 이데올로기의 탄생과 수요 관리에 대한 케인스주의적 제도의 발전(또한 사회적 조합주의 경제에서는 적극적 노동 시장 정책 제도의 발전) 이후 실업은 정치 영역 내부에서 합법적으로 협상하고 승인될 수 있는 '정치 문제'가 되었다.

갈등 관리에 대한 또 하나의 중요한 논점이 있다. 즉 갈등 관리가 경제적 구조 조정 과정에서 사회나 개인을 보호하는 조치 정도로 이해되어서는 안 된다는 것이다. 동유럽 개혁의 '사회 안전망'이나 개발도상국에 대한 국제통화기금의 안정화 프로그램에 나타나는 '인간의 얼굴을 가진 구조 조정' 등에서 갈등 관리는 사회나 개인에 대한 보호 조치 정도를 의미한다. 그러나 이 글이 주장하는 바는 갈등 관리의 '경제적 역할'이 극단적으로 중요하다는 것인데, 이 같은 시각은 각자 나름대로의 갈등 관리 시스템을 가진 경제에서 왜 서로 다른 결과가 나타나는지를 이해하는 데 큰 도움을 줄 수 있다.

갈등 관리자로서 국가는 그 사회의 구성원들에게 보험을 제공하는 것으로 간주될 수 있는데, 이는 국가가 심지어 가장 열악한 상황에서조차도 모든 국민들에게 어느 정도 공정한 수준의 소득을 보장하는 관리 체제를 제공함으로써 가능해지는 것이다. 국가의 보험 기능은 리스크 공유를 통해 배분적 효율성을 향상시키는 복지국가의 개념과 연관된다.[35]

그러나 국가의 보험 기능이 복지국가의 개념과 동일한 것은 아니다. 일례로 복지국가 기능을 통해 리스크를 공유하는 국가는 예측 가능한 리스크들을 처리하는 것이지만, 갈등 관리를 통해 지배 구조를 제공하는 국가는 확률적 계산이 허용되지 않는 불확실한 가능성들에 대응하는 것이기 때문이다. 게다가 국가의 보험 기능은 (투자 활동에서의 '리스크의 사회화'를 통해) 전반적인 리스크 감수를 장려하고 특정 자산specific assets(전문화되어 용도가 제한된 자산 - 역주)에 대한 투자를 고무함으로써 해당 경제의 중장기적 생산성을 향상시키는 역할까지 수행한다. 물론 국가의 보험 기능이 '도덕적 해이'의 여지를 지나치게 많이 만들어 경제에 부담을 줄 가능성도 있기는 하다.

국가가 적절한 갈등 관리에 실패한 사회의 경우, 경제 주체들이 리스크 감수나 특정 자산에 대한 투자specific investment를 꺼린 끝에 경제의 역동성이 사라지는 경우가 발생한다. 일부 개발도상국들이 분명한 사례이다. 갈등 해소에 필요한 적절한 메커니즘을 갖추지 못한 이런 국가들에서는 특정 자산에 대한 투자를 포함하는 산업 투자가 억제되는가 하면, 경제 주체들은 금, 외환, 현금 같은 유동 자산을 보유하려 애쓴다. 물론 현금의 경우 당시의 정부가 가까운 미래까지는 버틸 것이라고 추정될 때만 보유의 대상이 되지만 말이다. 불충분한 갈등 해소 메커니즘이 경제의 역동적 효율성에 얼마나 부정적 영향을 미치는지에 대한 또 하나의 사례는 20세기의 영국이다. 영국의 기업가들은 노동자들의 저항이 무서워 감히 새로운 기술 - 그러니까 새로운 노동 형태 - 을 도입하지 못하였다. 노동자들 역시 새로운 기술이나 새로운 노동 형태를 수용하지 않으려고 하였다. 새로운 기술과 노동 형태가 도입될 경우 노동자들이 현재 보유하고 있는 기술의 가치가 현저히 떨어지거나, 심지어 직장을 잃게 될 위험이 있기 때문이었다. 결국 영국에 결여되었던 것은 역동적 갈등 관리 시스템을 갖춘 포괄적인 산업 정책이었다. 이런 상황에서 노동자들은 특정 기술에 대한 자신들의 투자를 보호하기 위해 전통적인 기술 분야만 고집할 수밖에 없었다. 자본 측에서도 주요한 신기술을 채용하기 위해서는 수많은 인적 자본을 해고하거나 신기술 도입을 아예 포기할 수밖에 없는 처지였다.

국가의 갈등 관리는 그 범위가 해당 국가의 사법권에 속하지 않는 경제 주체, 즉 초국적기업 MNCs(multi-national companies)까지 포괄해야 할 때 훨씬 더 어려워진다. 국가는 갈등 관리를 위해 기업의 수익을 제한하거나, 손실을 보전해 주어야 하는 경우가 있다. 그런데 그 기업이 초국적기업이라면 갈등 관리의 결과는 해당 국민국가의 경계를 뛰어넘게 되는 만큼, 국가가 대응해야 하는 갈등 구조에 초국적기업이 연루되고, 그에 따라 기본적인 재산권 문제가 제기되기 때문이다. 특히 전체 산업 활동에서 개별 초국적기업의 비중이 상당한 규모인 작은 나라의 경우에는 국가가 '영업 활동을 지원'하거나 '산업 활동을 돕는' 행위를 꺼릴 수도 있다. 국가 지원의 긍정적인 효과가 해당 국가의 국경 내에서 일어나지 않을 가능성이 크기 때문이다.

이 같은 문제점에 대한 대책으로 다음 두 가지 방안 중 적어도 하나 정도는 실현될 필요가 있다. 물론 두 방안 모두 현 시대의 국가들에서 정치적으로 실현 가능할 것으로 보이지는 않지만 말이다. 하나는 국가와 초국적기업이 ("우리는 이것을 제공할 테니, 그 대신 당신은 저것을 제공하라."는 식의) 명시적인 계약적 관계를 형성하는 것이다. 그러나 이 같은 명시적 계약은 여러 가지 정치적 이유 때문에 수용되지 않을 가능성이 크다. 이에 대한 대안으로는 '초국적 외부성' 문제를 해결하기 위한 국제기구 - 심지어는 세계 국가 - 를 거론할 수도 있다. 그러나 이 또한 유럽연합EU 지역 외부에서는 가까운 미래에 정치적으로 실현 가능할 것 같지 않다.

이제 지금까지의 논의를 요약해 보자. 구조 변동은 현존하는 생산 과정과 제도의 '창조적 파괴'를 포함한다. 생산요소의 이동성 제한과 자산 특수성asset specificity이라는 제약 하에서 구조 변동은 특정 집단의 절대적인 혹은 상대적인 지위를 현격히 떨어뜨릴 수 있다. 이런 집단들이 구조 변동에 저항하면서 때로 변화를 저지하는 데 성공하는가 하면, 다른 집단들이 다시 이에 저항하는 과정이 빚어지면서 구조 변동은 극한 갈등에 직면할 수 있다. 이때 국가는 다양한 방식으로 갈등을 관리할 수 있는데, 그 방법들 중 상당수는 시장 논리를 거스르는 것인 만큼 정치적인 성격을 띠게 된다. 이 과정에서 경제의 지나친 정치화는 바람직하지 않을 수 있지만, 그렇다고 갈등 관리의 정치화 정도를 낮추는 것이 보다 바람직하다고 말할 수도 없다. 또한 지금까지 논의한 바와 같이 경제의 역동성을 위해 원활하게 작동하는 갈등 관리 체제의 수립이 중요한데, 그 이유는 갈등 관리 체제가 원활하게 작동해야 장기적 특정 자산에 대한 경제 주체들의 투자를 촉진하는 지배 구조가 성립할 수 있기 때문이다. 즉 국가가 원활하게 작동되는 갈등 관리 체제를 수립하는 데 실패하면, 경제 부문의 역동성이 사라질 수 있다는 것이다. 기업가로서 국가의 역할에서도 그랬지만, 경제의 초국화 현상은 갈등 관리 체제의 원활한 작동에 장애로 작용할 가능성이 있다.

4 '산업 정책 국가' 대 '사회적 조합주의 국가'

서로 다른 유형의 자본주의에 나타나는 국가의 역할을 각각 어떻게 설명할 수 있을까. 우리가 앞에서 전개한 이론을 통해 살펴보기로 하자. 그러기 위해 먼저 우리는 뚜렷하게 구별되는 두 가지 유형의 성공적인 자본주의 국가를 제시하고, 이 나라들에서 국가가 어떤 역할을 했는지 비교해 보기로 한다. 두 가지 유형 중 하나는 (일본, 한국, 대만 등) 동아시아나 프랑스 같은 산업 정책 국가이다. 다른 하나는 (스웨덴, 핀란드, 노르웨이 등) 스칸디나비아 반도의 사회적 조합주의 국가이다. 산업 정책과 사회적 조합주의에 대한 최근의 논쟁들에서 이들 나라의 정치경제 시스템은 앵글로색슨 국가들의 자유방임적 자본주의보다 우월한 대안으로 논의된 바 있다. 그 논쟁들에 따르면, 두 유형 모두에서 국가는 공통적으로 구조 변동 과정의 엔지니어링이라는 중요한 역할을 수행하였다. 그럼에도 지금까지는 이 국가들을 비교 경제론적으로 논의하려는 시도가 없었는데,[36] 이는 부분적으로 각각의 논쟁에 참가한 학자들 간에 상호 교류가 없었기 때문이기도 하지만, 두 유형의 국가들을 비교하는 것이 너무나 어렵다는 인식 때문이기도 하다.

어찌 보면 이 두 유형의 국가를 비교하는 것이 어렵다는 인식은 매우 정확하다고 할 것이다. 산업 정책 국가의 경우 '권위주의' - 한국과 대만의 경우에는 보다 그 정도가 심했다 - 로 표현되는 우익 연합이 국가를 통치했으며, 정책 결정 과정은 관료 체제가 지배했다. 또한 구조 변동을 주도한 주요 도구는 산업 정책이었는데,[37] 이는 (심지어 기업 차원에서까지) 정확한 목표를 겨냥한 다음 강압적으로 설정하고 수행되었다.* 이와 대조적으로 사회적 조합주의 국가에서는 (핀란드의 경우 부분적으로 예외에 해당되기는 하지만) 국가 기구가 주로 '사회 민주주의적' 연합에 의해 점유되었다. 그리고 중앙 집권화된 노조와 경영자 연합이 정책 형성 과정에서 중심적인 역할을 수행했는데, 그 과정에서 구조 변동의 주요 도구[38]는 적극적인 노동 시장 개입과 결합된 거시 정책들이었다.**

그러나 다른 관점에서 보자면, 이 두 가지의 명백히 서로 다른 유

---

* 프랑스에 관해서는 Cohen(1977), Zysman(1983), Hall(1987)을 참조하라. 일본에 관해서는 Johnson(1982), Dore(1986), Okimoto(1989)를 참조하라. 한국에 관해서는 Amsden(1989), Chang(1993)을 참조하라. 대만에 관해서는 Amsden(1985), Wade(1990)를 참조하라.

** 스칸디나비아 국가 가운데 전형적인 사회적 조합주의 경제인 스웨덴의 경우 많은 연구자들의 관심을 모았다. 스웨덴에 관해 LO(1963), Korpi(1983), Lundberg(1985)를 참조하라. Pontusson(1987), Salmon(1990), Pekkarinen(1992), Landesmann(1992)과 ELTA et al.(1987) 등은 스칸디나비아 국가들의 전후 발전에 관한 비교를 제공한다.

형의 자본주의에서 국가는 공통적으로 기업가와 갈등 관리자라는 결정적으로 중요한 역할을 동등하게 잘 수행했다고 주장할 수 있다. 방법은 매우 달랐지만 말이다.

널리 알려져 있듯, 산업 정책 국가들은 기업가로서의 역할을 탁월하게 수행하였다. 산업 정책 국가를 운영한 정치가와 관료들은 급속한 산업화와 구조 변동을 요구하는 민족주의 이데올로기에 사로잡혀 있었다. 그들의 비전은 신속한 산업 고도화, 즉 자국의 산업 구조를 고기술과 고부가가치 산업으로 빠르게 이행시키는 것이었는데, 이에 입각해 추진된 산업 정책은 수요 확대와 기술 발전에도 유리한 조건을 형성했다. 그들은 (보통 5년이라는) 중기적 단위로 입안되는 (수많은 강제적 요소를 포함하고 있는) 경제 계획안과 '백서' 등의 보완적인 정책 문서를 통해 산업 구조를 고도화하는 방법을 설계했는데, 그 과정에서 국가는 노동자들을 배제하고, 경영자 조직과는 전면적이고 밀접하게 협의했다. 이런 맥락에서 비전의 형성과 실현을 주도한 것은 명백하게 국가라고 할 수 있었다.*

이들 나라에서 국가는 전능했다. 국가는 비전을 달성하기 위해 기꺼이 자신이 가진 거대한 경제 권력을 동원했는데, 그 권력은 한편으로는 공기업과 은행 부문에 대한 통제 - 일본을 제외한 국가들은 은행 부문 중의 다수를, 경우에 따라서는 전체를 국가가 소유하고 있다 -

---

* 렌쇼Renshaw(1986)의 경우 일본에 관해 다음과 같이 지적한다. "전체적인 경제 발전 방향에 대한 총체적 지침은 주요 주제의 제목과 함께 경제기획청에서 발간하는 연간 경제 백서를 통해, 또 2년 내지 3년마다 통산성에서 내놓는 '비전' 혹은 전망은 구조심의위원회를 통해 제공되었다. … 실용적인 의미에서 이러한 문서들은 무수한 개인적 결정들에 대한 민간이나 공직 관리들의 검증 기준이자 지침이었고, 그 덕분에 고도의 중앙 집중화가 아니면 기대할 수 없는 질서와 통합이 이루어졌다."(p.144)

에, 다른 한편으로는 산업 조직이나 경영자 조직, 노조 등에 대한 직간접적인 영향력에 기반하고 있었다. 이들 나라의 정책 입안자들은 신속한 자본 축적을 급속한 구조 변동의 전제 조건으로 간주했다. 국가가 (금융 억압 등을 통해) 이자율을 시장 금리 이하의 수준으로 유도하고, (특정 산업에 대한 설비 투자와 같은) 일정 유형의 투자를 촉진하기 위해 다양한 세제 혜택을 제공한 것도 그 때문이었다. 게다가 전략 산업의 학습, 개발, 재조직에 필요한 여분의 시간과 자원을 확보할 수 있도록 무역 보호, 보조금 등 시장 가격을 조정하는 여러 수단들이 동원되기도 했다.[39] 산업 정책 국가들은 심지어 기술 발전의 궤도를 바꾸기 위해 직접적인 영향력을 행사하기도 했는데, 이는 연구개발 지원뿐만이 아니라 (특히 초국적 투자나 기술 특허와 관련된) 기술 수입에 대한 통제나 토종 기술과 현대적 기술 등을 채택한 기업에 대한 금융 인센티브의 제공 등을 통해 수행되었다.[40]

이 같은 기업가적 역할에 비해 산업 정책 국가들의 갈등 관리 측면은 그간 크게 주목받지는 못했으나 이들 나라의 갈등 관리 측면이 무시되어서는 안 된다. 산업 정책 국가에서 갈등 관리 방법은 크게 두 가지, 즉 구조 변동으로 인한 피해 집단의 저항을 국가의 강력한 힘으로 진압하는 한편, 효율적인 제조업 부문의 자원을 이용해 피해 집단 중 일부 - 특히 농민, 소자영업자 - 를 매수하는 것으로 나눌 수 있다.[41] 물론 산업 정책 국가의 경우 경제의 고성장 덕분에 해고 노동자들이 비교적 쉽게 다른 일자리를 찾을 수 있었다. 그러나 산업 노동자들이 구조 조정으로 인해 나타나는 사회적 부담 중에서 부당할 정도로 많은 부분을 감당해야 했던 것도 사실인데, 이는 특히 평등주의적인 스칸디나비아의 사회적 조합주의 국가의 노동자들과 비교하면 더욱 분명하게 드러난다.

한편 산업 정책 국가에서 추진된 산업 정책에는 부지불식간에 국가의 갈등 관리를 용이하게 만드는 측면이 있었다. 국가는 유효 수요가 적은 국내 상황에서 가격 전쟁이 벌어지는 것을 저지하기 위해 기업들의 투자를 사전에 조정했고, 그에 따라 거대한 매몰 비용sunk cost을 안고 있는 산업들은 경기 침체기에 겪을 수밖에 없는 대규모 파산과 정리 해고로 인한 갈등의 가능성을 최소화할 수 있었다.[42] 이들 나라는 또 경제 위기가 닥치면 구조 조정 문제를 해결하기 위해 인수, 합병, 시설 규모 축소 등에 개입하거나, 심지어는 기업 간의 거래를 강요하기까지 했다. 이와 같은 조치들 덕분에 산업 정책 국가들은 다른 방법을 동원했을 때 예상되는 것보다 훨씬 짧은 기간 내에 갈등을 해결하고 구조 조정을 단행할 수 있었다.[43]

반면 일본은 종신 고용 체제 덕분에 구조 조정의 갈등이 크게 완화되었다. 일본의 종신 고용 체제는 (대략 노동자들의 3분의 1에 해당되는) '핵심' 노동자들의 일자리를 보장해 줌으로써 (일반적으로 노동 절약적인) 새로운 기술의 도입에 대한 노동자들의 저항을 줄일 수 있었기 때문이다.[44]

스칸디나비아 국가들은 뛰어난 갈등 관리 시스템으로 유명하다. 이 시스템 덕분에 이들은 (빠르지는 않더라도) 질서정연하고 공정하게 자국 경제의 구조 조정에 착수할 수 있었는데, 이는 다른 나라들에서는 찾아보기 힘든 경우이다. 이 같은 시스템이 가능했던 기반은 조직화된 노동, 조직화된 자본, 국가 간의 3자 협상 체제였다. 이 시스템은 '고도로 조직화된 노동 - 고도로 조직화된 자본' 간의 계급 타협에 따른 사회 민주주의적 헤게모니 하에 있었다. 이들 국가 - 노동 - 자본

3자는 협상 테이블에 모여 완전고용은 물론, 심지어 어떤 경우에는 임금 격차 해소를 위해 임금 수요나 (공공 부문 고용 정책으로부터 상당한 영향을 받는) 고용 수준, 투자 계획 등에 대해 합의했는데, 이는 사회적 갈등을 줄이는 과정이기도 했다.[45]

이들 국가-노동-자본 3자는 국제 경쟁력을 해치는 수준까지의 고용 수준을 유지할 수는 없는 만큼 불가피한 경우에는 기꺼이 정리 해고를 허용해야 한다는 인식을 분명하게 공유했다. 하지만 다른 한편으로 이들 사회적 조합주의 국가는 적극적으로 노동 시장에 개입했다. 해고 노동자 중 일부를 흡수하기 위해 공공 부문의 고용을 활용한다거나, 실업 연금을 제공하고 이직을 지원하며, 해고된 노동자들에게 직업 재훈련을 시키는 방법 등을 사용했다. 일반적으로 스칸디나비아 국가들은 다른 자본주의 국가들에 비해 완전고용과 소득 평등, 그리고 그 결과 확보되는 사회적 평화를 보존하기 위해 구조 조정의 속도를 늦추는 것을 더 선호했는데, 이 같은 정책은 단기적으로는 비용이 많이 들 수 있지만, 장기적으로는 중요한 생산요소를 보존하는 방법이었다. 왜냐하면 그렇게 함으로써 사람들에게 구조 변동이 실업과 일자리 소멸, 생활수준의 급락을 의미하는 것이 아니라는 사실을 받아들이게 할 수 있었고, 그 결과 미래의 구조 변동에 대한 저항을 줄일 수 있었기 때문이다.

사회적 조합주의 국가들은 기업가로서의 역할과 관련해서는 산업 정책 국가에 비해 그다지 두드러져 보이지 않는다. 그러나 그렇다고 해서 이들 나라가 기업가로서의 역할을 방치한 채 시장이 굴러가는 대로 두고 보기만 했다는 것은 아니다. 산업 정책 국가와 마찬가지로 스칸디나비아의 정책 결정자들도 제2차 대전이 끝난 이후, 자국 경제를 현대화하고 '합리화'하고자 했다. 즉 자국의 산업 - 그리고 수출 - 구조를 (목재, 광석 등) 원자재 및 천연자원에 기반한 산업에서 (고숙련 노동력을 활용해 고품질 - 가끔은 틈새 - 상품을 생산하기까지 하는) 고숙련, 고부가가치 산업으로 다양화하려고 한 것이다.[46]

스칸디나비아 국가들은 역시 이 같은 구조 변동의 비전을 실현하는 과정에서 중요한 역할을 수행하였다. 그러나 이들은 산업 정책 국가만큼 '산업 정책' 수단을 사용하지는 않았는데, 이는 아마 부분적으로 산업 정책적 수단의 특유한 성격이 사회적 조합주의의 평등주의와 조화롭게 양립하기 어려웠기 때문이었을 것이다.[47] 스웨덴의 경우 적어도 1970년대까지는 경제를 고도화하는 주된 도구로 산업 정책적 수단 대신 노동 시장적 수단이 사용되었다. 연대임금 정책의 외부적 목표는 같은 업종 노동자들의 임금을 동일한 수준으로 만드는 것이었다. 그러나 이 정책은 기실 저임금 기업들에게 자본 투자를 강화해 고생산성 부문으로 이행하거나, 여의치 않은 경우 차라리 노동자를 내보내도록 압박하는 수단으로 사용되었다. 반면 고임금 기업들에게 연대임금 정책은 잉여 이윤을 보존하고, 그 결과 더 빨리 성장할 수 있는 기회가 되었다. 이 같은 정책을 보완하기 위해 스웨덴 정부는 적극적 노동 시장 정책을 구사함으로써 탁월한 갈등 관리자로서의 역할을 수행해 냈다. 반면 노르웨이나 핀란드의 경우에는 산업 정책 수단이 스웨덴보다 적극적으로 활용되었다.[48] 특히 핀란드의 경우 사적 부문의 발전이 매우 저조했기 때문에 공기업이 경제 현대화를 위한 수단으로 활용되었다.[49]

산업 정책 국가와 사회적 조합주의 국가의 공통점 중 하나는 산업화, 구조 변동 등의 사회적 목표에 헌신적으로 봉사한 정치 엘리트 및 관료 엘리트들의 존재이다. 이들이 국가 발전에 헌신한 정도는 신자유주의자들이 가능하다고 생각한 수위를 훨씬 뛰어넘는다. 산업 정책 국가의 경우 한편으로는 (일본, 프랑스, 대만처럼) 패전이나 (한국, 대만처럼) 식민지화 같은 민족적 굴욕의 역사적 경험이, 다른 한편으로는 (한국과 대만처럼) 적과의 대결로 인한 국가적 위기의식이 이 같은 엘리트를 출현시킨 것으로 간주된다. 물론 사회적 조합주의 국가의 엘리트들은 산업 정책 국가 같은 재난을 겪지 않고도 역사적 타협 - 노르웨이의 경우 기본 협약Basic Agreement in 1935, 스웨덴의 경우 살츠요바덴 협정the Swedish Saltsjobaden Pact 1938 - 을 이루어 냈다. 그러나 이런 타협은 과격한 계급 투쟁[50] 기간을 겪은 이후 성립된 것이었다. 게다가 자국이 '규모가 작은 개방 경제'라는 상황에서 비롯되는 국가적 위기의식 또한 이들 나라에서 계급 타협을 가능하게 했을 것이다.[51]

그러나 이런 엘리트들의 출현을 오직 역사적 경험과 국제 환경 덕택이라고 단언할 수는 없다. 이 국가들과 비슷한 조건을 갖춘 나라들은 많지만 그 국가들에서 모두 헌신적 엘리트들이 나타난 것은 아니기 때문이다. 앞에서 언급한 조건만으로는 산업화와 구조 변동에 헌신하는 지배 엘리트들의 출현을 충분히 설명할 수 없다는 이야기이다. 때문에 필자는 일부 엘리트 집단의 경우 다른 나라의 엘리트 집단보다 더욱 기꺼이 자국 역사와 다른 나라의 경험에서 배우고자 하고, 또 배울 수 있다는 정도까지만 말하려 한다.

5 국가는 이제 무엇을 해야 할 것인가?

지금까지 우리는 국가 개입에 대한 두 가지의 지배적인 이론, 즉 후생경제학과 신자유주의의 한계를 지적하고, 이를 극복할 수 있는 제도주의 이론을 발전시키고자 했다. 특히 현대 경제에 나타나는 구조 변동 과정과 연관해서 이루어진 이 이론은 구조 변동 과정에서 가장 중요한 국가의 역할로 기업가적 정신과 갈등 관리를 꼽았다.

기업가로서 국가의 역할은 두 개의 요소로 구성되어 있다. 첫째, 국가는 중심적인 경제 주체로서 전환기에는 미래 비전을 제시하는 결정적 역할을 수행한다. 둘째, 국가는 제도 수립자로서 태동하는 조절 구조를 제도화한다. 즉 국가는 자신의 비전에 제도적 현실성을 부여하는 것이다.

최종적 갈등 관리자로서 국가의 역할은 재산권 보장, 공적 의제의 설계 및 시행 등이다. 갈등 관리자로서 국가의 역할 중에는 리스크를 사회화하는 운영 구조governance structure를 제공하는 매우 중요한 생산적인 기능도 포함된다. 이 같은 이론을 기반으로 우리는 앵글로색슨 모델보다 우월한 대안이 될 가능성으로 주목받고 있는 자본주의 경제의 다른 두 유형, 즉 동아시아나 프랑스의 산업 정책 국가와 스칸디나비아의 사회적 조합주의 국가들에 대해 논의했다. 우리는 이 나라들이 정치경제적으로 아주 다르게 구성되었지만, 두 유형의 국가들이 모두 기업가로서의 역할과 갈등 관리자 역할을 함께 수행했다고 주장했다. 산업 정책 국가들이 기업가로서의 역할에서 뛰어난 실적을 거두었다면, 사회적 조합주의 국가는 갈등 관리 부문에서 탁월한 성과를 기록했다. 물론 산업 정책 국가들 역시 갈등 관리 부문에서, 사회적 조합주의 국가 역시 기업가로서의 정신 부문에서 감탄할 만한 업적을 성취했다는 것은 굳이 주지할 필요가 없을 것이다.

이미 논의된 바와 같이 기업가와 갈등 관리자로서 국가의 역할을 위협하는 요소들은 무수히 많다. 심지어는 국가가 이 같은 역할들을 수행할 수 있는 행정 능력을 보유하고 있는 경우 - 이런 능력을 보유하지 못한 국가도 있다 - 에도 이는 마찬가지이다. 또한 국가는 이익 집단으로부터 자율성을 지키고 있어야만 새로운 재산권 구조를 바람직한 방향으로 제도화하고, 갈등을 효율적으로 관리하는 작업을 할 수 있다. 지배적 이데올로기와 제도, 정치적 의제들로 말미암아 고도로 자율적인 국가에서조차 새로운 조절 구조와 갈등 관리 시스템을 설계하는 과정에서 자신의 혁신성을 발휘하지 못할 수도 있기 때문이다. 그 어떤 국가도 아무런 흠집이 없을 수는 없다. 따라서 아무리 '강고'한 국가라 해도 역사에서 자유로울 수 없다. 게다가 무수한 영역에서 경제 활동의 초국화가 이루어지고 있는 지금, 정책을 고안하는 국민국가의 역할은 점점 더 어려운 국면으로 내몰리고 있다고 할 수 있다.

그러나 국가(혹은 다른 경제 주체) 입장에서는 좋든 싫든, 쉽든 어렵든 기업가 및 갈등 관리자로서의 역할을 할 수밖에 없다. 복잡한 상호 의존성과 (급진적이든 점진적이든) 기술 및 제도 부문에서의 혁신이 특징인 현대 경제에서 국가는 기업가와 갈등 관리자로서의 결정적 역할을 수행해야만 한다. 국가가 이런 역할을 포기한 결과는 일관성 있는 조절 구조와 원활히 작동하는 갈등 관리 시스템의 출현이 지체되는 것뿐이다. 그리고 이 경우 해당 국가의 경제 변동은 엄청난 낭비와 사회 세력 간의 반목을 수반할 수밖에 없을 것이다.

신자유주의를 넘어서

Globalization, Economic Development, and the Role of the State 3

'적절한 국가의 역할'이란 도대체 무엇인가? 이것은 최근 2~3세기에 걸쳐 끊임없이 경제학자들을 사로잡아 온 질문이다.[1] 그 기간 동안 '적절한 국가의 역할'을 둘러싸고 각종 견해들이 주류적 위치에 떠올랐다가 사라지곤 했는데, 거기서 가장 주목할 만한 사건은 제2차 세계 대전 이후 50여 년 동안에 이루어진 두 차례의 주요한 이론적 지각 변동이다.[2]

자유방임laissez-faire 독트린은 2차 대전 직후 한동안 전 세계적으로 신망을 잃었다. 양차 세계 대전 사이 여러 나라에서 시행되었던 자유방임적 정책들은 누구도 부인할 수 없을 정도로 실패했기 때문이다. 그 덕택에 2차 대전 이후에는 국가의 적극적인 행동이 필요하다는 주장이 폭넓은 지지를 받을 수 있었고, 그에 따라 1960년대까지만 해도

'자유방임 자본주의는 끝났다'는 분위기가 지배적이었다. 사람들은 자신이 '혼합 경제'에서 (혹은 '현대 자본주의'나 '조직된 자본주의'에서) 살고 있다고 믿었다. 그러나 이 같은 공감대는 신자유주의자들의 반격에 따라 1970년대 중반 이후 극적으로 전복된다. 신자유주의자들의 목표는 혼합 경제를 종식시키는 것이었는데, 심지어 종전 직후에는 상상조차 할 수 없었던 영역까지도 시장 원칙을 재도입해야 한다고 주장했다.

신자유주의는 지난 20여 년 동안 융성기를 누리면서 국가의 역할을 둘러싼 논쟁의 환경을 송두리째 바꿔 놓았다.[3] 국가는 이제 불편부당하고 전능한 사회의 수호자로 받아들여지지 않았다. 오히려 국가는 이제 '약탈자'나 (정치가나 관료들로 이루어진) 정치적으로 강력한 집단이 그 당파적 이익을 챙기기 위해 사용하는 도구로 분석되기까지 했다. 신자유주의에 따르면, 어떤 경제 주체의 행위이든 오직 자신의 물질적 이익을 극대화하는 것 외에는 다른 동기가 없는 것으로 간주되었고, 이 같은 가정은 '공적 영역'의 경제 주체에게도 똑같이 적용되었다. 이에 따라 정치의 역할이라는 것이 '집단 의지'에 빌붙어 시장이 내린 결과를 변경하는 합법적 수단에 다름 아니게 되었다. 결국 국가의 역할을 둘러싼 논쟁들에서 '최소 국가론'적 편향이 대세를 이루게 되었는데, 이는 국가 개입 옹호자들이 일리가 있는 주장을 펼친다 해도 한발 한발을 뗄 때마다 논적들과 난투극을 벌여야 한다는 뜻이었고, 국가 개입 비판자들은 하찮은 특이 사례를 가지고도 자신들의 단순하기 짝이 없는 논리를 강변하면서 유리한 싸움을 치를 수 있다는 의미였다.

우리는 이 장에서 신자유주의적 아젠다agenda의 수많은 한계와 편향에 대해 논의할 것이다. 하지만 이 같은 신자유주의의 반격이 전적으로 부정적인 유산만을 남긴 것은 아니다. 예컨대 신자유주의의 반격은 (1950년대와 1960년대) 후생경제학의 전성기에 횡행했던, 국가의 역할에 대한 '기술 관료적' 관점이 지닌 기본적 문제점들을 드러냈는데, 이는 뜻하지 않게도 - 신자유주의자들의 궁극적 목표는 정치학을 말살하는 것이었다 - 정치학을 다시 경제학과 융합시키는 계기로 작용했다. 게다가 더욱 중요한 점은 신자유주의자들이 '정치경제학' 논의에 공공연하게 참여한 것이 '제도주의'적 비판[4]으로 이어지는 관문을 열어 젖혔다는 것이다.* 아울러 이 같은 제도주의적 비판에 따라 최근에는 심지어 신자유주의 독트린을 옹호하는 학자들 중 일부마저도 국가의 역할을 이해하려면 제도적 요소의 중요성을 감안해야 한다는 것을 인정하게 되었다. 물론 이런 신자유주의자들이 모두 자신에게 미친 제도주의적 비판의 영향을 인식하고 있는 것은 아니지만 말이다.[5]

이런 측면에서 제도주의자들은, 물론 정식으로 인정되고 있는 것은 아니지만, 신자유주의자들에 대해 값진 승리를 얻어 냈다고 할 수 있다. 그러나 우리가 인정해야 할 것은 제도주의자들이 아직 신자유주의 정치경제학을 대체할 만한 완전한 체계의 정치경제학을 수립하지 못했다는 사실이다. 이 장에서 필자는 제도주의 정치경제학으로 불릴 수 있는 이론적 구조물의 건축과 관련된 주장을 몇 가지 제시하고자 한다. 그러기 위해 우선 국가의 역할에 대한 신자유주의적 아젠다를 제도주의적인 관점들과 명확하게 분리한 다음, 신자유주의 내부

---

* Chang and Rowthorn(1995b)을 참조. 스페인 어 번역본은 Chang(1996)에서 볼 수 있다.

의 기본적 결점들을 지적할 것이다. 또한 이 같은 과정을 통해 국가 개입에 대한 제도주의 이론에서 신자유주의의 결점을 극복할 수 있는 요소들을 찾을 것이다.

1 신자유주의의 내적 모순

신자유주의자들은 마치 자신이 구세주라도 된 것처럼 자신만만하고 확신에 찬 어조로 여러 가지 주장들을 전개하고 있고, 그 덕분에 사람들은 신자유주의가 일관된 내용과 명백한 결론을 가진 이론이라고 느끼게 되었다. 그러나 이 같은 대중적 인상과는 달리 신자유주의 독트린은 사실 매우 이질적이고 내적으로 상반된 요소들이 난마처럼 얽힌 지적 체계이다. 우리는 그 사실을 확인하기 위해 신자유주의 독트린에 대한 세부적인 비판으로 들어가기에 앞서 신자유주의 아젠다들의 기본적 윤곽을 제시하고, 그 속에 담긴 명백한 문제점들을 살펴보도록 하자.

1.1 결코 신성하지 않은 출발

신자유주의 연구 프로그램에 내재한 가장 큰 모순은 신자유주의 독트린이 신고전학파 경제학과 이른바 오스트리아 자유주의 전통 간의 정략결혼으로 성립되었다는 사실에 있다. 신고전학파 경제학이 신자유주의에 지적 정통성을 부여 – 경제학계에서 신고전학파의 지배적 지위를 상기하라 – 하는 반면, 신자유주의 옹호자들의 능란한 정치적 수사修辭는 오스트리아 자유주의 전통으로부터 한 수 배운 것이다. 그런데 문제는 신고전학파와 오스트리아 자유주의는 적어도 이 같은 지적 전통들에 익숙한 사람들에게는 달라도 너무 다른 이론이라는 것이다. 하이에크가 신고전학파를 그토록 가혹하게 비판했던 것도 사실 이 때문이다.

그렇다면 신고전학파와 오스트리아 자유주의와의 수상한 정략결혼이 유지될 수 있었던 이유가 어디에 있을까. 오스트리아 자유주의 전통에는 신고전학파 경제학이 자체적으로는 꿈도 못 꾸는 대중적 호소력이 존재했기 때문이다. 그 누가 (신고전학파가 강조하는) '파레토 최적'을 수호하기 위해서 목숨을 걸겠는가. 반면 (오스트리아 자유주의자들이 외치는) '자유'와 '기업가 정신'을 위해서라면 기꺼이 자신을 희생하겠다는 사람들이 많다. 하지만 오스트리아 자유주의 전통은 '존경 받을 만한' 집단으로부터 그 지적 정통성을 승인 받지 못하고 있었다. 때문에 신고전학파 경제학이 달고 다니는 '과학'이라는 후광이 필요했던 것이다.*

신고전학파의 입장에서는 오스트리아 자유주의 전통과 동맹한 덕분에 대중적 설득력을 한층 강화할 수 있었다. 그러나 그 대가는 상당히 컸다. 신고전학파는 동맹을 유지하기 위해 자신의 이론에 담긴 개입주의적 색채를 스스로 억압해야 했다. 오스트리아 자유주의 전통은

---

* 이런 모습이 가장 탁월하게 묘사되는 것은 옛 공산주의 국가의 초기 개혁 과정을 통해서이다. 당시 이들 나라 국민들의 상상력을 사로잡았던 것은 파레토 최적이나 일반 균형 같은 건조한 신고전학파의 언어가 아니라 자유와 기업가 정신이라는 오스트리아 자유주의의 언어였다. 그러나 이들 국가의 경우 외국인 경제 자문역을 선택할 때 주로 서구 학계에서 얼마나 높은 위치에 있는지를 기준으로 했는데, 그 위치는 신고전학파의 경제학적 개념과 도구를 얼마나 잘 다루는지에 따라 결정되었다.

국가 통제주의 statism를 강경하게 반대하는 입장이었기 때문이다. 그렇다면 신고전학파는 자신의 개입주의적 색채를 어떤 방식으로 억압할 수 있었을까.

개입주의를 억압하는 첫 번째 방식은 후생경제학의 논리적 토대인 '시장 실패론'을 수용하되, 이 논리를 신고전학파가 '정치적으로 수용할 수 있는' 영역 바깥으로는 확장하지 않는 것이었다. 예컨대 신자유주의자들은 환경, 교육 등 정치적 논란이 작은 영역의 분석에는 외부 경제 효과 이론을 적용해 해당 영역에 대한 국가 개입을 정당화하기도 한다. 그런데 동아시아의 '전략적 산업 정책'처럼 정치적으로 매우 논쟁적인 주제에는 외부 경제 효과론을 거의 끌어들이지 않는다. 외부 경제 효과론을 감안하면 동아시아의 '전략적 산업 정책'도 이론적으로 쉽게 정당화될 수 있는데 말이다. 사실 신고전학파 경제학의 경우 '어디까지가 국가 개입이고, 어디부터는 국가 개입이 아닌지'를 결정할 수 있는 이론적 방법론이 없다. 신고전학파 경제학 진영에서 "시장 실패는 논리적 가능성으로만 존재하며 현실 속에서는 거의 일어나지 않는다."는 황당한 주장이 나오는 것도 이런 측면에서 보면 어쩌면 필연적인 사건[6]이라 할 수 있다.*

신고전학파 경제학의 개입주의적 본능을 억누르는 두 번째 방법은

---

* 국가의 정당한 기능에 대한 프리드먼 Friedman의 리스트는 다음과 같다. 법과 질서의 유지, 소유권의 규정, 소유권이나 경제적 게임에 필요한 규칙의 변경 수단으로서의 서비스, 규칙의 해석에 대한 논쟁의 조정, 계약의 효력 유지, 경쟁의 촉진, 통화 제도의 규정, 국가 개입을 정당화하기에 충분히 중요한 것으로 널리 받아들여지고 있는 (외부 효과 externality를 지칭하는 그의 독특한 용어인) '이웃 효과 neighborhood effects'를 극복하고 기술적 독점에 반대하기 위한 활동 참여, 정신병자나 어린이처럼 스스로 책임을 질 수 없는 사람들을 보호하기 위한 개인적 기부의 보완(Friedman, 1962, p.34).

'진지한' 학술적 담론과 '대중적' 정책 담론을 구분하고 양자 사이에 만리장성을 쌓는 것이다. (이는 한편으로는 고의적으로, 다른 한편으로는 무의식적으로 이루어졌을 것이다.) 예컨대 대학에 나가는 신고전학파 경제학자들은 이론의 세계 속에서 엄격하기 짝이 없는 반反독과점 정책에 대한 논리적 근거를 제공하기 위해 여념이 없다. 그러나 현실 세계 속에서 정부가 시행하는 반독과점 정책은 '느슨'하기 그지없는데, 그럼에도 그 '느슨'한 정부 정책이 정당화될 수 있다. 하지만 그 방식은 신고전학파 경제학과 하등의 연관성이 없는 종류의 논리, 즉 '기업가의 사기를 떨어뜨려서는 안 된다' 운운하는 것이다. 옛 공산주의 국가에서 시행된 '개혁'은 이 같은 경우를 가장 통렬하게 보여 주는 사례이다.

마지막 방법은 시장 실패론을 전적으로 승인하고 강력한 개입주의적 처방으로 이어지는 모델까지 애써 만든 다음 이를 하릴없이 '포기'해 버리는 곡예이다. 현실 속의 국가로서는 정보 불균형 등의 기술적 난점 때문에 이 같은 모델의 결과인 개입주의 정책을 수행하는 것 자체가 불가능하기 때문이라는 이유에서이다. 이와 함께 관료주의적 부정부패와 이익집단의 준동이 예상되므로 이런 정책을 국가에 위임하는 것은 정치적으로도 대단히 위험하다고 주장하는데, 미국의 경제학자인 크루그먼Paul Krugman의 저작들이 가장 뚜렷한 사례라 할 수 있다. '대중 정치경제학pop political economy'으로 불릴 수 있는 크루그먼 논문들의 구성은 대충 이렇다. 크루그먼은 칼럼의 상당한 부분을 자신이 정성들여 고안한 '전략적 무역 이론strategic trade theory'의 전개에 사용하는데, 그 모델의 핵심 내용은 국가 개입에 대한 승인이다. 그러나 크루그먼은 결론 부분에서 국가는 완전하지 않기 때문에 이런 역할을 할 수 없다고 주장한다. 본인이 나름대로 정교하게 구상한 모델의 신용도를 스스로 무너뜨려 버리는 것이다.* 이들은 한마디로 말해 게임을 하고 있는 것에 불과하다. 이 게임에서 신고전학파 이론가들은 국가 개입을 권유하는 모델을 만들어 내도 좋다. 이 모델이 '기술적으로 정당technically competent'하기만 하다면 말이다. 그러나 다음 단계에서 이런 이론가들은 반드시 이런저런 정치적 이유로 자신의 모델을 쓰레기통 속에 처박아 버려야 한다. 그래야 자신의 정치적 신뢰성을 입증할 수 있기 때문이다.

1.2 애매모호한 국가 개입 여부

지금까지 서술한 신고전학파와 오스트리아 자유주의 간의 모순을 무시하고 그냥 넘어간다 해도 신자유주의 이론에는 심각한 문제점이 남아 있다. 심지어는 신고전학파 경제학 내부에도 '적절한 국가의 역할'을 둘러싸고 심각한 견해 차이가 남아 있기 때문이다.

앞서 지적했던 것처럼 신고전학파 경제학은 강력한 (후생경제학에서 가장 뚜렷하게 나타나는) 개입주의적 색채를 지니고 있다. 특히 ≪후생경제학과 국가의 역할Welfare Economics and the Role of the State≫ (1965)에서 보몰Baumol이 주장했던 바와 같이, 외부 경제 효과의 논리를 충실히 따라가다 보면 '시장 거래'라는 것이 실제로 이루어지고

---

* 저명한 신자유주의 경제학자 루카스Robert Lucas는 헬프먼Helpman과 함께 쓴 크루그먼의 책에 대한 서평에서 우선 그들이 이 책을 왜 썼는지부터 물었다(Lucas, 1990). 크루그먼과 헬프먼은 결국에 가서는 자신들의 모델에서 파생되는 정부 개입 정책이 그 안에 수반된 정치적 위험 때문에 기각되어야 한다고 이야기하기 때문이다.

있는지, 심지어는 '시장 거래'라는 것이 정당한지 자체가 매우 의심스럽게 느껴질 정도이다. 예컨대 대다수 재화는 이미 생산 과정에서부터 환경오염이라는 형태의 부정적 외부 경제 효과를 산출하는 만큼 그 거래를 순수한 시장 논리로 설명하기는 무척 어렵다. 물론 이 같은 부정적 외부 효과에 대해 실제로 적절한 보상이 이루어지는 경우에는 시장 논리를 적용할 수 있겠지만 그런 사례는 거의 찾아보기 어렵다. 게다가 '산업 연관 효과'[7]나 '금전적 외부 경제 효과'[8] 등을 고려하면 상당수 재화들은 긍정적인 외부 경제 효과를 창출하는 것으로 분류될 수 있다. 심지어 일부 경제학자들은 기초 식량처럼 전통적으로 외부 경제 효과가 없는 것으로 간주되어 왔던 일부 재화조차도 외부 경제 효과를 가진 것으로 볼 수 있다고 주장한다. 기초 식량의 경우 식량이 적절한 양으로 소비되지 않기 때문에 범죄가 유발된다고 주장할 수 있다는 것이다.[9]

더욱이 개인적 선호individual preference 간에도 상호 의존성이 존재한다. 예컨대 사람들은 엘스터Elster가 명명한 반적응적 선호counter-adaptive preferences를 가진다. '남의 집 잔디밭이 더 푸르게 보인다'는 심리 체계이다. (다른 사람이 소비할 수 없는 것을 소비한다는 그 자체로부터 나오는 즐거움을 누리는) 사치재 소비의 심리학도 개인적 선호 간에 상호 의존성이 존재한다는 증거이다.

이런 이야기는 끝도 없이 계속될 수 있다. 그러나 필자가 주장하는 것의 핵심은, 심지어 순수한 신고전학파 논리에 근거하는 경우에도 상당히 넓은 범위의 국가 개입이 정당화될 수 있다는 것이다.

실제로 랑게 같은 학자들은 1920년대와 1930년대에 기본적으로 신고전학파적 모델의 기반 위에서 사회주의적 계획을 정당화하려 시

도한 적도 있었다.[10]

지금까지의 논의에서 알 수 있듯 어떤 신고전학파 경제학자가 개입주의자인가 아닌가를 결정하는 것은 그가 연마한 '딱딱한' 경제학 이론이 아니라 그의 정치적 선호이다. 그러므로 어떤 '과학적인' 법칙에 따라 '좋은' 개입과 '나쁜' 개입을 딱 잘라 구별할 수 있다는 신고전학파 경제학자들의 주장은 미신일 뿐이다. 우리는 이런 미신을 단호히 기각해야 한다.

1.3 신자유주의는 지적 독트린에 불과하다

신자유주의는 (지적 정당성을 제공하는) 신고전학파 경제학과 (정치적 호소력을 제공하는) 오스트리아 자유주의 전통이라는 '비非신성 동맹'에 기초하고 있다. 따라서 신고전학파 경제학은 자기 진영의 개입주의적 색채를 억압해야 했다. 그러나 이 같은 억압은 지적으로나 윤리적으로나 매우 허약한 것이었는데, 그 이유는 억압의 방법이 다음과 같았기 때문이다.

첫째, 이들은 무엇이 국가의 영역이고 국가의 영역이 아닌지 자기 멋대로 임의적인 정의를 내리면서도 자신의 작업이 '임의적'이라는 것 자체를 인식하지 못했다. 둘째, '진지한' 학술적 연구와 '대중적'인 정책 논의를 분리했는데, '진지한' 연구와 '대중적' 논의를 각각 어떻게 정의할 수 있는지조차 의식하지 않았다. 셋째, 어떤 학자는 꼼꼼한 이론적 작업을 통해 개입주의로 귀결되는 모델을 구성한 다음 이를 학문적 이론과 아무 관계도 없는 '대중적 pop' 정치경제학을 통해 기각해 버린다.

필자는 또한 심지어 신고전학과 경제학 그 자체 내에도 '좋은' 국가 개입과 '나쁜' 국가 개입을 정확히 가릴 수 있는, 명백하게 '과학적'인 판단 기준이 존재하지 않는다고 주장했다. 이렇듯 신자유주의는 스스로 주장하는 것처럼 일관된 내용과 명백한 결론을 가지기는커녕 오히려 모순적인 요소들로 구성된 일관성 없는 지적 독트린일 뿐이다.

2 신자유주의 비판

필자는 앞에서 신자유주의 독트린이 근본적으로 다른 이론적 요소들로 구성되어 있다고 지적했다. 이 같은 주장에 이어 이번에는 제도주의적 관점에 기반해서 신자유주의를 세부적으로 비판해 보도록 하자. 그러기 위해 먼저 신자유주의가 시장, 국가 등의 제도들을 어떻게 바라보는지, 이런 제도들의 관계를 어떻게 표현하는지 그 방식 자체부터 논의하도록 해 보자.

2.1 자유 시장이란 무엇인가?

2.1.1 무엇이 국가 개입인가?

국가에 대한 신자유주의적 담론은 근본적으로 두 가지의 큰 주제로 나누어질 수 있다. 첫째, '자유' 시장은 사회적으로 적정한 결과를 생산하는가? 신자유주의자들은 대부분의 상황에서 그렇다고 생각한다. 둘째, 국가 개입이 자유 시장의 결과를 개선할 수 있는가? 물론 신자유주의자들은 그렇지 않다고 생각한다.

신자유주의자들의 결론에 동의하든 반대하든, 이와 같은 문제 제기 자체는 충분히 정곡을 찌르고 있는 것처럼 보인다. 그러나 과연 그럴까?

오히려 터무니없어 보이지만 중요한 질문이 있다. '자유' 시장이 '국가 개입이 없는' 시장이냐는 것이다. 물론 '자유' 시장이 '국가 개입이 없는' 시장이라는 명제가 옳다면, 그 다음 단계로 어떤 국가 개입이 '좋은' 것이고 '나쁜' 것인지에 대해 여러 가지 견해가 나올 수 있을 것이다. 그러나 그에 대해 또 하나 중요한 질문을 던질 수 있다. 즉 '국가 개입'이라는 것이 정확히 무엇을 의미하느냐는 것이다.

필자는 우리가 '국가 개입'이라는 용어의 의미를 알고 있다고 확신할 수 없다. 그 이유는 똑같은 국가 행위가 어떤 사회에서는 '개입'으로 여겨지지만, 다른 사회에서는 '개입'으로 여겨지지 않는 현상이 실제 존재하기 때문이다. 또한 같은 사회 내에서도 과거에는 '국가 개입'이었던 행위가 현재는 '국가 개입'으로 간주되지 않기도 한다. 이런 일들이 벌어지는 이유는 무엇일까? 그에 답하기 위해서는 다음과 같은 몇 가지 사례를 제시할 수 있을 것이다.

첫째, 아동 노동의 경우이다. 현재의 OECD 국가들에서는 아동 노동에 대한 금지가 '인위적으로' 노동 시장으로의 진입을 제한하는 국가 개입으로 간주되지 않는다. 그러나 많은 제3세계 자본주의 경제에서는 (그리고 19세기 후반과 20세기 초반의 OECD 국가들의 경우에도) 아동 노동에 대한 금지가 국가 개입으로 받아들여졌다. 선진국에서는 어린이들이 혹사당하지 않고 교육을 받을 권리가 온전히 수용된다. 그리고 이 같은 아동들의 권리는 노예 제도 폐지 이후 자기 소유권이 그랬던 것처럼, 노동 시장의 근저에 놓여 있는 (재산권 등의) '권리/의무 구조'에 완전히 통합되어 있다. 심지어 아동 노동의 금지는 지적 토론의 대상이 될 수도 없다. (예컨대 아동 노동에 대한 금지가 '효율적'인가 아닌가에 대한 논쟁은 없다.) 이와 대조적으로 개발도상국에서는 (예나 지금이나) 아동들의 권리는 아직 완전히 수용되지 않고 있다. 그에 따라 아동 노동과 관련된 국가의 행위는 여전히 '개입'으로 간주된다. 또한 아동 노동에 대한 금지가 '효율성'에 미치는 영향도 여전히 정책 토론의 정당한 주제로 성립되고 있다.

다른 사례로는 (자동차 매연 배출 기준과 같은) 수많은 환경 기준이 있다. 그리 오래전 일도 아니지만 이 환경 기준들이 OECD 국가들에 처음 도입되었을 때는 산업과 개인적 자유에 대한 부당한 침해로 광범위하게 비판받았다. 그러나 요즘에는 '개입'으로 간주되지 않는다. 또한 OECD 국가들의 경우 이 같은 규제들 때문에 자국의 자동차 시장이 '자유' 시장이 아니라고 주장하는 사람들 역시 거의 없다. 이와 대조적으로 일부 개발도상국 수출업자들은 OECD 국가들의 엄격한 환경 기준을 '정당한' 것으로 받아들이지 않는다. 그들은 환경 기준이 시장을 '왜곡'시키는 '보이지 않는 무역 장벽'이라고 주장한다.

또 하나의 사례를 보자. 수많은 신고전학파 경제학자들은 선진국의 최저 임금 제도와 '지나치게' 높은 근로 기준을 부당한 국가 개입으로 간주한다. 이 같은 기준들이 노동 시장에 대한 '인위적' 진입 장벽이라는 것이다. 그러나 이 경제학자들도 선진국들에 존재하는 엄격한 이민 제한에 대해서는 국가 개입이라고 주장하지 않는다. (물론 지지하지도 않는다.) 그러나 이민에 대한 통제가 지금까지 언급된 '개입'들만큼이나 노동 시장에 '인위적'인 진입 장벽을 만드는 것도 사실이다. 이처럼 모순적인 태도들을 어떻게 설명할 수 있을까. 그들이 공공연하게 이 문제에 대한 자신들의 '정치적' 입장을 밝히지는 않고 있지만, 결국 이 경제학자들은 현재 선진국의 시민들이 '자신들의' 노동시장에 대한 비시민non-citizens의 참여 조건을 결정할 수 있는 권한을 갖고 있다고 믿기 때문이라고밖에는 달리 말할 길이 없다. 그러나 이 문제에 대한 자신들의 '정치적' 입장을 공공연하게 밝히는 것은 아니다.

이런 이야기는 끝없이 계속될 수 있으나 핵심은 간단하다. 사회 구성원들이 특정한 권리 및 의무에 대해 '정당한legitimate' 것으로 간주하느냐 않느냐에 따라 동일한 국가의 행위가 '개입'으로 간주될 수도 있고, 그렇지 않을 수도 있다는 것이다. 또한 (OECD 국가에서 아동 노동이나 노예제 금지와 같은) 어떤 행위가 특정한 시대, 특정한 사회에서 '개입'으로 인정되지 않는다면, 이 같은 금지의 '효율성'을 따지는 것 역시 정치적으로 거부된다. 이 같은 상황은 신이 부여한 어떤 이유가 아니라, 사회의 '권리/의무 구조'에 기인한 것이다. 동일한 영역의 동일한 시장에서 동일한 국가 개입이 이루어진다고 해도, 그 사회의 '권리/의무 구조'에 따라 시장이 국가 개입으로부터 '자유'롭다고 간주될 수도 그렇지 않을 수도 있는 것이다.

그러므로 특정한 시장이 '자유'로운지 자유롭지 않은지에 대한 의견을 피력하려면, 먼저 그 시장의 바탕을 이루는 제도들을 이해할 필요가 있다. 시장 참여자들 (그리고 '외부 효과'가 있는 경우는 이에 더해 비참여자들)의 권리/의무 구조를 결정하는 것은 다름 아니라 이 제도들이기 때문이다. 이와 관련 우리가 이해해야 하는 제도들에는 다음과 같은 것들이 있다.

① (정치적 결사에 대한 규칙, 법인에 대한 규칙, 로비에 대한 규칙과 같은) 사회 구성원들의 이해가 조직되고 실행되는 방법을 규정하는 공식적, 비공식적 규칙들
② 사회를 지배하는 '공정함', '자연권' 같은 개념과 연관되는 (자기 소유권, 아동들의 교육권 등의) 공식적, 비공식적 '이데올로기'
③ (법률 개정의 절차, 사실상의 권리/의무들이 반드시 법제화는 아니더라도 '정당화'될 수 있는 시기와 방법에 대한 사회적 관습들과 같은) 권리/의무 구조가 변화될 수 있는 방법을 규정하는 공식적, 비공식적 제도들

지금까지 보아 왔듯이 너무나 간단한 것처럼 여겨졌던 '자유' 시장에 대한 정의조차 (그와 더불어 그 개념쌍인 '국가 개입'의 정의조차) 사실은 이처럼 허약하기 짝이 없다. 그렇다면 어떤 시장이 '실패'했으므로 국가 개입이 그 시장을 '더욱 효율적'으로 만들 수 있다는 식의 주장을 펼치는 것도 허망한 논의일 수밖에 없다. 제도주의적 관점에 따르면, 자유 시장에 대한 정의는 심층적 수준에서는 무의미한 논의이다. 어떤 시장이든 궁극적으로는 '자유'로울 수 없기 때문이다. 사실 어떤 시장에든 누가, 어떤 조건으로 참여하느냐에 대한 국가 개입이 존재하기 때문이다. 설사 어떤 시장들이 '개입'을 당하지 않고 있는 것으로, 그래서 '자유'로운 것으로 보인다고 가정하자. 정말 그 시장에는 '개입'이 없는 것일까. 그렇지 않다. 그것은 오히려 그 시장에 가해지는 규제들이 (그리고 규제들이 창출한 권리와 의무가) 규제로 여겨지지 않을 정도로 완벽하게 해당 시장의 참여자들과 관찰자들에게 수용되어 있기 때문일 뿐이다.

2.1.2 개입을 어떻게 측정할 것인가?

경제학자들은 국가 개입 정도를 국제적, 역사적으로 비교하기 위해 양적인 측정 수단들을 이용하곤 한다. 이는 어찌 보면 꽤나 정곡을 찌르고 있는 방법으로 보인다. 하지만 이와 같은 국가 개입 측정 수단의 정확도는 이를 떠받치고 있는 (국가 개입에 관한) 이론의 수준에 의존할 것이다. 그렇다면 우리는 국가 개입의 정도를 나타내는 것으로 여겨지는 (양적인 측정 수단의 결과물인) '수치'에 머물지 말고, 그 기반을 이루는 (국가 개입에 관한) 이론 자체를 분석해야 할 것이다. 지금부터 이론 그 자체를 살펴보기로 하자.

전통적으로 국가 개입 정도를 측정하는 가장 대중적인 수단은 '국내총생산GDP에 대한 총 정부 예산의 비율'과 '국내총생산에서 (혹은 총 투자에서) 공기업 부문이 차지하는 비율'이었다. 우리가 이와 같은 측정 수단들을 통해 국가 부문이 얼마나 '비대한지'를 알아낼 수 있다는 것은 사실일 수 있다. 그러나 이 측정 수단들이 국가 개입 정도를 나타내는 좋은 지수라는 것은 사실이 아니다. 왜냐하면 '큰' 정부가 반드시 더욱 '개입주의적'인 정부일 필요는 없기 때문이다. 이는 한국, 일본, 대만 같은 동아시아 국가들의 경우에서 잘 설명된다.

최근까지 수많은 경제학자들은 전통적 측정 수단으로 동아시아 국가들이 '비개입주의자'들이라는 것을 '객관적으로' 입증할 수 있다고 믿어 왔다.[11] 대만이 비사회주의, 비산유 국가 중에서 공기업 부문이 가장 비대한 나라라는 점만 제외한다면, 이 같은 믿음은 사실과 크게 다르지 않은 것처럼 보일 수 있다. 그러나 이는 전통적 측정 수단에 기반해 가정된 국가의 개입 양식에 대한 '선입견' 때문인데,* 사실 이 같은 '선입견'은 동아시아 국가들의 실제 개입 양식과 크게 다르다.

그렇다면 곧이어 설명하겠지만, 전통적 측정 수단은 동아시아 국가들의 개입 정도를 '잘못' 측정하고 있다고밖에 말할 수 없다.

'전통적' 선입관에 입각해 보면, 국가는 기본적으로 생산수단에 대한 소유를 통해 통제를 행사한다. 생산수단의 소유가 생산수단 사용에 대한 통제, 세금과 보조금을 통한 자원의 재분배와 (잘못) 동일시되고 있는 것이다. 이는 후생경제학에 규정된 방식이기도 하다. 그러나 동아시아의 국가 개입은 국가 소유나 예산 지출을 통해 작동되기보다는, 주로 국가 소유와 예산 지출이 거의 필요 없는 수단을 사용했다. 이런 수단으로는 ① (진입, 생산 규모, 가격, 기술 등에 대한) 각종 규제

---

* 국내총생산 대비 정부 지출 비율을 보면, 1985년에 일본의 경우 33%로 미국(37%)을 제외한 다른 산업 국가에 비해 크게 낮았다. 다른 국가들의 경우 그 수치가 독일이 47%, 영국이 48%, 프랑스가 52%, 스웨덴이 65%에 달했다(World Bank, 1991, p.139, 표 7.4). 한국의 경우에는 국내총생산 대비 중앙 정부의 지출 비율이 1989년에 16.9%였는데, 이 수치는 다른 준산업화semi-industrialized 국가에 비하면 대단히 낮은 것이었다. 대만의 경우에는 비교할 만한 데이터가 없으나, 다른 국가들의 경우 그 수치가 멕시코 21.2%, 브라질 30.6%, 칠레 32.5%, 남아프리카공화국 33%에 달했다(World Bank, 1991, pp.224~225, 표 11). (1974~1977년에 이르는) 1970년대 중반 기간 동안 국내총생산에서 공기업 산출분이 차지하는 비율은 한국이 대략 6.4%, 대만이 13.6% 정도였으며, 개발도상국 평균은 8.6%였다. 따라서 이런 방식의 설명에 따르자면, 당시의 한국은 국가 개입이라는 측면에서 (개입이 실패한 것으로 간주되던 파키스탄 6.0%나 필리핀 1.7%, 아르헨티나 4.8%보다는 높으나) 평균 이하였고, 대만은 평균 이상인 셈이었다. 일본의 경우 비교할 만한 수치가 없으나 총 고정 자본 형성에서 공기업 부문이 차지하는 몫을 근거로 할 때, (11.6%라는 수치를 보이는) 1970년대 중반 (평균 11.1%라는 수치를 보이는) 다른 산업 국가들의 경우와 비교하면 국가 개입이라는 측면에서 대략 평균에 해당하는 셈이었다(short, 1984, 표 1 참조). 세계은행의 보다 최근 집계에 따르면, 1978~1991년의 기간 동안 국내총생산에서 공기업 부문이 차지하는 몫은 대만이 6.9%, 한국이 10.6%였는데, 표본으로 포함된 40개 개발도상국의 비가중 평균은 10.9%였다(World Bank, 1995, 표 A.1 참조). 그러나 여타의 다른 정성적qualitative 증거를 보면, 세계은행의 수치는 대만에서의 공기업의 중요성을 전반적으로 과소평가하고 있는 것으로 보인다. 필자의 의견으로 이것은 집권 국민당이 소유하고 있는 공기업들이 공식적으로 민간 기업으로 분류되기 때문인데, 불행히도 이와 관련된 체계적인 데이터들을 확보할 수가 없다.

조치 ② (특히 한국과 대만에서는 대다수 은행이 국가 소유였는데) 은행의 대출 결정에 대한 국가의 영향 ③ 비즈니스 부문에 존재하는 (에반스Evans가 국가의 '내재성embeddedness'으로 표현[12]했던) 다양한 '비공식적' 영향력 등이 있다.

이 같은 사례는 사실 동아시아뿐만이 아니다. 예를 들어 일부 논자들은 미국이 자유방임적 수사를 늘어놓고 있음에도 불구하고 정작 국방 조달 프로그램이나 국방 관련 연구개발 계약을 통해 산업 발전에 강력한 영향을 미치고 있다고 주장한다. 특히 컴퓨터, 원거리 통신, 항공 산업 등에서 그렇다[13]는 것이다.* 하지만 미국에서는 '국방'을 국가의 '최소' 기능 중 하나로 간주하는 관행이 있다. 즉 국방에 관련된 국가 개입은 너무 당연한 것이기 때문에 거의 '비개입'인 것처럼 여겨지는 것이다. 이 같은 국가 개입에 대한 미국의 지배적인 견해 덕분에 이 나라의 산업 발전에서 연방 정부의 중요성이 과소평가되고 있다는 이야기이다.

이상의 사례를 볼 때 국가 개입의 정도를 측정하는 방법 자체가 문제라 할 수 있다. 우리가 국가 개입의 정도를 측정하기 위해 사용하는 특정한 수단은 국가 역할에 대한 특정한 선입견을 표현한 것일 수밖에 없고, 따라서 모든 나라에 보편적으로 적용될 수 없다. 그 이유는 그런 선입견이 적용될 수 없는 다른 나라에서는 그 선입견의 배후

---

* 이와 관련된 충격적인 사례 중에서 가장 최근 것으로는 항공 산업의 경우를 들 수 있다. 맥도널 더글러스 사는 그간 무수한 주요 국방 프로젝트에 대해 입찰을 거듭했는데, 미국 연방 정부는 그에 내해 계속 거부 의사를 밝혔다. 맥도널 더글러스의 수익성을 악화시켜 라이벌인 보잉 사에 합병시키기 위한 것이었는데, 이 경우 미국 항공 산업의 운명만이 아니라 세계 민간 항공 산업의 운명이 바뀌게 된다.

에 있는 제도적 가정이 유지될 수 없기 때문이다. 우리는 국가 개입의 정도에 대한 각각의 측정 수단이 국가 역할에 대한 각각의 다른 이론에 기반하고 있다는 것을 (또한 이 이론들은 국가 개입의 제도와 정치경제학에 대한 각각의 가정을 표현하고 있다는 것을) 이해해야 한다. 그렇게 하지 못한다면 국가 개입에 대한 각각의 실증적 연구들은 그 연구가 사용하는 측정 수단의 한계, 더 정확하게는 그 측정 수단의 배후에 있는 이론적 관점의 한계 때문에 왜곡될 수밖에 없을 것이다.

2.2 시장 실패는 무엇을 의미하는가?

2.2.1 시장 실패는 어떤 때 일어나는가?

'시장 실패'란 무엇인가. 이 용어를 이해하려면, 우선 '이상적' 시장의 존재와 이 같은 '이상적' 시장의 '이상적' 작동 방식을 가정해야 한다. 그다음 현실 속의 시장이 그와 동일하게 작동하지 않는 경우 '시장 실패'가 일어났다고 말할 수 있을 것이다.

그렇다면 '이상적' 시장의 '이상적' 작동 방식으로 가정되는 것은 무엇인가? 지금처럼 신고전학파 경제학이 지배하는 상황에서 이상적 시장은 보통 (신고전학파 경제학의) '완전 경쟁 시장'과 동일시된다.

그러나 여기서 유의해야 할 것은, 신고전학파 시장 이론은 시장의 작동 방식에 대한 수많은 그럴듯한 이론 중 하나일 뿐이고, 게다가 특별히 탁월한 이론도 아니라는 사실이다. 허시먼이 〈시장 사회를 바라보는 다양한 시각들Rival Views of Market Society〉(1983)에서 사용한 표현을 빌리자면, 세상에는 수많은 각각의 '시장 사회에 대한 상반된 견해들'이 존재하기 때문이다.[14] 따라서 시장의 특정 상황이 어떤 사람들에게는 '실패'한 것으로 보일지 몰라도, 다른 사람들에게는 '정상적'이거나 심지어 '성공하고 있는 것'으로 보이는 일이 벌어지는데, 그것은 각자의 시장 이론이 다르기 때문에 나타나는 현상일 뿐이다. 몇 가지 사례를 들어 그런 상황을 설명해 보자.

1. 많은 사람들이 가장 심각한 '시장 실패' 중 하나는 '수용될 수 없는' 수준의 불평등을 생성하는 것이라고 생각한다. 그러나 ('수용성'의 기준은 차치하고) 신고전학파 경제학에서는 이것은 '시장 실패'가 아니다. 이유는 '이상적'인 신고전학파적 시장에서는 평등한 소득 분배의 실현이라는 게 애초부터 가정되어 있지 않기 때문이다. 그렇다고 해서 수많은 선의의 신고전학파 경제학자들이 브라질의 불평등한 소득 분배 같은 상황을 혐오하지 않는다고 주장하는 것은 아니다. 다만 신고전학파 경제학자들의 경우 이 같은 논점은 경제 '과학'의 영역이 아니라고 확신하고 있는 것이 분명한 만큼, 그들에게 시장에서의 평등한 소득 분배를 기대하는 것은 어불성설이라는 점을 지적하는 것일 뿐이다.

2. '비경쟁적 시장'은 신고전학파 경제학자의 입장에서는 '실패한' 시장의 가장 명백한 사례 중 하나이다. 반면 슘페터 이론에 따르면 (그리고 슘페터 이전에는 마르크스주의 이론에 따르면) 신고전학파적 의미에서의 '비경쟁적' 시장은 기술 혁신에 의해 추동되는 역동적 경제에서 필연적 요소이다.* 즉 신고전학파 경제학에서 시장 실패의 고전적 사례인 비경쟁적 시장이 슘페터주의적 관점에서는 '성공적'인 역동적 경제의 필수 불가결한 요소로 간주되고 있는 것이다.** 역으로 신고전

학파적 의미에서 (어떤 시장 참여자도 시장 지배력market power을 가지지 못하는) '완전' 시장이 슘페터주의에서는 기술적 역동성을 결여하고 있는 완벽한 '실패'로 간주될 수도 있다.

이 같은 사례를 통해 설명하고자 하는 핵심적 내용은 다음과 같다. '시장 실패'에 대해 논의하기에 앞서 우리는 '이상적' 시장의 '이상적' 작동 방식을 명확히 규정해야 한다. 그렇지 않을 경우 시장 실패의 개념이 지나치게 탄력적으로 설정된다. 즉 수백 명의 다른 학자들이 수백 개의 다른 상황으로 시장 실패를 설명하게 될 것이다. 그리고 그 결과 어떤 사람은 시장의 '완전성'을 보는 지점에서 다른 사람은 시장의 비참한 '실패'를 느끼게 될 것이다. (독점에 대한 위의 설명은 이런 점을 아주 명확히 드러낸다.) 따라서 먼저 '시장 이론'을 분명하게 만들어야 '시장 실패'로 불리는 것도 명확히 설명할 수 있다.

2.2.2 시장 실패는 얼마나 중요한가?

이제 '시장 실패'가 얼마나 중요한 개념인지, 그리고 우리가 '시장 실패'를 어떻게 정의할 수 있는지 살펴보기로 하자. 가장 단순한 답변은 시장 실패가 신고전학파 경제학자들에게는 매우 중요한 개념이란 것이다. 그러나 다른 진영의 경제학자들, 특히 제도주의 경제학자들에

---

* 경쟁에서 혁신을 통해 얻게 되는 효율성과 (신고전학파의) 가격 경쟁을 통해 얻게 되는 효율성 사이의 관계는 "폭격을 우격다짐으로 문을 열게 하는 것에 비교하는 것과 다를 바 없다."는 슘페터의 그 유명한 비유를 상기하라.

** 말할 필요도 없겠지만, 이 말은 (우리가 심심치 않게 볼 수 있는) 역동성이라고는 없는 독점이 만연한 경제 체제의 가능성을 배제하지 않는다.

게는 시장 실패가 크게 중요한 문제가 아니다. 신고전학파 경제학은 '시장에 대한 경제학'이다. 사실 조금 더 정확하게 표현하자면 교환 거래 경제barter exchange economy에 대한 학문일 뿐이다. 거기에는 코스Ronald Coase가 〈생산의 제도적 구조the Institutional Structure of Production〉(1992)에서 한 비유를 빌리자면, '숲의 가장자리에서 도토리나 산딸기를 교환하는 고립된 개인들'이 존재할 뿐이다.[15]

신고전학파 이론에서는 심지어 기업도 한낱 '생산함수'로 존재할 뿐이다. 이 이론에서 기업은 '생산의 제도'로 여겨지지 않는 것이다. 신고전학파 경제학에서는 또 현대 자본주의 경제를 구성하는 다른 형태의 제도들, 예컨대 공식적인 생산자 연합, 비공식적인 네트워크, 노조 등은 시장의 적절한 작동을 막는 '경직성'으로만 생각한다.[16]

그러므로 ('시장'이 본질적으로 '경제'인) 신고전학파 경제학자들의 입장에서는 시장이 실패하면 경제도 실패한 것이고, 경제가 실패하면 국가가 개입하지 않을 수 없다. 왜냐하면 신고전학파의 구도 속에서 시장 외의 다른 중간적 제도나 조직들은 그 어떤 정당한 지위도 가지고 있지 않기 때문이다. 이와는 대조적으로 제도주의 경제학자들에게 있어서 시장은 자본주의 경제 시스템을 구성하는 수많은 제도적 메커니즘 중의 하나에 불과하다. 때문에 그들에게 시장 실패는 신고전학파 학자들이 생각하는 것만큼 중요한 개념이 아니다. 왜냐하면 제도주의 경제학자들은 시장 이외에도 경제 활동을 조직할 수 있고, 실제로 조직해 온 수많은 제도적 메커니즘이 존재한다는 것을 알고 있기 때문이다. 즉 현대 산업 경제에서는 대다수의 경제적 상호 작용들이 조직들 내부에서 실제로 작동하고 있는 것이다.[17] 그러므로 일부 (혹은 많은) 시장들이 (신고전학파라는) 수많은 판단 기준 중 하나에 따라 '실패하고 있다'고 해도 전체 자본주의 시스템의 작동에는 크게 차질을 빚지 않을 수 있다.

가령 현대 산업에서는 독점이나 과점이 많이 발생한다. 그 경우 시장은 신고전학파적 판단 기준에 따르면, 줄곧 '실패하고 있는' 셈이다. 그러나 동시에 슘페터주의적 관점에서 보자면, 높은 생산성 향상과 그에 따른 높은 생활수준의 달성이라는 점에서 매우 '성공적'일 수 있다. 이 같은 결과는 노동 분업을 대단히 정교한 수준까지 가능하게끔 만든 현대적 비즈니스 조직의 '성공' 덕분이다. 즉 신고전학파 경제학자들이 '시장 실패'를 보는 지점에서 다른 경제학자들은 '조직적 성공'을 인식할 수 있는 것이다.[18] 상황이 이렇다면, 이런 시장들에서는 (특히 신고전학파적 반독과점 조치와 같은) 국가 개입이 그다지 필요하지 않을 수 있다. 아니 어떤 환경 하에서는 그런 개입이 경제에 실제로 해를 끼칠 수도 있을 것이다.

핵심은 시장 실패가 존재하지 않는다거나 중요하지 않다는 것이 아니다. 현실 세계는 앞에서 보았듯 신고전학파적 기준의 시장 실패로 가득 차 있으며, 이 같은 시장 실패는 중요한 문제임이 분명하다. 다만 여기서 좀 더 깊이 인식해야 할 것은 시장은 사람들이 '시장 경제'라고 부르는 것, 혹은 보다 나은 명칭인 '자본주의'를 구성하는 수많은 제도들 중 하나일 뿐이라는 점이다. 자본주의 시스템은 교환 제도로서의 시장과 생산 제도로서의 기업, 그리고 이 관계들을 지배하는 제도들을 창출하고 조절하는 국가까지 포함된 일련의 제도들로 구성된다.

그러므로 신고전학파 경제학처럼 시장에 (그리고 시장 실패에) 초점을 맞추는 것은 사실상 잘못된 관점을 우리에게 강요하게 된다. (시장과 같은) 한 부분에만 몰두하다 보면 경제 시스템 전체에 대한 시각을 잃어버리기 십상이기 때문이다.*

2.3 태초에 시장이 있었다?

가장 개화되고 개방적인 신고전학파 경제학자와 제도주의적으로 의식화된 경제학자 간의 차이는 무엇일까. 그것은 신고전학파 경제학자들 특유의 신앙이다. 필자는 이 신앙을 '시장 우선성 가정the market primacy assumption'이라고 부른다. 신고전학파 관점에 따르면,[19] '태초에 시장이 있었다'.** 그리고 국가 개입, 조직, 제도 들은 (시장 실패처럼) 시장의 결함이 견딜 수 없을 정도로 심화된 이후에야 나타나는 인위적 대체물에 불과하다.[20]

'시장 우선성 가정'을 보여 주는 가장 명백한 사례는 국가의 기원에 대한 계약주의적 '설명'이다. 이 관점에 따르면, 국가는 법과 질서라는 (특히 재산권 보호라는) '공공재'를 공급하는 '집단 행위 문제collective action problem'의 해결책으로 등장한다. 법과 질서는 시장이 온전히 작동하기 위해 필요한 (어떤 경우에는 충분한) 요소로 인정되었

---

* 보다 최근 들어서는 신고전학파 경제학자들도 특히 (Williamson[1975] 같은 거래 비용 경제학에서) 기업이나 (Krueger[1990] 같은 '정부 실패론'에서) 국가 등 비시장 제도의 작동에 대해 논의하기 시작했다. 그러나 여기에는 중대한 결함이 있는데, 그것은 이러한 제도를 자발적 계약에 근거한, 궁극적으로는 준시장quasi-markets의 관점에서 분석한다는 것이다.

** 윌리엄슨은 이러한 가정을 이미 널리 알려진 편의성을 근거로 제시해 나가는데, 그런 논리에서 보자면 '태초에 중앙 집중 계획이 있었다'는 가정에서 시삭해도 마찬가지로 성립한다 (pp.20-21). 그러나 우리가 나중에 보게 되듯이, 얼핏 보기에는 무해한 가정이라 할지라도 거기에는 무수한 이론적 다양성과 정책적 함의가 있게 마련이다.

던 것이다.²¹ 심지어는 국가의 존재 자체마저 '시장 실패' 논리에 따라 설명할 수 있다. 이 관점에 따르면, 국가라는 것은 시장이 '공공재' 문제를 해결하기 위한 법과 질서의 공급에 실패한 이후에 비로소 나타나는 것이기 때문이다. 그러나 이 같은 설명은 역사적 사실과 명백히 상반된다. 일각에서 계약주의적 설명을 '불공정한' 시스템을 '이데올로기적으로' 방어하기 위한 것에 불과하다고 비판하는 것도 그래서이다.²²

이 지점에서 우리가 주목해야 할 사실은 '시장의 제도적 우선성'을 인정하는 것과 '최소 국가'적 관점을 지지하는 것은 엄연히 다른 문제라는 것이다. '시장의 제도적 우선성' 문제는 사실 (최소 국가적 관점의 문제의식인) '국가의 영역과 시장의 영역을 각각 어떻게 규정해야 하는가'를 따지는 것과 논리적으로 크게 연관되지 않는다. 때문에 상당수의 경제학자들이 (적어도 암묵적으로는) '시장은 지고하다'는 가정에서 출발했음에도 불구하고 시장 실패를 날카롭게 인식하고, 그에 따라 비교적 넓은 범위의 국가 개입을 기꺼이 승인할 수 있었던 것이다. 사실 이미 앞서 지적했듯, 만약 이런 열린 마음을 가진 신고전학파 경제학자들이 자신들의 고유한 논리를 한계까지 밀어붙였다면 결국에는 모든 종류의 국가 개입을 승인하게 되었을 것이다.* 그러나 그들은 여전히 국가 개입이나 (기업 같은 위계적 조직 등의) 비시장 제도에

---

* 사회주의적 계획에 대한 랑게의 옹호는 극단적 사례일지도 모른다. 그러나 우리가 앞서 보았듯 (부적절한 양의 재화 등의 소비는 범죄라는 형태의 '외부 효과'를 가져올 수 있다는 근거로) 기초 재화의 국가 공급을 요구하는 쇼터Schotter의 주장의 경우 어떻게 해서 현재 대부분의 신고전학파 경제학자들이 기꺼이 받아들이는 범위를 훨씬 넘어서는 논리가 형성될 수 있는지를 보여 주는 사례라는 점에서 그보다는 덜 극단적이라 할 수 있을 것이다.

기반한 여러 해결책들을 시장으로 불리는 '자연적' 제도에 대한 '인위적' 대체물로 간주할 뿐이다.

그러나 사실은 다음과 같다. 태초에 시장은 없었다. 경제사학자들은 역사적으로 볼 때 (기초 생필품 공급 같은) 매우 지역적인 수준이나 (사치품 무역 같은) 매우 국제적인 수준을 제외할 경우, 시장 메커니즘은 최근까지도 인류의 경제생활에서 주요한 몫을 차지하지 못했다는 사실을 반복해서 보여 준다. 우리 시대의 가장 계몽된 신고전학파 경제학자인 스티글리츠Joseph Stiglitz마저 〈경제 발전에서의 대안적 전략과 전술Alternative Tactics and Strategies in Economic Development〉(1992)에서 "시장은 자연스럽게 발전한다."고 말하곤 한다.[23] 그러나 실제 시장의 발생은 거의 항상 국가에 의해 신중하게 조정되어 왔다. 자본주의 발전의 초기 단계에서는 더욱 그러했다. 폴라니는 자신의 고전적 저작 ≪대전환the Great Transformation≫(1957)을 통해 (시장 경제가 '자연 발생적으로' 나타났다고 가정되는) 영국에서마저도 시장의 발생에 국가가 어떤 방식으로 결정적 역할을 해 냈는지 보여 주면서 다음과 같이 이야기한다.

"자유 시장으로 가는 길은 지속적이고, 집권화되고, 통제된 개입주의의 증대를 통해 열렸고, 그 열린 상태가 유지되었다. 애덤 스미스 Adam Smith의 '단순하고 자연적인 자유'를 인간 사회의 필요와 양립할 수 있게 만드는 것은 지극히 복잡한 일이었다. 헤아릴 수 없을 정도로 많은 엔클로저 법들의 조항은 얼마나 복잡했던가. 엘리자베스 여왕의 치세 이후 중앙 당국이 처음으로 효율적인 감독 능력을 발휘했던 신빈곤법New Poor Laws을 집행하기 위해 얼마나 많은 관료적 통제가 필요했던가. 혹은 바람직한 시정 개혁을 위해 행정 업무를 얼

마나 증가시켰던가…."[24] *

미국에서도 초기 산업화의 성공에 결정적인 영향을 미친 것은 역시 소유권 확립, (특히 철도와 전신 같은) 주요 사회 간접 시설의 건설, 농업 연구에 대한 (융자 등의) 자금 공급을 통한 국가 개입이었다.[25] 게다가 가장 중요한 사실은 미국이 '유치 산업 보호'라는 아이디어의 발생지였으며,[26] 제2차 세계 대전 이전 1세기 동안 산업 국가들 중에서도 산업 보호 장벽을 가장 견고하게 운용[27]했다는 것이다.**

영국과 미국뿐만 아니라 적어도 일정 기간 동안 국가가 경제 발전에 강력하게 개입하지 않고 산업화에 성공한 나라는 없다고 필자는 단언할 수 있다. (홍콩은 독특한 예외이다.) 물론 국가 개입의 형태는 매우 다양하다. 사회주의 혁명에 대항해서 '선제 공격'적 복지국가를 이루었던 비스마르크의 독일, 프랑스의 전후 산업 정책, 연구개발에 대한 스웨덴의 국가적 지원, 2차 대전 이후 공기업 부문을 통해 제조업 부문의 전환을 이루어 낸 오스트리아, 잘 알려진 동아시아 국가들의 국가 주도 발전 등이 그것이다. 개입 형태는 이렇듯 다양하지만 분명

---

* 그리고 이 문장은 이렇게 이어진다. "당국은 이 시스템이 자유롭게 작동될 수 있도록 끊임없이 주시해야 했다. 그리고 그 결과 국가가 모든 불필요한 의무에서 벗어나게 되기를 애타게 희망하던 자들은 물론, 전체 사고 체계가 국가 활동의 제한을 요구하게 되어 있는 자들조차도 자유방임 상태의 성립에 필요한 새로운 권력, 새로운 기관, 새로운 제도의 수립이라는 임무를 자신들이 그렇게도 싫어하는 바로 그 국가에게 넘기지 않을 수 없었다."(p.140)

** 이 기간 동안 대부분의 국가에서는 명백한 식민지 규칙이나 '불평등 조약'으로 말미암아 관세 자율권을 획득하지 못했다. 가령 일본의 경우 불평등 조약이 만료된 1911년에야 관세 자율권을 회복할 수 있었다. 관세 자율권을 가진 국가들 중에서는 미국이 가장 높은 관세를 부과했다. 1820년대 이래 미국의 평균 관세율은 보통 40% 정도였으며, 25% 이하로 떨어진 적이 없었다. 반면 데이터 확보가 가능한 오스트리아나 벨기에, 프랑스, 이탈리아, 스웨덴 같은 다른 산업 국가들의 경우에는 20%를 넘는 경우가 드물었다. 이와 관련 보다 상세한 수치는 World Bank(1991, p.97)의 표 5.2를 참조하라.

한 것은 모든 성공적인 경제 발전 노력에는 엄청난 규모의 국가 개입이 수반되어 있다는 것이다. 영국의 특정한 발전 단계나 홍콩의 경우에는 어렵게나마 예외적 사례로 인정할 수도 있을 것이다. 하지만 그 외의 거의 모든 선진국은 사실상 강도 높은 국가 개입 등의 '비非자연적' 방법을 통해 발전해 왔다. 그렇다면 시장을 '자연적' 현상이라고 부르는 것에 어떤 의미가 있는 것인지 의문을 제기하지 않을 수 없다.

지금까지 논의는 단지 역사적 흥미를 위한 것이 아니다. 시장이라는 제도에 우선성을 부여하느냐, 그렇지 않느냐에 따라 발전 정책을 설계하는 방법이 바뀔 수 있기 때문이다. 가령 ('빅 뱅' 개혁을 실시했던) 수많은 옛 공산 국가들의 경우 지난 몇 년 간 심각한 경제 위기를 겪었다. 이것은 '잘 작동하는' 국가 없이 '잘 작동하는' 시장 경제의 건설은 불가능하다는 것을 명백하게 보여 주는 사례라 할 수 있다.[28] 사실 시장이 신고전학파 경제학자들이 믿는 만큼 '자연스럽게' 진화한다면, 이 옛 공산 국가들은 현재 그 같은 혼란에서 빠져 나왔어야만 한다. 마찬가지로 수많은 개발도상국들이 지난 20여 년 동안 겪어 온 발전의 위기는 시장 제도의 우선성을 가정하는 것이, 그리고 국가가 '끼어들지' 않는 한 시장은 자연스럽게 발전하리라고 믿는 것이 얼마나 위험한 태도인지를 증명한다고 할 수 있다. 시장 우선성 가정에는 그 명백해 보이는 모습과는 달리 많은 함의가 숨어 있는 것이다.

2.4 시장에서 정치를 제거할 수 있는가?

신자유주의 독트린 배후에 있는 주요한 가정은 정치가 '분파적' 이익 때문에 시장 시스템의 '합리성'을 왜곡하는 만큼 시장에서 정치를 축출해야 한다는 믿음이다. 신자유주의의 한 분파인 '신정치경제학'은 국가를 사회의 전지전능한 수호자로 가정하는 후생경제학의 순진함을 비판하고, 정치가 필연적으로 경제를 오염시킬 수밖에 없는 요소라는 것을 입증하려 했다. 신자유주의 정치경제학자들은 국가의 범위를 제한하고, 자유 재량 정책의 여지를 줄이며, 관료주의적 운영의 규칙을 강화하는 등의 엄격한 규칙에 기반한 (독립적 중앙은행이나 독립적 감독 기관 같은) '정치적으로 독립적인' 기관의 설립 등을 통해 경제를 '탈정치화'해야 한다고 주장했다.

이 같은 신자유주의적 정치경제학에 대해서는 수많은 강력한 비판들이 있으나 여기서는 상세히 다루지 않겠다.[29] 다만 신자유주의적인 (그러나 사실은 구舊자유주의적인) 정치관의 기본적 문제점을 밝히기 위해 몇 가지 쟁점을 지적하고자 한다.

2.4.1 모든 가격은 '정치적'이다!

무엇보다 우선 신고전학파 경제학은 재산권 등의 제반 권리들이 하늘에서 뚝 떨어진 것처럼 가정한다. 그러나 사실 이런 권리들을 확립하고 배분하는 과정 자체가 고도의 정치적 행위로 이루어진다는 것을 잊어서는 안 된다.

가장 극단적인 사례로는 영국 자본주의 초기의 엔클로저 운동이나 '대약탈the Great Plunder' 같은 다양한 '본원적 축적'을 들 수 있다. 또 최근 옛 공산주의 사회들에서 진행된, 사유화 과정을 지배했던 '수상한' 거래들도 마찬가지라 할 수 있다. OECD 국가들에서 환경권이나 소비권을 확립하기 위해 계속되어 온 정치 운동들 역시 앞의 사례만큼 극적이지는 않지만 권리의 확립과 배분이라는 차원에서는 아마

비슷하게 주요한 예일 것이다.

더욱이 현실 속에서는 '정치적' 요소를 포함하지 않는 가격은 실제로 존재하지 않는다. 우선 거의 모든 부문에 영향을 미치는 두 개의 결정적으로 중요한 가격, 즉 임금과 금리 역시 상당히 정치적으로 결정된다. 임금은 최저 임금 관련 법률뿐만이 아니라 근로 기준, 복지권, 가장 중요하게는 이민 통제 등에 관련되는 다양한 조정을 통해 좌우된다. 금리 역시 고도로 정치적인 가격이다. 중앙은행의 독립성을 부르짖는 사람들은 금리 결정 과정에 '탈정치화'의 외양을 부여하기 위해 노력하는 것에 불과하다. 유럽에서 유럽통화동맹EMU(European Monetary Union)에 의해 촉발된 (통화 정책의 자율성과 정치적 주권의 관계에 대한) 최근의 논쟁은 이를 매우 분명하게 보여 준다. 여기에 안전, 공해, 수입산 함량import content 등을 고려한, 생산물 시장에서의 수많은 규제까지 감안하면 사실상 어떤 가격도 '정치에서 자유롭지 않다.'*

물론 이런 모든 사실들이 자원 배분 과정을 일정 정도 탈정치화해야 한다는 것 자체를 부인하는 것은 아니다. 자원 배분의 결과가 최소한 어느 정도까지는 '객관적'이라고 여겨지지 않는다면, 그 경제 시스템의 정치적 정당성 자체가 위협받을 수도 있다. 게다가 옛 공산주의 사회에서 그랬던 것처럼 자원 배분에 대한 모든 결정이 협상 가능한

---

* 우리는 이 사실을 1990년대 초반에 벌어진 영국의 석탄 위기를 통해 깨닫게 된다. 그때 영국의 광부들은 정치적 협상의 범위를 넘어섰다고 주장하는 영국 정부로부터 '세계 시장'의 논리를 받아들일 것을, 탄광 폐쇄를 얌전하게 수용할 것을 요구 받았다. 하지만 당시 석탄의 세계 시장 가격은 석탄 산업에 보조금을 주는 독일 정부와 보조금이 지급되는 원자력 발전 산업의 수출을 꾀하는 프랑스 정부, 그리고 탄광에서의 아동 노동을 최소한 사실상으로라도 인정해 주는 많은 개발도상국 정부에 의해 '정치적으로' 결정된 것이었음이 드러났다.

것으로 간주될 경우 거래에 협상 과정이 추가되면서 엄청나게 높은 '거래 비용'을 야기할 것이다.

하지만 이런 견해는 '가격이 어떤 조건 하에서도 정치적 협상에 종속되어서는 안 된다'는 주장과는 매우 다른 것이다. 왜냐하면 심층적으로 분석해 볼 때, 정치로부터 진정으로 자유로운 가격이란 존재하지 않기 때문이다.

2.4.2 구자유주의 정치학의 부활, 탈정치화

우리는 지금까지 '비인격적impersonal' 시장의 '객관적' 결과로 여겨졌던 것들이 사실은 (명시적이든 암묵적이든 재산권, 권리, 가격 등에 대한) 특정한 '정치적' 결정의 결과들이라고 주장했다. 그렇다면 '경제적 합리성'을 회복하기 위해 경제 정책 결정 과정을 '탈정치화'하자는 신자유주의적 제안 역시 허무한 것이 된다.

신자유주의적 제안인 탈정치화 논의의 기본적 문제점은 다음과 같다. 즉 신자유주의자들이 정치의 부패한 영향권으로부터 구출하겠다는 '합리성'은 현존하는 제도적 구조와의 관계 속에서만 유의미하게 정의될 수 있다. 그런데 이 제도적 구조는 그 자체가 정치의 산물이다.[30] 결국 경제 부문의 기본적인 제도 범주들은 '비합리'적인 정치 과정을 통해서만 이루어져 왔고, 또 이루어질 수 있다. 그렇다면 '합리성'이라는 근거에 의거해 경제 과정을 탈정치화해야 한다고 주장하는 것은 매우 공허한 작업일 뿐이다.

탈정치화 논의에는 또 하나의 문제점이 있다. 바로 탈정치화의 정치학이 진정한 자신의 정체성을 위장하고 있다는 것이다. 탈정치화를 주창하는 이론들이 대중적 설득력을 얻는 방법은 탐욕스런 정치가들이나 강력한 이익집단으로부터 '조용한 다수'를 수호한다고 자처하는 것이다. 그러나 탈정치화는 결국 정치가 정당성을 유지하며 움직일 수 있는 영역을 좁히게 마련이고, 이 같은 상황에서는 사회적 소외 계층이 자신들에게 불리한 시장의 결과를 교정하는 데 필요한 그나마의 정치적 영향력마저 더욱 축소되고 만다. 반복해서 이야기하지만 시장의 결과란 그 자체가 이미 정치적으로 결정된 제도적 범주들의 영향으로 인해 형성되는 것이다.

지금까지 보았듯이 경제의 탈정치화라는 신자유주의적 아젠다의 목표는 구자유주의 정치학을 위장된 형태로 부활시키는 것이다.[31] 신자유주의자들과 마찬가지로 구자유주의자들 역시 현재의 제도 체계에 '지분을 가지지 못한' 사람들에게 정치적 권력을 부여하는 것은 시장을 통해 달성된 사회적 결과나 제도 체계의 수정으로 귀결된다고 믿었다. 구자유주의자들은 그래서 민주주의에 공공연하게 반기를 쳐들었다. 그러나 신자유주의자들의 입장에서 민주주의 자체를 반대할 수는 없는 노릇이다. 이에 따라 신자유주의자들이 시도한 반反민주주의 전술은 '정치 일반'에 반하는 주장을 제기하면서 외관상으로는 '신뢰할 수 없는 정치가들'의 영향력을 줄이자고 제안하는 것이다. 그러나 이들의 궁극적 목표는 ('독립적인' 중앙은행이나 규제 당국에 대한 요구에서 보듯) 민주적 통제 그 자체를 축소하자는 것이다.

탈정치화 논의의 마지막 문제점이자 위의 두 문제 못지않게 중요한 사항은 탈정치화가 정치적으로 실현 가능하지 않은 요구라는 것이다. 좋은 이유에서든 나쁜 이유에서든 모든 국가들은 각자 정치적으로 조직된 집단을 구축해 왔고, 특정한 시장의 결과들을 '정치적'으로 수정할 수 있는 (적어도 그 사회에서는 암묵적으로 수용될 수 있는) 나름대로의 방법들을 개발해 왔다.* 물론 이 같은 집단이나 방법 중에는 쉽게 제거할 수 있는 것도 있다. 그러나 어떤 집단이나 방법들은 너무나 견고해서 이를 제거하려면 엄청나게 높은 정치적, 경제적 비용을 감수해야 하는 경우도 있다. 그래서 급진적인 경제 자유화에는 가혹한 권위주의 정치가 필요하다는 명백한 패러독스가 발생하게 된다. 경제적 자유주의 정책에 필수적인 높은 수준의 탈정치화를 달성하기 위해 권위주의 정치가 동원되는 것이다. 칠레의 피노체트 대통령의 자유화 시도가 그와 관련된 생생한 사례일 것이다.³²

그러나 진실은 아무리 강력하게 자유주의 정치 체제를 추구한다 해도 그것이 현실 속에서 이루어지는 것은 가능하지도 않고, 또 이루어진 적도 없으며, 심지어는 반대의 결과가 나타나는 경우도 있었다는 것이다.

3 제도주의 정치경제학을 향하여

우리는 먼저 신자유주의 학자들이 제기하는 지적 아젠다의 몇 가지 내적 결함과 불확정성을 지적했다. 그 다음에는 제도주의적 관점에서 신자유주의의 기초 개념과 가정 중 몇 가지를 비판적으로 검증했다. 반복해서 강조했다시피 우리 비판의 실질적 핵심은 신고전학파 이론이 지나치게 개입주의를 부정한다는 것이 아니다. (혹은 지나치게

---

* 정치적 활동의 경우 종종 그 자체가 목적이고, 많은 사람들이 정치 활동의 가치를 그 활동의 결과는 물론 그 활동 자체에서도 찾곤 한다는 점에 유의해야 한다(Hirshman, 1982b, pp.85-86 참조).

개입주의적이라는 것도 아니다.) 여러 번 지적했던 바와 같이 순수 혈통의 신고전학파 경제학자들도 기술적 조건(과 암묵적으로는 재산권)에 대한 자신의 가정에 따라 최소 국가로부터 사회주의적 계획 경제까지 어떤 종류의 국가 개입이든 정당하게 승인할 수 있다. 오히려 필자가 진정 주장하고자 했던 내용은, 국가와 시장 간의 관계를 표현하는 신고전학파의 경제학적 방법론 때문에 국가의 역할을 둘러싼 기본적 논점들이 충분히 이해되지 못하고 있다는 것이다. 때문에 필자는 '제도주의 정치경제학'으로 불릴 수 있는 방법론을 제안하며, 그에 필요한 이론의 몇 가지 요소를 제시하고자 한다.*

이 이론은 신고전학파 경제학의 기초인 '시장의 우선성' 가정을 기각하는 데서 출발해야 한다. 이미 지적했듯이 신고전학파 경제학은 시장을 자연 발생적으로 나타나는 (만약 시장도 제도라는 것이 인정된다면) '자연스러운' 제도로 간주하지만, 국가 기구나 기업 (혹은 '위계질서') 등 시장 이외의 다른 제도들에 대해서는 시장이 '실패'할 때에야 비로소 등장하는 것으로 간주한다. 그러나 역사적 사실을 감안하면 이 같은 관점은 올바른 것이 아니다. 오히려 (국가나 다른 조직에 의한) '계획'이나 '위계질서'가 실패한 뒤에 시장이 나타났다고 주장하는 것이 사실에 가깝다. 우리는 시장을 논리적으로나 역사적으로나 다른 제도들에 비해 우위성이 없는 또 하나의 제도로 간주해야 한다. 그래야 시장은 다른 제도들만큼 '자연스러운' 동시에 '인위적'인 제도로 자리매김 되는데, 이런 상황에서라야 우리는 시장·국가·그 밖의 다

---

* 필자는 이전의 많은 글을 통해 이 이론을 발전시키고자 시도해 왔다. 이와 관련해서는 Chang(1994b, 1995), Chang and Rowthorn(1995b)과 Chang(1987)을 참조하라.

른 제도들 간의 관계를 역사적으로 더욱 정확하고 균형 잡힌 시각에서 인식할 수 있다.

둘째, 우리는 '이상적인' 시장의 작동에 대해서는 여러 가지 관점이 있다는 것을 기억해야 한다. 신고전학파적 관점은 수많은 그럴듯한 관점 중 하나에 불과하고, 게다가 특별히 탁월한 것도 아니다. 이렇듯 수많은 관점이 공존하기 때문에 동일한 시장이 어떤 '시장에 대한 이론'에 익숙한 사람에게는 실패한 것으로 보이는 반면, 다른 이론의 신봉자에게는 성공으로 간주되는 현상이 발생하게 된다. 따라서 시장 이론이 명백하게 확립되는 경우에만 시장의 '실패' 여부를 판단할 수 있고, 그래야만 문제의 '해결책'이 국가의 개입에 있는지 아니면 비시장 제도에 있는지를 가릴 수 있게 된다.

셋째, 우리는 신고전학파 이론이 기본적으로 시장에 대한 이론이라는 것을 (그것도 도식적이어서 대중을 오도할 수 있는 이론이라는 것을) 분명히 할 필요가 있다. 그에 비해 자본주의는 사회 경제적 시스템으로서 시장들의 집합체 이상이며, 수많은 제도들로 구성되어 있다. 자본주의는 생산의 제도로서 기업, 교환의 제도로서 시장, 집단적 이해들을 정치적으로 조정하는 제도로서 국가, 그리고 (복합 기업체, 생산자 연합, 노조, 소비조합, 하청 생산 네트워크 등의) 다양한 생산자 및 소비자 그룹을 포함한다. 이런 입장에서 보면 어느 정도 역설적인 이야기이기는 하지만, 신고전학파 이론 구조에서 엄청난 문제로 인식되는 시장의 실패는 그리 큰 문제가 아니다. 신고전학파 이론에서 시장의 실패는 전체 '경제'의 실패와 동일시되는 반면, 제도주의적 이론에서는 광범위하고 심각한 시장 실패라 해도 그것이 반드시 전체 '경제'의 실패로 직결되는 것은 아니기 때문이다.

넷째, 우리는 시장이 기본적으로 정치적 구조물이라는 것을 이해할 필요가 있다. 시장은 시장을 떠받치는 특정한 권리/의무 구조와 관련짓지 않으면 정의할 수 없는데, 이 같은 권리/의무들은 정치적 과정을 통해 결정되는 것이지, 신고전학파 (혹은 신자유주의) 논객들이 우리에게 주입시키는 것처럼 어떤 '과학적' 혹은 '자연적' 법칙에 따라 결정되는 것이 아니다. 따라서 모든 시장은 근본적으로 그 기원이 '정치적'이라 할 수 있고, 그런 만큼 그 시장이 '자유로운지' 어떤지의 판단은 그 권리/의무 구조에 대한 정당성 부여 여부에 따라 달라진다. 이것은 상당수 시장에서 발견되는 공공연한 가격 통제, 즉 가격 상한선의 설정이나 국가의 가격 결정, 상품량 (또는 수입량) 조절 등의 경우에도 마찬가지이다. 주어진 상황에 따라 어떤 가격이 다른 가격보다 더욱 정치적으로 통제될 수 있는 이상 어떤 가격도 궁극적으로는 정치로부터 자유롭다고 할 수 없다.

이 같은 내용들은 국가의 역할에 대한 제도주의 이론의 다섯 째 요소로 이어지는데, 그 내용은 신자유주의보다 훨씬 광범위하고 균형 잡혀 있으며, 보다 세련된 정치에 대한 관점인 만큼 앞으로 이런 정치적 관점에 입각한 정치 이론을 확립하는 것이 필요하다. 신자유주의 이론가들은 정치를 시장과 유사한 과정으로 간주한다. 즉 시장에서처럼 정치 부문에서도 거래가 이루어지는데, 그것은 물질적 혜택과 정치적 지원의 맞교환이다. 이 같은 맞교환은 궁극적으로 시장의 '합리성'을 부패시키는 과정이라고 주장한다. 신자유주의 이론에 따르면, 정치는 정치적 결정을 내리거나 영향을 미칠 수 있는 사람들에게 자유재량discretionary의 권력을 부여하는데, 이것이 부패의 원인이기도 하다는 것이다. 그러나 이는 기본적으로 정치에 대한 왜곡된 관점이다. 이 관점의 주된 문제점은 '경제의 탈정치화'를 통해 지키려는 - 하지만 경제의 탈정치화는 사실상 민주주의를 거세하겠다는 완곡 어법일 뿐이다 - '합리성'이 그 기저에 있는 (기본적으로 정치적 구성물인) 권리/의무 구조와의 관계 속에서만 의미를 가질 수 있기 때문이다. 그런 만큼 우리는 단순한 시장 논리의 확장이 아닌 정치학 이론을 필요로 한다.

마지막으로 우리는 자본주의의 제도적 다양성[33]에 주의를 기울일 필요가 있다.* 불행히도 신고전학파 경제학은 제도적 다양성이라는 논점에 대해서는 언급하지 않는다. 그 이유는 신고전학파 경제학이 추상적인 시장 경제 이론, 보다 정확히 말하면 앞서 이미 지적했듯이 교환에 기반한 '교환 경제' 이론에 불과하기 때문이다. 신자유주의 경제학자들의 경우 부분적으로는 이 같은 이유 때문에 세금/보조금과 공적 소유 외에도 국가 개입에는 다른 여러 가지 방법이 있다는 것을 인정하지 못한다. 그리고 그 때문에 (앞에서 일본, 한국, 미국의 경우에서 언급했듯) 국가 개입이 많은 나라들을 실제보다 훨씬 더 국가 개입이 없는 것으로 잘못 묘사한다. 제도적 다양성에 관한 논의에서 국가의 역할을 이해하는 것은 다음과 같은 이유 때문에 결정적으로 중요하다. 첫째, 국가 개입의 양식에서 나라마다 차이를 보이는 원인은 제도적 다양성에 있다. 둘째, 기업 지배 구조나 노동자들을 대표하는 장치 등

---

* 이 주제는 여러 영역에서 논의되어 왔는데, 거기에는 (자본 시장 중심 대 은행 중심 대 국가 소유라는) 금융 체제, (U-form 대 M-form, H-firm이나 A-firm 대 J-firm이라는) 기업 지배 구조, (중앙 집중 결정 대 개별 단위 결정이라는) 임금 협상 구조, (중앙 집중화된 노조 대 산별 노조 대 기업별 노조 대 직능별 노조라는) 노조 조직 형태, (앵글로-아메리칸, 동아시아, 스칸디나비아 등등의) 국가 개입 모델, (일반적 대 선별적) 산업 정책 등이 포함된다. 이와 관련 보다 자세한 내용은 Chang (1997)을 참조하라.

의 정확한 제도적 형태들이 (현재와 잠재적) 시장 참여자들의 시각에서 정당화되어야 하는데, 이는 국가에 의한 공식적인 법제화나 국가의 비공식적 지원을 통해 이루어진다.

    이상의 기준들을 모두 충족시키는 - 물론 이와 관련해서는 필자가 생각지 못한 훨씬 더 중요한 기준들이 있을 것으로 확신한다 - 제도주의 정치경제학을 건설하는 것은 확실히 어려운 주문이다. 그러나 우리가 시장·국가·정치를 개념화하는 방법을, 그리고 이 같은 변수들 간의 관계를 분석하는 방법을 근본적으로 재구조화하지 못한다면, 우리는 (우리 시대의 정치적·지적 아젠다들을 정복했고, 또 필자가 보기에는 그 덕분에 수많은 부정적 결과를 양산하고 있는) 신자유주의적 세계관을 극복할 수 없을 것이다.

2부 발전과 진보를 위한 경제학을 향하여

Globalization, Economic Development, and the Role of the State

4 초국적기업의 등장과 산업 정책*

Globalization, Economic Development, and the Role of the State

지난 25년간 국가의 역할을 바라보는 우리의 관점에는 엄청난 변화가 일어났다. '자본주의 황금시대'(1950~1973)를 지배했던 초창기 개입주의 원칙은 일부 영역에서 신랄한 - 심지어 몇몇 영역에서는 치명적인 - 비판을 받았고, 현재는 1870년에서 1913년에 걸쳐 세계 질서를 지배했던 구舊자유주의에서 영감을 얻어 발전한 신자유주의가

---

* 이 글의 많은 부분은 세계개발경제연구소WIDER(World Institute for Development Economic Research)가 지원하여 1995년 9월 영국 케임브리지 대학 킹스칼리지에서 열린 학술회의 '선진국과 개발도상국, 전환 경제에서의 초국적기업: 전략과 정책의 변화Transnational Corporations in the Developed, Developing, and Transitional Economics: Changing Strategies and Policy'에서 발표한 〈초국적기업과 전략적 산업 정책Transnational Corporations and Strategic Industrial Policy〉에서 인용했다. 세계개발경제연구소의 연구 지원에 감사드리며, 그 논문을 작성하면서 밀버그William Milberg와 코줄-라이트Richard Kozul-Wright에게 큰 도움을 받았다.

주류적 관점으로 등장했다. 현재 국내적 차원에서의 정통적 견해는 예산 감축과 민영화, 그리고 탈규제라는 수단을 사용해 국가 역할의 영역을 축소시키는 방식으로 기업가 정신의 역동성을 회복하는 것이다. 또 국제적 차원에서는 국제 무역, 직접투자 및 포트폴리오 투자, 그리고 기술의 흐름에 관한 규제를 줄임으로써 전 세계적 수준에서의 통합과 수렴global integration and convergence을 가속화하는 것이다.*
주류 경제학자들은 이러한 세계화 추세가 1870년쯤에 시작되었다가 제1차 세계 대전으로 말미암아 일단 역전되었으나 다시 '제자리'로 돌아오고 있는 것으로 보고 있다.

그러나 학계 분위기와 정책 방향의 이 같은 전반적 변화조차도, 극적인 선회 경험이라는 측면에서는 초국적기업TNCs(transnational corporations)에 대한 개발도상국 정부의 정책과 관련된 논란과는 비교할 수 없다.[1] 한때 많은 비평가들은 초국적기업에 대해 빈국貧國의 발전을 가로막는 것까지는 아니라 하더라도 그를 왜곡하는 요소라고 비난했다. 그런데 오늘날에는 상황이 완전히 달라졌다. 이전에는 초국적기업을 비난했던 사람들조차 이제는 초국적기업이야말로 개발도상국이 새롭게 부상하는 국제화된 생산 네트워크에 통합되도록 촉진하는 것은 물론, 효율성과 생산성을 높이도록 도움을 주는, 경제 개발에 있어서 필수적인 요소로 받아들이고 있는 것이다.[2] 심지어는 초국적기업에

---

* 신자유주의적 입장을 취하고 있는 이들의 대부분이 국제적 노동 흐름과 국제 이민 자유화의 가능성을 거의 언급하지 않았던 점에 주목할 필요가 있다. 케이블Cable(1995)은 국제 노동의 유동성 문제를 직접 언급한 몇 안 되는 신자유주의 학자이다. '진보적 관점'에서 이 문제를 논의하기 위해서는 허스트Hirst와 톰슨Thompson의 책(1996, 8장)을, 경제학적 비판 차원에서는 장Chang과 로손Rowthorn의 책(1995, 서문)을 참조하기 바란다.

대해 장밋빛 시각으로 바라보기를 거부하는 사람들조차 점점 높아져 가는 경제의 국제적인 상호 의존성이나 '세계화', 특히 그 과정에서 초국적기업의 중요성이 증대되는 것을 제지할 방도가 없다는 점을 인정한다. 그들의 선호 여부와 상관없이 국가가 초국적기업에 대해 좀 더 융통성 있는 태도accommodating attitude를 취해야 한다고 주장하는 것도 그래서이다.³

지금부터 초국적기업이 세계화 경제 속에서 경제 발전을 달성하는 필수 요소라는 현재의 일반적 견해를 비판적으로 고찰하고, 동시에 초국적기업의 부상이 개발도상국의 '전략적' 또는 '선별적' 산업 정책 추구에 장애가 된다는 주장의 타당성 여부를 논의해 보자.

그러기 위해 먼저 세계화와 그 과정에서 나타난 초국적기업의 부상에 관해 몇 가지 기본적 사실을 검토한 다음, 최근의 학술 자료 및 동아시아 국가들, 특히 한국과 대만의 경험을 토대로 경제 발전에서 초국적기업의 역할을 논의할 것이다. 이후 최근의 초국적기업의 부상이 전략적 산업 정책을 추구하는 개발도상국 정부의 능력을 얼마나 위축시켰는지를 논의하고, 이런 문제에 대처하기 위해 개발도상국 정부가 취할 수 있는 정책적 선택이 무엇인지를 살펴볼 것이다.

1 세계화와 초국적기업에 대한 신화와 진실

초국적기업의 부상과 관련한 최근의 논의 추세는, 외국인 직접투자FDI(foreign direct invest) 및 초국적기업의 다른 활동의 중요성이 증대되고 있음을 강조하는 사실과 수치로 가득 차 있다. 심지어는 국제 무역과 같은 국제 경제 활동과 비교할 때조차도 그렇다.

첫째로, 외국인 직접투자가 세계화 과정에서 차지하는 비중과 역할이 갈수록 커지고 있다는 사실을 보여 주는 무수한 통계 자료가 있다. (이후 소개되는 수치는 별도의 언급이 없다면 모두 스톱포드Stopford [1994]에서 인용했다.) 외국인 직접투자는 1982년 이후 국제 무역보다 4배나 빠르게 성장하고 있으며, 초국적기업의 총 생산combined output은 1970년대 이후 국제 무역의 규모를 넘어섰다. 개발도상국에서는 외국인 직접투자가 최근 급격히 증가하는 모습을 보이고 있는데 - 예를 들어 1991년에서 1993년까지 외국인 직접투자 규모는 369억 달러에서 563억 달러로 증가했다[4] - 이것은 점점 더 많은 국가가 세계화 과정에 참여하고 있다는 사실을 보여 준다. 초국적기업은 제조업 상품과 관련된 세계 무역량의 75%를 차지하는데, 이 중에서 3분의 1이 내부 관계 회사intra-affiliate 사이의 거래이다. 또 초국적기업은 OECD 국가들의 산업 관련 연구개발의 75%를 차지하며,[5] 국제 기술 무역technology payment을 지배하고 있다. 대략 이런 식의 사례가 계속된다.

둘째, (부분적으로는 관련 데이터를 수집하는 데 어려움이 있기 때문에) 실례 중심으로 논의되는 수준이기는 하지만, 초국적기업이 점점 더 '초국적화transnational' 하면서 '국적 없는stateless' 기업으로 변모하고 있다는 주장이 있다. 이것은 본국 이외의 다른 나라에서 운영되는 초국적기업의 활동 비중이 일반적으로 증가하는 것은 물론, 특히 연구개발과 같은 핵심 활동을 해외로 재배치하거나 심지어는 본사를 해외로 이전하는 현상을 두고 하는 이야기인데, 《UN무역개발회의UNCTAD》 (1993) 5장은 이 과정을 '복합 통합complex integration'이라고 설명했다. 자동차 산업에서 등장한 '월드카world car' 또는 '글로벌카global car' 개념이나 일본 혹은 한국의 IT 관련 초국적기업이 미국이나 유럽에서 운영하는 연구개발 센터 등은 이 같은 주장을 뒷받침하기 위해 흔히 인용되는 사례라 할 수 있다.

셋째, 외국인 직접투자 - 혹은 적어도 초국적기업의 활동 - 에 대해 외관상 '개방적' 정책을 펼친 일부 국가들이 그간 좋은 경제 성과를 거두었다는 사실은 개방적인 외국인 직접투자 정책이 자본 유치국에게 도움이 된다는 '증거'로 활용되곤 한다.[6] 특히 (초국적기업에게 비개방적 정책을 펼치기로 유명한 일본을 제외한) 동아시아 국가들과 개혁을 진행한 일부 라틴 아메리카 국가들, 특히 (1994~1995년 외환 위기 때까지의) 멕시코는 초국적기업에 대한 개방적 태도를 통해 산업 발전과 수출 증가를 달성한 사례로 자주 인용된다. 무역과 외국인 직접투자에 대한 개방적 정책 덕분에 해당 국가에서 필요로 하는 자본은 물론, 기술이나 쉽게 습득하기 힘든 경영 방식에 접근할 수 있었을 뿐만 아니라, 수출 시장에서 물류 네트워크가 개선되는 등의 효과가 발휘되면서 놀라운 경제 성장과 무역 성과를 낳았다는 것이다.

많은 신자유주의적 비평가들에게 있어서 이 같은 사실과 수치는 세계 경제가 빠른 속도로 국경이 없어지고 세계화되고 있으며, 그 과정에서 초국적기업이 갈수록 중요한 역할 - 이제는 선도적 역할 - 을 수행하고 있고, 개방적인 외국인 직접투자 정책을 펼치는 국가들이 외국 자본을 규제해 왔던 국가들보다 나은 경제 성과를 보이고 있다는 도저히 뒤집을 수 없는 증거로 보일 것이다. 하지만 이런 사실들은 아래에서 살펴볼 수 있듯 많은 측면에서 부정확할 뿐만 아니라 그 과정에서 지역이나 국가, 산업에 따라 나타나는 상당한 정도의 차이를 은폐하고 있다. 지금부터 필자는 세계화를 옹호하는 이 같은 주장들이 얼마나 과장되고, 어느 정도로 지나치게 일반화되었는지를 보여주고, 이후 그런 주장들에 대항할 만한 대안을 제시할 것이다. 그 과정에서 인용되는 일부 사실들의 경우 비록 잘 알려져 있다고는 하나 보다 깊이 있게 논의하고, 좀 더 광범위한 맥락에서 살펴볼 필요가 있다.[7] 이를 개략적으로나마 미리 살펴보는 것이 나중에 정책에 대한 논의를 할 때 균형감을 가지는 데 도움이 되기 때문이다.

첫째, 외국인 직접투자의 대부분은 선진국에서 발생했고, 개발도상국에 대한 초국적기업의 투자는 극히 소수의 나라에 그치고 있다.[8] 예를 들어 1989년에 미국, 일본, 영국, 프랑스, 서독 등 이른바 G5는 세계 외국인 직접투자의 75%를 차지했다.[9] 그에 비해 1983년에서 1989년 사이에 개발도상국들에게는 (표 1에서 보듯) 세계 외국인 직접투자의 19.7%만이 돌아갔을 뿐이다. (1990년에서 1994년 사이에 29.2%로 증가한 것에서 볼 수 있듯) 개발도상국들이 외국인 직접투자에서 차지하는 비중이 증가하고 있다고는 하지만, 여전히 선진국에 비하면 그 비중이 낮다. 가령 유럽연합의 부의장이었던 브리탄Leon Brittan 경은 세계 외국인 직접투자의 절반 이상이 선진국으로 흘러들어 가고 있다고 주장한다.[10] 특히 중국으로 유입된 외국인 직접투자를 제외한다면, 개발도상국들에 유입되는 외국인 직접투자는 오히려 그 증가분 - 1983~1989년과 1990~1994년 사이에 17.8%에서 21.0%로 증가 - 이 얼마 되지 않는다.*

---

* 일부 비평가들은 중국으로 유입된 외국인 직접투자 중 상당 부분이 외국 투자자로서의 특권을 누리기 위해서 화교들이 외국인을 가장해 투자한 금액이라고 의심(Hutton, 1995)한다.

| 표 1 | (중국을 포함할 때와 포함하지 않을 때) 세계 전체의 외국인 직접투자 유입에서 차지하는 개발도상국의 비중, 1983~1994

(단위: 백만 달러)

	1983~89 (연평균)	1990	1991	1992	1993	1994*	1990~94 (연평균)
세계 전체	106,827	211,072	162,662	164,339	206,320	231,125	195,116
개발도상국	21,024 (19.7%)	34,687 (16.4%)	40,878 (25.1%)	54,634 (33.2%)	72,642 (35.2%)	82,131 (35.5%)	56,994 (29.2%)
중국	2,047 (1.9%)	3,487 (1.6%)	4,366 (2.7%)	11,156 (6.8%)	27,515 (13.3%)	33,800 (14.6%)	16,065 (8.2%)
중국을 제외한 개발도상국	18,977 (17.8%)	31,200 (14.8%)	36,512 (22.4%)	43,478 (26.4%)	45,127 (21.9%)	48,331 (20.9%)	40,929 (21.0%)

주: 괄호 속의 수치는 세계 전체에서 차지하는 비중. *는 추정치.
출처: UN무역개발회의에서 발간한 ≪세계 투자 보고서 1995 World Investment Report 1995≫의 부록 중 표 1에서 계산.

 더구나 개발도상국들 사이에도 외국인 직접투자는 몇몇 국가에 집중되고 있다. 1981년에서 1992년까지 전체 개발도상국에 유입된 외국인 직접투자 중 72%가 10개 국가에게 돌아갔다.[11] 많은 개발도상국들이 신자유주의 경제학자의 조언으로 개방적인 외국인 직접투자 정책을 펼치던 기간에마저 이런 외국인 직접투자 집중 현상이 발생했던 것이다.*

 둘째, 초국적기업의 '세계화'가 증가하고 있다고는 하지만, 세계화 이론의 지지자들이 기대하는 바와는 달리 초국적기업의 세계화는 그

---

* 이 같은 집중 현상은 부분적으로 대규모 외국인 직접투자 수혜 국가가 (국내총생산 측면에서) 규모가 큰 경제를 보유하고 있기 때문이다. 하지만 경제 규모를 감안하더라도 개발도상국들 사이에서 외국인 직접투자의 집중화는 여전히 높은 수준을 유지하고 있다. 1980년대의 경우 개발도상국들 중에서도 경제 규모 상위 10개국이 전 세계 외국인 직접투자 중 16.5%를 차지했다. 그러나 허스트와 톰슨(Hirst and Thompson, 1996, 표 3.2와 표 3.4)에 따르면, 같은 기간 각국의 국내총생산을 모두 합한 전 세계 총 생산 world's total GDP에서 이들 국가가 차지하는 비중은 7.3%에 지나지 않는다.

속도가 그리 빠르지도 않고 또 균등하게 발생하고 있지도 않다. 대부분의 초국적기업은 자산이나 생산 활동 측면에서 여전히 본국에 기반을 둔 국제 기업international firm의 성격을 띠고 있다. 최근 본국에서 생산하는 비중이 줄어들었다고는 하지만 그것이 그렇게 두드러진 정도도 아니고, 국가나 산업을 막론하고 균일하게 나타나는 현상도 아니다.[12] 게다가 대부분의 초국적기업에서 최고의사결정자는 본국 출신이고,[13] 설령 '핵심' 활동을 이전할 경우에도 그 대상국은 북미나 유럽, 일본 등 다른 선진국일 뿐이다.[14] 《이코노미스트Economist》는 이런 현상을 일반화시켜 "초국적기업이 한 일은 본국의 기반을 이웃 국가로 넓히는 것"이라고 표현했다.[15] 또 아키부지Archibugi와 미키 Michie는 《기술의 세계화The Globalization of Technology》(1995)에서 복합 통합을 통한 초국적기업의 세계화 추세를 시사하는 지표 중의 하나로 받아들여지고 있는 연구개발의 세계화가 기본적으로 '지역적' 현상임을 보여 주었다. 특히 미국과 일본의 초국적기업은 연구개발 기능을 외부로 이전하는 정도가 약했다. (단, 미국 기업이 캐나다로 이전하는 경우는 예외였다.) 반면 유럽의 초국적기업은 연구개발 기능을 상당한 정도로 본국 밖으로 이전하고 있지만, 이전 대상을 대부분 다른 유럽 국가로 국한시키고 있다.*

셋째, 동아시아 개발도상국들의 사례를 들어 초국적기업에 대한

---

* 산업 내부에서의 교역의 중요성이 점증하고 있다고는 하지만, 기본적으로 산업 내 교역 intra-industry trade은 '지역적' 현상에 불과하다는 사실에 주목해야 한다. 즉 세 곳의 지역 '블럭'(Rowthorn, 1995) 사이에는 산업 내 교역이 거의 발생하지 않는 것이다. 이 두 가지 현상은 결국 유럽 국가들에 부족한 경제의 최소 효율 규모minimal efficient scale가 존재한다는 사실을 보여 주는데, 그렇다고 경제의 규모가 교역과 초국적기업의 활동을 결정하는 유일한 요소라는 의미는 아니다.

우호적인 정책을 주장하고자 하는 시도는 꼼꼼하게 비판적으로 고찰할 필요가 있다. 많은 동아시아 국가들은 분야에 따라서는 초국적기업에 대해 적대적이지는 않았지만, 전반적으로 외국인 직접투자에 대해서 상당히 제한적인 정책을 추구하였다. 말레이시아와 홍콩의 경우 초국적기업에 대해 (완전하지는 않지만) 개방적인 태도를 취한다. 반면 싱가포르는 초국적기업에 대한 의존 정도가 심하면서도 외국인 직접투자를 의도적으로 정부가 지정한 특정 분야에 국한시키고자 노력한다. 국제 기준으로 보더라도 매우 높은 수준으로 외국인 직접투자를 수용해 자본 축적의 원천으로 삼고 있는 것은 동아시아의 7개 개발도상국 중에서 이 세 나라뿐이다. (표 2 참조)

이 세 나라조차도 대규모적인 외국인 직접투자 유입을 설명하는 주요 원인은 외국인 직접투자를 직접 겨냥한 인센티브보다는 일반적인 경제 상황에 있다는 사실에 주목할 필요가 있다.[16] 이런 현상은 동아시아뿐만이 아니라 세계 도처에서 관찰되고 있다.[17] 한국과 대만, 인도네시아에서 외국인 직접투자가 자본 축적에 기여한 정도는 사실 개발도상국 평균 이하이다. 특히 한국의 경우 표 2에서 보듯이 세계에서 그 비율이 가장 낮은 - 일본 정도는 아니지만 - 국가 중 하나이다. '외국인 직접투자 주도 경제' 모델로 간주되는 태국에서도 총 고정 자본 형성gross fixed capital formation 대비 외국인 직접투자의 비율은 개발도상국 평균을 크게 상회하지 않으며, 그 비율조차 1990년대 초반에는 오히려 평균을 약간 하회하게 된다.

결국 동아시아 경제 발전에서 초국적기업이 중요하다는 주장은 도시국가의 형태를 띤 홍콩과 싱가포르라는 매우 예외적인 사례를 논의 대상에서 제외시킨다면, 말레이시아라는 한 국가의 개별 경험에 바탕

| 표 2 | 지역별 국가별 총 국내 자본 형성에서의 외국인 직접투자 유입 비율

(연평균)

	1971~75	1976~80	1981~85	1986~90	1991~93
모든 국가	n.a.	n.a.	2.3%	4.1%	3.8%
선진국	n.a.	n.a.	2.2%	4.6%	3.3%
유럽연합	n.a.	n.a.	2.6%	5.9%	5.6%
오스트리아	1.8%	0.9%	1.3%	1.5%	1.5%
프랑스	1.8%	1.9%	2.0%	4.1%	7.7%
독일	2.1%	0.8%	1.2%	2.0%	1.4%
네덜란드	6.1%	4.5%	6.1%	13.3%	10.6%
스웨덴	0.6%	0.5%	1.6%	4.0%	9.5%
영국	7.3%	8.4%	5.6%	4.6%	10.0%
스위스	n.a.	n.a.	2.3%	5.3%	3.1%
미국	0.9%	2.0%	2.9%	6.9%	3.2%
캐나다	3.6%	1.7%	1.0%	5.8%	4.3%
일본	0.1%	0.1%	0.1%	0.0%	0.1%
개발도상국	n.a.	n.a.	3.3%	3.2%	5.7%
아프리카	n.a.	n.a.	2.3%	3.5%	4.6%
라틴 아메리카	n.a.	n.a.	4.1%	4.2%	6.5%
아르헨티나	0.1%	2.1%	5.0%	11.1%	37.6%
브라질	4.2%	3.9%	4.3%	1.7%	1.5%
칠레	−7.3%	4.2%	6.7%	20.6%	8.5%
멕시코	3.5%	3.6%	5.0%	7.5%	6.8%
아시아	n.a.	n.a.	3.1%	2.8%	5.5%
방글라데시	n.a.	n.a.	0.0%	0.1%	0.2%
중국	0.0%	0.1%	0.9%	2.1%	10.4%
홍콩	5.9%	4.2%	6.9%	12.9%	5.7%
인도	0.3%	0.1%	0.1%	0.3%	0.4%
인도네시아	4.6%	2.4%	0.9%	2.1%	4.5%
한국	1.9%	0.4%	0.5%	1.2%	0.6%
말레이시아	15.2%	11.9%	10.8%	11.7%	24.6%
파키스탄	0.5%	0.9%	1.3%	2.3%	3.4%
필리핀	1.0%	0.9%	0.8%	6.7%	4.6%
싱가포르	15.0%	16.6%	17.4%	35.0%	37.4%
대만	1.4%	1.2%	1.5%	3.7%	2.6%

	1971~75	1976~80	1981~85	1986~90	1991~93
태국	3.0%	1.5%	3.0%	6.5%	1.7%
터키	n.a.	n.a.	0.8%	2.1%	3.2%
동유럽	n.a.	n.a.	0.0%	0.1%	12.2%

출처 : UN무역개발위원회가 발간한 ≪세계 투자 보고서 1993 World Investment Report 1993≫의 부록 중 표 3의 1971~1980년 데이터와 ≪세계 투자 보고서 1995 World Investment Report 1995≫의 부록 중 표 5.

을 두고 있다고 말할 수 있다.*

지금까지 논의에서 보듯, 현재 초국적기업의 중요성이 증가하고 있다고 하지만 그것은 결코 진정한 '세계화'도 아니며, 그 진행조차 고르지 않다. 초국적기업 대부분이 고수익을 겨냥해 활동을 국제적으로 재편하는, 진정한 의미에서의 '국경 없는' 기업이라기보다는, 주변적 활동만 본국 이외에서 진행하는 여전히 '국가적 성격을 지닌' 기업에 그치고 있다. 상황이 느리게나마 변화하고 있다는 징후가 있지만 이런 식의 진행이 얼마나 계속될지는 아직 불분명하다.[18] 많은 개발도상국들과 이전에 공산 국가였던 나라들의 경우 여전히 국제적인 외국인 직접투자의 흐름에서 배제되고 있다. 이 국가들은 지난 10여 년 사이에 (국내외) 신자유주의 경제학자의 주장에 따라 개방 정책으로 전환했지만 (중국과 베트남처럼 예외적인 경우를 제외하면) 외국인 직접투자를 유인할 능력조차도 향상시키지 못한 것이다. 이렇듯 동아시아 국가들의 경제 발전 과정에서 초국적기업이 중요한 역할을 했다는 주장

---

* 일부 비평가들은 과거 동아시아의 경제 발전에서 외국인 직접투자가 기여한 부분에 대한 우리의 평가에 동의하면서도, 동아시아에서 외국인 직접투자의 중요성이 갈수록 증대되고 있다는 주장을 펼친다. 하지만 그 중요성의 증가는 최근 일본과 선발 신흥공업국들NICs에 집중되었던 투자가 후발 신흥공업국들과 중국으로 급속히 전환되면서 발생한 현상이라고 볼 수 있다. 게다가 이런 투자의 상당 부분은 일시적인 성격이 강한 만큼 지속될 가능성은 적어 보인다.

은 매우 과장되었음이 드러났다. 많은 동아시아 경제가 국제 기준에 비추어 볼 때 특별히 외국인 직접투자에 의존적이었다고 할 수 없다. 게다가 이들 국가의 정부 대부분은 초국적기업에 대해 자유방임적 태도보다는 '전략적' 입장을 취해 왔으며, 유입되는 외국인 직접투자의 조건과 영향력을 통제하고자 노력했는데, 이것이야말로 외국인 직접투자가 개발도상국들의 경제 발전 과정에서 대단히 중요한 역할을 수행했다는 주장을 반박하는 실증적 증거라 할 수 있다.

2 초국적기업의 유치는 곧 경제 발전인가?

초국적기업에 대한 개방적 정책 지지자들은 초국적기업에게 좋은 것이 자본 유치국에도 좋은 것이며, 초국적기업과 자본 유치국 사이에 존재했던 사소한 이해 충돌은 최근의 세계화 추세 덕분에 제거되고 있다고 주장한다. 가령 줄리어스(Julius, 1994, p.278) 같은 사람이 "정부와 기업의 목표가 서로 충돌한다는 가정은 더 이상 적절치 않다."고 주장하는 것도 그래서이다. 이들은 1960년대와 1970년대에 많은 개발도상국 사이에서 확산되었던 제한적 초국적기업 정책에는 이데올로기적인 동기가 있었으나, '다행히도' 현재는 '투자'가 추가적인 자본의 원천이며 건전한 국제수지를 유지하도록 기여하는 요소이고, 생산성 증가와 고용 증대, 경쟁의 효율성 제고, 합리적인 생산, 기술 이전과 관리 노하우를 전수받는 토대로 받아들여지고 있다고 주장한다.[19]

하지만 일부 개발도상국에서 한때 유행했던 초국적기업에 대한 극단적인 반대 견해가 별로 정당성이 없다는 사실이 곧 초국적기업이 경제 발전에 확실히 도움이 된다는 견해로 이어질 수는 없다.[20] 초국적기업의 생산 기술과 생산품 구성의 '부적절함'에 관한 초기 우려는 잘못 이해되고 과장된 측면이 있다. 하지만 문제 그 자체는 실제 존재하며, 특정한 환경에서는 여전히 중요할 수 있는 것이 사실이다. 마찬가지로 초국적기업이 이전 가격transfer pricing 조작과 과도한 로열티 지급을 통해 '잉여 착출surplus extraction'을 했다는 초기 비판 역시 모든 상황에 일률적으로 적용하기는 힘들 것이다. 그러나 이런 관행이 여전히 존재하고, 상황에 따라 매우 심각한 손실을 초래할 수도 있다. 초국적기업이 저지르는 약탈적 행동이나 소비자 선호 조작의 경우에는 반드시 현지 기업보다 그 정도가 더 심하다고 단정하기는 힘드나 이런 행태가 여전히 존재하고 있는 것은 분명하다. 반면 자회사의 해외 수출과 연구개발 활동에 대해 초국적기업 본사가 가하는 규제는 생각보다 그리 광범위하지 않고 중요하지 않을지도 모르나 이런 규제는 최소화되어야 하며, 특히 자본 유치국 정부가 초국적기업에서 기술을 이전 받는 것에 관심이 크다면 더더욱 규제가 최소화되어야 한다. 그 외 초국적기업이 정치적 영향력을 발휘해 전반적인 국가 정책을 조종한다는 두려움은 과거에 지나치게 과장되었을지는 모르나, 이런 두려움이 전혀 근거가 없다고 치부될 수는 없다.

최근 들어 기술경제학economics of technology의 발전과 더불어 행해진 실제 사례에 대한 구체적인 분석의 결과, 지속 가능한 장기 성장을 위해서는 국내의 기술적 역량이 중요하다는 사실이 확인되면서 초국적기업의 유치가 산업화를 촉진시키는 최선의 방법인지에 대한 의구심이 커지고 있다.[21] 장기적인 산업 발전의 측면에서 볼 때 초국적기업에게 금융, 기술, 경영 역량 및 기타 역량을 묶어 패키지로 받아들이는 것이, 국내 기업이 (어쩔 수 없는 일부 분야는 아웃소싱을 하더라도) 스스로의 경영 역량을 사용하고 기타 역량을 구축하는 것보다 낫다고 보기가 어려워진 것이다. 랄Lall 등이 ≪초국적기업과 경제 발전 Transnational Corporations and Economic Development≫(1993)에서 지적했듯 지금 당장은 외국인 직접투자가 자본 유치국에 순이익을 가져다줄 수도 있다. 하지만 장기적인 발전을 추구하기 위해서 외국인 직접투자의 역할에 관해 여러 가지 다른 전략이 있을 수 있다는 것은 인식되어야 한다.

초국적기업에 대한 이 같은 비판은 결코 초국적기업에 광범위하게 의지해서는 경제 발전을 이룰 수 없다는 것이 아니다. 싱가포르의 경우는 그런 전략을 통해서 번영을 일구어 냈다. 그러나 싱가포르 정부는 초국적기업을 환영하고 적극적으로 유치 활동을 벌이기는 했지만, 초국적기업에 대해 자유방임적 정책을 펼치지는 않았다는 사실에 주목해야 한다. 싱가포르는 오히려 외국인 직접투자를 의도적으로 전략적 분야로 끌어들였다. 도시국가라는 조건과 독특한 정치경제를 감안할 때 싱가포르의 경우가 지나치게 예외적인 사례라고 판단된다면 - 실제로도 그렇다 - 외국인 직접투자가 경제 발전에 결정적인 역할을 했던 말레이시아를 예로 들 수도 있다. 하지만 말레이시아의 경우도 역시 친親초국적기업 발전 전략이 바람직한지, 전략의 광범위한 채택이 유효한지 증명하지 못한다. 말레이시아는 다른 무엇보다도 (초국적기업에 지나치게 의존한 데에도 부분적으로 그 원인이 있지만) 상대적으로 경험 많은 관리자, 숙련 기술자와 노동자가 부족한 탓에 장기 성장을 지속하기 위해 필요한 첨단 산업으로 경제를 재편하는 데 어려움을 겪을 가능성이 크기 때문이다.²² 더구나 로손Rowthorn이 〈신흥공업국 경험의 재현Replication the Experience of the NIEs on a Large Scale〉 (1996)에서 주장했듯, 다른 개발도상국들에게 '말레이시아 노선'을 추천하는 사람들조차 말레이시아를 대규모로 모방하기 위해서는 믿기지 않을 정도로 대규모의 외국인 직접투자가 추가되어야 한다는 사실을 인식하지 못하고 있는 형편이다.*

동아시아의 두 '스타 국가'인 한국과 대만의 경험, 특히 산업화 초기에 나타난 경험²³ 역시 경제 발전에서 초국적기업의 역할을 이해하는 데 여러 가지로 흥미로운 시사점을 제공한다.** 이 두 국가는 본질적으로 외국 기술이나 자본에 적대적이지는 않았다. 그러나 상황만 허락한다면 초국적기업에 의존하기보다는 '국가'의 감독 하에 자신들의 기술과 자본을 활용하기를 원했다.*** 대만은 한국보다 이런 태도

---

* 로손(Rowthorn, 1996)은 개발도상국들의 국내총생산에서 외국인 직접투자가 차지하는 비중이 평균적으로 1991년과 1993년 사이의 말레이시아 수준에 도달한다면, 다시 말해서 GDP의 10%에 도달한다면, 그 기간 동안에 역사적으로 정점에 도달했던 전 세계의 외국인 직접투자 수준은 7배 증가해서 OECD 국가의 총 제조업 투자의 1.7배에 달하는 규모가 되었어야 한다고 계산했는데, 이는 아주 비현실적인 시나리오이다. 하지만 로손은 10%라는 수치가 말레이시아의 역사적 기준으로 살펴보아도 매우 예외적이었다는 사실을 고려하지 않았다. 즉 그의 계산은 상황을 과장했을 가능성이 있는 것이다. 그러나 말레이시아의 GDP 대비 외국인 직접투자 평균 비율인 5%를 기준으로 삼아도 그의 주장은 설득력을 잃지 않는다. 개발도상국 세계가 말레이시아의 전략을 모방하려 할 경우 전 세계의 외국인 직접투자가 3.5배 증가해야 하기 때문이다.

** 1997년 12월, 이 장을 최종적으로 교정할 당시 외환 위기를 맞은 한국은 외국인 직접투자를 대폭 개방하는 자본 자유화 정책을 펼치겠다고 선언했다. 하지만 당시에는 정책의 자세한 내용이 알려지지 않았고, 자본 자유화가 한국 경제에서 외국인 직접투자의 역할을 얼마나 크게 변화시켰는지도 아직 분명치 않다.

*** 이런 경향은 한국에서 좀 더 구체적으로 나타났다. 앰스덴(Amsden, 1989)에 따르면, (1960년대 초반까지 중요한 역할을 했던 외국 원조를 제외하고) 1963년에서 1982년까지 한국에 유입된 외국 자본 중 5%만이 외국인 직접투자 형태를 띠었다.

가 덜했는데, 이는 한국보다 상대적으로 대기업이 활성화되어 있지 않았기 때문이다. 그러나 이 두 나라 정부는 모두 초국적기업을 유치해 얻게 될 이익과 손해를 분명히 인식하고 있었고,[24] 때문에 잠재적으로라도 수익을 거둘 수 있을 것처럼 보일 때에만 외국인 직접투자를 승인했다.*

한국과 대만이 채택한 초국적기업에 대한 중요한 정책의 대부분은 투자 유입과 소유권 취득에 대한 규제였다. 투자 유입의 경우, 예를 들어 국내 시장을 겨냥해 내수 제품을 생산하는 산업보다는 정교한 기술이 필요한 (정유나 합성섬유 같은) 중간재 산업이나 외화 취득과 일자리를 창출하는 (섬유나 전자 조립 같은) 노동 집약적 수출 산업에 외국인 직접투자가 허용되었다. 그럼에도 한국은 1980년대 초반까지 전체 산업의 50%, 제조업의 20%에 달하는 부문에 대해 여전히 외국인 직접투자가 허용되지 않았다.[25] 설령 외국인 직접투자의 진입이 허용되었을 때조차도 정부는 외국 자본이 합작 기업 형태로 진출하되 국내 기업이 대주주 지위를 유지하도록 장려했고, 핵심 기술과 경영 역량을 이전시키고자 노력했다. 게다가 한국은 외국인 직접투자가 허락된 부문에서조차 외국인 소유 지분이 50%가 넘는 것을 허용하지 않

---

* 1981년에 한국 정부가 발간한 《외국인 투자 백서》는 외국인 직접투자의 다양한 혜택을 열거한다. 예를 들어 투자 확대, 일자리 창출, 산업 '선진화' 효과, 무역수지 균형 일조, 기술 이전 등이다. 그러나 또한 이 백서는 이전 가격 조작, 자회사의 수입과 수출 제한, 국내 신용 시장에서 투자자의 '구축 효과' 발생, '비경쟁적 시장 구조'로 인한 자원 배분의 비효율성, 기술 개발의 지체, '부적절한' 제품의 도입으로 인한 산업 구조의 '왜곡', 그리고 정책 형성 과정에서 초국적기업의 정치적 영향력 행사 등 초국적기업 유치 시 발생하게 될 비용 측면도 분명히 인식하고 있다(EPB, 1981, pp.55-64 참조). 게다가 이 백서가 열거하는 요인들이 우리가 앞에서 논의한 최근의 학문적 연구들이 지적하는 것들과 대동소이하다는 것도 흥미로운 사실이다.

었다. 단 '전략적'인 측면에서 외국인 직접투자가 중요한 분야에서는 예외적으로 외국인 지분이 50%를 넘을 수 있었는데,* 이런 분야는 전체 제조업의 13%에 지나지 않았다.²⁶ 결과적으로 1980년대 중반 당시 한국에서 초국적기업의 자회사 중 5%만이 본사가 완전히 소유하고 있었다. 이것은 한국보다 훨씬 강경한 '반反외국' 정책을 펼치는 나라로 알려진 멕시코가 그 비율이 50%, 브라질이 60%에 달했던 것과는 대조적인 결과였다.²⁷ 반면 자국 대기업의 희소성 때문에 적절한 합작 기업의 설립이 불가능했던 대만 정부는 소유권 문제에 대해 좀 더 유연하게 대처했고, 그 결과 초국적기업 자회사의 소유 구조에 관한 한 대만은 한국과 라틴 아메리카 국가들의 중간쯤에 있다고 할 수 있었다. 대만의 경우 초국적기업 자회사가 소유권을 완전히 보유하고 있는 비율은 (화교가 소유한 외국 기업은 제외하고) 1985년 당시 33.5%였다.²⁸

투자 승인과 지분율 이외에 국가 발전 목표에 부응하도록 초국적 기업의 활동을 통제하는 데 사용된 다른 정책 수단도 있다. 첫째, '적절한' 기술을 '적절한' 조건으로 습득하기 위한 정책 수단이 있다. 초국적기업의 투자와 함께 들어온 기술이 낙후된 기술이 아니고 지나친 로열티를 지급하는 일이 없도록 철저한 심사 과정을 거치는 것이다. 둘째, 기술 확산을 극대화하기 위한 정책 수단도 있다. 지나치게 낙후

---

* 이런 산업에는 해당 외국 기업의 독점적 기술이 산업의 추가적 발전을 위해 반드시 필요하고, 대규모 투자와 그에 따른 위험도 대단히 큰 경우가 포함되었다. 또 ① 자유 무역 지대에 투자할 경우와 ② 재외 한국인이 투자할 경우, 그리고 ③ 투자 자체가 외국인 직접투자의 원천을 '다각화'할 경우, 즉 한국의 외국인 직접투자를 지배하고 있던 미국과 일본이 아닌 기타 국가에서 투자할 경우에는 투자 지분을 제한하지 않았다. 자세한 내용은 EPB(1981, pp.70-71)를 참조하라.

된 기술을 제공하지만 않는다면 기술을 더 많이 이전할 의지가 있는 투자자가 그렇지 않은 투자자보다 투자 승인을 받을 확률이 높게 하는 식이다. (이와 관련 최근의 흥미로운 사례는 다음 항에서 이야기할 한국 고속철도 프로젝트가 있다.) 셋째, 초국적기업으로부터 기술이전을 극대화하기 위해 국내 생산 요건을 엄격하게 부과하였다. 하지만 이 경우 수출 경쟁력이 저해되는 일이 없도록 현지화 목표를 현실적으로 세웠다. 일부 산업에서는 내수용 생산에 더 엄격한 현지화 조건이 부과되기도 했다.

지금까지 우리는 초국적기업에게 좋은 것이 그 유치국에도 좋다는 일부 신자유주의 비평가들의 믿음이 확실한 근거가 없다는 사실을 보았다. 초국적기업에 대한 초기 비판의 일부는 오해에 기인한 것으로 과도하게 일반화되었으며, 과장된 측면이 있는 것이 사실이다. 하지만 초국적기업과 그 유치국 사이에는 분명히 많은 영역에서 이해의 충돌이 존재한다. 여기에는 기술의 '적절성', 이전 가격 조작, 독점적 관행, 자회사 영업 내용에 대한 제약(특히 수출과 연구개발에 가하는 제한), 그리고 유치국 정책 전반에 영향력을 행사하는 능력 등이 포함된다. 최근의 이론적 발전과 실증 연구 결과에 따르면, 장기적 생산성 향상을 위해서는 독자적으로 경영과 기술 역량을 구축하는 데 주안점을 두고 초국적기업을 선별적이고 전략적으로 활용함으로써 고유 역량을 강화해 나가는 산업화 전략이 보다 나은 성과를 거둘 수 있는 것으로 나타난다. 우리는 이에 관해 대만과 한국의 사례를 들어 좀 더 자세히 고찰했고, 이들 나라에 대한 초국적기업의 진입, 소유 구조, 계약 조건, 기술 확산, 그리고 현지화 요구 조건에 대한 정책을 간략하게나마 살펴보았다. 한국과 대만이 채택한 정책들은, 초국적기업은 경제 발전을 위해 활용되어야 하고 활용될 수도 있지만, 전반적인 산업화 전략과 개별 산업 각각의 구체적인 요구에 따라 그 역할이 분명히 정의될 필요가 있다는 사실을 제시한다.

3 초국적기업 때문에 산업 정책이 불가능한가?

세계화 이론을 지지하는 이들은 고도의 세계화로 인해 국가의 정책 자율성이 제한받게 된다는 사실을 강조한다.[29] 분별 있는 비평가들의 경우에는 조심스럽게 '국민국가'(또는 민족국가)의 소멸은 너무 조급하고 지나치게 단순화된 주장이라고 부정하지만,[30] 세계화 문제를 다루는 대부분의 학자들에게는 국가의 정책적 자율성이 완전히 사라지지는 않았다 하더라도 심각한 훼손을 입는 것은 시간 문제일 뿐이라는 공감대가 형성되어 있다. 점점 증대하는 국제 금융 자본의 흐름이 국가의 거시경제 정책의 효율성을 제한하는 것과 더불어 그런 정책의 자율성을 훼손하는 초국적기업의 역할이 자주 강조되고 있기 때문이다.[31]

이들은 이 같은 환경에서 개발도상국 정부가 '전략적stratagic'(또는 '선별적selective') 산업 정책을 펼치는 것은 불가능하다고 주장한다.*

---

* 경제학에서 사용되는 다른 용어와는 달리 '산업 정책'이라는 용어 혹은 '전략적'이나 '선별적' 산업 정책이라는 용어는 개념적으로 상당히 모호하다. 많은 이들이 산업의 성과에 영향을 미치는 모든 정책과 관련이 있는 이 용어를 정의하고자 시도했지만, 여기서는 그렇게 광범위한 정의를 거부한다. 너무 광범위해서 분석적인 용도로 적합하지 않기 때문이다. 따라서 여기서는 보다 협소한, 즉 '국가적' 효율성과 성장에 영향을 미치기 위해 국가의 간섭을 통해 특정한 산업 – 기업의 규모가 아주 클 때는 특정 기업 – 의 진화에 영향을 미치고자 시도

이런 식의 산업 정책이 과거에는 얼마나 유효했는지는 몰라도 - 그들은 그런 유효성이 아예 없었고, 심지어는 부정적인 결과를 보인 것으로 간주한다 - 보다 나은 '투자 환경'을 쫓아 그 활동의 일부나 전부를 재배치할 수 있는 초국적기업의 중요성이 점점 더 커지고 있는 지금의 상황에서는 더 이상 유효하지 않다고 믿는 것이다. 그 경우 초국적기업들은 철수하겠다고 으름장을 놓는 것으로 해당 국가에게 압력을 넣을 수 있기 때문이다. 초국적기업들은 자신들의 이동성을 담보로 하여 투자 유치국들이 경쟁 국가와 유사한 산업 정책을 유지할 것, 특히 더 개방적인 정책을 채택하도록 요구할 수도 있다. 외국인 직접 투자가 부의 창출에서 차지하는 중요성이 갈수록 커지고 있기 때문이라는 것이다.

지금까지의 맥락에서 볼 때 이런 요구를 거부하기는 힘들어 보인다. 기업이 국경의 제약을 받는 정도가 약해짐에 따라 특정 국가 차원에서의 '전략적' 산업 정책의 유효성은 줄어들 수밖에 없다. 게다가 경쟁 관계에 있는 다른 나라에서는 가하지 않는 제한을 적용할 때 초국적기업은 당연히 해당 국가를 떠날 것이기 때문이다. 하지만 이런 식의 추론은 실증적 사례를 통해 뒷받침되지 않는 명시적 또는 암묵적 가정에 기초하고 있거나, 제한적 사례에 근거한 입증되지 않은 추론의 결과일 뿐이다. 그 이유를 하나씩 검토해 보기로 하자.

하는 정책으로 그 정의를 한정한다. 이 문제에 관해 좀 더 체계적인 논의를 원한다면 장 (Chang, 1994, pp.58-61)을 참조하라. 또 이 장에서 이루어지는 논의의 경우 그 맥락상 '국가적' 효율성과 성장을 목표로 삼는 것이 '외국' 기업의 활용을 배제하지 않는다는 점에 유의할 필요가 있다. 물론 이 경우 외국 기업들이 국가의 정책 자율성을 심각하게 침해하지 않는다는 조건 하에서 그렇다.

첫째, 이런 식의 추론은 협상에서 초국적기업이 항상 우월한 지위에 있다는 가정에 기초하고 있다.[32] 하지만 협상에서 초국적기업과 해당 국가의 상대적 지위는 협상의 대상이 되는 산업이나 (상대적 이익은 시간에 따라 변하는 만큼) 협상이 일어나는 시기에 따라 달라진다. 대부분 국가들이 적절한 투자처가 될 수 있는 산업이 있는가 하면, 여러 가지 이유로 투자가 가능한 나라의 수가 제한되어 있는 산업도 있다. 광산 관련 산업의 경우 대부분 거의 고정 투자에 가까운 투자가 필요하다. 반면 일부 산업은 특정 유형의 숙련 노동자를 적당한 인건비로 고용하는 것을 필요로 하는데, 이러한 수요를 충족시켜 줄 수 있는 국가의 수는 상당히 제한적이다. 게다가 일부 국가의 경우에는 대규모 시장에 진입할 수 있는 전초 기지로서의 지역적 이점이 있을 수 있고, 또 다른 국가의 경우에는 시장 규모가 대단히 큰데다 매우 빠르게 성장하고 있다는 장점이 있을 수 있다.

따라서 정부만 외국인 직접투자를 유치하기 위해 경쟁하는 것이 아니다. 초국적기업들도 자본 유치국을 획득하기 위해 경쟁에 나설 수밖에 없다. 초국적기업이 자본 유치국을 획득하기 위해 경쟁한 생생한 사례로는, '국민차'를 생산하는 파트너 선정을 둘러싼 중국 정부와 다수의 자동차 초국적기업 사이의 최근 협상을 들 수 있다. 조만간 세계에서 가장 큰 시장이 될지도 모르는 중국 자동차 시장에 선도 진입자가 되려는 (아니면 적어도 선도 진입자 중에 하나가 되고자 하는) 열망에 불타는 많은 초국적기업들이 - 거기에는 독일의 고급 승용차 회사 벤츠Benz와 BMW, 그리고 창업자인 포르쉐 박사가 전 세계적으로 유명한 '국민차' 폭스바겐의 설계자였다는 사실을 강조하는 포르쉐 Porche가 포함되어 있었다 - 경쟁적으로 입찰 과정에 참여했다.[33]

중국과 같은 협상력을 발휘할 수 있는 국가는 극히 소수에 불과하다. 하지만 다른 국가들 역시 초국적기업에게서 상당한 양보를 받아낼 수 있다. 최근 한국 정부가 고속철도 프로젝트 파트너로 (뛰어난 제품을 제공할 수 있었던 일본이나 독일 업체보다 더 많은 기술이전 조건을 제시한) 프랑스 TGV를 건설했던 영국과 프랑스의 합작 기업 GEC 알스톰Alsthom을 선정한 것이 대표적인 사례라 할 수 있다.[34] 이와 유사한 또 다른 교훈적인 사례로는, 1995년에 경영난을 겪고 있던 폴란드의 국영 자동차 회사 FSO의 인수 협상을 들 수 있다. 당초 FSO 인수와 관련해서 GM은 폴란드 정부에 오만한 자세를 보였다. 그러나 한국의 대우자동차가 FSO를 (엔진과 기어 박스 같은) 승용차와 자동차 부품을 유럽연합에 수출하는 주요 근거지로 개발하기 위해 (11억 달러나 되는) 대규모 자본을 투자하겠다는 제안을 하면서 사정은 달라졌다. 대우자동차의 이런 제안은 갑자기 폴란드 정부에 엄청난 협상력을 부여했고, GM은 어쩔 수 없이 보다 나은 제안을 하게 되었다. 하지만 결국 FSO의 인수자로 대우자동차가 결정[35]되었다.* (그런데 묘하게도 대우자동차는 1992년까지 GM과 50대 50의 지분으로 운영되던 회사였다.)

이런 사례들은 설령 중국처럼 보기 드문 협상력을 갖고 있지 못한다 하더라도, 경쟁자가 존재하는 한 보다 큰 양보를 얻어 내기 위해 초국적기업을 어떻게 상대할 수 있는지를 보여 준다. 개발도상국들

---

* 폴란드는 대우의 FSO 인수를 승인하면서 FS루블린Lublin에서 승합차를 생산하는 또 다른 합작 기업을 설립하기 위한 10억 달러의 추가 투자를 이끌어 냈다. 이곳에서 대우는 소형 승용차를 조립하는 별도의 합작 기업을 설립하는 계약을 맺었는데, 이 계약이 실행되었다면 대우의 총 투자 금액은 21억 달러에 달할 수 있었고, 이 금액은 폴란드 경제 개혁 이후 유입된 외국인 직접투자의 거의 절반에 해당하는 금액이었다. (《Financial Times》 1995년 8월 28일자 기사 참조.)

중 다수는 초국적기업이 서로 경쟁할 만큼 매력적인 생산적 자산이나 지역적 이점을 보유하고 있지 않다. 그런 만큼 중국의 사례를 재현하기는 어려울 것이라는 점은 더 말할 필요도 없을 것이다. 하지만 몇몇 개발도상국들은 적어도 약간의 '협상 카드'를 보유할 수 있다. 초국적기업은 본국에 있을 때보다 개발도상국에 있을 때 정부의 요구를 더 민감하게 받아들이게 된다. '외국' 기업으로서 정치적 취약성을 느끼게 되기 때문이다. 게다가 동아시아에서 새롭게 부상하는 초국적기업은 이미 자리를 확고히 잡은 북미나 유럽 출신의 초국적기업에 대항하기 위해 더 공격적인 확장 전략을 추구한다는 사실에 주목할 필요가 있다. 그러므로 앞서 인용한 폴란드의 경우가 극적으로 보여 주듯이, 초국적기업을 유치하는 개발도상국 정부가 추가적인 협상력을 발휘할 전술적 여지는 남아 있다고 할 수 있다.

둘째, 세계화론자들은 초국적기업들이 진퇴가 자유롭기 때문에 이를 이용해 협상에서 항상 유리한 고지를 점령할 수 있다고 가정한다. 물론 투자에서 매몰 비용이 낮아 '자유롭게 움직일 수 있는' (의류나 신발, 장난감 산업 같은) 산업이 존재하는 것이 사실이다. 그러나 대다수 산업은 (제약 산업이나 화학 산업에서 보듯) 물질적 설비 투자뿐만이 아니라 (첨단 전자 산업이나 자동차 산업에서 보듯) 기업이 비즈니스를 영위하기 위해 반드시 구축해야 할 하도급 관계 네트워크나 기타 활동 측면에서 매몰 비용이 상당히 크다. 이런 산업에서 초국적기업은 진퇴가 자유로울 수가 없다. 해당국 정부의 사소한 정책 변화 정도가 마음에 안 든다고 쉽게 빠져나올 수 없는 것이다.

물론 초국적기업이 일단 투자를 마쳤다고 해서 투자 유치국 정부가 원하는 대로 정책을 바꿀 수 있다는 의미는 아니다. 현재의 정부 정책이 초국적기업의 향후 투자 결정에 영향을 미치기 때문이다. 하지만 오스트리Ostry가 ≪좁아진 세계에서의 정부와 기업Government and Corporations in a Shrinking World≫(1990, p.98)에서 제시하듯 대규모 초국적기업의 경우 정책의 변화가 안정적이고 예측할 수만 있다면, 상당 정도 제한적인 정책 수단이라 하더라도 받아들일 수 있고, 또 기꺼이 받아들인다. 그렇지만 이 문제에 관한 체계적인 증거는 놀랍게도 거의 발견되지 않는다. '초국적기업의 행태와 관련하여 더 궁금한 것은, 이들이 상황이 불리하게 보이면 항상 떠나겠다는 위협을 하는 이유가 무엇인지가 아니라, 대다수가 떠나지 않고 머물러 있는 이유가 무엇인지'[36] 라는 질문이 아닌가 한다.

셋째, 초국적기업에 대한 '제한적' 정책을 비판하는 이들은 외국인 직접투자 여부가 주로 초국적기업에게 얼마만큼의 비즈니스 자유가 주어지느냐에 따라 영향을 받는다고 생각한다.[37] 하지만 외국인 직접투자 여부는 경제의 전반적인 성과에 훨씬 더 크게 영향을 받으며, 특히 성장 가능성에 중점이 두어진다. 이와 관련해서는 초국적기업에 대한 개방적인 정책을 옹호하는 세계은행World Bank조차도 "특정 국가가 확보할 수 있는 투자의 양을 결정하는 데 있어서 직접투자를 좌우하는 구체적인 인센티브나 규제는 일반 경제 상황이나 정치·금융 환경, 환율 정책보다 영향을 적게 미친다."고 논증한다.[38] 다르게 말하면, 실제 증거에 입각할 경우 외국인 직접투자가 경제 성장을 촉진한다기보다는 오히려 경제 성장이 외국인 직접투자를 촉진한다는 것이다.[39] 이 경우 좀 더 개방적인 외국인 직접투자 정책의 채택이 외국인 직접투자의 흐름을 상당한 정도로 증가시킬지의 여부는 의문으로 남게 된다. 그런 정책이 (현재까지 외국인 직접투자를 유치하는 가장 효과적인 수단으로 알려져 있기는 하지만) 해당 국가의 경제 성장을 향상시킨다는 구체적인 증거가 없기 때문이다.

앞서 표 1에서 살펴보았듯이 광범위한 외국인 직접투자 정책의 자유화에도 불구하고 전 세계 외국인 직접투자에서 (중국을 제외한) 개발도상국이 차지하는 비중이 지난 10년 동안 그리 크게 증가하지 않았다는 사실도 이런 주장을 뒷받침한다. 따라서 외국인 직접투자 정책의 경우 개발도상국이 자산을 몰수하거나 기본적인 자본주의적 재산권을 위협하는 정책을 펼치지만 않는다면, 초국적기업의 투자 여부를 좌우하는 국내 시장의 성장 전망이나 정치적 안정성 같은 요소보다 그 중요성이 떨어진다고 주장할 수 있다. 그리고 이런 사실을 고려할 때, '세계화' 이론에 근거해 개발도상국에게 초국적기업에 대한 개방적 정책을 펼쳐야 한다는 현재의 주장은 보다 중요한 현안에 대한 우리의 주의를 분산시키고, 최악의 경우 보다 많은 개발도상국이 신자유주의적 '개혁' 과정을 밟도록 위협하는 전술로 사용될 수 있다는 결론을 내리게 된다.

지금까지 우리는 초국적기업의 중요성이 증대하는 현재의 시점에서 전략적 산업 정책은 불가능하다는 주장이 얼마나 과장되고 문제의 소지가 많은 가정들에 기초하고 있는지를 논의했다. 부존자원도 희박하고 국내 시장도 거의 형성되어 있지 않으며 지정학적 장점도 없는 최빈국을 제외한 모든 잠재적 자본 유치국의 경우 단순한 수동적인 희생자가 아니라는 점을 강조해야 한다. 이들 나라는 초국적기업과의 협상에서 상당한 협상력을 갖고 있으며, 실제 발휘하기도 한다. 초국적기업이 속성상 진퇴가 자유롭다는 주장도 과장된 측면이 있다. 투자에 있어 (물질적 자본이나 생산 네트워크 모두에서) 매몰 비용이 막대한 산업이 많은데, 이런 매몰 비용은 초국적기업의 이동성을 제약하기 때문이다. 또한 대규모 초국적기업의 경우 정책이 안정적이고 예측 가능하기만 하다면 자신들에 대한 제한 정책이라 하더라도 받아들이고 계속 해당 국가에 머물 수 있으며, 그럴 의사를 비치기도 한다. 전체적으로 너무 지나치지만 않는다면 규제는 초국적기업이 투자처를 결정하는 데 있어서 시장의 성장 전망 같은 다른 요소에 비해 사소한 요소에 불과하다. 이것은 결국 경제 성장을 촉진하는 것이 외국인 직접투자를 유치하는 가장 효과적인 방법이라는 사실을 의미하는 만큼, 주의 깊게 시행되는 전략적 산업 정책은 기존 관념과는 달리 보다 많은 외국인 직접투자의 유치에 도움을 줄 수 있다.

4 아직 확보 가능한 개발도상국의 정책 선택권

앞서 개발도상국들에서의 초국적기업의 역할과 관련한 기존 관념에 대해 여러 가지로 의문을 제기하기는 했지만, 그것이 곧 초국적기업의 부상을 편하게 무시할 수 있다는 의미는 아니다. 초국적기업이 국민국가를 소멸시킨다는 (아니면 최소한 심각하게 훼손시킨다는) 극단적 주장은 과장된 측면이 있다. 하지만 초국적기업 - 그리고 일반적으로 세계화 - 의 범위와 숫자가 늘어나면서 전략적 산업 정책은 물론, 여타의 다른 국가 정책들이 제한받게 되었다는 것은 사실이다.[40] 다만 이런 제한이 투자처를 임의로 결정할 수 있는 초국적기업의 역량에서 비롯된 해당 국가 정부에 대한 협상력의 우위 때문만은 아니다. 그보다는 오히려 해당 국가 정부가 산업 정책의 일환으로 초국적기업에게 도움을 제공할 경우 그 이익이 국가 외부로 유출되어 정책의 비용 대비 효과가 감소할 것이라는 우려에서 기인하는 것이다.[41]

이런 문제가 있음에도 유능한 정부라면 (일부 동아시아 국가들에서 볼 수 있듯) 필요한 자본, 기술, 마케팅 네트워크 등을 획득하기 위해 전략적 방식으로 초국적기업을 활용해야 하고, 또 그렇게 해 왔다. 여기서 '전략적 방식'이라는 말의 정확한 의미는 다양한 요소, 즉 해당 국가의 협상에서의 상대적 지위, 산업의 기술적 특성, 산업 발전이라는 커다란 틀 안에서 특정 산업의 역할 등등에 따라 달라지는데, 여기서는 몇 가지 사례를 통해 그 의미를 구체적으로 파악해 보자.[42]

일자리를 창출하고 외화를 벌어들이기 위해서는 자본 투입만으로도 충분한 산업이라면 외국인 직접투자에 대해 개방적인 정책을 취하는 것을 납득할 수 있는 것은 물론, 그 중요성 역시 인정할 수 있다. 의류와 신발, 장난감 같은 '현금 창출원cash cow'에 해당하는 산업이 이런 예에 속할 것이다. 그러나 대규모 자본이나 고도의 기술이 필요한 산업이나 (석유나 광물 같은 천연자원 추출 산업처럼) '지대rent'를 통해 정부가 상당한 수익을 기대할 수 있는 산업에서 개방적인 정책을 취하는 것은 중요하지만, 이 경우에는 자원 임대로 인한 수익을 가능한 최대로 얻어 낼 수 있는 협상 능력과 함께 그렇게 해서 얻은 수익을 다른 산업의 발전을 위해 효과적으로 사용하고자 하는 계획의 유무가 전반적인 산업 정책의 성공에 극히 중요한 영향을 미친다.

관련 산업이 장기적으로 국제적 경쟁력을 갖출 수 있기를 원하지만 그러기 위해서는 새로운 기술과 자본의 외부 도입이 필요한 경우에는 초국적기업의 참여가 바람직할 수 있다. 하지만 그런 경우에도 (앞서 살펴본 중국의 자동차 산업이나 한국의 고속철도 프로젝트에서 보듯)

초국적기업의 기술이전이나 수출, 연구개발 제한과 같은 현안에 대해 단호한 협상 태도를 보이는 것이 중요할 수 있다. 반면 국제 경쟁력을 거의 달성한 산업의 경우에는 초국적기업의 진입을 막는 것이 국내 기업의 학습 기회 극대화를 위해서도 필요한데, 특히나 국내 시장이 소규모일 때는 더더욱 그렇다. 이런 식의 접근은 초국적기업 중에서도 가장 탁월한 기업의 첨단 기술과 보조를 맞출 수 있는 역량이 생명이라 할 수 있는 하이테크 산업에서조차도 필요하다. 해외 초국적기업들과의 선별적인 접촉 및 제휴를 통해 보다 효과적인 '민족주의적' 기술 정책을 모색하는 일이 가능하기 때문이다.[43]

이런 식의 이야기를 계속할 수도 있지만, 이 글이 주장하는 요점은 전략적 산업 정책을 추구하는 유능한 정부라면 신자유주의적 경제학자들이 추천하듯 초국적기업에 대해 산업 전반에 걸쳐 '균일한' 정책을 펼쳐서는 안 된다는 것이다. 각각의 산업은 산업 발전이라는 큰 틀 안에서 서로 다른 기능을 수행하는 만큼 초국적기업에 대해 산업 전반에 걸쳐 균일하게 제한적 정책을 펼치거나 개방적 정책을 펼치는 것은 현명치 못하기 때문이다. 이는 동일한 산업의 경우에도 마찬가지이다. 다양한 내외 조건으로 말미암아 발생하는 변화에 대응해 외국인 직접투자에 대한 개방의 정도를 달리해야 하기 때문이다. 가령 신규 산업을 확립하기 위해서 초기에는 개방적인 외국인 직접투자 정책을 취할 수 있다.

그러나 해당 산업이 일정 수준의 기술 역량을 갖추었고, 향후 정부 지원만 계속된다면 국내외에서 경쟁력을 가질 수 있을 만큼 발전 가능성이 있다면, 정부는 그때부터 외국인 직접투자에 대해 보다 엄격하게 규제를 가할 수 있다. 그러나 이와 달리 해당 국가의 기술 역량이 국제 경쟁력에 미치지 않을 정도로 주요한 기술 변화가 특정 산업에서 발생했다면, 정부는 해당 산업에 대한 초국적기업의 참여 규제 정책을 완화해 신기술의 습득을 촉진할 수 있어야 한다.

국가가 전략적 방식으로 초국적기업을 활용해야 한다는 말과 이 같은 전략적 게임을 제대로 수행해 나갈 수 있다는 말은 전혀 별개의 것이다. 가령 개발도상국들 중에서도 최빈국의 경우에는 대부분의 산업에서 초국적기업을 상대로 협상력을 발휘할 여지가 없을 것이다. 이들이 초국적기업의 유치를 위해 애쓰는 산업은 대개가 초국적기업의 기동성이 가장 뛰어난 부문이기 때문이다. 반면 다수의 개발도상국들은 일부 산업에서 어느 정도나마 '협상 카드'를 지니고 있다. (중국, 인도, 브라질, 그리고 빠르게 성장하는 동아시아 국가들과 같이) 몇몇 나라들은 대규모로 또는 빠르게 성장하는 국내 시장 전망을 제시할 수 있다. 특히 운송 비용이 상대적으로 높은 산업이나 마케팅에서 소비자에 대한 접근이 중요한 산업인 경우가 그렇다. 또 (동유럽 국가들, 베트남, 중국 같은) 몇몇 나라들은 역설적이게도 과거의 반자본주의적 성향 덕분에 상대적으로 교육 수준이 높고 훈련이 잘 되었으면서도 인건비가 저렴한 노동력을 보유하고 있는가 하면, (멕시코나 중앙 유럽 국가들, 남부 유럽 국가들 같은) 몇몇 나라들은 지역적 (또는 법적) 장점이 있는 관계로 대규모 시장에 쉽게 접근할 수 있다는 장점이 있다. 심지어는 일부 매우 가난한 국가조차 광물 자원이나 다른 천연자원을 제공할 수 있다.

일반적인 경제 조건이 적절치 않다면, 이런 잠재적 협상력이 바로 적절한 수준의 외국인 직접투자를 이끌어 낸다는 의미로 해석될 수는 없다는 것을 굳이 재론할 필요는 없을 것이다. 그러나 외국인 직접투자의 균형을 올바르게 달성하기 위해서는 자신들이 가진 협상력을 실제로 행사할 수 있는 정치적 의지와 행정적 능력을 지니고 있는, 그러면서 내부적 결속력까지 강한 정부가 필요하다.* 그렇다고 모든 부문과 산업에서 개방적인 외국인 직접투자 정책을 채택하는 것은 행사도 하기 전에 협상력을 포기한다는 의미로, 그다지 현명한 태도라고 볼 수 없다. 비록 개발도상국들이 초국적기업에 비해 협상력이 상대적으로 약하다 할지라도, 그리고 그 협상력이 세계화의 진전에 따라 갈수록 줄어들고 있다 할지라도, 이들 국가는 여전히 보유하고 있고, 앞으로도 보유 가능한 협상력을 포기할 필요는 없다. 국가는 여전히 외국인 직접투자의 수익과 비용을 결정할 수 있는, 적지만 막강한 권한을 보유하고 있기 때문이다.

5 전략적 산업 정책은 여전히 유효하다!

이 장에서 우리는 기본적이지만 경시되기 쉬운 사실들을 통해 세계화에 관한 잘못된 신화, 특히 점증하는 초국적기업의 중요성에 대한 그릇된 신화에 의문을 제기하고자 노력했다. 세계적으로 지역 간의 상호 의존도가 높아지고 있고, 그 과정에서 초국적기업의 역할이 증대되고 있는 것은 사실이다. 하지만 세계화 이론을 주장하는 일부

---

* 대다수 정부들이 외국인 직접투자 정책을 설계하고 실행하는 과정에서 행정 부서 간의 경쟁으로 어려움을 겪고 있다. 더구나 (미국이나 중국 같은) 사실상 적법한 권력 분산 구조를 보유한 거대 국가들의 경우에는 지방 정부 사이의 경쟁 때문에 국가의 협상력이 약화될 수 있다. 이 문제를 지적해 준 밀버그William Milberg에게 감사한다.

의 믿음처럼 국가 정책이 기껏해야 비효율적인 것에 불과하고 최악의 경우 '세계적 차원에서의 효율성world efficiency'을 달성하는 데 방해물이 될 정도로 완전히 새로운 세계에서 살고 있다고 말하기에는 여전히 너무 이른 감이 있다.

초국적기업에 대한 초기의 우려 중 일부는 충분한 근거가 없다는 것도 맞는 말이다. 그러나 한국과 대만의 사례에서 살펴보았듯, 초국적기업에 대한 자유방임적 태도에 기초한 산업화 전략이 장기적으로는 선별적이고 전략적인 접근 방식만큼 성공적이지 못할 수 있다. 뿐인가. 앞서 지적했듯, 최근 초국적기업의 중요성이 증대했음에도 불구하고 초국적기업이 모든 국가에 대해 절대적으로 우월한 협상력을 보유하고 있는 것은 아니다. 협상력에서의 그들의 위치는 (신발 생산 공장을 물색하는 나이키Nike의 경우처럼) 절대적 우위에서 (국민차 생산에 참여하기 위해 중국 정부의 환심을 사고자 노력하는 자동차 초국적기업들의 경우처럼) 절대적 열세까지 그 범위가 매우 다양하며, 심지어는 산업이나 국가에 따라 달라지기까지 한다. 이런 실증적 사례들은 전략적 산업 정책의 입지를 약화하는 것이 아니라 강화하고 있다. 정부가 초국적기업에 대해 모든 분야에 걸쳐 균일한 접근 방식을 취하기보다는 특정한 분야마다 고유의 정책을 설계할 필요가 있음을 보여 주고 있기 때문이다.

초국적기업이 국가 산업 정책에 가하는 제한이 증대되고 있는지는 모르지만, 이런 현상이 전략적 산업 정책이 불가능하다는 의미는 결코 아니다. 물론 현재 진행되는 연구들은 세계화의 과정과 초국적기업의 부상에 모아지고 있다. 그에 따르면 세계화와 초국적기업의 부상은 통제도 제지도 불가능하며, 특히 개발도상국의 경우에는 그에 완전히 굴복하지 않는다면 경제적으로 쇠망할 수밖에 없다고 한다. 하지만 이런 견해는 대중을 오도하고 있다. 국가가 전술적 행동을 취할 여지는 아직 충분하게 남아 있다. 특히 최근 동아시아 출신 일부 초국적기업들의 공격적 확장 정책은 그런 여지를 더욱 높이고 있다.[44] 개발도상국들이 외국인 직접투자에 대해 모든 분야에 걸쳐 균일하게 개방적인 정책을 채택해야 한다는 주장은 큰 실수이다. 이는 전술적 행동을 취할 여지를 자발적으로 포기해야 한다는 말과 똑같기 때문이다. 지금 필요한 정책은 외국인 직접투자에 대해 더 차별화되고 더 전략적인 접근 방식이다. 이런 정책을 통해 초국적기업 유치국은 장기적인 경제 개발 목표에 부응하도록 초국적기업을 현명하게 '활용'할 수 있을 것이다.

Globalization, Economic Development, and the Role of the State 5
경제 발전에서 지적재산권의 역할*

이 장의 후반에서 명확해지겠지만, 경제 발전에서 지적재산권IPR (Intellectual Property Rights)의 역할은 언제나 논란의 여지가 많은 문제였다. 게다가 무역 관련 지적재산권TRIPS(Trade-Related Intellectual Property Rights) 협정 이후로는 지적재산권 논쟁이 더 가열되는 양상이다. 당초 무역 관련 지적재산권은 WTO(세계무역기구)의 모체인 GATT(관세 및 무역에 관한 일반 협정)의 우루과이 라운드UR(Uruguay

---

* 이 글에 대해 유용한 제안을 해 준 후쿠다-파Fukuda-Parr, 자한Selim Jahan, 그리고 특히 로워스Kate Raworth에게 고마움을 전한다. 또 몰레나르Bente Molenaar는 효율적이면서도 창의적으로 연구 작업을 도와주었으며, 라이너트Erik Reinert는 초고에 대한 논평과 논의를 통해 여러 가지 시사점을 일깨워 주었다. 코니아Andrea Conia, 헤링Ron Herring, 제인웨이Penny Janeway, 코줄-라이트Richard Kozul-Wright, 나야Deepak Nayyar, 노먼Omar Noman, 노한균의 초고에 대한 소중한 논평에 대해서도 감사한다.

Round)에서 핵심 현안이 아니었기 때문에[1] 별다른 주목을 받지 못했다. 하지만 최근 일련의 사건을 통해 사람들은 앞으로 WTO 운영에 무역 관련 지적재산권이 가장 핵심적인 문제가 될 것이라는 사실을 인식하게 되었다.

무역 관련 지적재산권이 사람들의 이목을 끌게 된 첫 번째 계기는, 개발도상국에게 지적재산권 관련 체제를 무역 관련 지적재산권 협정에 맞춰 '개선upgrade'하도록 허락된 '이행기' - 2006년까지 허락된 일부 후발 선진국을 제외하고는 2000년 말에 종료된다 - 가 끝나고 있다는 사실 때문이다. 개발도상국의 경우 이행기가 끝나면 보다 위협적인 선진국의 무역 제재에 노출될 수밖에 없는 상황인 것이다. 둘째로, 많은 사람들이 무역 관련 지적재산권의 규정을 근거로 일부 개발도상국에서 이미 일반적으로 알려진 제조 지식에 대해서까지 특허화를 시도하는 선진국의 개인 또는 기업들에 대해 분노를 느끼게 되었다.[2] 셋째로, 무역 관련 지적재산권을 활용해 저렴한 HIV/AIDS 치료약을 (아르헨티나, 인도, 태국, 브라질 같은) 일부 개발도상국이 다른 개발도상국에 수출하지 못하도록 시도한 선진국 제약 기업들의 행태에 대한 논란이 빚어지면서 무역 관련 지적재산권이 인간의 복지라는 보다 소중한 목표와 충돌을 빚을 수 있다는 점이 부각되었다.

다른 WTO 협정과 마찬가지로 무역 관련 지적재산권도 법률 체계에 관한 협정이므로 사례의 축적을 통해 세세한 운영 방식modus operandi이 마련되어야만 제대로 효력을 발휘할 수 있다. 무역 관련 지적재산권 체제의 정확한 미래상을 현재 상황에서는 예측하기 어려운 것도 아직은 그런 사례가 부족하기 때문이다. 하지만 앞의 경우에서 보듯 무역 관련 지적재산권 시스템은 (선진국과 개발도상국의 생산자와 소비자들, 그리고 선진국의 소비자들을 포함하여) 그 누구보다도 선진국 생산자들에게 유리한 방향으로 변화할 것으로 보인다. 그런 만큼 지금이야말로 무역 관련 지적재산권이 과연 모든 사람의 복지 수준을 높이는 방향으로 변할 가능성이 있는지, 있다면 그 방법은 무엇인지를 고찰하기 위해 무역 관련 지적재산권에 내포된 여러 가지 함의들을 재검토해 볼 적절한 시기라 할 것이다.

　이 글은 경제 발전 과정에서 지적재산권의 역할을 재검토함으로써 무역 관련 지적재산권 협정의 개혁을 위한 시사점을 이끌어 내고자 한다. 그 과정에서 이 글에 차별성이 있다면 현 개발도상국의 관점에서뿐만 아니라 역사적인 관점에서 논의함으로써 지금까지의 논쟁에 기여하고자 한다는 것이다. 그러기 위해 첫 번째로 현 선진국들의 산업화 과정에서 지적재산권의 역할을 논의하고, 그것이 현 개발도상국들과 세계 경제 일반에 어떤 시사점을 던져 주는지 파악해 볼 것이다. 두 번째는 경제 발전의 과정에서 지적재산권의 역할을 특허 시스템에 특별한 중점을 두고 현재의 맥락에서 논의할 것이다. 그리고 마지막으로 우리는 이때까지 논의된 내용을 토대로 현재의 무역 관련 지적재산권이 어떤 의미를 내포하고 있는지를 비판적으로 고찰하고 그에 따른 결론을 제시할 것이다.

1　경제 발전과 기술이전, 지적재산권의 관계사

　산업화의 역사에서 기술이전은 언제나 핵심적인 역할을 수행했다. 16~17세기 동안 경제적으로 보다 앞서 있던 유럽 대륙으로부터의 -

특히 베니스와 네덜란드, 벨기에로부터의 - 기술이전은 영국이 배후의 원료 생산자에서 선두 모직 산업 국가로 발전하는 데 결정적인 역할³을 했다.* 영국의 산업혁명 이후에는 영국으로부터 - 그리고 그 정도는 약하지만 네덜란드와 벨기에로부터 - 받아들이는 기술이전의 효율성이 국가의 번영을 가늠하는 결정적 요소⁴가 되었다.

이런 기술이전 중 일부는 분명히 '합법적' 수단을 통해 이루어졌다. 특히 사용 기술이 상대적으로 간단했던 산업혁명 초기에는 전문가의 안내를 받아가며 산업 시찰을 하는 것만으로도 기술의 핵심을 충분히 파악할 수 있었기 때문이다. 그러나 일부 선진 생산업체는 초기부터 그런 산업 시찰을 거부하거나, 허용하더라도 핵심 부분으로 간주되는 시설이나 공정에 대해서는 공개하기를 꺼렸다. 따라서 도제 제도야말로 외국의 선진 기술을 흡수하는 일반적인 수단이었다. 기계 시설이 기술 지식의 핵심이 되는 19세기 중반 이전까지만 해도 기술을 이전 받는 가장 중요한 수단은 숙련 노동자의 이주였다. 이는 숙련 노동자가 선진 기술을 가장 잘 체득하고 있기 때문이었다. 결과적으로 각국은 선진국의 숙련 노동자를 채용하고자, 동시에 선진국에서 일하는 자국 노동자를 귀국시키고자 노력해야 했는데, (이 장의 후반에서 보다 자세히 다루겠지만) 때로 이런 노력은 정부에 의해 주도면밀하게 진행되기까지 했다.

선진 기술을 습득하려는 노력은 근대 기술경제학이 말하는 이른바

---

* 헨리 7세 Henry VII의 정책은 이런 측면에서 특히 중요했다. 그는 영국보다 모직 산업이 발전한 국가에서 숙련 노동자를 확보하고자 노력을 기울였을 뿐만 아니라 모직 산업의 제조업 기반이 확립된 이후에는 모직 원료의 수출을 금지함으로써 강력하게 수입 대체품의 개발을 독려했다(Reinert, 1995).

'기술적 역량technological capabilities'을 발전시키기 위한 정책에 의해 뒷받침될 때 가장 효과적[5]이었다는 것은 굳이 부연할 필요가 없을 것이다. 많은 국가가 (기술학교 같은) 교육 기관과 전문 연구 센터를 설립한 것도 그래서였다. 이들 국가는 또한 선진 기술에 대한 '인식'을 일깨우고자 다양한 조치를 취했다. 박물관을 설립하고, 국제 박람회(엑스포)를 개최했으며, 최신 기계 설비를 민간 기업에게 증여하는가 하면, 선진 기술을 활용할 '시범 공장'을 설치 운영하기도 했다. 심지어는 민간 기업이 더 많은 선진 기술을 활용하도록 금전적 인센티브를 제공하기도 했다. 이는 산업 설비를 수입하는 기업에게 세금을 면제해 주거나 보조금을 지불[6]하는 식이었다.*

선진 기술의 습득은 매우 빈번하게 '불법적인' 수단을 통해 조직적으로 이루어졌음에 주목할 필요가 있다.** 그 결과 자연스럽게 기업들은 보유 기술을 감추게 되었고, 그에 따라 공장에 외국인이 접근하기가 쉽지 않게 되었다.*** 게다가 기술적으로 발전한 국가들은 정부까지 나서서 핵심 기술의 유출을 제한하는 결정적인 역할을 수행했다. (하지만 이런 노력이 얼마나 효과적이었는지에 대해서는 논쟁의 소지가 있다.) 산업화 초기에 선진 기술 보유 국가들의 기술 유출 방지 조치는 주로 핵심 기술을 체화하고 있던 숙련 노동자의 유출 통제에 중점이

---

* 바로 이 방법이 최근까지 동아시아 국가들의 산업 정책의 주요한 수단 중 하나였다는 사실은 흥미롭다.

** 여기서 '불법적인'이라는 단어에 따옴표를 붙인 것은, 다른 관점에서 보면 이런 수단이 불법적으로 보이지 않을 수도 있기 때문이다.

*** 하지만 네덜란드 기업들은 18세기 중반에 기술적 우위가 명백하게 위협받기 전까지는 보유 기술에 대해 매우 개방적이었던 것으로 유명했다. Davis(1995)를 참조하라.

두어졌다. 1719년에 프랑스 정부는 (미시시피 컴퍼니Mississippi Company로 유명한 스코틀랜드 출신의 전설적인 금융 자본가 로John Law의 주도 하에) 수백 명의 숙련 노동자를 채용하려는 시도를 했고, 정도는 약했지만 러시아도 이와 비슷한 시도를 했다. 그러자 영국은 숙련 노동자의 유출을 막았는데, 특히 해외에서 숙련 노동자를 채용하려는 시도에 대해서는 ('매수'라는 죄목을 적용해) 엄격하게 금지했다.

이 법에 따르면 매수를 하려는 사람은 벌금형이나 징역형에 처해질 수 있었다. (주로 해당국에 주재하는 외교관인) 영국 관리에게 경고를 받은 후 6개월 안에 고국으로 돌아오지 않고 외국에 거주하는 노동자는 영국에 있는 토지와 재산에 대한 권한을 사실상 상실했고, 시민권까지 박탈당했다. 영국은 이 법을 모직, 철강 등 금속 산업과 시계 제작에 종사하는 노동자에게 특히 엄격하게 적용했는데, 기실은 모든 산업에 적용되었다고 할 수 있다.[7] 숙련 노동자의 외국 이주를 매수로 규정하고 금지하는 이 규정은 1825년까지 지속되었다.[8]

뒤이어 점점 더 많은 기술이 기계에 내장되면서부터는 기계 수출이 통제되기 시작했다. 영국은 1750년에 새로운 법을 제정해 모직 산업과 견직 산업에 이용되는 '장비와 도구'의 수출을 금지하는 동시에 매수에 대한 처벌을 강화했다. 이 법은 이후 후속법의 제정 또는 개정을 통해 좀 더 확대되고 강화되었다. 1774년에는 면직과 린넨 산업용 기계의 수출을 통제하는 또 다른 법이 도입되었고, 1781년에 개정되면서는 '장비와 도구'라는 문구가 '모든 기계, 엔진, 장비, 인쇄기, 종이, 도구 또는 모든 형태의 기구'로 바뀌었다. 1785년에는 공작기계법 Tools Act이 도입되어 다양한 종류의 기계류 수출이 금지되었는데, 매수는 여전히 금지 조항에 포함되었다.[9] 이런 각종 금지법은 1842년까지 지속[10]되었다.*

선진국의 이 같은 기술 유출 금지 조치에 대응해 저개발국은 모든 종류의 '불법적' 수단을 동원해 선진 기술에 접근하고자 노력했다. 이들 국가의 기업가나 기술자들은 정부의 암묵적 승인 또는 (특정 기술 확보에 대한 대가 제공 등의) 적극적 후원을 등에 업고 빈번하게 산업 스파이 활동에 참여했는데, 이에 관해서는** 랜디스Landes(1969)와 해리스Harris(1991, 1992), 브룰란트Bruland(1991) 등이 프랑스, 러시아, 스웨덴, 노르웨이, 덴마크, 네덜란드, 벨기에 등의 나라가 영국에 대항해 벌인 광범위한 산업 스파이 활동에 관한 기록에서 밝힌 바 있다.

'합법'과 '불법'을 막론한 이 같은 모든 노력에도 불구하고 기술을 따라잡기란 쉽지 않았다. 최근의 기술이전에 관한 연구들이 보여 주듯 기술에는 말로 전하기 쉽지 않은 부분이 포함되어 있고, 이런 부분은 쉽게 이전될 수 없었기 때문이다. 이 문제는 핵심 기술을 터득한 숙련 노동자를 데려와도 쉽사리 해결되지 않았다. 숙련 노동자를 데려와도 언어와 문화적 문제가 발생하는데다, 더 중요하게는 고국에 있을 때와 동일한 기술적 인프라를 활용할 수 없었기 때문이다. 랜디스Landes는 대륙의 유럽 국가들이 숙련 노동자를 끌어들이고 기계를 도입함으로써 핵심 기술을 모방할 수 있을 정도로 비교적 기술이 단

---

* 버그Berg(1980, 9장)는 기계류의 수출 금지를 폐지하는 것을 둘러싼 정치적, 학술적 논쟁에 관한 정보를 제공한다.

** 예를 들어 1750년대에 맨체스터의 전직 직물 마무리공 홀커John Holker는 프랑스 정부로부터 외국 제조업 총검열관Inspector-General of Foreign Manufactures이라는 지위를 부여받았다. 프랑스 제조업체에 대한 기술적 자문역이라는 이 애매모호한 직위 아래 그는 주로 산업 스파이이자 영국 숙련 노동자 매수꾼으로 활동했다. Harris(1998, p.21)를 참조하라.

순하던 그 시절에도 실제로 영국의 기술을 모방하는 데는 수십 년이 걸리게 된 과정을 ≪풀려난 프로메테우스Unbound Prometheus≫(1969)에 기록했다.

19세기 후반에는 특허권 및 기타 지적재산권의 준수(또는 위반)가 기술이전 및 일반적인 지식 이전에 핵심 현안이 되었다. 영국에서는 19세기 중반에 숙련 노동자의 유출을 금지하는 법령의 효과가 떨어지면서 폐지되었다. 이 무렵에 이르자 핵심 기술이 너무나 복잡해져 숙련 노동자나 기계 수입만으로는 기술을 제대로 활용할 수 없었기 때문이었다. 이에 따라 많은 영역에서 관련 기술 소유자로부터 특허의 라이센스라는 방식으로 기술을 이전 받는 것이 기술이전의 핵심 통로가 되었다.

현 선진국들 대부분은 1790년에서 1850년 사이에 각자의 특허법을 제정했고, 19세기 후반까지는 (1709년에 영국이 처음으로 도입한) 저작권법과 (1862년에 영국이 처음으로 도입한) 상표권을 포함한 지적재산권 제도를 확립했다.* 그러나 지금 기준으로 보자면 당시의 지적재산권 관련 제도는 상당히 '부족한 점'이 많았다. 특허 제도의 경우 많은

---

* 최초의 특허 제도는 1474년에 (새로운 기술이나 기계를 발명한 사람에게 10년 동안의 특권을 허용하는 식으로) 베니스에서 시작되었다. 16세기에 독일의 일부 국가(당시 독일은 통일 국가가 아니었다 - 역주) 특히 색소니Saxony는 완전히 체계적인 제도는 아니었지만 특허권을 사용했다. 영국의 특허법은 1623년에 독점에 관한 법령으로 그 모습을 드러냈는데, 1852년에 이 법이 개정될 때까지는 진정한 의미에서 특허법이라고 보기 어렵다는 주장도 일부 있다. McLeod (1988)를 참조하라. 프랑스는 1791년, 미국은 1793년, 그리고 오스트리아는 1794년에 특허법을 채택했다. 그 밖에 다른 많은 유럽 국가는 19세기 초반에 특허법을 확립했는데, 러시아는 1812년, 프러시아는 1815년, 벨기에와 네덜란드는 1817년, 스페인은 1820년, 바바리아는 1825년, 사르디니아는 1826년, 바티칸 공화국은 1833년, 스웨덴은 1834년, 뷔르템베르크는 1836년, 포르투갈은 1837년, 색소니는 1843년에 특허법을 확립했다. Penrose(1951, p.13)를 참조하라.

나라에서 출원 절차가 미비한 탓에 비용은 많이 들면서도 정작 특허권자를 제대로 보호하지 못했다. 그리고 화학이나 제약 분야에서는 공정 특허만 인정되고 물질 특허는 인정받는 경우가 드물었는데, 이런 관행은 20세기 후반까지도 많은 나라에서 계속되었다.*

당시의 특허 관련 법률들이 외국 시민의 지적재산권 보호에 대해서는 대단히 부족했다는 사실은 현재의 논의와도 밀접하게 관련이 있다.[11] 가령 당시의 많은 특허법들은 발명의 독창성을 그다지 철저하게 확인하지 않았다. 게다가 더 중요한 사실은 (1852년 개혁 이전의) 영국을 비롯해 네덜란드, 오스트리아, 프랑스를 포함한 대부분의 나라에서는 자국민이 외국의 발명품을 도입해 특허를 출원하는 것이 허용되었다는 것이다.

미국의 경우 특허법이 전면 개편된 1836년 이전까지는 발명의 독창성을 입증하지 않고도 특허 출원이 가능했다. 그 결과 수입 기술을 특허 출원하는 것은 물론이거니와, ('위조 특허'로) 이미 사용 중인 특허를 도용하거나 그 사용 대가로 금품을 요구하는 '지대 추구rent-seeking' 행동[12]이 부추겨졌다.** 특허법과 관련해서는 스위스와 네덜

---

* 화학 물질은 서독은 1967년까지, 노르딕 국가들은 1968년까지, 일본은 1978년까지, 스위스는 1978년까지, 스페인은 1992년까지 특허 출원이 허용되지 않았다. 또 제약 제품은 서독과 프랑스는 1967년까지, 이탈리아는 1979년까지, 스페인은 1992년까지 특허로 인정받지 못했고, 캐나다는 1990년대 초반까지는 특허 출원조차 할 수 없었다. 자세한 내용은 Patel(1989, p.980)을 참조하라.

** 코크란Cochran과 밀러Miller(1942)에 따르면, 1820년에서 1830년까지 영국은 145건의 특허를 출원한 데 비해 미국은 535건의 특허를 출원했다. 이는 주로 특허 출원자의 '양심'이라는 측면에서 미국과 영국이 달랐기 때문(p.14)인데, 이것은 1810년까지 1인당 특허 출원수에서 미국이 영국을 크게 앞지른 이유가 미국의 '우수한' 특허 제도 덕분이라는 소콜로프Sokoloff와 칸Kahn(2000)의 주장과 대조적이다.

란드의 사례도 크게 주목할 만하다.[13]

　1817년에 특허법을 처음으로 도입한 네덜란드는 1869년에는 특허법을 폐지했다. 그 이유는 부분적으로는 (당시 기준으로도) 특허법에 부족한 측면이 있어서였지만* 그 무렵 유럽에 만연했던 반反특허 운동의 확산에 영향을 받기도 했다. 당시 반특허 운동은 특허가 다른 독점적 행위와 다를 바 없다며 격렬하게 비판했던 것이다.[14]

　스위스는 기계 발명품[15]만을 특허로 보호하는 법이 제정된 1888년까지만 해도 지적재산권을 전혀 보호하지 않았다. 스위스가 자국의 화학과 제약 발명을 무단 사용하는 것에 대해 독일이 무역 제재를 가하겠다고 위협하고 나서야 특허법이라고 부를 만한 법안이 1907년에 제정되었는데, 이 법에도 많은 예외 조항이 있었다. 특히 화학 제품에 대해서는 공정 특허만 허용하고 물질 특허를 허용하지 않았다. 1954년에야 스위스 특허법은 다른 선진국에 버금가는 수준이 되었는데,[16] 그럼에도 스위스는 1978년까지 화학 물질을 특허로 인정하지 않았다.[17]

　지적재산권과 관련된 법률을 도입하는 나라가 늘어나면서 19세기 후반부터 국제 지적재산권 제도를 구비하라는 압력이 자연스럽게 증가하기 시작했다.[18] 국제 지적재산권 제도를 도입하려는 최초의 시도는 1873년의 비엔나 회의Vienna Congress였는데, 이 회의에서 특허 논란이 많았던 부분은 오스트리아와 일부 나라들이 실시하고 있던

---

* 1817년의 네덜란드 특허법에 따르면, 특허는 자세한 내용을 공개하지 않아도 되었다. 이 법은 외국에서 수입된 발명품의 특허도 허용하였으나, 외국에서 특허를 취득한 경우에는 국내 특허가 취소되었다. 아울러 다른 사람이 특허를 받은 제품이라도 자신의 비즈니스 목적으로 사용하는 한 특허권자의 허락이 없다 해도 아무런 제재를 받지 않았다. Schiff(1971, pp.19-20)를 참조하라.

'강제 제작compulsory working' 조항이었다. (오스트리아는 특허가 출원되고 1년 안에 제품이 생산되지 않으면 그 특허는 취소되었다.) 비엔나 회의에서는 '강제 제작' 조항을 '강제 실시권compulsory licensing'으로 바꾸어 합의를 끌어냈는데, 미국의 반대가 특히 심했다.

또 다른 회의는 1878년에 파리에서 열렸다. 비엔나 회의와 마찬가지로 이 회의도 공식적인 정부 사절이라고는 없는 '비공식적' 회의였지만, 비엔나 회의와는 달리 특허에 대단히 우호적이었다. 그러나 최종 결정은 여전히 '공공의 이익'을 주장하면서 강제 제작의 원칙을 수용한다는 것이었다. (그럼에도 불구하고 특허에 대한 우호적인 편향을 반영해 '강제 실시권' 조항은 거부했다. 이는 특허 출원자 외에는 어느 누구도 발명에서 이익을 보아서는 안 된다는 이유에서였다.)

1878년의 파리 회의는 국제 지적재산권 제도에 관한 첫 번째 '공식' 회의로서, 그 논의 내용은 1880년에 파리에서 (19개 국가의 대표단이 참석한 가운데) 초안으로 발표되었다. 이 초안은 산업 재산권 보호를 위한 국제 연합 파리 조약Paris Convention of the International Union for the Protection of Industrial Property의 형태로 1883년에 파리에서 (벨기에, 포르투갈, 프랑스, 과테말라, 이탈리아, 네덜란드, 산살바도르, 세르비아, 스페인, 스위스와 영국 등) 11개 국가의 승인을 받았는데, 거기에는 특허뿐만이 아니라 상표법도 포함되어 있었다. (특허법이 없는 스위스와 네덜란드도 이 회의의 초안에 대해서는 서명했다.) 1886년에는 저작권법에 관한 베른 조약Berne Convention이 국제 사회의 인준을 받았는데, 이 베른 조약은 이후 여러 차례에 걸쳐 - 특히 1911년, 1925년, 1934년, 1958년, 그리고 1967년에 - 특허권자의 보호가 강화되는 방향으로 개정이 이루어진 파리 조약과 더불어 무역 관련 지적재산권

협정이 등장하기 이전까지의 국제 지적재산권 제도의 기초를 이루었다.[19]

파리 조약에는 여러 가지 특징이 있었다.[20] 첫째, 미국의 강력한 반대에도 불구하고 확고한 '비호혜non-reciprocity' 접근 방식이 채택되었다. 외국인에 대해 자국민과 같은 대우를 해 주기는 했으나, 그들이 모국에서 누리던 것과 동일한 지적재산권을 허용하지는 않았던 것이다. 둘째, 이 조약은 '우선권right of priority'을 받아들였다. 한 국가에서 특허를 출원하면, 그 발명과 관련된 특허를 취득할 수 있는 모든 나라에서 그 사실을 인정해 준다는 의미였다. 그러나 가장 중요한 사실은 이 조약에서 강제 제작과 강제 실시권 조항이 채택되었다는 것인데, 그 중 강제 제작은 강제 실시권이 비효율적으로 판명된 국가에서만 채택할 수 있도록 1925년에 개정되었다.

하지만 국제 지적재산권 제도의 출현에도 불구하고 해외에서 출원된 지적재산권에 대한 침해는 20세기 들어서까지도 여전히 일상적으로 이루어졌다. 그것은 초일류 선진국들의 경우에도 마찬가지였다. 이미 그 사실을 앞에서 언급했듯, 스위스와 네덜란드는 당시까지도 특허법을 제정하지 않았다. 당시 특허권을 가장 강렬히 옹호했던 미국조차도 1891년까지 외국인의 저작권을 인정하지 않았다.* 영국은 19세기 후반에 독일이 기술적으로 영국 따라잡기에 나서자 독일의 자국 상표권 위반 사례[21]에 대해 크게 우려를 표명했다.**

---

* 미국은 국제 저작권에 관한 베른 조약(1886)을 1988년까지도 완전히 받아들이지 않았다. 미국 내에서 조판되거나 인쇄되어야만 저작권 보호를 받을 수 있다는 규정이 1988년에야 마침내 폐지된 것이다. Sokoloff and Khan(2000, p.9)을 참조하라.

** 흥미롭게도 영국은 산업 스파이와 상표권 위반 문제뿐만 아니라 수형자를 동원해 만든 상

영국은 1862년까지 상표법을 제정하지 않았다. 그럼에도 불구하고 킨들버거Kindleberger는 〈독일의 영국 따라잡기German's Overtaking of England〉(1978, p.216)에서 "빠르게는 1830년대부터 많은 영국 제조업자들이 상표권 보호를 위해 끊임없이 소송을 제기했다."고 지적한다. 영국은 1862년에 상표법을 도입함으로써 위조 상표와 허위 수량 표시 같은 '상업적 절도'를 금지했다.[22] 영국 의회는 독일의 (그리고 다른 외국의) 영국 상표법 위반을 염두에 두고 1887년에 이 법을 개정하면서 '상표 설명'에 제조 장소나 제조 국가를 명시하는 조항을 추가하고, 원산지를 허위로 기재하는 것뿐만 아니라 모호하게 기재하는 것까지 금지했다. 당시 독일은 영국 쉐필드에서 제작된 것처럼 가장한 금속 식기를 제작 판매하는 등의 상표권 위반 행동을 일삼았는데, 영국은 이 법을 통해 "외국에서 만든 제품에 허위 문구를 삽입하고 원래 제작지를 나타내는 문구를 빼버려 이 제품이 영국에서 제작된 것처럼 믿게 만드는 행동은 형사처벌 대상이다."라고 명시한 것이다.[23]

하지만 독일은 이 법을 교묘하게 빠져나갈 수 있는 방법을 여러 가지로 강구했다.[24] 독일은 우선 개별 품목이 아닌 전체 포장의 겉면에 원산지 도장을 찍었다. 그렇게 함으로써 판매를 위해 포장을 해체한 다음에는 원산지를 파악하기 힘들게 만든 것이다. (이는 시계나 사무용 파일의 수출에 가장 흔하게 쓰인 수법으로 알려졌다.) 또 제품을 부품별로 나누어 수출한 다음 영국에서 조립하는 방법도 썼다. (이것은 피아노와 자전거에 흔히 쓰였다고 한다.) 심지어는 거의 알아보기 힘든 곳에

품의 수출에 대해서도 독일을 비난했다. (최근 미국과 중국 사이에 이 문제를 놓고 벌인 논쟁을 상기하라.) 반면 같은 시기에 독일은 스위스에 특허법이 없는 탓에 독일의 지적 재산이, 특히 화학 산업에서의 지적 재산이 스위스에 '도둑' 맞고 있다고 불평을 늘어놓았다.

원산지 도장을 찍는 경우도 있었다.*

　이와 같은 여러 가지 사례들은 경제 발전을 촉진하는 데 지적재산권이 역사적으로 얼마나 중요했는지에 대해 현재의 무역 관련 지적재산권 협정 옹호자들이 얼마나 무지한지를 보여 준다. 가령 미국에 소재한 미국 내 자유무역을 위한 전국법률센터National Law Center for Inter-American Free Trade는 "개발도상국에서 출발해 산업국가의 반열에 들어선 나라들의 역사적 기록에 따르면 경제 발전과 수출 증대, 그리고 새로운 기술 및 문화의 확산을 위한 가장 강력한 수단 중 하나가 지적재산권의 보호였다."고 주장한다.

　하지만 역사적 증거는 이런 주장과 상반된다. 현 선진국들의 경우 산업화 초기 지적재산권, 특히 타국의 지적재산권을 그다지 잘 보호하지 않았다. 그렇다면 오늘날 후진국들에게 과거 선진국이 지키던 것보다 훨씬 높은 수준의 지적재산권 보호를 요구하는 것은 부당하다.

　이런 역사적 사례를 염두에 두고 지금부터 경제 발전에서 지적재산권의 역할을 현재의 상황에서 논의해 보기로 하자.

2 지적재산권은 경제 발전에 필수적인가?

　무역 관련 지적재산권 옹호자들은 지적재산권의 강력한 보호야말

---

* 영국에 대규모로 재봉틀을 수출하던 독일 기업은 '싱어스Singers'와 '북영 재봉틀North-British Sewing Machines'이라는 의심스런 상표를 붙였지만, 정작 독일에서 만들었다는 사실을 알려주는 원산지 도장은 재봉틀 발판 밑에 조그맣게 붙였다. 따라서 이 재봉틀은 원산지를 알기가 힘들었는데, 그것은 여자 재봉사 대여섯 명이 힘을 합쳐야 뒤집을 수 있을 정도로 무거웠기 때문이다. Williams(1896, p.138)를 참조하라.

로 지식 창출과 경제 발전에서 필수 요소라고 주장한다. 그러나 그들은 지적재산권을 말할 때 다양한 형태를 구분하지 못하고 모든 지적재산권을 '사유화'되어 있는 것으로, 또 사유화되어야 하는 것으로 간주한다. 하지만 그것은 잘못된 것이다.

지적재산권의 다양한 형태를 뚜렷이 구별하지 못하는 이들은 사유화된 지적재산권Private Intellectual Property Rights(개인이나 기업이 보유하는 지적재산권을 지칭한다 - 역주)에 대한 유일한 대안으로 누구나 무료로 사용할 수 있는 공유 체제a free-for-all open access regime(사용자 자격에 대한 제한도 없고, 사용 규칙도 없는 체제를 지칭한다 - 역주)를 생각한다. 하지만 사실상 많은 지식이 공공 소유의 형태를 띠고 있고, 그렇기 때문에 그 사용과 처분에 있어 특정한 규칙이 적용된다. 가령 공공 기관의 재정 지원으로 진행되는 프로젝트에 참가한 사람이라면 그 결과를 공포하도록, 그 연구에서 비롯된 특허의 경우에는 프로젝트에 함께 참가한 다른 사람들과 공유하도록 요구 받을 수 있다.*

심지어 '완전한 공유'가 이루어진 것처럼 보이는 상황에서도 특정한 목적으로 특정한 형태의 지식을 사용하는 것과 관련해서는 어떤 법률이나 사회적 기준이 적용될 수 있다. 가령 책의 저작권은 그 기간이 만료되었다 하더라도 그것을 표절하는 행위가 허용되지 않는다. 공유 체제라는 접근 방식을 택하고 있는 많은 인터넷 기반의 소프트웨어들이 결과물로서 (업그레이드된) 생산물을 개인적으로 사유화할 수 없도록 하는 것은 또 다른 사례에 해당된다.[25] 그런 만큼 우리는 지적

---

* 일본과 한국의 정보기술 발전에 있어 이런 예가 많았다. 일본 사례로는 Fransman(1990)을 한국 사례는 Evans(1995)를 참조하라.

재산권을 일반화시켜 말하지 말고, 다양한 형태를 구분해 따져 보아야 한다. 이것은 또한 새로운 지식 창출을 위한 지적재산권의 필요성을 언급하면서 '보다 강력한' 지적재산권을 옹호하는 이들이 사실은 보다 강력히 사유화된 지적재산권을 요구하고 있는 것이라는 의미이다. 그러나 새로운 지식을 창출할 인센티브를 제공하기 위해서는 사유화된 지적재산권에 대한 강력한 보호가 필요하다는 것이 사실일까? 한 걸음 더 나아가 그렇게 하기 위해서는 특허라든가 그 밖에 다른 형태의 '독점'이 필요한 것일까? 지금부터 이런 의문들을 하나씩 하나씩 검토해 보자.

2.1 지적재산권 찬성론과 반대론의 근거

요즈음 주류를 이루는 견해는 사유화된 지적재산권이야말로 시장 제도의 핵심 요소라는 것이다. 하지만 이런 견해가 반드시 모든 시대, 모든 나라에 지배적인 것은 아니었다. 다시 말해서 무엇이 사유화될 수 있고 그럴 수 없는지에 관한 일반적인 견해는 역사적으로도 또 지역적으로도 특수성이 있다.[26] 그것을 가장 단적으로 보여 주는 사례가 미국의 3대 대통령 제퍼슨Thomas Jefferson의 경우이다. 제퍼슨은 아이디어란 본질적으로 구속되거나 배타적으로 사유화될 수 없기 때문에 "발명은 그 속성상 소유권의 대상이 될 수 없다."고 주장[27]했다.*

---

* 전체 인용문은 다음과 같다. "인간에게 도덕과 교훈을 제공하고 인간의 조건을 향상시키기 위해서 아이디어가 한 사람에서 다른 사람으로, 그리고 전 세계로 자유롭게 전파되어야 한다는 것은 인간이 창조될 때부터 지니고 있던 고유한 장점이다. 불이 그 정도가 약해지지 않고 모든 공간으로 확장될 수 있고, 우리가 호흡하는 공기가 한 신체에 머물지 않고 자유롭게

제퍼슨이 노예 소유주라는 사실을 감안할 때 제퍼슨에게는 분명히 인간을 소유하는 행동에 대해 별다른 문제의식이 없었을 것이다. 그러나 그는 아이디어의 소유에 대해서는 반대했는데, 이는 우리 시대의 많은 사람들이 믿는 것과는 정반대이다. 다른 사람들, 특히 19세기 중반에 유럽에서 반특허 운동에 관여했던 사람들도 지적재산권의 사유화를 허용한다는 아이디어에 반대했는데, 그들은 어떤 형태의 독점도 나쁘다고 믿었기 때문이다.[28] 앞서 언급했듯 네덜란드는 이러한 이유에서 한때 특허법을 폐지한 적이 있었다.

그러나 점차 지적재산권의 사유화가 비효율성을 낳음에도 불구하고 결국에는 우선 새로운 아이디어를 개발하는 데 에너지를 쏟도록 사람들을 독려하기 위해, 그 다음에는 새로운 아이디어를 세상에 공개하도록 사람들을 독려하기 위해, 사회는 지적재산권의 사유화라는 대가를 치러야 한다는 입장이 우세하게 되었다. 그렇지만 이런 주장은 겉보기처럼 그리 탄탄하지는 못했다.

2.1.1 지식 창출을 위한 인센티브이다

혁신적 활동에 대한 인센티브로서 지적재산권의 사유화가 필요하다는 주장에 반박하기 위해서는 우선 사람들은 종종 지식 그 자체를

이동하듯, 아이디어는 구속되거나 배타적인 사유물이 될 수 없다. 그렇다면 발명은 그 속성상 재산의 대상이 될 수 없다." 1813년 8월 13일, 제퍼슨은 맥퍼슨Issac McPherson에게 보낸 편지에서 이렇게 썼는데, (≪제퍼슨 전집 *The Complete Jefferson*≫에 실린 내용을 Penrose, 1951, pp.22-23에서 재인용.) 국무장관이자 (전쟁부 장관 및 법무장관과 함께 위원으로서) 최초의 특허위원회를 주재했던 사람이 사용한 표현이라는 점에서 흥미롭다. 그러나 재임 기간 동안 제퍼슨은 진정으로 독창적인 발명품에 대해서만 특허를 부여하고자 엄청나게 애썼는데, 이를 안 발명가들은 알아서 특허 출원을 삼갔고, 실제로 출원된 특허가 승인된 사례도 많지 않았다. Peterson(1970, p.450)을 참조하라.

추구한다는 사실이 지적되어야만 한다. 때문에 사유화된 지적재산권 제도가 제공하는 금전적 인센티브가 늘상 필요한 것은 아니다. 이와 관련 UN무역개발위원회는 공유로 인해 새로운 지식의 창출이 방해받기보다는 오히려 촉진되는 특정 분야의 사례를 몇 가지 제시하는데, 인터넷 기반의 공개 소프트웨어 같은 것이 그에 해당된다.[29]

하지만 그보다 더 중요한 사실은 혁신가innovator의 경우 특허가 없더라도 '자연스럽게' 많은 보호 메커니즘을 누릴 수 있으며, 그에 따라 상당한 금전적 이익을 거둘 수 있다는 점이다.* 이런 보호 메커니즘에는 (새로운 지식을 흡수하는 비용 때문에 발생하는) '모방 지연'이나** (최초의 생산자라는) '명성의 이점reputational advantage', 그리고 학습 곡선에서 먼저 출발하는 유리함 등이 포함된다.[30] 이것은 19세기에 특허를 반대하는 이들 사이에서는 널리 알려진 주장이었고,[31] 슘페터의 '창조적 파괴'라는 통찰력의 배경이 되는 아이디어였다.[32]

실제로 레빈Levin 등이 미국 상장 기업의 연구개발 부문 고위급 관리자 650명을 대상으로 조사해 1987년에 발표한 연구 결과에 따르면, 모방 지연이나 학습 곡선에서의 선행 능력, 혁신가로서의 이점을 유지하기 위한 판매와 서비스 노력 같은 '자연적 이점'을 특허보다 더 중요하게 여기는 것으로 나타났다. 또 프로세스 혁신일 경우에는 비

---

* 쉐러Scherer(1984, pp.138-139)는 "인간의 본능적인natural 타성과 비밀 유지 본능, 그리고 새로운 프로세스를 마스터하는 데 필요한 연구개발 과정 등이 모두 모방 지연의 원인이 된다."고 주장했다.

** 쉐러Scherer와 로스Ross(1990, p.626)는 "혁신가의 기술적 기여에 대한 무임승차는 사실상 '무임'이 아닌 경우가 많았다. 경우에 따라 그 정도는 다르지만 (신기술 모방을 위해서는 - 역주) 어느 정도 원래 연구개발을 반복하는 것이 필요하다."고 주장한다.

밀 유지가 특허보다 더 중요한 이익 유지 수단으로 받아들여진다는 사실도 발견했다.

맨스필드Mansfield는 〈특허와 혁신Patent and Innovation〉(1986)을 통해 또 다른 흥미로운 결과를 밝혀냈다. 그는 미국의 100개 기업체 연구개발 담당 임원에게 '만일 특허를 획득할 수 없다면 1981년에서 1983년까지 개발한 발명품 중에서 얼마나 많은 것들이 개발되지 않았을 것 같은가'라는 질문을 던졌다. 12개 산업을 그룹으로 나누어 조사한 결과, 응답 수치가 '높은' 산업은 (제약은 60%, 화학은 38%, 석유는 25%로) 3개에 불과했다.* 그리고 근본적으로 '전혀 없음'이라고 답한 산업도 (사무장비, 자동차, 고무 제품, 섬유는 0%, 1차금속과 장비 산업은 1%로) 6개나 있었다. 최종 계산에 따르면 '낮은' 수준으로 분류될 (기계 산업 17%, 가공 금속 산업 12%, 전자 장비 산업 11% 등) 다른 3개 산업을 포함해 전반적인 비율은 14% 내외로 (맨스필드의 계산에 따르면) 상당히 낮았는데, 이 같은 결과는 영국과 독일에서 수행된 다른 많은 연구에 의해서도 뒷받침되었다.[33]

특허 제도가 혁신 활동에 미치는 영향이 상대적으로 중요하지 않다는 사실은 앞에서 언급한 스위스와 네덜란드의 역사적 경험으로도 확인된다. 이들 두 나라에 특허법이 제정되어 있지 않았던 기간을 연구한 ≪특허 없는 산업화Industrialization without Normal Patents≫(1971)라는 탁월한 저서에서 쉬프Schiff는 스위스와 네덜란드의 경우 특허 제도의 부재로 말미암아 기술 발전에 방해를 받았다는 아무런

---

* 이런 수치는 화학, 제약, 컴퓨터 소프트웨어 같은 산업이 우루과이 라운드에서 무역 관련 지적재산권을 강력히 옹호했다는 사실과 부합한다.

증거가 없다고 결론짓는다.³⁴

이 중 스위스는 특허와 혁신의 연관성과 관련해 특히 주목할 필요가 있다. (주요 산업 국가들의 국가별 특허 취득 통계와 같은) 국제 특허 통계와 다른 여러 가지 사례 연구를 검토한 후, 쉬프는 19세기 후반의 스위스가 특허법을 갖추지 않았음에도 불구하고 세상에서 가장 혁신적인 인력을 보유한 국가 중 하나라고 결론지었다. 스위스는 이 기간 동안 (유명한 호네거Honnerger 견직기와 같은) 직물 기기 및 증기 엔진, (밀크 초콜릿, 즉석 수프, 고형 수프 원료, 유아식 같은) 식품 가공 분야에서 전 세계적으로 유명한 발명품들을 개발해 냈다.³⁵

쉬프는 또 특허 제도의 부재가 외국인 직접투자를 저해했다는 증거가 없음을 지적하고, 심지어는 식품 가공 산업의 경우에는 외국인 직접투자의 배후에 특허 제도의 부재가 중요 요인으로 작용했음을 명백히 보여 주는 중요 사례를 몇 가지 제시하기까지 한다.³⁶ 다른 한편으로 그는 1907년 특허법의 도입이 발명 활동의 주목할 만한 증대로 이어지지 않았다는 사실도 제시하는데,* 그의 최종 결론에 따르면 스위스의 경우 특허법의 부재가 국가의 산업 발전에 실질적으로 도움을 주었다는 것이다.³⁷

---

* 물론 스위스는 특허 제도가 없었던 기간에도 외국에서 특허를 취득할 수는 있었다. 이런 해외 특허는 분명히 발명에 동기로 작용하였을 것이다. 하지만 1901년에서 1913년까지 국제 특허 통계를 유심히 분석한 결과, 쉬프Schiff(1971)는 해외 특허만으로는 이 기간 동안에 이루어진 스위스의 활발한 발명 활동을 설명할 수 없다고 주장한다. 그의 요점은 1907년에 특허법이 도입된 이후로도 스위스 발명품 중 국내에서만 특허를 출원 받은 비율에는 별다른 차이가 없었다는 데 있다. (이와 관련 기계 산업에 국한되기는 했지만 1888년 이후로는 스위스에도 특허 제도가 존재했다는 사실을 상기하라.) 이 같은 현실은 규모가 작은 국가에서도 많은 발명가들의 주요 관심사는 국내 시장의 개척에 있으며, 따라서 해외 특허의 출원이 가능하다는 사실이 국내 특허 제도의 부재를 완전히 상쇄해 주지는 못함을 의미한다. Schiff(1971, p.114)를 참조하라.

2.1.2 지식을 공개하는 인센티브이다

지적재산권의 사유화가 새로운 아이디어를 발명한 사람들이 새로운 지식을 공개하도록 하기 위해 필요하다는 주장은 다음과 같은 이유에서 비판받아 왔다.[38] 첫째, 발명가가 자신의 새로운 지식을 공개하지 않는다 하더라도 '대개 몇 년 안에 그와 똑같거나 유사한 아이디어가 거의 동시에 독립적으로 개발'되는 만큼 사회는 그다지 고통을 겪지 않을 것이다.[39] 같은 날 전화기 특허를 신청한 벨Bell과 월레스Wallace의 그 유명한 사례에서 볼 수 있듯이 말이다. 둘째, 모방 지연이 있기는 하지만 발명을 장기간 비밀로 하는 것은 불가능하다. 새로운 아이디어는 특허나 똑같은 해결책의 발견에 근접한 사람들의 리버스 엔지니어링reverse engineering을 통해 결국 밝혀지게 되어 있기 때문이다. 셋째, '비밀 유지에 성공할 수 있다고 생각한다면 발명가의 경우 특허를 출원하지 않을 것이다. 그렇게 되면 특허 보호는 결국 숨기고자 하는 발명을 공개하는 것이 아니라, 비밀 유지가 불가능한 발명의 사용만 제한하는 꼴이다.'[40] 넷째, '특허는 실제로 사용할 수 있는 단계에 도달한 발명에 대해서만 허락되는 만큼 특허 제도는 발명의 개발 단계에서도 비밀 유지를 여전히 부추기게 된다.'[41]

2.1.3 현행 지적재산권 제도의 문제점

좀 더 구체적으로 말해 특허 제도를 기반으로 확립되어 현재 통용되고 있는 지적재산권 제도에는 많은 문제점이 있다.

첫째, 앞서 제시했듯 새로운 아이디어를 창출하기 위해 특허가 필요한지의 여부부터 불확실하다. 더군다나 특허 제도는 그 잠재적 '낭비성' 때문에 오랫동안 많은 비판을 받아왔다. 많은 이들은 '승자 독식 winner-takes-all' 구조가 전면적인 경쟁을 부추기고, 그것이 종종 투자와 노력의 중복을 야기한다고 주장한다. 또 다른 이들은 지적재산권 제도가 '순수하게' 새로운 지식을 창출하는 데 노력을 기울이기보다는 기존의 특허를 '우회'하는 데 노력을 기울이게 만듦으로써 자원 낭비를 초래할 수 있다고 지적한다. 아울러 누적적이고 상호 반응적인 기술 발전의 특징을 고려할 때 '혁신의 핵심 사항에 대한 강력한 보호가 사회적으로 유용한 혁신을 이끌어 내는 경쟁 자체를 배제할 수도 있다.'[42] 뿐인가. 많은 이들은 사회적 유용성에 차이가 있음에도 불구하고 왜 모든 발명에 대해 동일한 기간 동안 보호를 적용해야 하는지, 그 보호 기간이 17년 또는 20년이 되어야 하는지에 대해서도 묻고 있다.

이와 같은 비판은 이미 잘 알려져 있는 만큼 여기서 구태여 다시 길게 반복할 필요는 없을 것이다. 하지만 공공 자금의 지원 아래 이루어진 연구 활동에서 창출된 아이디어를 활용한 발명에 대해 특허나 다른 지적재산권의 사유화를 허용해야 하는지의 여부에 대해서는 갈수록 우려가 높아지고 있다. 미국 제약산업연합회가 제공한 정보에 따르면,[43] 연구개발 중 43%만이 제약 산업 자체에서 자금을 지원한 경우이고, 29%는 미국 정부 산하 기관인 미국국립보건원NIH(National Institutes of Health)이 자금을 지원한 연구로 되어 있는데, 이는 심각한 문제라 아니할 수가 없다.*

보다 구체적인 사례로 AIDS 치료약인 AZT의 경우를 보자. AZT는 1964년에 한 미국 연구원이 미국국립보건원의 자금 지원을 받아 발명

---

* 나머지 연구 활동은 개별적인 자선기금이나 대학에서 자금을 지원한다.

했는데, 영국 제약 회사인 글락소Glaxo가 애완 고양이에 사용한다는 목적으로 구입했다. 이후 AIDS가 전 세계에 만연하자 미국국립건원은 AZT가 HIV 바이러스에 효과가 있다는 사실을 증명하기 위해 온갖 노력을 기울였다. (글락소가 이 과제를 거부했기 때문이다.) 그럼에도 불구하고 글락소는 AZT가 HIV 바이러스에 효과가 있다는 사실을 알게 되자마자 재빨리 HIV 바이러스에 대해 AZT를 사용하는 특허를 출원하였고, 그 결과 글락소는 막대한 이득을 거둘 수 있었다.[44]

또 다른 (좀 더 극단적인) 사례로서 항암제인 택솔Taxol을 들 수 있다. 택솔에는 원래 아무런 특허가 없었는데, 그 이유는 미국 정부가 이 약을 발견했기 때문이다. 하지만 영국에서는 이 약품의 가격 통제권을 제약 회사인 브리스톨-마이어스 스퀴브Bristol-Myers Squibb가 완전히 장악하고 있었다. 투여량 계산에 관한 사소한 (그렇지만 임상 상황에서는 치명적인) 과제가 영국의 정보보호법data protection law에 따라 10년 동안 보호받게 되었기 때문이다.[45]

다른 현안으로는 (예컨대 유전자 차원까지 내려가는) 지식의 세세한 부분에 대해서도 특허를 출원할 수 있게 됨으로써 특허가 발전을 촉진하기보다는 저해하게 될 위험성이 커지고 있다는 점을 들 수 있다. 영양의 측면에서 수백만 명의 사람들에게 엄청난 도움이 될 (베타카로틴이 풍부하다는) 이른바 '황금쌀golden rice' 관련 기술이 이 논점에 적합한 사례일 것이다. 이 기술을 (이전에는 아스트라제네카AstraZeneca였던) 신젠타Syngenta라는 초국적기업에 판매할 때, 기술의 개발자인 스위스의 포트리쿠스Ingo Potrykus와 독일의 바이어Peter Beyer는 그 가장 큰 원인으로 대략 75~105개에 이르는 특허권을 둘러싼 협상과 관련된 어려움을 토로했다. 일부에서는 포트리쿠스와 바이어가 언급한 75~105개 특허 중에서 실제로 황금쌀의 도움을 받게 될 나라들과 연관된 것은 대략 12개 정도라며 비판을 하지만,[46] 어쨌든 황금쌀은 최근의 기술 변화에 따라 특허 제도가 기술 발전을 저해하게 될 가능성이 증대되고 있음을 알려 주는 좋은 예라 할 수 있다.*

2.2 현행 지적재산권 제도에 대안은 있는가?

현재 통용되는 지적재산권 제도와 관련된 문제들을 감안할 때 가능한 대안은 무엇인가?

물론 사유화된 지적재산권의 폐지가 하나의 명백한 대안이다. 이 것은 지적재산권 제도 자체가 없어져야 한다고 주장하는 것은 아니다. ('공개 소프트웨어'의 예가 있지 않은가.) 사유화된 지적재산권이 폐지된 다 해도 아이디어의 사용에 관한 공공의 규제와 사회적 규범은 존재할 것이다. 또한 자연적으로 형성되는 모방의 시간적 격차 덕분에 새로운 지식을 사적으로 이용할 기회는 실질적으로 여전히 존재할 것이다. UN무역위원회는 '공유와 공개 이용, 그리고 공동체적 혁신'에 기반한 혁신으로 다가갈 수 있는 대안이 여러 가지 존재한다고 강조한다.[47] 그럼에도 사유화된 지적재산권의 폐지가 위험한 생각처럼 보인다면 특허법을 채택하기 이전에는 모든 나라가 암묵적으로 이런 태도를 취했다는 점에 주목하라. 게다가 특허 제도를 채택한 이후로도 일부 영역에서만큼은 거의 모든 나라가 지적재산권의 사유화를 용인하

---

* 필자가 황금쌀에 관해 관심을 갖도록 해 준 헤링 Ron Herring과 이 문제에 대해 자세한 정보를 제공해 준 제인웨이 Penny Janeway에게 고마움을 전한다.

지 않았다. 가령 공공 자금으로 특정한 혁신 활동을 지원했을 경우, 그 결과로 얻게 된 지식에 대해서는 대개 공공 자산이 되어야 한다고 요구 받았던 것이다.

또 다른 하나의 가능성은 (최소한 특정 영역에서라도) 특허를 일괄 보상lump-sum prizes으로 대치하는 것인데, 이 방식은 사람들이 혁신적 활동에 투자하도록 인센티브를 부여하면서도 특허가 향후 기술적 발전을 가로막을 가능성을 제거할 수 있다. 이것은 19세기 유럽에서 반특허 운동가들 사이에서 정말이지 인기가 높았던 제안으로, 과거에 ≪이코노미스트≫지가 적극적으로 옹호[48]한 것으로 유명하다.* 하지만 이 제안은 발명품의 사회적 가치에 상관없이 모든 발명가에게 동일한 상을 주거나 아니면 누가 큰 상을 탈 자격이 있는지 가리기 위해 많은 자원을 사용해야 한다는 문제가 있다.

일괄 보상만큼 극적이지는 않지만 중요도에서는 그에 못지않으면서도 좀 더 현실적인 것으로는 쉐러Scherer가 ≪혁신과 성장Innovation and Growth≫(1984)에서 한 제안을 들 수 있다. 쉐러는 "특허권자가 설득력 있는 반론을 제공하지 못할 경우에는 모든 특허가 3~5년 후에는 만료되든지, 적절한 로열티만 내면 모든 신청자에게 라이센스를 부여하든지 하는 융통성 있는 강제 실시권 제도"를 주장한다.[49] 쉐러는 또 "특허 보유 기업이 관련 시장에서 상당한 점유율을 보유하고 있거나 잘 돌아가는 마케팅 경로를 보유하고 있을 때는 … 그 기업이 강력한 특허 보호라는 추가적인 유인 없이도 혁신이 가져오는 이

---

* 랜디스Landes(1969, p.151)는 저렴한 대중매체가 등장하기 이전에는 박람회에서의 메달 수여와 같은 인센티브가 명예뿐만 아니라 사실상 제품을 무료로 광고할 기회를 제공한다는 점에서 미래의 혁신가들에게 동기를 부여했다고 지적한다.

윤을 챙길 수 있기 때문에 일단 강제 실시권의 조기 행사나 특허 기간의 단축이 원칙이 되어야 한다."고 주장한다.[50]

쉐러 역시 불확실성이 너무 큰 관계로 그에 필요한 투자를 위해서는 매우 강력한 특허권의 보호가 필요한 발명이 일부 존재함을 인정한다. 하지만 쉐러는 이런 사례가 드물기 때문에 예외로 처리할 수 있다고 지적한다. 특허권 수혜자가 예외적으로 대단히 창의적이거나 발명품 개발에 이례적일 정도로 기술적·상업적 위험이 따를 경우 (높은 수익률을 보이는 발명에 원칙적으로 적용되는) 강제 실시권의 조기 행사나 특허 보호 기간의 단축을 유보하면 된다는 것이다.[51]

그러니까 핵심은 다음과 같다. 우리가 궁극적으로 바라는 것이 가능한 한 넓은 범위로 기술이 확산되는 데 있다면, 가능한 한 최소의 비용으로 혁신가들을 만족시킬 수 있기를 원한다. 그런데 현재 통용되는 특허 제도를 기반으로 구축된 지적재산권 제도는 비용 대비로 가장 효과적이라고 주장하지만 그것에 의문을 품을 만한 여러 가지 이유가 있다. 좀 더 구체적으로 특허권 취득이 가능한 기술의 개발보다는 기존 기술의 흡수가 훨씬 더 중요한 개발도상국의 경우를 예로 든다면, 국가적 차원에서 지적재산권의 사유화 체제를 갖춘다 해도 그로부터 얻을 수 있는 혜택은 최소의 것이 되기 십상이라는 것이다.

개발도상국들의 경우 지적재산권의 사유화를 강력하게 추진함으로써 확보 가능한 혁신의 여지는 미미한데, 이것은 이들 나라 경제 주체들의 혁신 역량이 낮기 때문이다. 이와 관련 무역 관련 지적재산권에 대해 매우 호의적인 브라가Primo Braga도 개발도상국의 강력한 지적재산권의 사유화가 연구개발을 촉진한다는 증거가 거의 없다는 사실을 인정한다.[52] 실제로 개발도상국들의 기술 문제를 다룬 최근 연구에 따르면, 그들에게 가장 중요한 지식의 유형은 세계적인 기준에서 '창의적'인 지식이 아니라 (새로운 조직 관리 기술을 포함한) 선진 기술의 흡수에 필요한 보다 암묵적이면서도 세세한 지식인데, 이러한 지식은 아주 예외적인 경우를 제외하고는 특허를 받을 수 없는 지식이다.*

대부분의 국가에서 이런 종류의 기술 개발을 장려하기 위해 (19세기의 미국과 다른 산업화 추진 국가의 사례에서 볼 수 있듯) 유치 산업을 보호하고 여러 가지 산업 정책을 펼친 이유가 실제로 여기에 있다. 아쉽게도 이런 정책들은 비록 사람들이 생각하는 것만큼 광범위하게 규제되고 있는 것은 아니지만, WTO 협정 아래서 규제의 대상이 되었다.[53]

다른 한편 개발도상국의 경우 기술 관련, 행정 관련, 그리고 (특히 취약한) 법률 관련 인적 자원을 감안하면 사유화된 지적재산권 제도를 확립하고 운영해 나가는 데는 상당한 기회비용이 소요될 수 있다는 점을 지적하지 않을 수 없다. 거기에 독점금지법의 미비와 부족한 실행 역량을 감안하면 개발도상국들은 특허의 '독점' 효과로 말미암아 선진국보다 더한 고통을 겪을 수 있다.

게다가 세계 특허의 97%를 선진국들이 보유하고 있다.[54] 그런 만큼 개발도상국이 부담해야 하는 로열티 비용은 특허 제도의 강화로 증대되는 내국인의 발명 활동으로 인해 (보잘것없는) 부가적 지식이 가져오는 이익을 크게 초과할 수 있다.** 이런 상황에서 무역 관련 지적

---

* '적응 혁신adaptive innovation'을 특허로 출원하는 어려움을 다루기 위해 이븐슨Evenson(1990)은 '실용신안 특허Petty Patents'의 사용을 제안했는데, 이 특허는 보호 기간이 (4~7년으로) 짧고, 독창성을 엄밀하게 따지지 않는다.

** 실제로 무역 관련 지적재산권은 최빈最貧 개발도상국에게는 예외를 허용하고, 일반 개발도상국에게는 강도를 낮춰 주기 때문에 암묵적으로 이 문제를 인정한다고 할 수 있다.

재산권과 같이 (약간의 조정은 있지만) 국제적 '규범'의 준수를 요구하는 국제 제도가 존재할 때 개발도상국이 겪어야 하는 문제는 한층 더 커진다. 지금부터 그 문제를 다루어 보자.

3 무역 관련 지적재산권과 국가 발전

앞서 우리는 국내법으로서의 지적재산권 제도가 경제 발전에서 어떤 역할을 하는지 살펴보았다. 여기서는 국제 지적재산권 제도가 경제 개발에서 어떤 역할을 했는지 살펴볼 것인데, 이 주제는 무역 관련 지적재산권이 도입된 이후 크게 주목받고 있다. 이와 관련 우리는 기술 발전과 경제 개발을 위해서는 사유화된 지적재산권에 대한 강력한 보호가 필요하다는 주장을 뒷받침할 별다른 이론적·실증적 증거가 없다는 사실을 보았는데, 특히 개발도상국의 경우에는 더욱 그렇다. 그렇다면 이제는 사유화된 지적재산권에 대한 강력한 보호가 세계적 차원에서 진행될 때, 그것이 과연 국제적으로 혁신과 기술이전을 촉진함으로써 개발도상국에게 도움이 될지의 여부를 논의해 보자.

3.1 무역 관련 지적재산권 협정의 진화

무역 관련 지적재산권 문제는 두 가지 이유에서 WTO 의제에 포함되었다.[55]

무엇보다도 우선 그것은 1970년대와 1980년대 초반 77개 개발도상국들의 모임인 G77이 세계지적재산권기구WIPO(World Intellectual

Property Organization)를 통해 국제 지적재산권 제도의 개혁을 요구하고 나선 데 대해 주로 미국의 주도로 이루어진 선진국들의 대응이었다. 당시 개발도상국들은 이른바 신국제 경제 질서NIEO(New International Economic Order)를 압박하는 일환으로 국제 지적재산권 제도의 개혁을 통해 선진국에서 보다 많은 기술이전을 얻어 내려 하였다. 여기서 특히 논란이 심했던 부분은 (이미 많은 특허가 정부에 의해 제한 받는 상황에서) 전면적인 강제 실시권을 허용하고, 개발도상국을 위해 특허 사용료를 내리는 동시에, 개발도상국 발명가들을 위해 '우선권' 기간을 연장하고, 개발도상국에게 강제 실시권과 (무효화 조건의 완화가) 허용될 때까지 특허의 무효화 권한을 부여하라는 것 등이었다.[56] 개발도상국들의 이 같은 요구는 기대와는 달리 선진국의 특허권자들을 자극, 대대적으로 반격에 나서게 만들었던 것이다.

둘째, 미국 산업 경쟁력의 상대적 약화가 거듭되면서 외국이 미국의 사유화된 지적재산권을 '도둑질' 해 가고 있다는 분노의 물결이 일었다. 이런 분위기를 반영이라도 하듯 미국 법정은 전례 없이 특허 출원자에게 유리한 판결을 내리기 시작했다. 1980년대 초반 무렵까지, 특히 (1946~1965년간) 블랙Black과 더글러스Dougls 대법관 시절 동안은 미국 법정이 특허 출원자의 권리를 옹호하는 데 그리 적극적이지 않았다. 그러나 1982~1983년을 전후한 시기부터 미국 법정은 특허를 비롯한 여타의 사유화된 지적재산권을 침해하는 사람 혹은 기업에 대해 높은 벌금을 부과하기 시작했는데, 여기서 특히 주목해야 할 사항은 미국이 자국 기업이 보유한 지적재산권을 해외 무역 파트너에게 강제하는 수단으로 무역 제재를 활용할 수 있음을 인식하게 되었다는 것이다.

1970년대 후반에서 1980년대 초반에 이르기까지 미국 무역대표부 USTR는 헝가리, 한국, 멕시코, 싱가포르, 대만 같은 나라들에게 양자간 무역 협상을 통해 지적재산권 제도를 '개선'하라는 압력을 넣기 시작했다. 1984년과 1988년에 있었던 (이른바 '슈퍼 301조'라 불리는) 통상법 개정은 지적재산권 문제가 미국 무역대표부의 핵심 임무가 되도록 만들었다. 이 과정에서 미국 정부는 무역 상대국에게 지적재산권 제도의 개선을 요구하는 수단으로 무역 제재의 사용이 굳이 양자간 무역 협상에 국한될 필요가 없다는 사실을 깨닫고, 그에 따라 1986년 4월 GATT의 우루과이 라운드 의제로 무역 관련 지적재산권을 제기하고 나섰다.[57] 무역 관련 지적재산권에 대한 미국의 압박은 1998년 이후부터 특히 거세지고 있다.[58]

잘 알려져 있듯 무역 관련 지적재산권의 주요 특징은 다음과 같다.

① 내국민 대우
② 최소한 20년의 특허 기간 강제
③ (전면적 강제 실시권의 금지 및 강제 실시권이 허용되는 조건에 대한 엄격한 적용 등의) 강제 실시권 행사에 대한 엄격한 규제
④ 공정 특허 process patent의 위반 여부를 증명할 책임을 특허 출원자에서 잠정적 위반자에게로 이관

개발도상국을 위한 약간의 양보도 있었다. 예를 들어 적용 유예 기간을 허용하고, 인간 및 동물 치료와 관련된 외과적 방법이나 진단, 치료법에 대해, 또 식물 및 동물의 생물학적 과정에 대해서는 특허를 금지한 것이다.

3.2 개발도상국은 무엇을 얻을 수 있는가?

무역 관련 지적재산권의 옹호자들은 이 협정이 개발도상국의 혁신적 활동을 장려하는 긍정적 영향 외에도 - 하지만 그 영향이 보잘것없다는 점은 이미 살펴본 바 있다 - 선진 기술의 이용 기회를 높여 주는 만큼 개발도상국에게 혜택을 가져다준다고 주장하는데, 그 근거를 따져 보면 대체로 다음과 같은 메커니즘에 입각해서이다.

① 더 많은 기술이전을 위해서는 외국인 특허 보유자들의 사유화된 지적재산권에 대한 보다 적극적인 보호가 필요하다. 그렇지 않다면 선진국 생산자는 보유 기술을 공개하는 데 소극적이 될 것이기 때문이다.
② 사유화된 지적재산권에 대한 보다 적극적인 보호는 외국인 직접투자의 흐름을 증대시킨다. 왜냐하면 기업들은 현지 기업들의 기술 '도둑질'에 대해 비교적 염려를 덜할 수 있기 때문이다.
③ 사유화된 지적재산권에 대한 보다 적극적인 보호는 (열대 질병 치료약의 개발과 같은) 개발도상국 시장을 목표로 한 선진국 기업의 발명 활동을 촉진한다.

사유화된 지적재산권에 대한 국제적인 차원에서의 강력한 보호가 선진국에서 개발도상국으로의 기술이전을 촉진한다는 주장에 대해 우리는 다음과 같이 말할 수 있다. 개발도상국에서 사유화된 지적재산권에 대한 보호를 강화할 경우 이론적으로는 선진국의 '공식' 채널을 통한 기술이전 의지를 높일 수 있지만, 실제로 그렇다는 증거는 없다.⁵⁹ 게다가 무역 관련 지적재산권은 개발도상국이 (사소한 변형을 수반하는 리버스 엔지니어링이나 특허 화학 물질을 대체할 대안적인 공정의 개발 같은) '비공식 채널'을 통해 선진 기술을 모방하고 변형하면서 따라잡을 가능성을 줄일 것이다. 정말이지 개발도상국에게는 '비공식' 채널을 통한 지식의 이전이 '공식' 채널을 통한 이전보다 더 중요하다고 주장할 수 있다.⁶⁰ 그렇기 때문에 무역 관련 지적재산권은 개발도상국의 관점에서 보면 기술이전의 효율성을 저해하는 결과를 초래할지도 모른다. 특히 이런 기술이전의 공식과 비공식 채널을 모두 고려하면 더욱더 그렇다.*

사유화된 지적재산권에 대한 보호의 강화가 외국인 직접투자를 촉진한다는 주장은 어떤가? 먼저 사유화된 지적재산권에 대한 보호 강화가 외국인 직접투자를 촉진한다는 증거가 없다.⁶¹ 실제 바이트소스 Vaitsos 〈특허를 다시 생각한다 Patents Revisited〉(1972)는 고전적 논문에서 특허는 종종 외국인 직접투자의 대체물로 이용되곤 한다고 주장했다. 게다가 지적재산권 제도는 외국인 직접투자를 결정하는 많은 요소 중 하나에 불과한데다, 그 중요성이 상대적으로 떨어진다. 따라서 사유화된 지적재산권에 대한 보호 강화가 외국인 직접투자에 결정적인 영향을 미칠 가능성은 적다고 할 수 있다.⁶² 앞서 언급했던 스위스의 역사적 사례 역시 특허법 부재가 오히려 투자를 유인하는 주요

---

* 영국과 아일랜드의 특허협회 LES(Licensing Executive Society) 전前 회장 오코너 Donal O'Connor는 지적재산권의 보호가 개발도상국으로의 기술이전과 투자를 촉진한다는 가정은 어떻게 해서도 증명되지 않았다고 인정했다. 그에 따르면 협회측 입장에서는 매력적이기 때문에 받아들여지기를 바라는 것에 불과하다고 인정한다. Shell(1998, p.222)에서 인용. 원자료는 Donal O'Connor, 'TRIPS: Licensing Challenge'(*Les Nouvelles*, 1995, vol.30, no.1, p.17)를 참조하라.

요소였다는 사실을 보여 주는데,[63] UN무역개발위원회도 캐나다와 이탈리아로 유입되었던 외국인 직접투자에 대해 비슷한 주장을 펼친다.[64] 이 모든 사례는 외국인 직접투자의 영향력이 대개는 모호하고 상황에 달라진다는 점을 배경에 깔고 고려되어야 한다.[65]

사유화된 지적재산권에 대한 보호 강화가 개발도상국 시장에 진출하려는 선진국 기업들의 혁신 활동을 장려한다는 주장은 또 어떤가? 선진국 기업의 입장에서 볼 때 개발도상국 시장은 대개 별로 중요하지 않으며, 때문에 거기에서 이윤이 더 난다고 해도 연구개발 결정에 중대한 영향을 미칠 가능성은 없다는 점이 지적되어야 할 것이다.

지금까지의 논의를 통해 볼 때, 결국 사유화된 지적재산권에 대한 강력한 보호 체제가 개발도상국에게 줄 '국제적' 혜택은 - 즉 기술이전, 외국인 직접투자, 그리고 선진국 기업들의 발명 활동 증대 같은 것은 - 기껏해야 미미한 것에 불과할 것이다.

3.3 개발도상국은 무엇을 지불해야 하는가?

무역 관련 지적재산권의 문제는 이 제도가 개발도상국에게 별다른 이익을 가져다주지 못하는 것뿐만 아니라 상당한 비용 부담을 유발한다는 것이다.

첫째, 무역 관련 지적재산권이 개발도상국에게 가장 직접적으로 미치는 영향은 로열티 지급액의 증대이다. 이것은 특히 (대다수 개발도상국들이 겪고 있는) 외환 부족 상황에서는 더 큰 문제가 될 수 있다.

둘째, 개발도상국에서 무역 관련 지적재산권에 따라 사유화된 지적재산권을 더 강력하게 보호할 경우 그것은 곧 초국적기업들에 의한 더 광범위한 가격 결정권 독점이나 기타 다른 금지된 행위의 확산으로 이어질 수 있다. 독점 금지와 관련된 법 규정이 미비하고 – 국가에 따라 독점금지법이 없는 경우도 있다 – 법 집행 능력이 부족한 개발도상국의 상황을 고려하면, 최근 일부 제약 및 농화학 초국적기업의 행태는 대형 초국적기업의 독점적 행위를 이들 개발도상국이 성공적으로 규제하기 어려움을 시사한다.

셋째, 이미 지적했듯 개발도상국에서는 복잡한 지적재산권 제도를 운영할 인적 자원을 갖추는 데도 상당한 비용이 든다. 이런 상황에서 무역 관련 지적재산권 협정의 이행은 그 비용을 한층 더 증가시킬 뿐이다. 국내적으로 지적재산권 제도에 대한 기술적·법적 기준이 보다 고도화되면서 그 비용 역시 늘어나게 될 뿐만 아니라, WTO 내부에서의 분쟁에 대비하기 위해 개발도상국들이 별로 가지고 있지 못한 변호사 및 다른 전문가를 필요로 하게 되면서 그에 따른 비용 역시 감당하지 않을 수 없기 때문이다.

넷째, 그 밖에도 개발도상국들이 지불해야 할 비용들이 더 있다. 우선 무역 관련 지적재산권은 이전에는 특허를 출원할 수 없는 것으로 여겼던 (미생물이나 생물적 과정 등의) '자연' 물질과 과정을 특허로 출원할 수 있도록 허용[66]한다. 게다가 정당성의 문제가 있기는 하지만, 일부 선진국 생산자들은 개발도상국에서는 이미 널리 알려진 것들을 특허로 출원할 수 있다. 이 선진국 생산자들은 '전통적 지식 체계'의 산물을 '재포장'해서 특허로 출원할 역량을 보유하고 있기 때문이다. 반면 개발도상국에게는 이런 역량이 부족하다. 비록 (특허 출원에 실패했으나) 미국이 강황의 사용을 의료 특허로 출원한 최근의 사례나, 특정한 품종의 바스마티 basmati 쌀을 '바스마티 쌀'이라는 브랜드로 특허를 출원한 사례 - 특허를 인정받았다 - 는 좋은 본보기라 할 수 있다.

마지막으로 무역 관련 지적재산권 제도 아래에서 개발도상국들은 자체 기술 역량을 개발하기 힘들게 될 가능성이 높다. 지금의 선진국들이 과거에 기술 개발 역량을 구축하는 과정에서 결정적인 역할을 했던 것은 선진 기술의 모방과 변형을 통해 보다 개량된 제품을 만들 수 있는 기회[67]였다. 그런데 개발도상국들이 그런 기회를 제한 받게 되면서 향후 점진적 혁신과 학습을 통해 자체 기술 역량을 갖추어 나갈 여지가 거의 없을 것 같다.

4 무역 관련 지적재산권의 대안을 찾아서

지금까지 우리는 역사적 관점에서, 이론적 관점에서, 그리고 현재적 관점에서 현행 지적재산권 체제, 특히 무역 관련 지적재산권 체제가 과연 바람직한지를 검토했다.

현 선진국들이 초기에 산업화를 추진하는 과정에서 겪었던 역사적 경험에 따르면, '강력한' 지적재산권 체제는 지적재산권의 사유화로 이어질 수밖에 없다는 관점에서 볼 때 경제 발전을 위한 필수 조건은 아니었던 것으로 드러난다. 현 선진국들 대부분은 경제 개발 과정의 거의 마지막 단계에서도 사유화된 지적재산권에 대해서는 대단히 불완전하고 미약한 수준에서 보호했었다. 영국이나 미국 같은 초일류 선진국들조차도 19세기 중반에야 (미국의 경우에는 그나마 저작권 보호를 제외한) 사유화된 지적재산권에 대한 강력한 보호 체제를 확립했고,

이것이 후발 선진국들에게 확산된 것은 그보다 훨씬 이후의 일이었다.

이 장의 목적에 더욱 중요한 사실은, 이 선진국들이 자국민을 보호하기 위해 지적재산권법 관련 법률을 도입할 때조차도 다른 나라의 지적재산권에 대해서는 기꺼이 위반하려고 했다는 것이다. 다시 말해 이들 국가는 숙련 노동자를 가로채고, 기계를 밀수하고, 산업 스파이를 보내고, 상표권을 위반하곤 했으며, 수입 발명품에 대해 특허를 허용하는가 하면 심지어는 (네덜란드와 스위스의 사례에서 보듯) 특허 제도의 채택 자체마저 노골적으로 거부하는 행동까지 서슴지 않았다. 몇몇 경우에는 이 문제에 대해 이중적 태도라고밖에는 달리 설명할 길이 없는 행동도 했다. 그 대표적인 사례로 외국의 저작권 보호에 대해서는 명백히 거부한 채 19세기 후반 파리 협약의 채택을 준비 중인 다른 나라에 대해 특허법을 '개선'하라는 압력을 넣곤 했던 미국, 19세기 후반 영국의 상표권을 일상적으로 위반하면서도 스위스에 대해서는 특허법을 도입하라고 압력을 넣었던 독일의 경우를 들 수 있다.

우리는 또 특허 제도를 기반으로 구축되어 현재 통용되고 있는 지적재산권 체제와 그 결정판으로서의 무역 관련 지적재산권 협정이 지닌 여러 가지 문제점을 논의한 바 있다. 그 과정에서 필자는 기존의 정설과 상반되는 사례들을 제시한 후 '바람직한' 지적재산권 체제가 반드시 사유화된 지적재산권을 강력히 보호하는 것은 아니라는 사실을 밝힌 바 있다. 이어서 우리는 특히 무역 관련 지적재산권이 요구하는 사유화된 지적재산권에 대한 강력한 보호 제도가 개발도상국에게 도움이 될지의 여부를 고찰했다. 강력한 지적재산권 제도의 '국내적' 이익은 - 즉 자국민에 의한 지식 창출의 증가는 - 대부분의 개발도상국에게 미미한 이익만을 안겨 줄 가능성이 크다. 개발도상국들은 연구개발 능력을 거의 보유하지 못하고 있고, 따라서 특허를 출원할 만한 새로운 지식을 창출하기 어렵기 때문이다. 또한 보다 확대된 기술 이전, 더 많은 액수의 외국인 직접투자, 좀 더 활발한 선진국의 개발도상국 관련 혁신 노력과 같은 '국제적' 이익 또한 거의 기대하기 어려운 것으로 보아야 한다. 반면 이런 제도가 유발하는 비용은 상당할 가능성이 높다. 즉 로열티 지급 증가, 초국적기업의 독점적 지위 남용, 정교한 지적재산권 제도를 관리하는 데 소요되는 인적 (그리고 재정적) 비용 등의 문제가 제기되기 때문이다.

이렇듯 무역 관련 지적재산권이 개발도상국에게는 기껏해야 미미한 이익만을 안겨 주면서 비용 면에서는 커다란 부담을 유발한다면, 장기적으로 기술 발전을 촉진시킨다는 관점에서 볼 때 무역 관련 지적재산권의 완전한 폐지는 아니더라도 상당한 수준의 개혁이 필요함에 틀림없다. 개혁의 정확한 형태는 여기서 구체적으로 말하기 힘들다. 무역 관련 지적재산권 협정 체제의 구체적인 형태에 대해서는 아직도 불확실한 측면이 많고, 산업별로 또는 국가별로 다양한 주장이 가능하기 때문이다. 하지만 필자는 무역 관련 지적재산권을 대신할 대안적 제도를 설계하는 데 유용할 것으로 보이는 몇 가지 원칙을 제시하고자 한다.

첫째, 역사적 공정성의 문제에 민감해질 필요가 있다고 생각한다. '역사적 공정성'이 단지 제국주의 시대에 저질러진 잘못된 행동에 대한 보상을 의미하는 것만은 아니다. 선진국들의 경우 과거 경제 발전 과정에서 저질렀던 (특히 외국인에 대한) 사유화된 지적재산권의 침해를 포함한 모든 형태의 '불법적' 관행에 대한 인정이 있어야만 한다는 것이요, 개발도상국에게 사유화된 지적재산권 제도를 엄격하게 주장하는 식으로 '사다리를 치워 버리는' 행동에 대해 정당하게 비판을 가할 수 있어야 한다는 의미이다. 새로운 무역 관련 지적재산권은 가능하다면 이런 인식에서 출발해야 한다.

둘째, 개발도상국들에게는 '기술적인' 관점에서 보더라도 근본적으로 선진국과 다른 지적재산권 체제가 필요하다는 사실을 적극적으로 용인해 줄 필요가 있다. 현재 무역 관련 지적재산권 제도에서 이에 대한 약간의 인식이 있기는 하나 '최빈국'을 제외하고는 거의 예외가 인정되지 않고 있다. 개발도상국을 배려하는 조항은 더 늘어나야 한다. 개발도상국에게는 (특허 기간의 단축, 보다 완화된 강제 실시권*과 강제 제작, 병행 수입의 허용 등) 사유화된 지적재산권의 강도를 약하게 하고, (지불 능력이 커지면 제외될 수 있겠지만) 특허 로열티 비율을 낮춰 주어야 한다.

셋째, 무역 관련 지적재산권은 지금보다 저렴하면서도 지금보다 대규모로 기술이 이전될 수 있도록, - 이런 개혁은 사유화된 지적재산권 침해에 대한 선진국들의 보다 너그러운 태도를 필요로 한다 - 그래서 개발도상국들이 장기적으로 기술 역량을 개발할 수 있도록 개혁되어야 한다. 개발도상국들이 기술 역량을 개발하기 위해서는 선진 기술에 좀 더 많이 접하고 그에 대해 '학습'함으로써 점진적인 혁신을 이끌어 낼 수 있어야 하는데, 이 같은 점진적인 혁신은 일반적으로 특허 같은 제도를 통해 보호 받을 수 없다. 그런 만큼 WTO 협정은 개발도상국이 유치 산업을 보호할 수 있도록 자율권을 폭넓게 행사할

---

* 레빈Levin 등은 일반적으로 강제 실시권이 연구개발을 위축시키지 않는다는 강력한 증거를 제시한다(Levin et al., 1987, p.804 참조).

수 있는 방향으로 개선될 필요가 있다. 아울러 특허 로열티에 대한 국제 조세 제도를 도입하고, 그 일부만이라도 개발도상국의 기술적 역량을 향상시키는 데 사용할 필요가 있다.*

무역 관련 지적재산권은 그 의미를 제대로 이해하지도 못하는 개발도상국들에게 강제되었다. 그러나 경험의 축적과 더불어 개발도상국들은 이 제도가 자신들의 이익에 (그리고 선진국 소비자들의 이익에도) 부합되지 않는다는 사실을 점점 깨닫고 있다. 현 선진국들이 겪은 과거의 역사적 경험 역시 이 제도의 강요가 선진국이 개발도상국가들에게 행하는 '사다리 치워 버리기' 식 행동과 다름없다는 사실을 알려 준다. 현재 드러나는 증거들 또한 무역 관련 지적재산권 제도가 개발도상국들에게 직간접적으로 이익을 가져다줄 가능성은 적은 반면, 비용 측면에서는 여러 가지로 상당한 부담을 안겨 주고 있다는 것을 보여 준다.

선진국들은 또한 개발도상국들의 기술 발전과 성장을 촉진하는 국제 지적재산권 제도가 기실은 선진국 수출품에 대해 더 많은 수요를 창출할 것임을 인식해야 한다. 그 편이 몇몇 산업에서 수출 시장에서의 경쟁 감소와 다소의 로열티 지급 증가를 노리고 개발도상국 경제의 성장을 억제하는 것보다는 선진국에게 이익이 될 것이다.

무역 관련 지적재산권 협정은 철저한 개혁이 필요하다. 그렇게 하

---

* 무역 관련 지적재산권 제도의 개혁은 개발도상국의 기술적 역량을 증진시키는 다른 정책을 통해 뒷받침될 필요가 있다. 그 경우 선진국은 기존의 원조의 방향을 기술 개발 시설로 바꾸어 개발도상국이 (과학이나 공학의 고등교육 혹은 산업 훈련 같은) 역량을 구축하도록 도울 수 있다. 선진국은 또한 다국적 금융 기관들이 정부 예산을 깎을 때 (교육, 훈련, 연구개발 같은) 지식과 관련된 분야의 삭감을 최소화하도록 지시할 수도 있다.

지 않는다면 이 제도는 앞으로 새롭게 부상하는 국제 경제 질서에서 주요한 논쟁의 대상이 될 것이다. 19세기 후반에 시작된 첫 번째 세계화는 30여 년에 걸친 세계 대전과 대공황으로 끝이 났다. 그런 만큼 현재보다 공정하고 역동적인 국제 질서를 수립하지 않는다면 세계는 장기적으로 대혼란에 빠져들 가능성이 있다.

선별적 산업 정책은 지금도 유효한가?

Globalization, Economic Development, and the Role of the State 6

　선별적 산업·무역 정책을 둘러싼 논쟁에서 중요한 쟁점, 즉 어떤 경제 활동은 다른 경제 활동보다 사회적으로 더 바람직한 만큼 정부가 (아니면 어떤 다른 형태의 집단이) 장려할 만한 가치가 있다는 관념에는 오랜 지적 계보가 있는데, 이는 사실상 대부분의 사람들이 알고 있는 것보다도 훨씬 더 길다.[1]

　많은 사람들은 이런 발상이 19세기 후반 독일의 경제학자이며 유치 산업 보호의 아버지라 불리는 리스트Friedrich List의 연구에서 비롯되었다고 믿는다. 그러나 리스트는 19세기 초반 정치적 망명자로 미국에서 머무는 동안 배운 이론을 발전시켰을 뿐이다. 정작 이런 관념을 개발한 사람은 (지금은 단지 정치인으로 기억되는) 해밀턴Alexander Hamilton과 레이몬드Daniel Raymond 같은 요즘은 잊혀진 미국 경제학자들이었고, 그 뒤를 이어 미국의 여러 정권이 20세기 초반까지 적극적으로 실천²해 왔다.* 하지만 이런 발상 자체는 훨씬 이전으로 거슬러 올라간다.

14세기에 영국의 에드워드 3세Edward III는 자국의 모직 산업을 보호하기 위해 현대의 용어로 표현하자면 유치 산업 보호 계획이라 부를 수 있는 정책을 펼쳤다.³ 초기 튜더 왕조 시기인 (15세기의) 헨리 7세Henry VII와 (16세기의) 엘리자베스 1세Elizabeth I 역시 일련의 다양한 방법을 통해 모직 산업을 촉진하는 정책을 펼침으로써 이를 실천하였다. 즉 직물 제품에 수입관세를 부과하고, 원모 수출에 대해서는 처음에는 수출관세를 부과하다가 나중에는 아예 수출을 금지하는가 하면, 외국인 숙련 노동자를 (해당 국가에서 숙련 노동자의 외국 이민을 금지하고 있음에도 불구하고) 유치하는 식이었다.**

지난 세기 동안 사회적으로 어떤 경제 활동이 다른 경제 활동보다 더 바람직할 수 있다는 관념 자체를 거부하는 신고전학파 경제학이 지배하게 되면서 경제학자들 사이에서는 선별적 산업·무역 정책이 점점 더 그 힘을 잃어 갔다. 그렇다고 실제로 이 정책이 실행되지 않은 것은 아니었다. 선별적 산업·무역 정책은 19세기 후반에서 20세기 초반에 걸쳐 현 선진국들 대부분에서 매우 광범위하게 시행되었다.⁴ 이들 중 많은 나라는 20세기 후반까지도 시행하고 있었는데, 일본·프랑스·오스트리아·핀란드·노르웨이 등의 경우가 유명한 사례라 할 수 있다.⁵

---

* 19세기 중반부터 제2차 세계 대전까지 미국은 세상에서 가장 보호주의적인 경제였다. World Bank(1991, p.97, 표 5.2)를 참조하라.

** 영국은 19세기 초반까지도 매우 높은 관세를 부과하였다. 자세한 내용은 Reinert(1995), Chang(2002a)을 참조하라.

제2차 세계 대전 직후 어떤 활동이 다른 활동보다 더 바람직하고, 따라서 정부의 지원을 받을 가치가 있다는 관념은 개발도상국들 사이에서 인기를 얻게 되었다. 개발도상국들이 1차 상품 생산에 그치지 않을 수 있도록 제조업을 활성화하기 위해서는 새롭게 획득한 정책 자율성을 활용해야 한다는 주장이 다양하게 부상한 것이다.[6] 이에 따라 이 관념은 꼭 맞는 표현은 아니지만 소위 '수입 대체 산업화'라는 기치 하에 제조업 촉진을 위한 관세, 수량 제한, 규제와 보조금 사용의 형태로 실행되었다.[7]

수입 대체 산업화와 그것과 관련된 아이디어들은 1970년대와 1980년대 초반에 다시 부활하기 시작한 신고전학파 개발경제학으로부터 거센 공격을 받았는데, 신고전학파 개발경제학은 근본적으로 시장 메커니즘을 신뢰했고, 모든 정부 간섭을 깊이 불신했기 때문이다.* 하지만 이런 흐름은 1980년대 후반 들어 다시 바뀌었다. 한국이나 대만 같은 동아시아 신흥공업국들NICs(Newly Industrialized Countries)의 발전에 관한 연구들이 쏟아져 나오고, 거기서 이 국가들이 흔히 하듯 자유 무역과 자유 시장 정책을 기반으로 했다면 성공을 거두지 못했으리라는 사실이 지적된 것이다.** 게다가 이보다 약간 앞서 일본의 선별적 산업·무역 정책을 둘러싸고 벌어진 논쟁에도 힘입어,*** 결국 주류 측은 세계은행이 그 논란 많은 《동아시아 기적 보고서*East Asian*

---

* 이와 관련된 대표적인 연구로는 Balassa *et al*.(1982), Little(1982), Lal(1983) 등이 있다.

** 이 주제와 관련된 학술 논문으로는 Jones and Sakong(1980), Evans and Alizadeh(1984), Luedde-Neurath(1986), Toye(1987), Amsden(1989), Wade(1990) 등이 있다. 초기 논쟁에 관한 요약과 한국에 관한 참고 자료는 Chang(1993)을 참조하라.

*** Johnson(ed., 1984) Chang(1994, 3장)을 참조하라.

Miracle Report≫(1993)를 발간하는 형태로 부분적으로나마 항복을 촉구 받게 되었다.*

동아시아 국가의 (특히 일본과 한국, 대만의) 성공에 따라 선별적 산업·무역 정책과 관련된 논쟁에는 한 가지 변화가 일어났는데, 그것은 논쟁의 초점이 정책 이행의 제도적 선결 조건으로 옮겨 가기 시작했다는 것이다.

지난 20년간 벌어진 논쟁 과정을 통해 이제는 선별적 산업·무역 정책을 반대하는 사람들도 그 정책이 좋은 결과를 가져올 수 있는 이론적 가능성이 있다는 것과 (애써 제한적 성공이라고 강조하기는 하지만) 동아시아 국가들이 선별적 산업·무역 정책을 통해 성공했다는 사실을 인정하며, 또 인정하지 않을 수 없는 상황이 되었다. 하지만 선별적 산업·무역 정책의 반대자들은 여전히 제도적 간섭을 허용하는 특정한 유형의 제도 존재 여부가 그 정책의 성패를 결정적으로 좌우하는 만큼, 선별적 산업·무역 정책은 그런 제도적 선결 요건을 갖추지 못한 국가로 쉽게 이전될 수 없다는 주장을 고집한다.

가령 동아시아의 산업 정책을 놓고 벌인 보다 이른 시기의 논쟁에서 미국이 일본식 산업 정책을 이행할 수 없는 이유로 엘리트 관료의 부재를 드는 사람들이 많았다.[8] 반면 일부 영국 평론가들은 선별적 산업·무역 정책을 근대 영국에서 실행하는 것에 대해 국가와 기업가들을 밀접하게 협력시키는 제도의 부재를 이유로 회의적인 반응을 보였다.[9]

---

* 이 보고서의 비판에 대해서는 ≪*World Development*≫(1994, no.4)의 특별 심포지엄이나 Fishlow *et al*.(1994), Singh(1994), Lall(1998), Akyüz *et al*.(1998), Chang(1999)을 참조하라.

마찬가지로 최근의 동아시아 산업 정책에 관한 논쟁에서는 (엘리트 여부를 떠나) 제대로 기능하는 관료 조직과 생산적인 공공·민간 협력 체제의 부재가 다른 개발도상국이 선별적 산업·무역 정책을 채택하는 데 장애 요소로 간주되었고, 세계은행은 이 문제를 그 논란 많은 ≪동아시아 기적 보고서≫에서 명시적으로 표명하기까지 했다.[10]

이 보고서에서 세계은행은 동북아 - 여기서는 일본과 한국, 대만, 싱가포르, 홍콩 등 4개 선발 신흥공업국을 가리킨다 - 에서 사용한 선별적 산업·무역 정책의 혜택에 의문스러운 측면이 없지 않은데다 일련의 고도로 발전된 제도를 필요로 하는 만큼, 제도적 인프라가 뒤떨어진 다른 개발도상국에서는 성공적으로 되풀이될 수 없다고 주장한다. 반면 보고서는 태국, 인도네시아, 말레이시아 같은 일부 동남아시아 경제는 별다른 대단한 선별적 산업·무역 정책 없이도 높은 경제 성장을 달성한 만큼 다른 개발도상국에게 보다 나은 역할 모델을 제시한다고 주장한다.

그렇다면 지금부터 선별적 산업·무역 정책을 이행하기 전에 한 국가가 달성해야 할 제도적 선결 조건이 정말로 존재하는 것인지의 여부를 검토해 보자. 그리고 그런 것이 존재한다면 구체적으로 어떤 것인지를 동아시아 국가들의 경험과 현재 선진국으로 발돋움한 유럽 및 북미 국가의 역사적 경험을 통해 알아보자.

이 장에서 우리는 경제 정책을 지원하는 제도의 역할에 관해 몇 가지 이론적 해명을 하고, 특정한 유형의 정책이 다른 유형의 정책들보다 더 많은 제도적 '버팀목'을 필요로 한다는 일반적 주장이 사실인지의 여부를 살펴볼 것이다. 그러기 위해 우리는 먼저 선별적 산업·무역 정책의 성공에 중요하다고 여겨지는 특정한 제도들, 즉 관료제,

자원의 흐름을 통제하는 제도, '중개' 제도, 특히 WTO 체제의 탄생을 점검하고, 이런 것들이 선별적 산업·무역 정책의 실행 과정에서 어떻게 작용하는지를 고찰한 다음, 이 장의 결론을 내리면서 이런 논의에서 얻을 수 있는 정책적 교훈을 이끌어 내도록 하겠다.

1 제도적 선결 요건론에 담긴 허구

이미 지적했듯 선별적 산업·무역 정책의 장점이 무엇이건 간에 그 성공을 위해서는 특정한 제도적 조건이 필요하다는 주장이 현재 일반화되어 있다. 어떤 면에서 이 주장은 완벽할 정도로 타당한 내용을 담고 있다. 정책은 제도적 공백 상태에서는 기능하지 않는다. 따라서 특정한 정책의 성공 여부가 그 정책을 강제할 수 있는 제도에 달려 있다는 것은 극히 당연한 일이다. 가령 소득 정책의 경우 강력하고 집중화된 노동조합이 함께 할 때 (즉 그 노동조합이 정책의 취지를 받아들일 때) 보다 쉽게 실행될 수 있다고 말하는 것은 조금도 놀라운 일이 아니다. 마찬가지로 (강력하고 집중화된 노동조합 같은) 특정한 제도가 (소득 정책 같은) 특정한 정책의 성공에 필수적이라고 말하는 것은 정말이지 이치에 맞는 일이다.

하지만 선별적 산업·무역 정책의 성공을 위한 제도적 선결 요건을 논하는 이들 중 다수가 선결 요건 자체에 좀 더 많은 의미를 부여하는 경향이 있다. 그들은 이러한 주장을 통해 암묵적으로 다른 형태의 정책에는 그런 선결 요건이 필요하지 않다거나, 적어도 상대적으로 쉽게 선결 요건을 제공할 수 있다고 가정한다. 좀 더 구체적으로 설명하자면, 정책이 시장 메커니즘의 작동에 보다 많은 권한을 부여할수록 제도적인 측면에서 시장이 필요로 하는 '버팀목'이 줄어들게 되어 있다고 믿는 것이다. 따라서 자유방임 정책에는 그다지 많은 제도적 선결 요건이 필요치 않아 어느 나라에서나 실행할 수 있는 반면, 동아시아의 대단히 개입적인 선별적 산업·무역 정책은 정책을 효율적으로 실행하기 위해 일련의 정교한 제도가 필요하다고 주장한다. 그러나 이런 주장이 사실인지는 명확치 않다.

첫째, 어떤 정책이든 그것이 잘 기능하기 위해서는 제도적 선결 요건이 필요하듯, 시장이 잘 기능하기 위해서도 특정한 제도적 선결 요건이 필요하다. 시장이 잘 기능하기 위해서는 특히 안정적인 재산권 제도, 계약법, 제조물 책임법, 파산법, 효율적인 관료 조직 및 이 같은 제도와 법률을 관장할 사법 체계 등을 포함한 많은 제도를 필요로 하는 것이다. 그런 만큼 자유 시장 제도가 제도적 '버팀목'이 없이 성공적으로 운영되리라고는 기대할 수 없다. 자유 시장 제도의 경우 선별적 산업·무역 정책의 성공적 이행을 위해 필요한 제도와는 다소 다른 제도를 필요로 할 수는 있겠지만, 여전히 많은 제도를 필요로 하기 때문이다.

게다가 보다 시장 지향적인 정책에 필요한 제도라고 해서 보다 '어려운' 선별적 정책에 필요한 제도보다 단순하다고 추정할 수가 없다. 가령 아무리 자유 무역 정책이라 해도 계약법이나 무역 금융 제도, 효과적인 결제 메커니즘 같은 제도가 구비되어 있지 않다면 성공하기 어려울 수 있다. 서로 멀리 떨어져 거래를 하는 만큼 이 같은 제도가 없다면 서로 다른 사회적·문화적 배경을 가진 거래 당사자 사이에 중대한 시간적 지체가 발생하게 될 것이고, 그로 인해 거래 비용이 높아질 것이기 때문이다. 또 자유방임적 산업 정책은 산업 내부의 경쟁을 '규제'하고 '관리'하는 산업별 단체나 카르텔이 없을 경우 초과 생산 설비나 불필요한 도산 (또는 '특정' 자산의 파기) 형태로 상당한 '낭비'를 유발할 수 있다.

마지막으로 훌륭한 계약법이나 제대로 작동하는 사법 제도 같은 보다 시장 지향적인 제도의 확립이 몇몇 특정 산업에 대해 정부가 보증하는 수출 신용 제도의 시행과 같은 선별적 국가 개입으로 연결되는 제도의 확립보다 용이하다는 분명한 증거가 그 어디에도 없다. 여러 국가의 경험을 빌려 말하자면 필시 그 반대가 사실일 것이다. 좀 더 명백하게 말해 지난 반세기 동안 많은 개발도상국들이 시장 경제가 원활하게 작동하는 데 필요한 제도를 확립하고자 노력을 기울여 왔음에도 그다지 성공을 거두지 못했다는 사실은, 제대로 기능하는 시장 경제에 필요한 제도를 구축하는 일이 어렵다는 반증이라 할 것이다.

간단히 말해 선별적 산업·무역 정책의 제도적 선결 요건에 관한 논쟁을 보다 올바르게 진행하기 위해서는 흔히 받아들여지고 있는 근거 없는 가정, 즉 '시장 지향' 성향이 더 적은 정책일수록 보다 복잡한 제도적 '버팀목'을 필요로 한다는 주장에서 벗어날 필요가 있다.

2 제도적 선결 요건론의 실증적 검증

지금부터 현 선진국들이 경제 개발 초기에 선별적 산업·무역 정책을 실행하면서 겪었던 경험을 살펴보자. 그 과정에서 이들 국가에게 선별적 산업·무역 정책의 성공에 결정적으로 작용했을 수 있는 제도는 어떤 것인지, 선별적 산업·무역 정책이 담당한 역할은 무엇이며, 그것이 정부와 민간 부문의 의식적인 노력을 통해 구축된 것인지의 여부를 확인하기 위해 노력해 보자.

이와 관련 적절하다면 유럽과 북미 국가에도 관심을 기울이겠지만, 이 논쟁의 초점은 동아시아 국가들에 있다. 동아시아 국가들에게 관심을 집중시키는 것은 어떤 면에서는 이들 국가의 선별적 산업·무역 정책의 성공에 자극받은 것이다. 동아시아 국가의 성공으로 인해 최근 들어 선별적 산업·무역 정책의 성공을 결정하는 데 제도적 요소의 역할에 대한 관심이 생겨났기 때문이다. 하지만 그것을 떠나서도 동아시아 국가들의 경험은 좀 더 많은 관심을 받을 만한 가치가 있다. 이 지역의 많은 국가들이 불과 몇 십 년 전까지만 해도 현재의 최저개발국가의 수준과 다를 바 없었기 때문이다.[11]

2.1 수준 높은 관료 조직은 전통의 산물인가?

이미 언급했듯 동아시아의 선별적 산업·무역 정책의 성공을 해명하는 데 결정적인 요소로 많은 이들이 수준 높은 관료 조직을 지적한다. 선별적 산업·무역 정책을 성공적으로 이끈 다른 국가들과 관련해서도 똑같은 주장이 제기되는데, 가령 프랑스의 경우 경제를 원하는 방향으로 이끌기 위해 선별적으로 개입하는 데 관료 조직이 두드러진 역할을 수행했고, 그로 인해 프랑스의 엘리트 관료들은 칭송의 대상인 동시에 비난의 대상이 되었다는 것이다. 이 경우 선별적 산업·무역 정책이 아무런 기여도 하지 못한다고 믿는 이들의 주장을 논외로 한다면, 선별적 산업·무역 정책이 함의하는 바는 '우리가 선별적 산업·무역 정책을 성공적으로 수행하고자 한다면 관료 조직의 질을 향상시켜야만 한다'는 것이 된다.

많은 평론가들은 바로 이 점이 대부분의 개발도상국에서 선별적 산업·무역 정책이 부적절함을 보여 주는 것이라고 말할 것이다. 이들의 주장에 따르면 수준 높은 관료 조직은 대개 정치적·문화적 전통의 산물이다. 때문에 그런 전통이 없는 국가는 수준 높은 관료 조직을 구비하기 힘들다는 것이다. 이들은 동아시아 국가의 수준 높은 관료 조직은 오랜 세월에 걸쳐 존재했던, 능력 위주로 선발된 엘리트 관료들이 사회를 지배하던 유교적 전통 덕분이라고 지적한다. 극소수의 최저개발국만이 (유교적 전통이건 아니건) 강력한 관료적 전통을 주장할 수 있다는 사정을 감안한다면, 이런 주장을 반박하는 사례는 찾기가 어려울 것이다. 그러나 과거 경험을 면밀히 고찰해 보면 이야기가 그리 단순하지 않다는 것을 알 수 있다.

2.1.1 수준 높은 관료란 누구인가?

선별적 산업·무역 정책의 성공적 설계와 이행에서 수준 높은 경제 관료의 유용성에 대해 논쟁하기 이전에 필자는 '수준 높은'이란 말이 의미하는 바를 명확히 규정할 필요가 있음을 강조하고자 한다. 사람들은 흔히 '수준 높은' 경제 관료란 경제학이나 경영학 분야에서 선진 교육을 받은 인력을 가리킨다고 생각한다. 하지만 성공한 동아시아 국가들의 경험에 따르면, 이런 식의 접근은 문제를 바라보는 잘못된 방법일 수 있음을 보여 준다.

일본의 경우 엘리트 경제 관료들의 주축은 법학도들이었다. 한국 또한 경제 관료 중에서 법학도의 비율이 높았다. (초기에는 더욱 그랬다.) 반면 대만은 대부분의 엘리트 경제 관료가 공학도였다. 이들 법학도나 공학도들은 경제학 교육을 일부 받기는 했으나 '잘못된' 종류의 것을 배웠다. 가령 일본의 경제학 교수진은 최근까지도 마르크스주의자가 지배적이었다. 그리고 슘페터나 리스트의 사상도 많이 가르쳤다. 하지만 다른 무엇보다 이들 국가의 경제학 교육이 최근까지도 국제적 수준에 미치지 못했다는 점을 지적해야 할 것이다. 세계 최고 수준의 경제학 교육을 실시하는 국가 중 하나라 할 수 있는 인도에서 관료 조직이 자국 경제를 성공적으로 이끌지 못했다는 사실 또한 경제학 교육의 강조가 '수준 높은' 경제 관료 체제를 갖추는 데 그렇게 중요하지 않다는 사실을 보여 준다.*

결국 선별적 산업·무역 정책의 성공적 수행에 필요한 역량은 우리가 직관적으로 생각하는 내용과는 상당히 다르다. 존슨Johnson이 일본에 관한 고전적 저작 ≪통산성과 일본의 기적 MITI and the Japanese Miracle≫(1982)에서 지적했듯, 선별적 산업·무역 정책의 성공을 위해서는 전통적인 의미의 경제학자로서의 능력보다는 오히려 관리자 generalist로서의 능력이 필요하다고 할 수 있다. 이는 '선별적인' 종류의 정책이라도 그 성공적 수행을 위해 가장 필요한 것은 전문적인 지식이 아니라 주요 쟁점에 대해 올바르게 판단할 수 있는 정책 입안자이자 관리자로서의 능력이기 때문인데, 이런 능력은 해당 업무에 대

---

* 실제 1960년대 초창기 한국의 경제 개발 5개년 계획과 관련된 (원시적인 거시경제 예측에 지나지 않는) 문서와 1950년대 및 1960년대 초창기 인도의 경제 개발 5개년 계획과 관련된 (마하라노비스Mahalanobis 모델처럼 매우 정교한 경제학 모델에 기초된) 문서를 비교해 보면, 초창기 한국 관료의 '경제학' 수준이 얼마나 형편없었는지 알 수 있다.

한 전문가의 조언과 '경험 학습learning by doing'을 통해 얻을 수 있다. 다시 말해 훌륭한 경제 관료를 양성하고자 하는 최저개발국의 경우에는 경제학이나 다른 관련 학문의 전문가보다는 일반적으로 뛰어난 역량을 가진 인물의 채용에 강조점을 두어야 하는 것이다.

2.1.2 관료 조직의 정치적 독립은 가능한가?

선별적 산업·무역 정책을 수행하는 관료들은 대단히 유능해야 할 뿐만 아니라 정치적 압력에서 자유로워야 한다는 지적이 자주 제기되었는데, 이는 선별적 산업·무역 정책의 특성을 생각할 때 당연한 결론이다.

선별적 산업·무역 정책은 그 정의에 따라 민간 경제 주체로 하여금 자유 시장 체제 하에서라면 관심을 가지지 않을 새로운 활동에 뛰어들도록 유도함으로써, 시장을 통해서 가능한 범위를 넘어서는 수준으로 경제 구조의 변화를 시도한다. 이것은 선별적 산업·무역 정책의 경우 그 정의상 자연스러운 지지자들이 있을 수 없다는 의미이다. 전자 산업이 존재하지 않는다면 어느 누구도 관심을 전자 산업에까지 뻗치지 않을 것이기 때문이다. 그러므로 관료들이 단지 민간 부문의 요구에 반응하는 차원을 넘어서는 정치적 자율성을 갖고 있지 않다면 새로운 활동은 결코 추진될 수도, 장려될 수도 없을 것이다.

게다가 반드시 그래야 하는 것은 아니지만 선별적 산업·무역 정책은 일시적인 시장 인센티브의 유보를 의미한다. 이것은 (일반적으로 국가가 창출한 지대rent의 다른 형태인) 보호와 보조를 받는 기업에게 제재를 가할 수 있는 힘을 가진 자가 어디엔가는 존재해야 한다는 의미이다. 그렇지 않다면 이런 정책들의 결과는 많은 개발도상국에서 그랬듯이 기껏해야 영원히 자라지 않는 '유치' 산업이나, 아니면 평생 '골 골하는' 산업을 일구는 수준에 머물게 되기 십상이다. 따라서 관료들 이 국가에서 창출한 지대의 수혜자를 어느 정도 '합리적'인 계획에 따 라 통제하려면 정치적 독립성을 보유해야 한다.

한국이나 대만과 같이 선별적 산업·무역 정책을 성공적으로 활용 한 몇몇 나라에 최근까지도 권위주의적인 정치 체제가 존재했다는 사 실로 인해 관료의 독립성이 권위주의적 정치 체제 하에서만 가능하다 는 믿음이 확산되었다. 하지만 선별적 산업·무역 정책을 성공적으로 실천했던 다른 국가들의 경우 관료의 독립성을 확보하기 위해 권위주 의적 정치 체제에 의존하지 않았다. 가령 일본과 프랑스의 경우 행정 부 주도의 (따라서 의회 요구에 그리 민감하지 않은) 정치 체제를 갖고 있 기는 하지만, 이들을 권위주의적 국가로 묘사하는 것은 어불성설이다. 게다가 2차 세계 대전 이후 성공적으로 선별적 산업·무역 정책을 실 행한 다른 나라들, 즉 핀란드와 오스트리아, 노르웨이의 경우도 강력 한 의원내각제를 유지하고 있다.

이런 사례들은 관료 체제의 독립성과 그 국가의 정치 체제가 서로 무관하다는 사실을 보여 준다. 이보다 더 중요해 보이는 것은 경쟁 채 용 방식으로 충원되어 순조롭게 승진을 할 수 있고, 채용과 해고에 있 어 정치적 논리의 개입이 최소화되어 있는 '베버주의적Weberian' 관 료제의 존재인데, 이런 관료제는 결코 실현 불가능한 것이 아니다.[12]

2.1.3 '선도 기관'의 설치는 필수인가?

선별적 산업·무역 정책과 관련된 과거 경험 중 많은 부분이 정책 의 효율성을 높이는 데 엘리트 관료들로 구성된 선도 기관pilot agency

의 중요성을 시사한다. 선별적 산업·무역 정책의 경우 종종 그 책임이 다양한 정부 부처와 기관에 관련되는 문제를 다루게 된다. 따라서 부처 및 기관들의 활동을 조정하고, 그들 사이의 잠재적 갈등을 해결할 권한과 법적 자격을 부여 받은 선도 기관을 마련하는 것이 유용하다. 일부 국가에서는 이 선도 기관이 개별 부처와 기관을 지배할 공식적인 권한을 부여 받은 (한국의 경제기획원이나 프랑스의 국가계획위원회 같은) 강력한 기획 부처의 형태로 존재했다. 다른 국가에서는 선도 기관이 (대만의 산업개발청 같은) 조정위원회나 (경제기획청의 권한이 미미했던 일본의 경우 통상산업성 같은) 일개 부처의 형태를 지녔지만, 비공식적으로는 다른 정부 기관을 통제할 권한을 행사했다. 그렇지만 그 기반이 되는 원칙은 동일하다. 정부 안팎에서 발생하는 다양한 이해관계를 조정할 권한을 지닌 기관이 필요하다는 것이다.

    선도 기관의 존재는 또한 앞서 논의한 경제 관료의 정치적 독립성을 강화하는 추가적 혜택을 가져올 수도 있다. 선별적 산업·무역 정책을 실시하는 많은 국가에서 선도 기관은 '특정 분야를 맡고 있는' 부처가 아니어서 '고객들'의 이해관계를 염두에 둘 필요가 없기 때문인데, 프랑스, 한국, 대만이 여기에 해당되었다. 하지만 일본 통산성의 경우 실무 부처였음에도 불구하고 선도 기관으로서의 역할을 훌륭히 수행했는데, 이는 실무 부처 역시 선도 기관으로서 엘리트 관료의 정치적 독립성을 확보하는 데 반드시 나쁜 것은 아니라는 사실을 보여 준다. 실제 일부에서는 이런 선도 기관들이 너무나 강력한 권한을 보유하게 되는 경향이 있고, 그 경우 잘못된 정책을 제대로 검증도 받지 않고 그대로 실행하는 경우가 발생할 수 있다고 주장하는데, 일본은 대장성 MOF(Ministry of Finance)과 같은 다른 강력한 부처의 존재로 인해 선도 기관의 일방적 정책 실시가 제한되었다.

2.1.4 효율적인 관료 조직 구축은 불가능한가?

최저개발국에서의 선별적 산업·무역 정책의 실효성에 관해 회의적인 많은 이들은 훌륭한 관료 조직은 단기간에 갖추기 힘든 제도라고 지적한다. 그들의 주장에 따르면, 그렇기 때문에 유교적 전통이 강한 동아시아 국가나 프랑스 같은 강력한 관료적 전통을 가진 나라가 아니면 선별적 산업·무역 정책을 시도해서는 안 된다는 것이다.

외관상 이런 주장은 지극히 이치에 맞는 것처럼 보인다. 동아시아 국가들은 모두 여러 세기 전으로 소급되는 유교적 문화 전통을 가지고 있고, 능력 위주로 선발된 관료들이 주도적인 역할을 해 왔다. 프랑스나 오스트리아 같이 적극적으로 선별적 산업·무역 정책을 활용했던 일부 유럽 국가들의 경우에는 유럽에서 가장 오래되고 가장 강력한 관료주의 전통을 자랑하고 있다. 이런 국가들이 선별적 산업·무역 정책을 실행할 의지와 능력을 보유하고 있었다는 사실을 단순히 우연으로 치부할 수만은 없다. 하지만 자세히 살펴보면 이런 해석은 설득력이 떨어진다.[13]

무엇보다도 동아시아의 관료 조직을 지금과 같은 모습으로 만든 것이 정말 유교적 전통인지가 분명치 않다. 실제로 싱가포르의 경우 현재 행정 조직의 중추를 형성한 것은 유교적 전통이라기보다 영국의 관료적 전통을 이식한 것이라 볼 수 있다. '문화적' 차원이 별로 중요한 요소가 아니라면 새로운 관료적 전통의 구축은 그리 어렵지 않을 수 있음을 함축하는 것이다.

둘째, 관료적 전통은 의외로 취약하여 쉽게 퇴화하거나 사라질 수 있다. 선별적 산업·무역 정책을 성공적으로 수행해 낸 많은 동아시아 국가들과 유럽 국가들이 그 좋은 본보기라 할 수 있다. 가령 1950년대 대만의 관료 조직은 능력주의와 효율성이 부족하다고 간주되었는데, 동일 기관들이 1949년 이전 중국 본토에서 보여 준 무능과 악명 높은 부패를 감안하면 그리 놀라운 일이 아니라 할 것이다.[14] 이 모두가 2500년에 걸친 유교적 전통에도 불구하고 벌어진 일임에도 말이다. 한국 역시 1000여 년에 걸친 유교적 관료 전통을 보유했음에도 1950년대에는 능력주의와는 동떨어진, 무능한 관료를 보유한 국가로 여겨졌다.[15] 프랑스의 관료 조직도 이전의 중앙 집권적 관료주의 전통에도 불구하고 제2차 세계 대전 이전의 한 세기 가까운 기간 동안에는 대단히 보수적이고 비효율적이었던 것으로 간주되고 있다.[16] 오스트리아의 관료 조직 역시 오스트리아-헝가리 제국이라는 수백 년에 걸친 관료주의적 전통이 있었음에도 20세기 전반 50년 동안에 대해서는 앞서 언급한 나라들과 유사한 체제였다.

셋째, 이런 사례들은 수천 년에 걸친 관료주의적 전통이 있어도 무능한 관료 조직으로 전락하기 쉽다는 사실과 함께 우수한 관료 조직의 구축이 종종 생각보다 그리 어렵지 않다는 사실을 보여 준다. 예를 들어 한국이 수준 높은 관료 조직을 보유하게 된 것은 1960년대와 1970년대에 걸쳐 광범위한 공무원 제도 개혁을 끝마친 이후였다. 1960년대 후반까지만 해도 한국은 공무원들을 파키스탄이나 필리핀에 파견하여 연수를 시키던 나라였다.

아울러 제2차 세계 대전 이후 세상에서 가장 보수적인 관료 조직을 가장 역동적인 관료 조직으로 변혁시킨 프랑스의 사례 역시 정치적 의지와 적절한 제도 개혁이 따르기만 한다면 상대적으로 단기간에 어떻게 훌륭한 관료 조직을 구축할 수 있는지를 보여 준다.

2.2 자원 통제 방식을 둘러싼 오해와 진실

선별적 산업·무역 정책에 관한 가장 흔한 오해 중 하나가 이 정책을 단지 보조금과 관세 보호에 관련된 것으로만 생각하는 것이다. 가령 최근 산업 정책과 관련해 벌어진 논쟁의 초기에 많은 평론가들은 일본 정부가 다른 대다수 OECD 국가에 비해 (국내총생산 대비로) 보조금을 더 많이 지출한 것은 아니라는 점을 근거로 일본에서의 선별적 산업·무역 정책의 존재에 의문을 제기했다. 물론 보조금과 관세 보호도 분명히 중요한 수단이기는 하다. 하지만 선별적 산업·무역 정책에는 여러 가지 다른 수단들이 쓰일 수 있다.

많은 연구에서 선별적 산업·무역 정책의 가장 중요한 기능 중 하나가 '기업가적 비전entrepreneurial vision'의 제시라고 강조한다. 비전 제시를 통해 민간 부문의 투자 의사 결정을 (공식적으로든 또는 비공식적으로든) 조정할 수 있는 '초점forcal point'이 제공되기 때문이다.[17] 이러한 비전에는 보조금과 관세 보호가 관련되어 있고, 또 어느 정도까지는 관련되어야 한다. 하지만 좀 더 비용이 적게 드는 수단을 통해 이루어질 수도 있는데, 여기에는 (국가 전체 혹은 경제 부문별로 이루어지는) 유도적 계획indicative planning, 생산성 향상을 목표로 한 (가격 담합에 기초할 수도 있고 그러지 않을 수도 있는) 민간 부분의 카르텔이나 자본가 연합의 형성 조장, 관련된 경제 주체들과 공통의 비전을 확고히 다지는 데 도움이 되는 '민간 부문'과의 지속적인 대화 등이 포함된다. 일본은 특히 정보기술 산업을 촉진하는 과정에서 이런 방식으로 현저한 성공을 거두었는데,[18] 이는 선별적 산업·무역 정책을 적극적으로 실천한 다른 국가의 경우에도 적용되는 사항이다.

선별적 산업·무역 정책의 경우 육성하고자 하는 산업에 대해 자금을 지원하는 것이 전부가 아니라고 역설하기는 했지만, 정부의 '발표'가 효과를 가지려면 그 집행에 있어 금융을 비롯한 실물 자원에 대해 실질적으로 상당한 정도의 통제를 행사할 수 있어야 한다. 또한 이에 대한 정부의 분명한 입장 표명은 지대한 영향력을 발휘할 수 있을 것이다. 이러한 통제 수단들 중 두 가지가 대표적인데, 그것은 바로 국영기업과 금융 부문에 대한 통제이다.

2.2.1 국영기업은 어떻게 활용되었는가?

선별적 산업·무역 정책을 적극적으로 실행에 옮긴 많은 국가들은 국영기업을 광범위하게 활용했다. 이와 관련 국영기업 부문이 커질수록 경제의 효율성과 역동성이 떨어진다는 것이 일반적인 주장인데, 동아시아와 유럽의 사례들은 그런 주장을 정면으로 반박한다.*

예를 들어 프랑스와 오스트리아, 노르웨이의 경우 모두 국영기업 부문이 광범위하다.** 그뿐이 아니다. 이들 국가의 경우 많은 국영기업

---

* 개발도상국에서 국영기업의 역할에 관한 초기의 정설은 《세계은행 World Bank》(1983)에 요약되어 있다. 이후 여러 가지 비판이 제기되자(Cook and Kirkpatric, eds., 1988; Chang and Singh, 1993 참조) 세계은행과 관련 기관은 국영기업에 대한 견해를 수정할 수밖에 없었다(World Bank, 1995 참조). 그러나 이 바뀐 태도에도 많은 문제가 있었다(이와 관련된 비판적 고찰을 위해서는 Chang and Singh, 1997 참조). 선진국에 대한 정설은 Vickers and Yarrow(1998)의 저서나 Yarrow(1998)의 논문에 잘 요약되어 있다. Chang and Singh(1993)의 논문 또한 이런 입장에 관해 몇 가지 이론적 비판을 가한다.

** 1970년대 중반 국내총생산에서 공기업 부문이 차지하는 비중은 오스트리아가 14.5%, 프

들이 가장 역동적으로 산업 근대화를 이끌었다. 대만은 민간 기업으로 분류되기도 하는 국민당 소유의 기업인 '정당 기업party enterprises'을 포함할 경우[19] 산유국을 제외하고는 공기업의 규모가 가장 큰 국가 중 하나이다. 대만에서 국영기업은 대부분 중간재intermediate inputs를 생산하는 상류 부문을 담당하는데, 이것의 효율적인 운영은 그들 제품을 원료로 사용하는 하류 기업의 경쟁력에 공헌하고 있다.[20] 또한 대만 정부는 위험 부담이 큰 하이테크 분야에 국영기업을 설립했다가 그것에서 유망한 부분을 떼어 내 민간에 불하했는데, 몇몇 반도체 선도 기업이 이런 식으로 출현했다. 한국도 국영기업 부문이 대만만큼 규모가 크지는 않다 해도 (국가 부문이 지나치게 비대한 대표적 사례로 흔히 거론되는) 인도 정도의 규모를 보유하고 있다. 물론 한국의 공기업 부문은 인도의 공기업 부문보다 훨씬 높은 기술적 역동성을 보였다.*** 그 덕분에 몇몇 대표적 국영기업들은 세계적으로 유명한 기업이 되었다. (예컨대 철강 산업에서 포항종합제철의 후신인 포스코 POSCO를 들 수 있다.)

물론 이 모든 사례들이 효율적인 선별적 산업·무역 정책 체제는 대규모 국영기업을 필요로 함을 암시하는 것은 아니다. 이것을 입증하는 중요한 사례가 일본이다. 일본은 국영기업 부문이 예외적일 정

랑스가 11.0%였는데, 당시 선진국 평균은 9.6%였다. 같은 시기 오스트리아는 선진국에서 총 고정 자본 형성 대비 공기업의 비중이 (19.2%로) 가장 높은 국가였고, 노르웨이(17.7%)는 호주(18.7%)와 영국(18.6%)의 뒤를 이어 높은 공기업 비중을 유지하던 국가였다. 이와 관련된 자세한 내용은 Chang and Singh(1993)의 논문을 참조하라.

*** 물론 (예를 들어 한국과 인도라는) 두 경제에서 국영기업의 비중을 비교하는 데 있어 산업 자산이 농업 자산보다 국유화하기가 더 쉽기 때문에, 다른 조건이 같다면 산업화 정도가 더 높은 나라가 공공 소유의 비중이 높다는 사실에 주목할 필요가 있다.

도로 소규모였던 것은 아니지만 그렇다고 대규모도 아니었으며, 제조업의 경우에는 그 역할이 미미했다. 그러나 여러 나라에서 국영기업들은 선별적 산업·무역 정책을 실행할 수 있는 중요한 경로를 제공할 수 있었고, 또 실제로 제공해 온 것이 사실이다. 물론 많은 개발도상국의 경우 국영기업이 자원을 통제하는 효과적인 경로라기보다는 국가 자원을 낭비하는 수단이 되었다는 문제를 안고 있다. 따라서 민영화를 포함해 국영기업의 성과를 향상시킬 수 있는 여러 가지 방법을 고려할 필요가 있다. 아쉽게도 이 주제에 관해서는 여기서 더 이상 깊이 논할 여지가 없다.[21]

2.2.2 금융 통제가 위기를 불렀는가?

선별적 산업·무역 정책의 효율적 실행에 있어서 금융 부문의 통제는 국영기업의 통제보다 더 중요한 제도적 기반이었다. 구태여 말할 필요도 없겠지만 금융 부문의 통제가 제도화되고 유지되는 메커니즘은 국가에 따라 다른 모습을 보인다. 그러나 선별적 산업·무역 정책을 성공적으로 실행했던 국가들은 모두 정부가 어떤 방식으로든 금융 부문을 강력히 통제해 왔다.

많은 국가들은 오랫동안 통제의 방법으로 은행을 비롯한 여타의 금융 기관들을 직접 소유하는 형태를 취했다. 한국과 대만의 경우는 한때 모든 은행이 정부 소유였다. 또 프랑스와 대만에서는 여전히 은행 부문의 대부분이 국가 소유이다. 한국 정부는 1980년대 이후 은행 소유권에서 상당 부분 손을 뗐다고는 하지만 핵심 은행은 여전히 보유하고 있다. 노르웨이는 한때 국영은행이 은행 대출의 50% 이상을 통제했다.[22] 일본은 여기서 다시 예외에 속한다. 일본 정부가 저 유명한 우편 저금 제도를 통해 사실상 경제에서 금융의 흐름을 통제하기는 했지만, 금융 부문에서 직접 소유한 것은 상대적으로 제한된 부분에 불과했다.

그러나 이들 국가에서 정부의 직접 소유는 금융 부문에 대한 통제를 유지하는 방법 중 하나에 불과할 뿐이다. 우리가 논하고 있는 동아시아와 유럽 국가는 모두 이른바 은행 주도 금융 시스템을 운용했는데, 여기서는 기업의 부채 비율도 높지만 은행 자산에서 기업 대출이 차지하는 비율도 높다. (외부 자본 조달 비율gearing ratio이 낮은 대만의 경우는 예외이다).* 이 시스템 덕분에 정부는 은행에 대해 막대한 영향력을 행사할 수 있었고, 이에 따라 은행은 생존을 위해 국가가 통제하는 중앙은행에 거의 전적으로 의존하지 않을 수 없게 되었다. 이들 국가에서 정부가 은행 총수를 임명하는 데 실질적인 영향력을 행사할 수 있었던 것도 부분적으로는 이런 배경에서 나온 것이었다. 한국은 최근 (1993년 이후의) 급격한 금융 자유화가 있기 전까지는 1980년대에 민영화된 은행을 포함한 모든 은행의 최고경영진 임명과 관련된 의사결정을 정부가 했다.

---

* 1980~1991년 사이에 여기서 언급된 선별적 산업·무역 정책을 실시한 국가들의 평균 부채·자산 비율은 270%(오스트리아)와 555%(스웨덴)의 범위에 있었다. 그 사이에는 프랑스(361%), 한국(366%), 일본(369%), 핀란드(492%), 노르웨이(538%)가 있다. 이에 반해 앵글로색슨 국가는 상대적으로 부채·자산 비율이 낮아 그 범위가 112%에서 160%를 기록하고 있다. 남아프리카공화국 112%, 미국 179%, 호주 125%, 영국 148%, 뉴질랜드 153%, 캐나다 160%의 수준이다. 흥미롭게도 선별적 산업·무역 정책의 활용도가 낮았던 유럽 국가들의 경우 부채·자산 비율이 앞선 두 그룹의 중간 정도에 있었다. 스위스(175%) 벨기에(202%) 네덜란드(216%) 등 세 나라는 앵글로 색슨 국가의 상위 수준인 미국(179%)과 비슷했고, 독일(273%) 스페인(275%) 이탈리아(307%)는 선별적 산업·무역 정책을 펼친 국가의 하위 수준인 오스트리아(270%)와 수준이 비슷했다. 모든 데이터는 Demigruc-Kunt and Maksimovic(1996, p.354)에서 인용했다.

일본에서는 장기 불황이 이어지고, 1997년에 아시아 금융 위기까지 발발하게 되면서 동아시아 국가들의 금융 부문에 대한 국가 통제가 격렬하게 공격받게 되었다. 그들의 주장에 따르면, 이들 정부의 (선별적 산업·무역 정책에 입각한) 신용 할당과 시장 기준에 맞지 않는 지급보증으로 인해 비효율적인 투자가 조장되었다는 것이다. 게다가 주식 시장을 통한 효율적인 인수 메커니즘이 존재하지 않는 상태에서 정부 '측근들cronies'에 대한 지원이 계속되던 상황을 고려할 때, 이미 벌어진 부실 투자에 대한 의사결정을 처벌하기란 거의 불가능하다는 지적도 나왔다.[23] 즉 이 장에서 선별적 산업·무역 정책의 제도적 기초 중에서 핵심을 이룬다고 주장했던 금융 부문의 국가 통제가 실제로는 이들 국가를 부실로 내몰았다고 은연중 주장하고 있는 것이다.

여기서 위와 같은 주장을 다루기 전에 먼저 한 가지 분명히 종식시켜야 할 신화가 있다. 그것은 선별적 산업·무역 정책을 채택한 동아시아와 유럽 국가에서 지배적이었던 은행 중심의 금융 시스템이 자본 시장 중심의 앵글로색슨 식 금융 제도라는 '표준norm'에서 '일탈'된 것이라는 신화이다. 하지만 현실은 그 반대라 할 수 있다. 잘 알려져 있듯이 개발도상국들에서는 일반적으로 은행 주도의 금융 시스템이 표준으로 자리 잡고 있다. 그것은 동아시아만이 아니라 선진국에서도 그렇다. 미국과 영국 그리고 소수의 앵글로색슨 국가만이 자본 시장 중심의 금융 시스템을 운영하고 있을 뿐 나머지 다른 선진국들은 은행을 기반으로 하는 금융 시스템을 보유하고 있다.[24]

은행 중심의 금융 시스템을 운영하는 국가의 경우 은행과 다른 금융 기관들의 수익성이 낮다는 것이 그 시스템의 비효율성을 증명한다는 주장도 종종 제기된다. 그러나 여기에는 민간 부문의 수익성이 기업의 사회적 기여를 정확히 반영한다는, 그러므로 금융 기관의 높은 수익성은 자금을 가장 효율적인 기업으로 중개하기 때문이라는 전제가 깔려 있다. 하지만 이것은 아주 비현실적인 자유 시장 옹호자를 제외하고는 그 누구도 받아들이기 어려운 전제이다. 필자의 견해로 한 국가의 자원을 활용하고 분배하는 금융 제도의 능력을 측정하는 데 있어 최고의 지표는, 은행을 비롯한 금융 기관의 수익성이 아니라 최종적으로 해당 국가의 종합적인 성장 실적이다. 사회적 기여도가 수익성에 반드시 반영되는 것은 아니기 때문이다. 이런 관점에서 선별적 산업·무역 정책을 적극적으로 시행한 국가들의 보다 뛰어난 경제 성장률을 감안할 때 이들 국가의 금융 제도는 매우 훌륭하게 기능했다고 말할 수 있다.

한국과 일본 등 위기에 처한 아시아 경제들의 경우에도 '정실주의 cronyism'에 기초한 설명은 설득력이 없다. 이들 나라에서 국가가 일부 산업을 '편애'했던 것은 사실이지만, 최소한 제조업 부문에 관한 한 이 '편애'는 정치적 유대보다는 '객관적'인 계획에 기인한 것이다. (도시 계획이나 국방 계약과 같은 분야에서는 정실주의가 존재했다.) 게다가 초기 연구들이 반복해서 강조하듯 이들 국가에서 선별적 산업·무역 정책의 성공은 국가가 창출한 지대의 수혜자를 엄격하게 관리하고자 했던 정부의 강력한 의지와 능력에 기인하고 있다.

정치적인 동기가 강하게 작용한 대출과 지원이 증가한 것은 사실상 금융 자유화를 비롯한 여러 가지 다른 규제의 완화로 말미암아 정부의 지도력이 약화되면서부터의 일이었다.[25] 실제로 많은 관찰자들은 최근의 위기가 1980년대 후반 들어, 특히 1990년대 초반에 진행된 사려 깊지 못한 금융 자유화의 산물이라는 점에 동의한다. 이런 금융 자유화가 단기 부채의 급증을 심화시켰고, 이것이 다소 취약하나마 유지되던 신중한 규제를 더욱 약화시켰다는 것이다.* 국가가 통제하는 은행을 기반으로 하는 금융 시스템을 전면적으로 개방하지 않은 국가들, 즉 중국이나 대만이 이러한 금융 위기를 가장 잘 극복해 냈다는 사실 또한 결코 우연이라고 할 수 없다.

지금까지 보았듯 금융 부문에 대한 국가의 통제는 선별적 산업·무역 정책의 성공을 확보하는 데 결정적인 역할을 수행해 왔다. 즉 금융 부문의 통제를 통해 정부는 민간 부문의 투자 결정에 영향을 미칠 수 있는 힘을 확보할 수 있었고, 더 중요한 사실로는 성과가 좋지 못한 기업을 제재할 수 있는 권한을 가질 수 있었다. 특히 동아시아에서 국가가 통제하는 금융 제도에 대한 비판의 목소리가 높은 현재 추세에도 불구하고 금융 부문에 대한 국가 통제가 몇몇 국가에서 위기를 불러일으켰다는 증거는 없다. 증거가 존재한다면 그것은 금융 부문의 국가 통제가 약화되면서 지속 불가능한 단기 부채가 급속도로 양산되었고, 그것이 결국 경제를 침체시켰다는 사실을 나타내고 있을 뿐이다.

2.3 연결고리로서의 중개 기관의 존재

선별적 산업·무역 정책에 관한 많은 연구들, 특히 동아시아적 맥

---

* 정통적인 견해에 회의적인 경제학자나 다른 사회과학자들도 이런 식으로 상황을 바라본다는 것이 그리 크게 놀랄 일은 아니다. 1998년에 발간된 ≪World Development≫(1998, no. 8)의 특별 섹션과 ≪Cambridge Journal of Economics≫(1998, no.6) 특별호를 참조하라. 그러나 이제는 정통적 견해를 견지하는 그룹의 몇몇 핵심 멤버조차도 이런 견해에 동조하고 있는데, 그런 사례로는 Radelet and Sachs(1998), Feldstein(1998), Corden(1998), Stiglitz(1998, 2001), Furman and Stiglitz(1998)를 참조하라.

락에서 이루어진 연구들에 따르면, 선별적 산업·무역 정책의 성공을 확보하는 데 있어 국가 조직을 개별 기업과 연결시켜 주는 도구로서 '중개' 기관의 중요성이 부각된다.

가장 자주 논의되는 중개 기관으로는 선별적 산업·무역 정책을 실행하는 관료 조직과 이 정책의 최종 수혜 기업들이 접촉하는 기관, 즉 심의위원회 같은 것을 들 수 있다.

앞에서 강조했듯 관료 조직의 정치적 독립은 선별적 산업·무역 정책의 성공에 중요한 요소이다. 하지만 그 혜택이 무엇이든 간에 관료 조직의 독립성이 의심할 여지도 없이 바람직한 것만은 아니다. 관료 조직이 외부 압력에 대해 지나치게 독립적일 경우 다른 무엇보다 별다른 외부적 검증도 없이 자신들의 목표만 추구해 나갈 수 있다. 다시 말해 관료 조직이 사회적으로 '합리적인' 전략을 장기적으로 추진하기 위해서는 어느 정도의 정치적 독립이 필요하지만, 잠재적인 이해 충돌을 조정하는 기관으로서의 역할을 저버리고 스스로 세력화해서 자신들의 목표만을 추구하는 일이 없도록 하기 위해서는 그 정책의 영향을 받는 당사자들로부터 피드백을 받을 필요가 있는 것이다.

선별적 산업·무역 정책을 성공적으로 실행했던 국가들의 경험을 보면, 관료 조직들이 실제로 민간 부문과 의사소통을 했고, 그에 따라 정책 추진에 필요한 구체적인 피드백을 받을 수 있었다. 이런 메커니즘은 나라마다 다르지만 정책의 영향을 받는 당사자들에게서 지속적으로 정책에 대한 피드백을 받았다.

이런 목적을 위해 일본은 이미 그 명성이 자자한 심의위원회라는 것을 활용했는데, 그곳에는 공공 부문과 민간 부문의 대표들은 물론이고, 학계나 언론계 때로는 소비자 단체 같은 사회 운동 단체들을 포함하는 '제3세력the Third Party' 대표들이 참여했다.²⁶ 한국 역시 여러 가지 유사한 제도를 활용했는데, 그 중에는 1960년대와 1970년대에 행해진, 대통령 주재 하에 주요 관료와 재계 인사들이 참석한 가운데 이루어지는 월례 수출진흥회의라는 독특한 것도 있었다.²⁷ 하지만 한국의 중개 기관은 의사결정 과정에서 일본보다 훨씬 더 정부 지배적이었다.

반면 대만은 좀 더 비공식적인 네트워크를 활용해야 했다. 대만 정부가 (본토 출신의 정치 엘리트와 '대만' 현지 출신의 재계 리더 사이의 민족적 분리 같은) 정치적 변수로 인해 한국이나 일본처럼 심의위원회에 정부측 상대자로 대규모 민간 부문 기업이 나타나는 것을 달가워하지 않았기 때문이다.²⁸

프랑스에서도 공공 부문과 민간 부문의 최고 책임자 사이에 지속적인 피드백이 있었는데, 이런 피드백은 양자 사이에 우호적인 관계를 유지시켜 주는 데 효과적인 역할을 했으나, 이런 상호 우호적인 관계가 '회전문 인사revolving door'나 '끼리끼리 문화club-business'화를 촉진함으로써 엘리트들의 배타적인 조직화를 야기한다는 비판을 받기도 했다.

심의위원회나 그와 유사한 조직을 통해 국가적 차원에서의 주요한 정책 원칙이 결정되면, 그 다음에는 원칙에 입각해 산업연합회가 구체적인 실천 계획을 마련하고 실행을 강제했다. 연합회 같은 이러한 조직은 (경쟁의 제한이나 공동 마케팅 계획의 실천 같은) 정책 목표에 필요한 '공동 행위' 문제를 해결하는 데 두 가지 방식으로 기여했다. 첫째, 산업연합회는 '공정해' 보이는 방식으로 전체적인 부담을 나누었다. (그러나 반드시 엄격한 의미의 '균등'은 아니었을 것이다.)* 둘째, 산업

연합회는 회원사들이 합의한 '공동 행위' 계획을 준수하고 있는지의 여부를 감시할 방법을 고안했는데, 이는 때로는 정식으로 인정된 공식 카르텔이 수행하였으나,[29] 때로는 국가가 암묵적으로 지원하는 비공식적 카르텔이 수행하기도 했다.

지금까지 설명한 국가와 민간 부문의 관계는 '착근된 자율성 embedded autonomy'이라는 개념 속에 포괄된다.[30] 공공 부문과 민간 부문 사이에 밀착된 네트워크가 확립되지 않는다면 국가의 자율성은 자칫 스스로의 권력을 추구하는 경향에 빠지기 쉽다. 반면 정치적 독립을 통한 수준 높은 자율성이 확보되어 있지 않다면 공공과 민간 사이에 확립된 밀착된 네트워크로 말미암아 국가가 강력한 민간 부문의 이익 단체에 '포획'될 것이다.** 심의위원회나 산업연합회 같은 기관들은 이런 관점에서 관료 제도와 민간 부문 사이의 정보 흐름을 촉진시킴으로써 한편으로는 정책의 실행 메커니즘을 강화하는 동시에, 다른 한편으로는 선별적 산업·무역 정책의 성공적 실행을 도왔다.

---

* 1970년대 후반 일본 조선 산업은 서로 유형이 다른 기업들 사이에서의 생산능력을 '공정'한 방식으로 분담했던 아주 좋은 사례를 제시한다. Dore(1986, p.145)를 참조하라.

** 하지만 일부 국가의 경우 지난 10여 년 동안 민간 부문의 영향력이 점점 커지는 상황 속에서 자율성과 민간 부문의 영향력 사이에 유지되어 오던 미묘한 균형이 민간 부문으로 기울어진 것으로 보인다. 이런 변화는 한국에서 가장 두드러진다. 한국에서 국가와 재벌 간의 관계는 전통적으로 대기업들이 정부로부터 특별 대우를 받기는 했지만 그 특별 대우가 대기업 일반에 적용되는 '일반적' 관계였다. 그러나 이 관계는 점차 정부와 가까운 특정 대기업만 특별 대우를 받는 '개별적' 관계로 변질되었다. - 하지만 그렇다고 해서 한국이 겪은 최근 위기의 배후에 이런 식으로 산출된 '정실주의'가 주된 요인으로, 혹은 중요한 요인이 작용했음을 시사하는 것은 아니다. 이와 관련해서는 Chang(1998a), Chang(2000), Chang et al.(1998)을 참조하라.

3 국제 환경의 변화와 선별적 산업 정책

지난 수십 년 동안 '세계 경제를 규정짓는 체제global governance'는 자유화를 보다 고도로 촉진하는 방향으로 눈에 띄게 강화되어 왔다. 가장 중요한 사례로 WTO 협정의 체결을 들 수 있으나, 외국 기업을 차별하는 산업·기술 정책의 제한을 목표로 하는 다자간 투자 협정MAI(Multilateral Agreement on Investment)이나, 특히 개발도상국에서의 지적재산권 보호 강화를 목적으로 하는 양자간 협상의 도입 시도 같은 다른 움직임들도 있다.

그러나 이런 시도들이 언제나 성공적이었던 것은 아니다. 1999년 후반 시애틀의 WTO 회의에서 좀 더 강하게 밀어붙이고자 한 시도는 개발도상국 및 선진국의 다양한 압력 단체들의 거센 반발로 실패했다. OECD 주도 아래 진행되었던 다자간 투자 협정을 둘러싼 협상은 대다수 개발도상국과 일부 선진국의 반발로 1998년에 성과 없이 끝났다. 이에 따라 놀랍게도 1999년에는 OECD조차 1970년대 이래 논의되지 않았던 초국적기업의 '행동 강령'의 도입 필요성을 인정하게 되었다. 그리고 개발도상국에서 지적재산권의 보호를 강화하려던 양자간 협상들도 부분적인 성공을 거두었을 뿐이다.

이런 실패와 지체에도 불구하고 선별적 산업·무역 정책의 활용을 둘러싼 국제 환경에는 상당한 변화가 생겨났는데, 이 변화가 함축하는 의미를 정확하게 평가하는 것이 이 절의 중요한 목적이다. 따라서 지금부터는 새로운 '세계 체제'의 핵심인 WTO 체제의 함의에 초점을 맞출 것이다.

WTO의 출범은 과거 선별적 산업·무역 정책이 아무리 장점이 많왔다 하더라도 이제는 '끝났다'고 많은 사람들이 주장하게 만들었다. 이것이 사실일까?[31]

우선 WTO 체제가 계속 발전해 나갈 수 있을지 여부가 아직은 명확하지 않다. 개발도상국의 '불명확한' 노동 기준이나 환경 기준이 '불공정 경쟁'을 만들어 내고 있는지의 여부를 둘러싼 논쟁에서 가장 잘 볼 수 있듯, WTO 회원국 사이에서는 여전히 무엇이 '자유롭고 공정한 무역'인지에 대한 논쟁이 계속되고 있다. 만약 이런 논쟁들이 진행 방해를 의도한 것이 아니라 가치나 목표의 분명한 차이를 반영한 것이라면 쉽게 해결되지 않을 것이다.[32] 게다가 WTO의 공식화된 '민주적' 의사결정 구조를 감안한다면, 이런 논쟁이 실제로 얼마나 명확하게 해결될 수 있을지조차 분명하지 않다. '1달러에 1표'라는 원칙을 갖고 있는 세계은행과 국제통화기금, 일부 국가가 공식적으로 거부권을 행사할 수 있는 유엔과 달리, WTO는 '1국 1표' 원칙으로 운영되는 만큼 개발도상국들은 자국 이익을 보호하기 위해 이를 좀 더 적극적으로 활용할 것으로 보이기 때문이다.[33]

둘째, WTO 체제 아래서 관세나 보조금 등의 적용과 관련된 규칙이 점점 더 강화되고 있는 것은 사실이지만 과거라고 모든 것이 허용되었던 것도 아니다. 이전의 GATT 체제 아래서도 한 국가가 행할 수 있는 것에는 많은 제한이 있었고, 한국과 같은 국가들은 자국의 정책을 실행하기 위해 규정이 모호한 회색 지대를 적극 활용해야만 했다. 따라서 WTO의 상대적 영향력을 과대평가하지 않는 것이 중요하다.

셋째, 문서상으로도 WTO 협정이 결코 모든 관세와 그 외의 다른 무역 보호 정책을 폐지해야 한다고 강요하지는 않는다는 것에, 그리고 많은 개발도상국들이 여전히 관세 상한선을 상당한 수준으로 책정하고 있다는 것에 주목해야만 한다.* 게다가 최저개발국의 경우에는 2006년까지 관세를 낮추면 된다.

넷째, 유치 산업 보호가 (최장 8년까지) 여전히 허용된다. 하지만 이것은 이전 GATT 체제 아래에서 보호를 활용했던 한국과 같은 나라들이 이 조항보다는 뒤에서 논의할 국제수지 BOP(balance-of-payments) 조항을 활용했다는 점을 기억할 필요가 있다.

다섯째, ('수입 과징금' 같은) '긴급' 관세 인상을 위한 조항이 여전히 존재한다. 이 조항은 두 가지 이유에서 실시될 수 있다. 첫째는 부문별 수입이 급격히 증가할 경우로서, (브라질 자동차에 대한 아르헨티나의 관세에서 보듯) 많은 국가에서 이미 활용 중이다. 둘째는 전반적인 국제수지 문제가 발생할 때인데, 이 경우에는 거의 모든 개발도상국에서 긴급 관세 인상을 활용할 권한이 있고, 실제 이미 많은 국가에서 활용하고 있다. 긴급 관세를 어디에 얼마나 부과할지는 국제수지 문제의 정도에 따라 해당 국가가 재량권을 갖고 있다. 따라서 의도적으로 학습 기회를 극대화할 수 있는 영역에서 관세를 인상할 여지는 충분하다.

여섯째, 모든 보조금이 누구에게나 '불법'인 것은 아니다. 예를 들어 (1인당 국민소득이 대략 미화 1000달러 이하인) 최저개발국은 다른 나라에서는 금지된 수출 보조금을 활용할 수 있다. 또 농업, 지역 발전, 기초 연구개발, 환경 관련 기술 개선에 대한 보조금은 여전히 허용된

---

* 일부 국가는 이런 상한선을 상당히 낮추었다. 예를 들어 인도는 무역가중평균관세를 71%에서 32%로 낮추었다. 하지만 인도를 포함한 많은 국가들이 상대적으로 높은 수준에서 고정시켰는데, 가령 브라질은 무역가중평균관세를 41%에서 27%로, 중국은 35%에서 25%로, 터키는 25%에서 22%로 낮추었다. 보다 자세한 내용은 Amsden(2000, 표 1)을 참조하라.

다. 게다가 보조금 금지는 '무역 관련' 정책에만 적용된다. 다시 말해 학습 기회를 창출하고, 다른 기술 정책적 목표를 위해서 활용될 수 있는 (설비 투자에 대한 보조금이나 벤처 기업에 대한 지원, 특정한 노동자 기능 개발에 투자하는 데 대한 보조금 등의) '국내' 정책이 발휘될 여지는 많이 있다는 의미이다.

일곱째, 선진국 특히 미국의 행태를 감안하면 무역 관련 지적재산권 협정의 미래가 정확히 어떻게 될지 분명하지는 않지만, 개발도상국에 대한 기술이전과 개발도상국의 이전 기술 습득에 있어 부분적으로 중요한 역효과가 발생할 가능성이 있다.[34] 하지만 최저개발국이 습득할 필요가 있는 기술은 너무나 오래되어 특허가 없는 경우가 종종 있는 만큼 지나치게 비관적인 결론을 내릴 필요는 없다. 또한 최저개발국의 경우 제품 특허를 도입해야 하는 마감 시간이 (다른 개발도상국은 2000년까지지만 최저개발국은 2006년까지로) 다른 개발도상국보다 길게 설정되었다.

마지막으로 무역 관련 투자 조치에 관한 협정TRIMs(Trade-Related Investment Measures)에 관해서 말하자면, 우리는 이 협정이 생각처럼 엄격하지는 않다는 사실에 주목해야 한다. 앰스덴Amsden은 〈국가와 대만의 경제 개발The State and Taiwan's Economic Development〉(2000)이라는 논문에서 개발도상국에게는 기술을 향상시킬 중요한 수단인 현지 조달 규정을 유지하거나 강화할 수 있다고 지적한다. 또한 그녀는 (초국적기업의 경우 부품이나 구성품의 수입 가치와 동등한 최종 제품을 수출해야 한다는) '무역수지 균형 조항'이나 수출 가공 지역에 있는 초국적기업들로 하여금 어느 규모 이상 수출하는 것을 의무화하는 등의 수출 진흥 조치들을 활용할 수 있다고 주장한다. 그녀의 지적에 따르면, 실제로 이런 조항이 (브라질, 아르헨티나, 칠레, 인도, 인도네시아, 멕시코, 말레이시아, 태국 같은) 많은 나라의 다양한 산업에 적용되고 있다는 것이다.

지금까지 보았듯 국제 환경의 변화는 개발도상국의 선별적 산업·무역 정책 실행에 대해 상당한 추가적인 제한을 가하고 있다. 그러나 이런 제한이 결코 옴짝달싹 못하게 할 정도는 아니다. 또한 최저개발국은 (수출 보조금 지원 금지에서 예외로 취급되는) 예외 조항과 (관세 인하와 제품 특허 같은) 협정 준수 시기의 연장 혜택이라는 형태로 어느 정도나마 움직일 공간을 갖고 있다. 이미 많은 국가들이 WTO의 요구 조건에서 벗어나지 않으면서도 적극적인 개입 정책을 활용할 방법을 적극적으로 찾고 있고, 또 성공하고 있다. 게다가 일방적으로 되어 있는 국제 무역 및 투자 질서를 시정하라는 개발도상국들의 요구가 높아지고 있다. WTO의 '민주적' 구조에 힘입어 미래에는 선별적 산업·무역 정책을 활용할 범위가 오히려 커질지도 모른다.

4 선별적 산업 정책은 여전히 가능하다!

지금까지 선별적 산업·무역 정책을 효과적으로 설계하고 이행하는 데 중요한 제도적 선결 요건이 무엇인지를 파악하고자 시도했다. 또 이런 제도적 선결 요건들이 어느 면에서 중요한지, 효과적이기 위해서는 어떻게 설계되어야 하는지에 대해서도 논의했다.

필자는 선별적 산업·무역 정책이 시장 지향적 정책의 시행에는 불필요한 '제도적 버팀목'을 필요로 하기 때문에 대부분의 개발도상국에서 비현실적이라는 현재의 통속적 견해를 비판했다. 이는 시장 중심적 정책 또한 '제도적 버팀목'이 필요하기 때문이다. 하지만 선별적 산업·무역 정책이 효과적으로 설계되고 이행되기 위해서는 특정한 제도가 필요하다는 점에는 동의했는데, 여기에는 관료 조직, 국영기업, 금융 흐름의 통제 혹은 조정위원회나 산업연합회 같은 중개 기관 등이 포함되어 있다.

이런 것들이 정말 중요하기는 하지만 그 역할이 잘못 이해되는 경우가 있다는 사실도 주장했다. 가장 중요한 사례는 '수준 높은 관료 조직'이 경제학자들로 충원된 관료 체제를 의미한다는 일반적인 견해이다. 또 이런 제도들이 하는 역할도 나라마다 다르다는 것을 지적했다. 예를 들어 국영기업의 역할이 다르고, 선별적 산업·무역 정책을 실시하는 나라마다 '중개 기관'의 형태도 다르다. 이는 성공적으로 선별적 산업·무역 정책을 활용한 국가의 경험에서 유용한 교훈을 이끌어 내려면 더욱 주의 깊은 연구와 더 많은 실증적 분석이 필요하다는 의미이다.

그리고 국제 기구의 변화, 특히 WTO의 출범이 선별적 산업·무역 정책을 완전히 불가능하게 하지는 않았다 하더라도, 그 실행을 극도로 어렵게 만들었다는 현재의 통속적 견해에 맞섰다. 이전보다 선별적 산업·무역 정책을 활용하는 데 많은 제약이 있다는 점은 인정하지만, WTO 체제 아래서도 여전히 방법을 찾을 여지는 있으며, 완전히 적법한 방식으로 실행할 수 있는 많은 정책이 있다는 사실 또한 지적했다.

선별적 산업·무역 정책을 위한 제도적 기초를 논의하면서 우리가 직면한 궁극적인 의문은 '복제 가능성replicability'이다. 이와 관련 국경을 넘어서 제도를 이전한다는 것이 그리 간단한 문제가 아니라는 사실은 인정하지만, 그것을 너무 어렵게 생각하는 견해도 지나치게 과장된 것이라고 여겨진다. 예를 들어 '산업 정책 국가'에 존재하며 독특한 역사적 환경의 산물이라고 여겨지는 수준 높은 관료 조직도 사실상 상대적으로 최근 들어 이런 제도를 구축하기 위해 의도적인 노력을 기울인 결과 얻어 낸 것임도 논한 바 있다.

따라서 성공적으로 선별적 산업·무역 정책을 활용했던 유럽과 동아시아 국가로부터 최저개발국이 얻을 수 있는 일반적인 교훈은 두 가지이다. 첫 번째 교훈은 '시장 개혁'과 관련해 흔히 듣게 되는 지나친 낙관론을 버릴 필요가 있다는 것이다. 많은 개발도상국들과 체제 전환 국가들이 지난 10년 혹은 20년 동안의 '시장 개혁' 과정에서 비싼 대가를 지불하고 파악했듯, 잘 기능하는 시장 또한 일련의 제도를 필요로 하고, 이런 시장 지향적 체제를 구축하기 위해서는 선별적 산업·무역 정책의 성공을 위한 제도를 구축하는 것만큼이나 어려움을 겪어야 했다. 또 다른 교훈은 최저개발국의 경우 선별적 산업·무역 정책의 수행에 필요한 제도적 변화를 이룰 능력이 없다는 잘못된 비관론을 버릴 필요가 있다는 것이다. 기술 발전의 경우에서 볼 수 있듯, 제도 발전의 영역에서도 모방과 혁신의 여지는 많이 있다. 이 장에서 주장했다시피 정치적인 의지를 갖고 심사숙고의 과정을 거친다면 최저개발국도 상대적으로 짧은 시간 내에 '산업 정책 국가'의 성과를 달성해 낸 동아시아와 유럽 국가들의 경험을 재현해 낼 수 있을 것이다.[35]

Globalization, Economic Development, and the Role of the State 3부
신자유주의 경제학의 반경제성 비판

Globalization, Economic Development, and the Role of the State 7

산업 정책의 정치경제학

어떤 경제학자든 '국가의 역할'이 논쟁할 만한 의제라는 것에는 어느 정도 동의한다. 다만 국가 역할의 세부 항목들을 달성하는 최적의 방법을 둘러싸고 강렬한 논쟁이 전개되어 왔을 뿐이다. 이런 세부 항목들로는 소득 분배의 개선, 거시경제적 안정의 달성, (사회 기반 시설, 교육, 환경 보호 같은) 공공재 조달 등이었는데, 여기서 보다 논쟁의 여지가 많은 주제는 국가의 반反독과점 행위였다. 반독과점 행위를 제외한 여타의 '국가의 산업 개입'은 기업들로 하여금 자사의 이익을 위해 국고를 약탈할 기회를 제공하는 것이 아니냐는 의혹의 눈길을 피할 수 없었다. 이러한 의혹은 산업에 대한 국가의 개입이 (혹은 산업 정책이) 전통적 틀과 이론적으로 어긋난다는 점을 고려할 때 너무도 타당해 보였다. 그러나 국가 주도로 강력한 산업 정책이 수행된 동아시아 경제의 성공적인 부상이 산업 정책에 대한 관심을 일깨웠다. '산업 정책이 동아시아 이외의 다른 지역, 특히 앵글로색슨 국가들에 적용될 수 있는가'를 둘러싼 논쟁이 현재 진행형인 것은 이 때문이다.

이 장에서 필자는 산업 정책이 이론적으로 타당할 뿐만 아니라, 경우에 따라서는 규제 없는 시장이나 (중앙 계획 경제 같은) 다른 형태의 국가 개입보다 더 나은 대안을 제공한다고 주장할 것이다. 그러기 위해 우선 산업 정책에 관한 논쟁들을 검토한 뒤, 경제 제도 및 기술 변동에 대한 최근의 이론적 발전을 소개할 것이다. 그 다음에는 정태적 관점과 동태적 관점, 두 측면에서 산업 정책의 논리를 비교적 자세히 서술할 것이다. 정태적 관점과 관련해 필자는 시장 메커니즘이 조절 실패로 귀결되는 원인과 이런 실패가 값비싼 비용을 치르게 되는 이유를 논하고, 조절 실패를 극복하는 대안으로서 산업 정책을 제기할 것이다. 동태적 관점과 관련해 필자는 경제 변동의 특성을 서술한 다음, 이 같은 경제 변동을 촉진하기 위한 산업 정책의 역할을 살펴볼 것이다. 마지막으로 논의할 것은 산업 정책의 잠재적 문제점들인데, 이 중에서도 특히 정보, 지대 추구, 정치와 제도 등의 문제를 검토할 것이다.

1 산업 정책을 둘러싼 논쟁들

산업 정책은 사실 동아시아에서 새롭게 고안해 낸 것이 아니라, 제2차 세계 대전 이후 상당수 선진자본주의국가의 경제 정책에서 중요한 지위를 차지했던 것이다. 그럼에도 불구하고 산업 정책이 중요 문세로 떠오른 것은 1970년대 후반 이후의 일이었다. 영어권에서 이 부문의 개척자는 OECD였다.[1] 영국에서는 1970년대 후반 노동당 정부가 (그다지 큰 성공을 거두지는 못한) 산업 정책 프로그램을 도입하면서 논란이 많은 주제가 되었다.[2] 산업 정책은 그 유명한 영국의 탈산업화 deindustrialization 논쟁에서도 역시 탈산업화를 저지하고 경제를 다시 살려 낼 수 있는 수단으로 논의되었다.[3] 1980년대에는 유럽 국가들이 1970년대 후반의 산업 위기에 대처해 펼친 다양한 정책에 대한 연구 결과들이 나왔다.[4] 그러나 산업 정책에 대한 가장 격렬한 논의는 아마도 1980년대 초반 미국에서 ≪하버드 비즈니스 리뷰 *Harvard Business Review*≫를 무대로 펼쳐졌을 것이다.[5] 최근 전략적 무역 정책과 관련된 문헌이 활발하게 발간되고 있는 것도 역시 산업 정책 논쟁에 지대한 영향을 받았고, 또 영향을 미쳤다.[6]

1.1 제조업 중시론과 탈산업 사회론

산업 정책 옹호자들의 주요 주장 중 하나는 제조업의 중요성이다. 그렇다고 제조업을 중시하는 사람이 반드시 산업 정책을 지지하는 것은 아니지만 말이다.* 어쨌든 산업 정책 옹호자들은 영국과 미국 경제가 (산업 생산과 제조업 부문 고용 감소라는) 탈산업화 현상을 보이는 이유는 제조업에 대한 무시 때문인데, 이는 제조업이 경제 번영에 미치는 역할을 감안하면 매우 위험한 징조라고 주장한다.[7] 이들은 각종 거

---

* 예를 들어 돈부시Dornbusch *et al.*(1988)는 제조업을 중시하는 입장이지만, 미국 산업의 현재와 같은 쇠퇴를 해결하는 데는 산업 정책보다는 오히려 거시경제적 관리가 나을 것이라고 권고한다.

시경제적 정책 수단의 중요성을 인정한다. 하지만 제조업을 활기차게 발전시키려면 거시경제 정책만으로는 부족하다고 주장한다. 생산성 성장에는 총 자본aggregate capital의 형성보다 자본의 배분이 더 중요하다는 이유에서이다.[8] 따라서 이들의 결론은, 만약 필요하다면 국가는 전략 산업 육성을 통해서라도 산업 발전을 촉진하기 위해 경제에 개입해야 한다는 것이다.[9]

산업 정책 반대자들의 주장은 이와 다르다. 그들은 선진자본주의 경제가 후기 산업 경제, 즉 서비스 부문이 경제생활의 중심이 되는 경제로 이행 중이라고 설명한다.[10] 이들은 경제 활동이 서비스 부문으로 이동하는 경향은 (소득 증가에 따라 서비스 수요가 증가하는) 시장의 힘 때문에 생기는 것인 만큼, 제조업을 중시하는 태도는 불필요할 뿐 아니라 해롭기까지 하다고 주장한다. 즉 제조업 중시는 서비스 부문으로 향하는 자원의 재분배 과정을 방해함으로써 시장의 자연 선택 과정을 봉쇄하고, 결국에는 경제의 장기적 생존 능력을 망친다는 것이다.[11] 따라서 이들은 특정한 부문의 필요에 맞추어 조정되는 산업 정책은 말할 필요도 없고, 제조업 중시 정책조차 도입할 필요가 없으며, 도입해서도 안 된다고 주장한다.[12]

그러나 그동안 탈산업화 문제에 관한 논의는 잘못된 형태로 진행된 것으로 보인다. 탈산업화라는 개념부터 혼란에 휩싸여 있었던 데다 (제조업에서 서비스업으로 이행하는) 장기적 구조 변동의 논리에 대한 이해도 부족했기 때문이다. 다행스럽게도 최근 경제학계 일각에서는 이 같은 혼란의 원인을 규명하면서 주요한 이론적 쟁점 몇 가지를 명확하게 정리해 냈다.[13] 이 '제조업의 중요성manufacturing matters' 논쟁으로부터 얻은 결론은 다음과 같다.

첫째, (탈산업 경제론 지지자들이 믿고 있는 것처럼) 단지 경제 주체들이 부유해지면서 더 많은 서비스를 원하게 되었다는 이유 하나만으로는 서비스 경제로의 구조 변동을 설명할 수 없다. 총 고용에서 서비스 부문 고용의 비중이 커지는 주된 이유는 소득 증가로 서비스 수요가 실제로 늘어났다기보다는 오히려 서비스 부문의 (제조업에 비해) 낮은 생산성 성장률로 인한 서비스의 (상대적) 비용 증가cost inflation 때문인 것으로 보인다.*

둘째, 총 고용에서 제조업 부문의 고용 비율이 줄어드는 현상으로 (그리고 현재가 기준으로 총 생산에서 제조업 생산의 비중이 줄어드는 현상으로) 정의되는 탈산업화는 제조업과 서비스업 간의 생산성 성장률이 다르기 때문에 나타나는 만큼 장기적으로 필연적인 결과이다. 그러므로 이런 현상이 발생한다 해서 반드시 제조업 부문의 경쟁력이 저하된 것은 아니다. 이 같은 의미에서의 탈산업화는 심지어 일본이나 서독처럼 제조업 수출로 성공한 국가도 경험한 바 있다. 이것은 탈산업화를 산업적 쇠퇴의 징후로 본 학자들의 주장과는 반대로 탈산업화와 산업적 쇠퇴가 동일한 현상이 아니라는 것을 의미한다. 물론 산업적 쇠퇴가 탈산업화의 시기와 규모에 영향을 미칠 수는 있다.[14] 때문에 단지 (제조업의 고용 및 생산 비중 감소라는) 탈산업화의 정의만으로 특정 경제의 제조업 부문이 곤경에 처했다고 주장하는 것은 오류이다.

---

* 물론 그렇다고 고용 구조에서의 변화가 사회 경제적 생활에 아무런 영향도 끼치지 않는다고 주장하는 것은 아니다. 서비스 활동의 중요성이 증대하면서 다른 사람들과의 관계나 세상을 바라보는 시각과 같은 라이프스타일에 대단한 변화가 일어날 수도 있다. 특히 서비스업 종사자는 제조업 분야 종사자들과는 완전히 다른 노동 경험을 하게 된다. (노동 과정이 인간을 어떻게 '형성constitute'하는가에 대해서는 Bowles and Gintis, 1990 참조). 이런 중요한 점을 일깨워 준 란데스만에게 감사한다.

셋째, 탈산업화가 필연적이고 장기적인 경향이라고 가정하자. 그렇다 해도 이 같은 사실이 반드시 특정 국가가 제조업을 완전히 무시하고 서비스 부문에만 의존해도 된다는 것을 의미하지는 않는다. 서비스업에는 (금융 서비스, 경영 컨설팅, 고등 교육 같은) 무역을 통해 교환이 가능하거나 급속히 가능해지고 있는 것도 있기는 하지만, 대체로 (정부 서비스, 법률 서비스, 육아, 기초 및 중등 교육 같은) 상당수가 근본적으로 무역이 불가능하거나, (운송, 도소매 등) 무역이 불가능한 부분의 비중이 높기 때문이다. 그렇다면 서비스 부문의 비중이 커지고 있는 국가가 현재의 국민소득을 유지하는 동시에 국제수지 악화에 빠지지 않으려면 (서비스업 부문의 낮은 생산성을 보완하기 위해) 제조업 부문의 생산성을 성장시킬 필요가 있다. 이는 가까운 시일 내에는 농업이나 서비스업 부문의 생산성이 극적으로 성장하기 어렵다고 가정하는 것이 합리적이기 때문이다.

1.2 산업 정책이란 무엇인가?

산업 정책 논쟁에서 주된 문제점 중 하나는 산업 정책의 개념을 명확하게 정의하지 못했다는 것이다. 때문에 논쟁은 과열되었지만 결실이 없었다. 전후 일본의 경험은 산업 정책과 관련된 무수한 논쟁의 진원지였으나, 그 성과는 미미했다. 산업 정책 반대자들은 일본의 경우 산업 보조금과 정부의 융자 지원이 (상대적으로) 적었다고 지적했다. 심지어 유럽 국가들도 산업 보조금과 융자 지원에서는 일본보다 적극적이었다는 것이다. 이 같은 논지에 근거해 트레자이스Trezise는 1983년에 발표한 자신의 논문 제목처럼 '산업 정책은 일본이 성공한 주된 이유가 아니다'라고 주장하기도 했다. 이에 반해 산업 정책 지지자들은 일본의 '행정 지도' 시스템이 수량화될 수 없다는 것 때문에 산업 정책의 성공이 평가 절하되고 있다고 주장했다.[15] 이렇듯 양측이 모두 산업 정책이란 용어를 사용하고 있지만 그 의미는 다르다. 그러므로 산업 정책의 의미를 명확히 정의하지 않는다면 우리는 누가 옳고 누가 그른지 판단할 수 없을 것이다.

미국에서 가장 저명한 산업 정책 지지자인 라이시Reich는 〈왜 미국에 산업 정책이 필요한가Why the U.S. needs an Industrial Policy〉(1982)에서 산업 정책에 대한 정의에 유망 산업에 대한 지원, 숙련 노동력의 창출, 사회 기반 시설의 개발, 지역 정책과 같은 정책 수단들을 포함시켰다.[16] 영국의 산업 정책 지지자인 핀더Pinder는 한걸음 더 나아가 〈산업 정책의 원인과 종류Causes and Kinds of Industrial Policy〉(1982)에서 다음과 같은 일반적 산업 지원 정책을 모두 산업 정책의 요소로 간주했다. 즉 투자에 대한 재정·금융 인센티브, 공공 투자 프로그램, 정부 조달 정책, 연구개발을 위한 재정적 인센티브, 특정한 연구개발 지원과 같은 기업 차원의 정책들, 반독과점 정책, '국가 대표' 기업들 national champions을 창출하기 위한 합병 정책, 중소기업에 대한 지원, 물적·사회적 기반 시설의 개발과 산업 단지 같은 지역 정책, 광범위한 무역 보호, 침체된 산업에서 불황 카르텔을 조직하는 등의 부문 정책, 노동 집약적 산업에서의 제품 혁신 등이다.[17]

심지어 산업 정책 반대자들도 산업 정책의 정의를 폭넓게 설정하는 경향이 있다. 유럽에서 산업 정책에 대해 격렬하게 비판하는 돈게스Donges는 〈그다지 시장 지향적 경제라 할 수 없는 서독에서의 산업 정책Industrial Policies in West Germany's Not so Market-oriented Economy〉(1980)에서 산업 정책에 대해 "산업에 영향을 미치는 모든 정부 행위들을 포괄한다."는 범주적 정의를 내렸다.[18] 코덴Corden 역시 〈거시경제와 산업 정책의 상관관계Relationships between Macro-economic and Industrial Policies〉(1980)에서 "최적의 산업 정책은 충분한 사회 기반 시설 제공, 독점과 카르텔에 대한 일정한 제한, 산업의 성공을 위한 인적 자본 육성에 도움을 주는 교육 시스템, 산업 전망에 대한 방향 제시(물론 진정한 '방향 제시'라면 강제나 보조금이 수반되어서는 안 될 것이다.), 유망 산업에 대한 직접적인 지시, 안정적이고 단순한 조세 체계, 자유롭고 유연한 자본 시장, (간접적이든 직접적이든) 산업 부문별 비보호 정책으로의 꾸준한 이행 등을 제공하는 것일 수 있다."고 말하면서 이 같은 정의를 암묵적으로 채택했다.[19]

물론 이상의 모든 정책들이 산업 발전과 밀접한 관련이 있는 것은 사실이지만 산업 발전에 영향을 미치는 모든 정책을 산업 정책으로 분류하는 것은 유용한 정의가 아니다. 이런 식의 정의에 따르면, 산업 정책은 산업 동향에 영향을 미치는 모든 것을 포괄하는 개념으로 사용된다. 즉 산업 정책이 사실상 모든 경제 정책을 의미하게 되는 것이다. 그러므로 이들은 산업 정책에 너무 많은 내용을 담음으로써 산업 정책이라는 개념을 무의미하게 만들어 버렸다고 할 수 있다.

존슨Johnson은 〈산업 정책의 개념Introduction; The Idea of Industrial Policy〉(1984)에서 "산업 정책은 국제적 경쟁력을 유지하기 위해 국민 경제 내의 다양한 산업을 발전시키거나 보호하고자 하는 정부 행위들을 축약한 용어이다."라고 서술함으로써 그 정의를 약간 더 정교하게 만들었다. 그러나 그 역시 산업 정책의 개념을 지나치게 폭넓게 정의함으로써 다른 학자들과 같은 함정에 빠졌다. 그는 산업 정책이란 범주 하에 자신의 '전략 산업industrial targeting'의 '미시경제' 정책이라고 명명한 것뿐만 아니라, '민간 저축, 투자, 연구개발, 비용 삭감, 품질 관리, 경쟁력 유지, 노동-경영 관계 개선 등에 대한 정부의 인센티브 제공'까지 포함시키고 있다.[20]

존슨이 적절하게 지적한 것처럼,[21] 미시적 산업 정책이 성공하려면 그에 유리한 거시경제적 조건이 필요하다. 그러나 과연 존슨처럼 A(가령 산업 정책)의 성공에 B(가령 민간 저축)가 전제 조건이라 해서, B가 A의 구성 요소(가령 '민간 저축은 산업 정책이다')라는 식의 논리가 가능한 것일까. 이런 논리를 따르면, 전략 산업의 경우 분명히 특정한 조건 하에서는 저축, 투자 등 거시경제적 변수에 영향을 미칠 수 있음에도 불구하고, 전략 산업 육성이 거시 정책의 한 구성 요소가 되는 기괴한 상황이 벌어진다. 예컨대 어떤 거대 프로젝트를 추진하기 위해 인플레이션 유발 수단임에도 불구하고 해당 산업에 금융 지원을 제공한다고 하자. 그러면 사후적 저축ex post savings의 증가라는 거시경제 변수의 변화가 발생한다. 하지만 이런 상황이 벌어진다 해서 전략 산업 육성을 거시경제 정책에 포함시킬 수 있는가? 결코 그렇지 않다. 결국 산업 정책을 옹호하는 가장 좋은 방법은 산업 발전에 유리한 이런저런 요소들을 모두 산업 정책의 정의에 포함시키는 것이 아니라, 산업 정책의 개념을 더욱 엄밀하게 만들고 산업 정책의 혜택이 비용보다 크다는 것을 논증하는 것이다.

이와 관련 란데스만Landesmann은 산업 정책의 특별하고 차별적인 특성을 강조함으로써 매우 중요한 기여를 했다. 그의 〈산업 정책과 사회적 조합주의Industrial Policies and Social Corporatism〉(1992)에 따르면, 산업 정책은 의도적으로 "특수한 대상을 지향한다." 따라서 "(산업 정책은) 무차별적인 것이 아니라, 특정한 산업·특정한 기업·특정한 지역·노동 시장의 특정한 집단 등을 지향한다. 산업 정책의 구성과 집행에는 여러 집단 간에, 다른 지역 간에, 그리고 다른 산업 간에 언제나 상충관계trade-offs가 존재한다는 것이 전제되어 있다."[22] 이 같은 정의에 따르면, 우리는 산업 정책의 영역에서 숙련 노동력의 창출, 노동-경영 관계의 개선 같은 일반적 정책을 배제할 수 있고, 그에 따라 산업 정책의 개념을 보다 정교하게 다듬을 수 있다.

그러나 사실은 란데스만의 산업 정책 개념도 다소 지나치게 포괄적이다. 이 개념 역시 특별한 지역과 노동 시장의 특별한 집단 모두에게 영향을 미치도록 설계된 정책들을 포함하고 있기 때문이다. 물론 산업 정책이 결과적으로 다른 지역들과 다른 집단들에 각각 다른 영향을 미칠 수 있는 것은 사실이다. 그러나 당초 의도한 바가 아닌 결과는 산업 정책의 목표라기보다 그 부산물로 간주하는 것이 옳다. 마찬가지로 실업난이 심한 지역의 취업률을 높이기 위해 섬유 산업 단지를 조성하는 경우에서 볼 수 있듯, 특정 지역이나 집단을 지향하는 정책이 결과적으로 특정 산업에 영향을 미치기도 하지만, 이런 정책은 어디까지나 특정 지역 및 집단을 지향한 정책일 뿐이지 산업 정책이라 불려서는 안 될 것이다.*

이처럼 산업 정책에 대한 현재의 정의들은 현실에서 유용하게 사용되기에는 지나치게 많은 내용을 담고 있는 경향이 있다. 따라서 필자는 산업 정책에 대해 "산업 정책은 국가가 경제 전반에 효율적일

---

* 로렌스Lawrence(1984)는 '국가 안보나 소득 재분배, 지역 개발의 촉진과 같은 특수한 목적은 보다 그에 적합한 정책을 통해 성취 가능하다'는 것을 근거로 특정 지역이나 집단을 지향한 정책 대신에 산업 정책을 이용하는 것에 반대한다(p.113).

것으로 인식한 결과를, 특정 산업 - 그리고 그 요소로서 기업 - 으로 하여금 달성토록 하는 것을 목표로 하는 정책이다."라는 정의를 제안하는데, 이는 보통 '선별적 산업 정책'[23]이라 불리는 것과 유사하다.*

필자는 산업 정책의 정의에서 우선 '특정 산업'이라는 단어를 강조했다. 이는 산업 정책의 정의에서 (교육 투자나 사회 기반 시설의 개발 등) 산업 일반에 영향을 미치거나, (특정 지역이나 집단 같은) 산업 이외의 범주와 관련되는 정책을 배제하기 위해서이다. 둘째, 필자가 '효율적'이란 단어를 사용한 이유는 기본적으로 산업 정책의 지도 원리는 효율성이지 (평등과 같은) 여타의 목표가 아니라는 것을 강조하기 위해서이다. 이와 관련 필자가 산업 정책의 맥락에서 사용한 효율성의 개념은 전통적인 경제학에서보다 더 넓게 정의되는데, 특히 정책 집행 과정에서 생기는 '거래 비용'을 고려한 개념이다. 셋째, 필자는 '경제 전반'이라는 용어를 사용함으로써 비록 산업 정책이 특정한 산업을 겨냥한다 해도 그 궁극적인 목표는 특정한 산업뿐만이 아니라 경제 전체의 효율성을 개선하는 것이라는 점을 분명히 했다. 따라서 산업 정책 체계에서는 개별 산업의 효율성 목표치와 전체 경제의 효율성 목표치가 상호 충돌하는 경우 후자가 우선시되도록 허용한다.** 마지막

---

* 산업 정책에 대한 필자의 정의는 일본이나 프랑스, 한국 같은 '산업 정책 국가'에서 수행한 산업 정책을 정형화한 것에 기초하고 있다. 일본의 산업 정책에 관해서는 Magaziner and Hout(1980), Johnson(1982), Dore(1986), Okimoto(1989)를, 한국의 산업 정책에 관해서는 Jones and Sakong(1980), Luedde-Neurath(1986), Amsden(1989), Chang(1993)을, 프랑스의 산업 정책에 관해서는 Cohen(1977), Hayward(1986), Hall(1987)을 참조하라.

** 예를 들어 매거지너Magaziner와 하우트Hout(1980)는 일본의 산업 정책에 대한 연구에서 통산성은 종종 "기업체들에게 더 큰 목적을 위해 그다지 매력이 없는 해외 프로젝트에 참여하거나 추가적인 설비 증설을 연기하는 것 등을 권하곤 했다."고 적고 있다.

으로 '국가가 인식한'이란 용어를 강조함으로써 산업 정책의 목표가 반드시 모두에게 정당하게 받아들여진다고 할 수도 없고, 반드시 모두에게 정당화되는 것도 아니라는 점을 분명히 하고자 했다.*

2 정태적 차원에서의 산업 정책 논리

앞서 산업 정책을 국가가 경제 전반에 효율적일 것으로 인식한 결과를 이루기 위해 특별한 산업에 영향을 미칠 의도로 만든 정책이라고 정의했다. 좀 더 구체적으로 말해 이러한 정의를 택하면, 국가가 경제 주체들의 시장 진입을 선별적으로 감시·통제하고, 시장을 통해 이룰 수 있는 것보다 더 고도화된 사전적 조절 메커니즘을 수립하고, 이윤 동기를 제한하거나 촉진하기 위해 전반적인 시장 상황을 파악하거나 규제하는 것 등이 더 명백히 정당화될 수 있다.[24] 그러나 도대체 국가의 사전적 조절이 필요한 이유가 무엇인가. 이미 시장이 사후적인 조절, 혹은 (하이에크의 표현대로) '자연 발생적'인 조절을 담당하고 있지 않은가. 이에 대한 일반론적인 답변은 '시장 실패' 때문에 필요하다는 것이다. 그러나 이 정도로는 충분한 답이 될 수 없다. 따라서

---

* 이 부분에 대한 정의 덕택에 우리는 산업 정책의 중요성을 평가 절하하는 사람들을 상대할 수 있게 되었다. 이들은 높은 저축률과 '따라잡기 효과' 같은 요소를 감안하면 일본의 경우 어차피 급속도로 성장하고 부유해질 수밖에 없었다는 식으로 말한다(예를 들어 Krugman, 1984). 그러나 '국가가 인식한' 관점에서 보게 되면 요점은 일본이 산업 정책 없이도 부유해질 수 있었는지의 여부가 아니라 현재의 일본 경제 구조는 일본 정부가 (어떤 기술을 선택할 것인지, 저축을 어디로 돌릴 것인지와 같은) 산업 정책적 수단의 추진을 통해 이루고자 하던 것과 일치하느냐의 여부가 된다. 이런 면에서 일본의 산업 정책이 결정적인 역할을 수행했다는 데는 의심할 여지가 없다.

우리가 지금부터 해야 할 일은 '조절 문제coordination problem'를 엄밀히 검토하는 것이다. 일반적으로는 이 '조절 문제'의 처방으로 시장 메커니즘이 제시되고 있다. 그러나 사실 시장 메커니즘은 상당히 많은 경우 조절 문제를 해결하는 데 실패해 왔다.

2.1 시장에 조절 기능이 있는가?

우선 주류 산업 경제학의 기반인 완전 경쟁 모델을 검토해 보자. 이 모델의 경우에도 여러 경제 주체들이 등장해서 생산 및 가격 결정에 대한 계획을 세운다. 그러나 이런 계획들을 '사전적으로 조절'할 필요는 없다.[25] 뎀세츠Demsetz가 《경제적, 법적, 정치적 차원에서의 경쟁Economic, Regal, and Political Dimension of Competition》(1982)에서 적절하게 표현한 대로, '완전 분권화 모델'에서는 사전적 조절이 필요 없다. 이 모델은 개별 경제 주체들의 행위가 극히 미미할 정도로 사소하기 때문에 무시할 수 있다고 가정한다. 즉 이 모델에서 개별 경제 주체의 일방적 행위는 무시할 수 있을 정도이기 때문에 총체적 결과를 바꿀 수 없는 것이다.[26] 개별 경제 주체를 무시할 수 있다면 이 개별 주체들 간의 상호 의존성은 존재할 여지가 없다. 또한 이런 사소한 개별 경제 주체들 간의 행위를 사전에 조절해야 할 필요도 없다.

이처럼 신고전학파의 완전 경쟁 모델에는 상호 의존성이 결여되어 있는데, 이것을 뒷받침하는 결정적인 가정이 있다. 이 가정에 따르면, 생산 기술의 특성은 '규모에 대한 수확 체감DRS(decreasing returns to scale)'이다. 이런 기술에서는 생산을 극한적으로 계속 밀고나가면 나갈수록 그 생산량은 무한적으로 0에 가까워진다. 그러나 생산 기술의 특성이 '규모에 대한 수확 불변CRS(constant returns to scale)'이라고 가정하면 - 규모에 대한 수확 불변은 광범위하게 활용되는 가정이다 - 곧바로 완전 경쟁 모델은 조절 문제를 해결할 수 없게 된다. '규모에 대한 수확 체증IRS(increasing returns to scale)'이라는, 일을 더 복잡하게 만드는 가정은 언급할 필요조차 없다. 이 같은 사실은 이미 오래전에 리처드슨Richardson에 의해 지적된 바 있다.[27] 이에 대해 조금 더 자세히 살펴보자.

다수 기업이 존재하는 상황에서 규모에 대한 수확 불변 기술이 지배적인 경우 기업들은 사전에 마치 수요 곡선이 수평인 것처럼 (즉 개별 기업 입장에서는 자사의 행위는 무시할 수 있을 정도로 극미한 것처럼) 행위할 수 있다. 그러나 사후에 이 같은 시장이 청산된다는 그 어떤 보장도 없다. 개별 기업들은 (규모에 대한 수확 불변으로) 생산 기술로 인해 제약받지 않는 상황에 처한 만큼 원하는 대로 생산할 수 있기 때문이다. 다시 말해 특정 산업에서 생산 기술의 특성이 규모에 대한 수확 불변인 경우에는 그 산업 내에 머물 수 있는 기업의 수나 각 기업의 생산량을 결정할 수 있는 방법 자체가 없다. 이 같은 사실은 표준적인 신고전학파 교과서[28]들도 인정하고 있다. 그러나 현실적인 시장에서는 설령 규모에 대한 수확 불변 기술을 인정한다 해도 일정 수의 기업만이 살아남을 수 있다. 또한 해당 시장에 (무한한 수의 기업이 아니라) 일정 수의 기업만 존재한다면 그 기업들 간에는 상호 의존성이 발생할 수밖에 없는데, 이는 결국 사전적 조절의 필요성으로 귀결된다.*

물론 모든 기업들이 다른 기업들의 생산량을 정확하게 예측할 수 있다고 가정한다면 - 실제로 신고전학파 교과서들은 이렇게 암묵적으로 가정한다 - 조절 문제는 존재하지 않을 수 있다. (단, 규모에 대한 수확 체증 기술이 지배하는 상황에서는 그런 가정을 해도 조절 문제를 해결하는 것이 불가능하다.) 그러나 하이에크가 언급한 것처럼 "만약 인간들이 모든 정보를 알고 있다면, 그들은 균형 속에 있을 수 있다. 이것은 진실이다. 그러나 이런 주장이 진실인 이유는 '사람들이 모든 정보를 알고 있다'는 가정 그 자체가 균형의 정의이기 때문이다."[29] 만약 모든 사람이 다른 모든 사람의 계획을 알고 있다면 가격 시스템이 필요한 이유가 도대체 무엇인가. 또 가격 시스템 이외의 조절 메커니즘들이 왜 필요하단 말인가. 다르게 말해 완전 경쟁 모델에서 균형이 달성되는 이유는 이 모델이 최초의 가정에서부터 조절 문제를 배제하고 있었기 때문이다.

하이에크가 다소 경멸적으로 말했듯, "경제 이론에서 기묘하게 '완전 경쟁'으로 불리는 상황, 즉 사람들이 모든 것을 알고 있는 것으로 가정되는 사태는 기실 경쟁이라는 활동이 존재할 수 있는 여지를 남겨두지 않는다."** 때문에 하이에크는 "경쟁적 균형 이론 배후에 있는 가정의 특수한 실체는, 이 가정의 조건들이 모두 만족될 때 '경쟁'이라는 용어로 표현되는 어떤 활동이 가능한지 검토해 보면 확연히 드

---

* 게다가 윌리엄슨(1988)이 언급하듯 "다수의 경쟁이라는 조건이 처음부터 통용되었다고 설명하는 것으로는 충분치 않다. 이것이 지속되었는지 아니면 특정 자산에 대한 투자specific investment 거래나 불공정 계약이라는 이유로 그 이후 쌍무적 거래 관계로 변화했는지 여부에 대한 조사도 또한 필요하다."(p.71)

** Heyek(1978, p.182) 참조. 하이에크가 '상태로서의 경쟁'이라고 부르는 견해는 산업경제학 분야에서 여전히 지배적이다. 경쟁에 대한 다른 개념은 Heyek(1949b, 1978), McNulty(1968), O'Driscoll(1986)을 참조하라. 가령 비교적 최근에 나온(이 글은 1994년에 출판되었다-역주) 티롤Tirole(1988)의 산업경제학 교과서마저도 특허 경쟁에 의해 독점자가 다른 독점자로 대치되는 것은 "경쟁을 의미하는 것이 아니다. 독점자의 대치일 뿐이다."고 주장한다(p.396, no.12). 그러나 하이에크가 이런 이야기를 들었다면 그 '대치'가 바로 '경쟁이라 불리는 활동'의 결과라고 반박했을 것이다.

러난다. … '완전' 경쟁의 정의 하에서는 광고, 가격 인하, 생산된 재화나 서비스에 대한 개선('차별화') 등이 모두 필요 없는 활동이 된다. 사실 '완전' 경쟁은 모든 경쟁적 활동의 결여를 의미하는 개념인 것이다."라고 주장한다.[30]

한편 소수의 기업만이 존재하는 상황의 경우에 신고전학파 전통의 과점 모델은 시장 결과의 불확정성에서 나타나는 조절 문제를 인식하고 있다. 그러나 조절 문제에 대한 그들의 해결책은 그리 만족스럽지 않다. 이 문제에 대한 그들의 통상적 해결책은 혼합 전략 혹은 임의 선택randomised 전략을 채택하는 것이다.[31] 그러나 혼합 전략은 적정한 해결책을 보장하지 않는다. 혼합 전략에서 적정한 해결책이 나올 수 있는 예외적 경우가 있긴 하다. 즉 특정 상황이 무한하게 반복되는 상황에서 사람들이 자신의 행위를 임의 선택하면 평균 이득을 최대화할 수 있다는 확률론적 의미에서만 적정한 해결책이 가능해지는 것이다. 그러나 상황이 반복되지 않는 경우라면 확률론적 개념을 사용하는 것은 그다지 의미를 부여할 수 없다.[32] 이에 따라 혼합 전략 균형의 적정성이란 개념은 모호해지게 된다. 예컨대 A라는 기업이 4메가 메모리칩을 위한 생산능력에 투자 전략을 세운다고 하자. 그런데 기술 진보의 속도를 감안하면 다음의 투자 전략 대상은 16메가 메모리칩의 생산능력일 것이다. 이렇게 바뀌는 상황에서 A기업이 과연 의미 있는 '임의 선택'을 내릴 수 있을까?

개별 주체는 이 같은 비반복적 상황에 처할 경우 확률론적으로 행동하기가 무척 어렵다. 그런데 이런 난점을 피해 갈 수 있는 방법이 있다. 바로 혼합 전략을 '진화적 관점에서 안정적인 전략ESS(evolutionarily stable strategy)'으로 해석하는 것이다. 이 전략에서 개별 주체들은 자신의 행위를 임의로 선택하지 않는다. 그러나 개별 주체들은 전체 집단 내부에서 각기 충분히 다른 유형이기 때문에 그 총체적 결과는 각 개별 주체들이 임의 선택하는 경우와 동일해진다는 것이다.[33] 그러나 심지어 이 개념이 탄생한 생물학적 세계에서도 진화적 관점에서 안정적인 전략의 균형은 단지 어느 정도 유지될 뿐이다. 그 이유는 "(유전학적) 이질성과 변화하는 조건들은 많은 경우 해당 집단이 적응의 정점에 있지 않다는 것을 의미할 수밖에 없기 때문이다. 심지어 조건이 일정한 경우에도 진화적 선택은 연속 적응도 함수continuous fitness function의 정점으로 다가갈수록 점차 약화된다. 이 함수의 정점에 달하려면 무한한 시간과 무한한 집단들이 필요한 것이다."[34] 게다가 진화적 관점에서 안정적 전략의 직관적 의미는 수많은 산업 시장에서는 더욱 모호해진다. 그 이유는 산업 시장의 경우 조건 변화가 급속도로 진행되므로 선택 메커니즘이 완전해지는 정도까지 작동할 시간적 여유가 없는 것이다. 또한 이 같은 상황에서도 주체들은 (즉 인류는) 학습을 통해 자신들의 '유전자'(행동 특성)뿐만 아니라 선택 메커니즘(환경)을 바꾸고, 결과적으로는 '진화적 관점에서 안정적인 전략' 그 자체까지 변혁한다.[35]

규제 없는 시장은 조절 장치로서 결함을 갖고 있는데, 이는 이미 마르크스Marx에 의해 인식되었다. 마르크스는 기업을 자본주의적 무정부주의의 바다에 떠 있는 계획된 경제의 섬으로 간주했다. 그는 다음과 같이 말한다.[36]

"부르주아적 의식은 한편으로 작업장에서의 분업과 노동자들의 평생에 걸친 부분적인 작업에의 고착, 생산력을 높이는 노동 조직을 통해 진행되는 자본에 대한 노동자의 완전한 종속 등을 찬양한다. 그러나 부르주아들은 다른 한편에서 이 같은 찬양과 동일한 강도로 생산 과정을 통제하고 조절하고자 하는 모든 의식적 시도들을 비난한다. 이 같은 시도는 재산권, 자유, 개별 자본가들의 자기 앞날을 만들어 나가는 '천재성genius' 등 신성한 것에 대한 침해라는 주장이다. … 자본주의 생산양식이 지배하는 사회에서는 '사회적 분업에서의 무정부성'과 '생산에서의 분업에 대한 독재'가 함께 존재하는데, 이 무정부성과 독재는 서로가 서로를 규정하는 존재 조건이다."*

마르크스는 (그가 사회적 분업의 무정부성으로 표현한) 시장이 조절 장치로서 실패할 경우 엄청난 자원 낭비가 초래됨을 간파했다. 이에 따라 그는 기업 수준에서 이미 존재하고 있는 사전적 조절을 전체 경제 차원으로 확장하기를 희망했는데 - 마르크스는 생산과정에서의 분업을 독재라 불렀고, 윌리엄슨Williamson은 '위계hierarchy'[37]로 명명했다 - 이는 개별 행위들에 대한 중앙 계획이나 적어도 일종의 중앙 조절을 통해 이루어지는 것이다.**

그렇다면 조절 실패가 '낭비적'인 이유는 무엇인가? 조절 실패가 발생한다고 해도 경쟁 과정을 통해 교정될 수 있다는 반론을 제기할 수 있지 않을까? 기업들은 경쟁 과정에서 자사의 오류를 교정하지 않으면 자멸할 수밖에 없다. 사정이 이렇다면 사전적 조절이 필요한 이

---

* 돕Dobb(1925, 23장)도 유사한 우려를 드러낸다. 돕은 자본주의 경제를 '경제적 무질서economic anarchy'로 서술하는데, 이는 경제에 유동성을 제공하기도 하지만 조절의 실패로 말미암은 불안정이라는 대가를 치러야 한다. 그는 특히 기대expectations는 같은 방향으로 향하는 경향이 있으므로 경쟁 기업들의 오산이 상쇄될 수 없을지 모른다는 점을 지적한다.

** Pagano(1985, 3장)를 참조하라. 그러나 마르크스가 보다 민주적이되 분업의 전문화 강도는 보다 낮은 기초 위에 조직된 사회주의 사회에 대한 또 다른 비전을 가졌다는 점에 주목해야 한다. 파가노(1985, p.60)는 이 비전을 '반反기업 공산주의'라고 적절하게 지칭한다.

유는 대체 무엇일까. 심지어 특정 산업을 지배하는 생산 기술의 특성이 '규모에 대한 수확 체증'인 경우에도 사전적 조절은 필요하지 않다고 주장할 수 있다. 그 이유는 적정한 수 이상의 기업이 특정 산업에 진입할 경우 이 중 일부는 경쟁을 통해 파산하는 것이 필연적이고, 이에 따라 최종적으로 적정한 결과가 달성되기 때문이다.

그러나 이상의 논리 전개에는 치명적인 문제점이 있다. 그것은 파산한 기업에 투자된 자원들이 즉각적으로 그리고 추가 비용 없이 다른 부문에 이전될 수 있다는 가정인데, 이는 금융의 세계 – 혹은 경제학자의 세계? – 에서만 가능하다. (케인스의 유동성 선호 개념에서 볼 수 있듯) 금융의 세계에서 모든 자산은 '보편적general'이고 '유동적liquid'이다. 따라서 어떤 투자든 이윤을 발생시키지 못한다는 것이 밝혀질 경우 즉각 해당 산업에서 철수할 수 있고, 이 과정에서 비용도 크게 들지 않는다.* 그러나 현대 산업 경제에서 자산은 상당수가 특수 자산specific assets이다. 이미 투자했던 부문에서 다른 부문으로 이동할 때 가치 손실이 발생하게 된다는 이야기이다.[38] 자산 특수성의 세계에서는 마르크스가 주장했듯이 시장을 통한 사후적 조절은 낭비적일 수밖에 없다. 그 이유는 특수 자산이 포함되어 있는 산업에서 조절이 실패하는 경우, 이는 경제에 활용할 수 있는 자원 규모의 순감소純減少를 의미하기 때문이다.**

---

* 아마데오Amadeo와 바누리Banuri(1991)는 (금융가, 산업가, 노동자 같은) 서로 다른 그룹이 보유하고 있는 자산의 유동성과 시장에서 규제 받지 않는 경쟁의 옹호 수준에는 상관관계가 있다고 주장한다.

** 최근 주류 이론에서 이루어진 몇 가지 진보로 인해 '낭비적 연구개발' 같은 모델을 통해 이러한 의견을 구체화하는 것이 시도되고 있다. 그러나 이런 형태의 모델은 아직 일반 경쟁이론 수준까지는 확장되지 못했다.

시장이 조절 문제를 해결하는 데 실패한다면, 그리고 이 같은 실패가 낭비로 이어진다면, 비시장적인 혹은 사전적인 조절이 필요한 경우가 발생한다.[39] 신제도경제학이 논증하는 것처럼 (윌리엄슨의 용어로 위계에 해당하는) 기업은 비시장적 조절의 가장 대표적인 형태이다. 그러나 비시장적 조절 메커니즘에는 서로 다른 다양한 형태들이 존재한다. 윈터Winter가 주장했듯, "시장은 나타나고 사라지곤 한다; 기업은 생산 품종을 확대하다가 전문 제품으로 회귀하곤 한다; 유사 기업과 유사 시장은 계속 생겨난다."* 중앙 계획 역시 조절 문제를 해결하기 위한 제도적 장치이며,[40] 산업 정책 또한 이런 장치 중 하나이다.

2.2 시장 조절 장치로서의 산업 정책

현대 산업 경제의 특징 중 하나는 그 생산 기술이 주로 기계 형태를 띠고 있으며, 대규모 고정 투자를 필요로 한다는 것이다.** 그런데 대규모 고정 비용이 의미하는 것은 평균 비용 곡선의 하강과 규모의 경제이다. 게다가 이 같은 고정 자산에서 상당 부분은 특수 자산이거나 '매몰' 비용이다. 즉 이런 고정 자산들에 투입된 비용은 그 고정 자산을 다른 곳에 매각한다 해도 완전히 회수되지 않는 것이다. 한편

---

* Winter(1988, p.168)를 참조하라. 자본주의 경제에서 이와 같은 다양한 조절 장치는 해결해야 할 다양한 조절 문제의 존재를 증명하는데, 이는 필자가 산업 정책의 특수성을 강조하는 이유 중 하나이다. 조절 문제를 성공적으로 해결하려면, 각 경우에 존재하는 문제의 본질에 적합하게끔 맞춤화된 정책 처방이 필요하기 때문이다.

** 이러한 특징을 이론화하는 데 중요한 두 가지 수단은 (리카도Ricardo 시스템에는 없는) 마르크스의 '불변 자본constant capital'이라는 개념과 오스트리아 학파의 '우회적 생산 방법roundabout methods of production'이라는 개념이다.

기업들은 규모의 경제로 인해 종종 해당 산업 부문에서 일정 수의 기업만이 존재할 수 있는 규모로 생산하지 않을 수 없게 된다. 가장 효율적인 규모로 생산하는 기업만이 경쟁 기업보다 저렴한 가격으로 재화를 시장에 내놓을 수 있고, 그래야 경쟁자를 해당 산업 부문에서 퇴출시킬 수 있기 때문이다. 이 같은 두려움에서 벗어나기 위해 다른 기업들도 효율적인 기업과 같거나 아니면 좀 더 효율적인 기술을 채택하게 된다. 그렇지 않으면 시장에서 밀려날 수밖에 없으니까. 이런 메커니즘이 작동한 결과는 해당 산업의 과점화이다. 그리고 그 상태에서 기업들의 결정 간에는 전략적 상호 의존성이 존재하게 된다.

그런데 이 같은 조건 하에서 전략적 상호 의존성은 비효율성으로 귀결되고,[41] 이에 따라 국가 개입이 등장할 여지가 생기게 된다. 그러나 이런 상황에서 필요한 국가 개입이 반드시 반독과점 유형의 정책인 것은 아니다. 그 이유는 과점 기업들을 해체하여 (경제적 순손실 deadweight loss을 줄임으로써) 얻는 이익보다 적정 규모 이하에서 생산하여 생산비가 올라감으로써 입는 손해가 더 클 수 있기 때문이다. 지금부터는 이 같은 맥락에서 산업 정책의 역할을 논의할 것이다.

2.2.1 전략적 불확실성의 제거를 통한 투자 조절

규모의 경제에 따라 비용 구조가 결정되는 산업에서는 가격 경쟁이 벌어지기 쉽다. 기업들이 경쟁자보다 싼 가격으로 상품을 내놓기 위해 심지어 장기간의 손실 - 혹은 고정 비용 이하의 가격 - 까지 감수하게 되는 것이다. (에너지 가격 인상 등의) 외부적 충격이나 투자 시점에서 기대에 미치지 못하는 수요의 증가 등 불리한 수요 조건 하에서는 해당 산업의 기업들이 가격 전쟁에 뛰어드는 것을 선호할 수 있고, 이에 따라 고정 비용도 회수하지 못하는 엄청난 손실을 감수하게 될 여지가 있다. 이렇듯 규모의 경제가 작동하는 산업에서는 저투자나 과잉 투자 현상이 만연하게 되는데, 문제는 저투자나 과잉 투자가 시장 메커니즘만으로는 쉽사리 해결되지 않는다는 것이다.

우선 규모의 경제가 작동하는 새로운 산업 - 혹은 성장 산업 - 을 가정해 보자. 이 같은 상황에서 잠재적 시장 참여자들은 두 가지 경우를 예측할 수 있다. 첫째, 저마다 다른 경쟁자들이 상당수 진입할 것으로 보고 잠재적 시장 참여자들이 진입을 자제하는 것이다. 이 경우 해당 산업에 실제로 진입하는 기업은 상당히 적을 수밖에 없게 되고, 따라서 저투자와 적정 수준 이하의 생산량 산출이라는 결과가 빚어진다. 둘째는 잠재적 시장 참여자들이 저마다 해당 산업에 다른 경쟁자들이 많이 진입하지 않을 것으로 예측하는 경우이다. 이때는 앞의 상황과 반대로 해당 산업에 지나치게 많은 투자가 발생할 가능성이 크다. 시장 참여자들이 (미래의 경쟁에서 차별적 이익을 제공할 수 있는) 단위 비용을 낮추기 위해 가능한 한 높은 생산능력을 갖추고자 하는 동기가 부여되기 때문이다. 이 경우에는 과잉 투자가 일어난다. 그러나 리처드슨의 설명대로 "과잉 투자는 가격 인하를 유발함으로써 모든 공급자들을 처벌한다."[42] 그리고 이 과정에서 일부 기업이 파산하면 그들의 투자에 투입되었던 자원들은 낭비된다고 할 수 있다. 그 투자 중에 특수 자산이 포함된 만큼 말이다.

저투자나 과잉 투자는 기본적으로 (각각의 잠재적 시장 참여자가 다른 경쟁자들의 의도를 알 수 없다는) 전략적 불확실성의 문제이다. 때문에 국가가 해당 산업에 개입하여 적정 숫자 이상의 기업의 참여를 허용하지 않을 수도 있다. 그 방법으로는 국가가 잠재적 시장 참여자들 간의 사적인 협상을 중재하거나, 경우에 따라서는 국가가 나서서 타협안을 강제함으로써 거래 비용을 줄이는 것 등이 있다. 국가가 주도하는 투자 조절에서 가장 흔한 형태는 진입에 면허를 부여 하거나 생산량 확대 규제 등이다. 그러나 경우에 따라서는 국가가 사적 부문 간의 협상을 주도하는 방법으로 투자를 조절하기도 하는데, 이와 관련된 고전적 사례로는 1960년대 일본의 경우를 들 수 있다. 당시 일본 정부는 강철, 염화비닐, 합성섬유, 펄프, 제지, 시멘트, 석유, 석유화학, 자동차, 공작기계, 일부 전자 산업 등의 부문에서 민간 기업 간의 협상을 주도해 (이른바 '투자 카르텔'이라 할 수 있는) 전체 산업 규모의 투자 계획을 수립한 바 있다.[43] '조건부 진입'도 흥미로운 투자 조절 방법 중의 하나이다. 수요 조건의 변화에 따라 국가가 진입자의 수 - 혹은 새로운 생산능력 규모 - 를 조정하는 것인데, 한국의 자동차 산업에서 시도된 바 있다. 당시 한국 정부는 수요 성장이 지체되자 승용차 기업 3곳 중 1곳을 퇴출시켰는데, 수요가 다시 늘어날 경우 퇴출된 회사가 복귀할 수 있도록 하는 조건에서였다. (1980년 산업 구조 재조정 당시 승용차 시장에서 기아를 퇴출시켰다가 1987년에 다시 진입시킨 것을 일컬음-역자 주)

2.2.2 일시적 수요 변동의 대응책, 불황 카르텔

심지어 적정 생산 규모 상태인 산업에서도 가격 전쟁이 발생할 수 있다. 경기 침체, 갑작스런 수입품의 침투, 원자재 가격의 변화, (수출 지향적 산업에서라면) 세계적 불황 등의 이유로 예측하지 못한 수요 변동이 일어나는 경우이다. 이런 수요 침체가 일시적 현상이라면 '불황 카르텔'을 구축하는 것이 바람직할 수도 있다. 불황 카르텔은 개별 기업들이 일정 기간 동안 생산을 제한하는 행위를 말하는데, 이는 가격 전쟁을 회피하는 수단이기도 하다.

통념적으로 카르텔은 소비자 잉여를 생산자에게 이전시키는 (즉 독점 이윤을 창출하는) 과정에서 배분적 비효율성을 (즉 경제적 순손실을) 창출하는 기제로 알려져 있다. 그래서 경제학계에서는 이에 대한 거부감이 상당히 강한 편이다. 하지만 우리는 다음과 같이 카르텔의 비용을 (즉 경제적 순손실을) 카르텔로 인한 잠재적 수익과 비교해 볼 필요가 있다.

첫째, 우리가 이미 논의했듯이 특수 자산을 포함하고 있는 기업들 간의 가격 전쟁은 일부 기업의 파산으로 귀결될 수밖에 없다. 즉 사회적 낭비가 발생하는 것이다. 불황 카르텔은 이런 사회적 낭비를 차단할 수 있는 수단이다. 둘째, 파산에 따른 사회적 낭비가 발생하지 않아도 불황 카르텔이 필요할 수 있다. 불황 카르텔을 저지한 결과가 장기적으로는 오히려 배분의 비효율성 심화로 나타날 수 있기 때문이다. 오키모토Okimoto의 ≪시장과 통산성 사이에서Between MITI and the Market≫(1989)에 따르면, 불황 카르텔이 형성되지 않는 경우 결국 강한 기업은 약한 기업들의 희생을 발판으로 살아남게 되는데, 이 강한 기업들은 불황이 마무리된 뒤 경쟁자들이 정리된 시장에서 예전보다 더 많은 독점 이윤을 갈취하게 될 것이다. 셋째, 가장 중요한 것은 기업들이 가격 전쟁에 뛰어드는 것을 방관했다가는 장기적으로 생산성 성장의 지체라는 재앙을 초래할 수 있다는 주장이다. 기업들이 가격 전쟁에서 입은 손실을 벌충하기 위해 투자 규모를 줄일 가능성이 크기 때문이다.

물론 불황 카르텔은 (국가가 아니라) 민간 기업들에 의해 조직될 수도 있다. 이는 제1, 2차 세계 대전 사이의 기간 동안 상당수 선진국에서 나타난 현상이다. 그러나 민간 기업들이 주도하는 카르텔은 조직 과정에서 상당한 비용이 소요된다. 카르텔에 많은 기업이 포함되면 포함될수록 '집단 행위의 문제'가 광범위하게 나타나는데, 이는 간단히 극복할 수 있는 사안이 아니기 때문이다. 일례로 민간 기업 주도 카르텔에서는 기업들이 공정 가격을 무시하고 각 계층의 소비자들에게 각각 다른 가격을 요구하기도 하는데, 이것을 적발하기가 매우 어렵기 때문에[44] 결국 카르텔은 소속 기업들을 감시하는 활동에 엄청난 자원을 쏟아 부어야 한다. 다른 한편 산업의 역사에서 쉽게 발견할 수 있듯, 상호 신뢰가 없는 기업들 간에 카르텔 협정을 이끌어 내기 위해서는 엄청난 거래 비용이 필요하다는 문제도 있다. 이렇듯 여러 가지 이유로 민간 기업들이 불황 카르텔을 조직하는 과정에서 엄청난 비용 낭비가 초래될 수 있다. 이런 경우 국가가 개입해서 보다 신뢰할 만한 카르텔을 조직한다면 그에 따른 거래 비용을 줄일 수 있을 것이다.[45]

2.2.3 수요 감퇴의 대응책, 퇴출·생산 설비 폐기

수요 침체가 장기적인 경우에는 불황 카르텔의 누적 비용이 그 사회적 수익을 웃돌게 될 수 있다. 이런 상황에서는 시장 메커니즘을 통해 효율이 떨어지는 기업을 분명히 퇴출시켜야 할 필요가 있다. 그러나 이와 같은 장기적 수요 침체에 따른 구조 조정이라도 전적으로 시장 메커니즘에 맡기는 것은 바람직하지 않은데, 비용이 지나치게 많이 들기 때문이다. 특정 산업에서 수요가 오랜 기간 동안 지속적으로 하락하는 경우 일부 기업은 당연히 퇴출되어야 한다. 하지만 이런 상황에서는 기업들 간에 소모전이 전개될 수밖에 없다. 그 어떤 기업도 먼저 퇴출되기를 원하지 않는 만큼 다른 기업들을 먼저 퇴출시키고 자신은 가능한 한 마지막까지 남아 있으려 하기 때문이다.* 그 결과 소모전이 벌어지면서 가격 전쟁은 장기화되는데, 이 경우 해당 산업 내 모든 기업들의 상황은 적절한 시기에 퇴출이 단행되었을 때보다 더 악화될 수 있다.[46]

물론 이런 기업들이 특수 자산을 가지고 있지 않다면 구조 조정이 그 어떤 형태로 이루어진다 해도 무방하다. 어떤 기업도 퇴출(과 이어지는 물적, 인적 자원의 재배치)로 인한 비용을 부담할 필요가 없기 때문이다. 그러나 특수 자산 문제가 얽혀 있는 상황이라면 퇴출과 생산 설비 폐기는 질서 정연하게 이루어져야 한다. 이 경우 거래 비용이 없다면 관련 기업들끼리 추가 보상을 지급하는 계약을 체결할 수도 있다. 그러나 거래 비용이 존재하지 않을 수는 없기 때문에 민간 기업들만으로는 이런 계약을 맺기가 대단히 힘들다. 그래서 국가의 개입이 필요한 것이다. 국가의 질서 정연한 퇴출이나 생산 설비 폐기 협정의 조직 혹은 지원 형태에는 다음과 같은 것들이 있다.

첫째, 일부 기업들이 추가 보상을 받고 그 산업에서 물러나는 경우가 있다. 이 경우 해당 산업에 남게 된 기업들이 퇴출 기업들에게 추가 보상을 제공하기도 한다. 1980년대 초반 일본 섬유 산업에서 이런 사례가 나타난 적이 있다.** 국가 보조금은 이 과정을 더욱 신속하

---

* 물론 기업들은 다른 선택도 가능하다. 하나는 수출과 같이 지금까지 개발하지 못한 시장을 찾아내는 것이고, 다른 하나는 섬유·양조·식품 가공 같은 사양 산업에서 생명공학 분야로 사업 다각화에 성공한 몇몇 일본 기업의 사례에서 보듯 다른 연관 산업으로 사업 분야를 다양화하는 것이다(Ghemawat and Nalebuff, 1985; Fudenberg and Tirole, 1986 참조).

** 그러나 추가 보상 계획을 마련하는 것은 쉽지 않다. 관련 주체들 사이에 퇴출로 인한 미래

게 만들 수 있다. (특히 추가 보상을 둘러싼 협상이 어려울 때는) 기업 간의 합병 역시 추가 보상에 따른 구조 조정을 더욱 용이하게 만드는 방법인데, 프랑스 화학 산업 재편 과정에서 시도된 바 있다.[47] 추가 보상 중에는 가령 A기업이 B시장을 포기하는 대가로 C시장에서 점유율을 확대할 수 있도록 지원하는 방법도 있다. 이는 구조 조정 대상 기업이 여러 시장에서 동시에 활동하는 (복합 기업이나) 기업 집단 소속일 때 가능한 처방이다. 1980년대 한국의 산업 구조 조정이 그 좋은 사례라 할 수 있다.

둘째, 일정한 기준에 따라 모든 기업들이 자사의 생산능력을 일정 정도 줄이는 방법이 있다. 그 기준은 해당 산업의 총 생산능력에서 해당 기업이 차지하는 비율이나 시장 점유율 등을 들 수 있을 것이다. 1970년대와 1980년대 일본의 알루미늄, 조선, 섬유, 석유화학, 강철 산업에서 이런 방법에 따라 생산 설비 폐기 협정이 체결[48]된 바 있다.*** 생산 설비 폐기의 이점은 자본재의 연령 구조vintage structure의 개선, 즉 총 자본 설비 중에서 신기술이 체화된 설비의 비율이 높아짐으로써 전체적인 생산성이 향상되는 것에 있다.[49] 생산 설비 폐기 협

의 수익과 비용 산정이 다를 수 있기 때문이다. 가령 소규모 기업 형태가 지배적인 일본의 섬유 산업이 1980년대 초반 신흥공업국들로부터 수입 급증으로 인해 몇몇 부문에서 심각한 경영 위기를 겪게 되었을 당시, 일본 정부는 퇴출로 이익을 얻게 된 잔류 기업들이 퇴출 보상금을 부담해야 한다는 안을 제시했다. 하지만 잔류 기업들은 시장에서 퇴출되는 기업들이 차지하는 비중이 하찮을 (따라서 그 이익은 무시해도 좋을 정도일) 뿐만 아니라 퇴출로 생긴 빈자리 또한 외국 수입품들이 차지할 확률이 높다고 주장했다(Dore, 1986, p.236 참조).

*** 이 경우 추가 보상은 주로 해고된 노동자들에 대한 보상과 관계될 것이다. 예컨대 일본의 조선 산업은 국가가 제공하는 실업 급여의 증액이나 특별 전직 훈련 등이 생산 설비 폐기 협정의 신속한 진행에 중요하게 작용했다(Renshaw, 1986, p.145; Dore, 1986, p.143 참조).

정은 퇴출 협정보다 더 국가 개입을 필요로 할 수 있다. 생산 설비 폐기의 경우는 관련 기업들의 준수 여부를 감시하기가 매우 어렵기 때문이다. 예컨대 퇴출 협정에서 특정 기업의 폐업 여부를 점검하는 것은 힘든 일이 아니다. 그러나 특정 기업이 생산 설비의 일부를 정말 폐기했는지의 여부를 알아내는 것은 쉬운 일이 아니다. 따라서 일본의 사례에서 드러나듯 정부의 감시는 생산 설비를 약속한 대로 순조롭게 폐기하는 데 적지 않은 도움이 된다.[50]

셋째, '밀봉 관리mothballing'라는 흥미로운 방법이 있다. 문자 그대로 설비를 뜯어서 밀봉하는 행위이다. 일본에서 실시된 바 있는 밀봉 관리는 특정 기업이 설비를 복원해 생산 설비 폐기 협정을 위반하려는 경우 상당한 시간과 노력이 필요하도록 고안된 것이다.[51] 즉 기업들이 경쟁자를 속여 넘길 때 발생하는 비용을 늘어나게 함으로써 불황 카르텔에 내재하는 '신뢰의 문제'를 줄이는 방법이라 할 수 있다. 밀봉 관리의 또 다른 장점은 필요한 경우 생산 규모를 다시 이전의 수준으로 확대할 수 있는 여지를 남기고 있다는 것이다. 즉 미래 수요에 대한 지나치게 비관적인 예측으로 인해 너무 많은 생산 설비를 폐기하는 리스크를 피할 수 있다는 이야기이다. 밀봉 관리는 불황 카르텔과 생산 설비 폐기를 혼합한 것으로 수요 침체가 오랫동안 지속될 것인지 여부가 불확실한 경우에 적절하다. 반면 불황 카르텔은 수요 침체가 단기적이라는 것이 확실할 때, 생산 설비 폐기 협정은 수요 침체가 장기적이라는 것이 확실할 때 사용할 수 있다.*

---

* 일본의 섬유 산업에서는 1978년 몇몇 설비에 대해 밀봉 관리에 들어갔는데, 수요 침체가 끝날 조짐이 보이지 않자 결국 1981년에 폐기하였다(Dore, 1986, pp.235-236 참조).

네 번째, 국가의 중재나 법령에 따라 시장을 여러 부분으로 분할한 뒤 자사의 영역으로 결정된 시장에서만 활동할 수도 있다. 가령 A라는 기업은 자사가 활동하는 B시장에서 다른 기업들이 물러나는 대가로 C시장에서는 스스로 물러날 수도 있는 것이다. 이 같은 시장 분할 협정은 해당 산업을 여러 부분으로 나눌 수 있을 때 적절하다. 예컨대 조선 산업의 경우 일정한 톤 수를 기준으로 시장을 분할할 수 있을 것이다. 시장 분할 협정 혹은 특화 협정의 사례로는 1980년대 한국의 전자전화 교환 시스템 산업 재편이 있다. 당시 한국의 전자전화 교환 시스템 산업은 심각한 과잉 생산에 직면해 있었는데, 국가가 해당 산업 내에 있던 4개 기업에게 각각 다른 제품에 전문화할 것을 명령했다. 1960년대 일본의 산업 기계 부문에서도 시장 분할 협정이 체결된 바 있다.

2.3 시장에는 신뢰와 공정성, 유연성이 필요하다!

앞에서 우리는 시장 메커니즘이 조절 문제의 해결에 실패하게 되는 이유를 논했다. 또 조절의 실패가 상당한 비용을 치르게 될 수 있는 이유도 서술했다. 우리는 또 국가 개입이 조절 실패를 방지하거나 교정하는 방법에 대해 논하고, 그 방법으로 투자 조절, 불황 카르텔, 퇴출 및 생산 설비 폐기 협정 등을 검토했다.

이 같은 모든 형태의 산업 정책을 관통하는 것은 전략적 불확실성의 문제이다. 물론 전략적 불확실성이 존재한다고 해서 반드시 국가 개입만이 적정한 처방인 것은 아니다. 국가 개입 외에도 전략적 불확실성을 줄임으로써 장기적 계획을 가능하도록 하는 수많은 비시장 제도들⁵³이 있다.* 기업들 간의 장기 공급 계약, 기술 협력, 수직 통합 등이 그것이다.⁵⁴ 하지만 전략적 불확실성 속에서 조절된 결과를 이끌어 내기 위해서는 필요 불가결한 작업이 있다. 그것은 바로 관련 주체들의 약속이 상호 간에 신뢰를 얻을 수 있는 상황을 조성하는 것이다. 국가 개입이 중요한 의미를 갖는 이유는 필자가 주장해 왔듯이 그것이 '신뢰의 문제'를 극복하는 데 기여하기 때문이다. 예컨대 과잉 투자와 과소 투자는 시장 참여자들의 투자 결정에 기준이 되는 신뢰할 수 있는 지표가 없기 때문에 발생한다. 따라서 이 경우 국가의 투자 조절은 '신뢰의 문제'를 해결해서 과잉 투자와 과소 투자를 방지할 수 있는 하나의 방법이라 할 수 있다. 국가 주도의 불황 카르텔 역시 민간 기업 간의 협정에 내재하는 불신을 극복하기 위한 처방이다. 생산 설비 폐기 협정에서 정부의 감시나 밀봉 관리 협정 역시 관련 경제 주체들의 약속이 상호 간에 신뢰를 얻을 수 있도록 도와준다.

모든 협정을 관통하는 또 하나의 난제는 참여자들 간에 공정한 것으로 인정받을 수 있는 조절 계획을 고안해 내는 것이다. 예컨대 불황 카르텔에서 각 기업들에 할당되는 생산량이나 퇴출 기업의 선정, 어느 기업이 어느 정도의 생산 설비를 폐기할 것인가 등등의 문제를 결정해야 하는 경우 언제나 공정성에서 문제가 되기 마련이다. 물론 기업들의 현재 생산능력이나 시장 점유율에 따라 조절 계획을 결정하는 것이 공정할 수도 있으나, 반드시 그렇지는 않다. 관련 기업들이 이질적인 경우에는 특히 그렇다. 예를 들어 일본 조선 산업에서 "초대형기

---

* 좀 더 일반적으로 말하자면, 인간의 제한된 정보 처리 능력을 감안할 때 이렇듯 장기간에 걸쳐 적용되는 계약을 통해 엄격한 행동 규칙을 도입하는 것은 합리적 결정을 이끌어 내는 데 필수적이라 볼 수 있다(Simon, 1983; Heiner, 1983 참조).

업들과 효율 지향적인 공무원들의 경우 대기업들은 생산량을 줄이기를 바란 반면 수많은 중소기업들은 아예 폐업하기를 바랐다. 그러나 중소기업들은 요구된 감축 규모를 모두 대기업들이 감당해야 한다고 주장했다. 또한 최신 시설에 신규 투자를 감행한 기업들은 자사가 생산량 감축에서 특별히 면제되기를 원했다."* 물론 국가가 항상 공정한 것은 아니다. 그러나 국가는 조절 계획의 기준으로 국익을 제시함으로써 조절 과정을 순조롭게 만들 수 있다. 국익은 협상에서 하나의 준거가 될 자격이 있기 때문이다.

셋째는 유연성의 문제이다. 인간의 인식에는 (제한된 합리성이라는) 한계가 있다. 이는 수요 등에 대한 예측이 (그리고 그에 따라 결정되는 투자가) 얼마든지 잘못될 수 있다는 것을 의미한다.** 예컨대 이미 수요가 엄청나게 하락한 상황이라 해도 퇴출이나 생산 설비 폐기 등의 결정이 반드시 정당하다고 장담할 수는 없다. 어느 날 갑자기 수요가 회복되는 경우도 있기 때문이다. 그래서 어느 정도 수요가 회복될 가능성이 있는 경우에는 복구가 어려운 퇴출이나 생산 설비 폐기 같은 것보다는 비록 단기 비용을 감수하더라도 불황 카르텔을 선택하는 것이 현명할 수 있다. 미래에 실제로 수요가 늘어난다면 그에 대응해야 하기 때문이다.*** 또한 조건부 진입이 성장 산업에서 유연성을 유지

---

* 이 협상의 결과 결국 퇴출된 기업은 없었고,, 생산량 감축은 업체 규모에 따라 최상위 7개 기업은 40%, 가장 하위의 21개 기업은 15%로 정해졌다(Dore, 1986, p.145 참조).

** 그리고 이는 소비자가 미래의 구매 행위에 대한 계약을 꺼리는 이유이자, 기업이 일반적으로 향후의 원료 구매에 대한 태도를 분명히 하기를 회피하는 이유이다. 소비자는 미래에 필요한 것이 무엇인지, 기회가 어떻게 될 것인지를 알지 못하고, 기업은 자신들에게 어느 정도의 생산 가능성이 열릴지를 예측하지 못하기 때문이다(Richardson, 1971, p.437 참조).

*** 일본의 알루미늄 제련 산업의 경우 (주로 오일 가격의 앙등과 그에 따른 전기료 상승으로 빚어

하기 위한 장치라면, 밀봉 관리는 수요 전망이 어두운 사양 산업에서 유연성을 유지하기 위한 장치라고 할 수 있다.

3 동태적 차원에서의 산업 정책의 논리

앞 절에서는 초점을 주로 수요 변동에 맞추면서 내생적 기술 변동은 언급하지 않았다. 그러나 기술 변동은 무시할 수 없는 주제이다. 기술 변동을 내생적으로 일으키는 능력이야말로 자본주의 시스템의 최고 장점이기 때문이다. 사실 기술 변동은 본질적으로 예측할 수 없는 과정이다. 심지어 국가를 포함한 그 어떤 경제 주체도 기술이 이후 어떻게 변동되어 나갈지 단언하지 못한다. 더욱이 기술 변동은 진화적 과정이라고까지 주장된다. 즉 (적자생존에 따른) 자연선택 메커니즘에 의해 보다 나은 기술을 발전시키는 경제 주체들만이 생존하게 된다는 것이다. 이에 따라 산업 정책을 비판하는 학자 중 일부[55]는 산업 정책이 '정태적' 조절 문제를 아무리 잘 풀어낸다 해도 장기적으로는 이익보다 손해가 크다고 주장한다. 산업 정책이 시장 경제의 (적자생존이라는) 자연선택 메커니즘이 순조롭게 작동하지 못하도록 방해하기 때문이라는 것이다.

이런 맥락에서 보면 중앙 계획 경제의 실패는 '동태적 효율성의

진) 가격 상승에도 불구하고 줄어든 수요만큼 생산능력을 축소하지 못하는 이유 중의 하나로 연구개발 능력을 지원할 수 있는 수준의 규모는 유지해야 할 필요가 있다는 점을 들었는데, 이는 향후 비용 문제가 개선될 경우 국제 경쟁력을 회복하는 데 있어 중요하기 때문이었다 (Dore, 1986, p.143 참조).

달성이 조절 문제보다 훨씬 더 중요한 사안'이라는 것을 반증하는 사건일 수 있다. 옛 사회주의권 중앙 계획 경제 시스템도 조절 문제 해결에는 어느 정도 성공했던 것으로 간주되기 때문이다. 사실 중앙 계획 경제 옹호론자[56]들도 계획 경제가 시장 경제보다 역동성 측면에서는 우월하지 않다는 것을 인정한다. 그러나 조절 문제를 해결하는 능력에서는 계획 경제가 시장 경제보다 나았으면 나았지 못하지는 않다고 생각했다.*

로젠버그Rosenberg와 버드젤Birdzell의 《서구는 어떻게 부유하게 되었는가How the West Grew Rich》(1986)에 따르면, 계획 경제가 실패한 이유는 다음과 같다.

"계획 경제가 실패한 이유 중 하나는 경제 시스템을 생명 없는 기계와 동일시한 개념적 오류 때문이다. 경제 시스템은 스스로를 변동시키고, 적응시키고, 성장시키고, 갱신하고, 재생산함으로써 스스로의 미래를 만들어 나가는데, 이 같은 경제 시스템의 내적 능력을 계획주의자들이 간파하지 못한 것이다. 계획 경제 시스템에서는 계획에 들어 있지 않은 독립적 경제 활동이 나타날 수 없고, 그에 따라 광범위한 계층의 사람들이 이런 경제 활동에 종사할 기회를 잃게 된다. 게다가 성장 시스템이란 자기 고유의 충동을 갖춘 살아 있는 유기체 같은 것이다. 그러므로 성장 계획의 결과로 나타나는 경제 시스템이란 생명 없는 석상이라고까지는 할 수 없다 해도, 기껏해야 동물원에서 길

---

* 마르크스의 경우 시장에서의 조절 실패가 어마어마한 낭비를 수반하는 만큼 보다 덜 낭비적인 중앙 계획을 통한 사전 조절로 대체될 필요가 있다고 주장하지만, 또한 '생산력' 발전에 있어서는 시장 경쟁의 역할을 강조한다는 점에서 슘페터 사상의 - 그리고 일정 정도는 오스트리아 자유주의의 전통의 - 선구자이기도 했다(예컨대 Marx, 1981, pp.373-374 참조).

들여지고 사육된, 야성의 흔적만 남아 있는 동물에 불과한 것이다."[57]

그렇다면 산업 정책은 변동 문제에 어떻게 대처해야 하는가. 이 질문에 답하기 전에 우리는 경제 변동이라는 현상의 본질을 좀 더 심층적으로 고찰해 볼 필요가 있다.

3.1 지식과 변동, 그리고 그 진화의 메커니즘

하이에크와 오스트리아 학파에 따르면, 경제 문제의 핵심은 정통파 (즉 신고전학파) 경제학에 의해 데이터로 취급되는 변수들이 실상 끊임없이 변동하고 있다는 데 있다.[58] 그렇다면 시장은 결코 조절에 필요한 모든 정보가 구체화된 실체라 할 수 없다. 오히려 이런 정보들은 시장에서의 경쟁 과정을 통해 우리에게 점차적으로 그 모습을 드러내는 데 불과하다.[59] 이와 관련 하이에크는 〈사회에서의 지식 활용 The Use of Knowledge in Society〉에서 다음과 같이 주장했다.

"각 경제 주체들의 계획에는 그 기반이 되는 지식이 존재하는데, 이 지식이 소통되는 다양한 방법이야말로 경제 과정을 설명하는 모든 이론들의 핵심 주제이다. 또 여러 경제 주체 사이에 퍼져 있는 지식을 한데 모아 사용하는 최적의 방법을 찾아내는 것은 경제 정책(혹은 효율적인 경제 시스템의 설계)에 있어 가장 중요한 문제 중 하나이다."[60]

하이에크에 따르면, 인간의 지식을 완전히 성문화한다는 것은 결코 불가능하다. 그렇다면 경제학에서 결정적인 질문은 다음과 같은 것이 된다.

"여러 사람의 의식 속에 파편적으로 존재하는 지식이 자연스러운 상호 작용을 통해 이루는 결과를 계획을 통해 이루려면 개인이 도저히 가질 수 없는 방대한 지식이 필요하다. 어떻게 이런 일이 가능한 것일까?"*

이 같은 주장에 따르면, 시장의 미덕은 확연히 드러나는 조절 장치 없이도 분산된 경제 주체들이 정보를 교환할 수 있는 가장 경제적인 메커니즘이라는 것이다. 그렇다면 우리는 경제 변동을 촉진하기 위해서라도 시장 메커니즘을 수호해야 할 것이다. 그 이유는 "시장 메커니즘은 개인이나 작은 집단으로서는 총체적 인식이 불가능한 수많은 개별 목표들을 달성하는 데 지대하게 공헌하기 때문이다."[61]

경제 변동에서 경쟁의 중요성을 인정한다면, 이는 시장 과정을 진화론적 과정으로 해석하는 태도로 이어질 수 있다. 진화론적 과정이란 (적자생존에 따른) 자연선택 메커니즘에 의해 승자만이 생존하는 경우이다. 이 같은 해석은 산업 정책이 (시장이라는) 자연선택 메커니즘을 수선한답시고 어설프게 덤벼들다가는 오히려 사태를 망친다는 주장으로 귀결된다. 자연선택 메커니즘은 인간의 이성으로는 제대로 파악할 수도 없고, 제어하기도 불가능한 영역이라는 이야기이다.

물론 필자는 이처럼 경제 과정을 진화 과정에 비유하는 것이 유익한 작업이라고 생각한다.** 그러나 비유는 비유일 뿐이다. 현실을 그대로 반영하는 것으로 간주될 수는 없는데, 그 이유는 다음과 같다.

첫째, 생물학적 진화와 경제적 진화는 상당히 다른 형태로 진행되

---

* Hayek(1949a, p.54) 참조. 대조적으로 신고전학파의 틀에서는 '정보'(혹은 지식)의 조각 하나하나가 (가령 조사비 같은) 비용이 들기는 하지만 확보 가능한 것으로 간주된다(이와 관련 유사한 견해로는 Heiner, 1988, p.148; Pelikan, 1988, p.385 참조).

** 경제학에서 진화론적 입장과 관련해서는 Alchian(1950); Nelson and Winter(1982)를 참조하라.

는 것이 사실이다. 우선 생물학적 진화의 경우 의식적 계획이 필요 없다.[62] 그러나 경제적 진화는 경제 주체들이 의식적으로 (자신은 물론 타인의 경험을 통해) 학습하고, 그에 따라 행동을 바꾸는 인간의 능력이라는 특징이 있다. 즉 유전자 돌연변이는 기본적으로 무작위적인 과정이지만 경제적 돌연변이 – 혹은 슘페터의 용어대로 '산업의 돌연변이'[63] – 는 종종 경제 주체들이 의도한 변동에 좌우되는 것이다.* 현대 산업 경제에 존재하는 (이전의 유리/불리한 조건이 보다 유리/불리한 조건으로 귀결되는) '누적적 인과관계cumulative causation'에도 불구하고, 일부 후발 개발도상국들이 의식적 학습을 통해 자국의 불리한 조건을 극복함으로써 장족의 발전을 이루어 낼 수 있었던 것도 그 덕분이었다.**

둘째, 생물학적 진화는 기본적으로 유전 형질만 계승되는 다윈적 과정이다. 그러나 경제적 진화는 획득 형질도 계승될 수 있는 라마르크적 과정이다.[64] 왜 그런가. 비록 제한적이라고 할지라도 인간에게는 지식을 (언어나 부호로) 성문화할 수 있는 능력, 보다 중요하게는 (책이나 컴퓨터 메모리 등을 통해) 지식을 축적할 수 있는 능력이 있기 때문이다. 게다가 유전 형질뿐만 아니라 획득 형질까지 계승된다는 것은 경제 진화 과정에서 학습이 매우 중요한 역할을 한다는 의미이다.

셋째, 생물학적 세계에서 자연선택은 체계적이지만 그 선택의 대

---

* 경제적 진화와 관련해서는 같은 견해가 프랑스 정부의 주장에 들어 있는데, 그에 따르면 사양 부문에 대한 구제 조치는 멸종 위기에 빠진 種을 구하기 위해서가 아니라 그들의 돌연변이를 위한 자금 제공이라는 것이다(Fortune, 9 Apri, 1978. Hall, 1987, p.190에서 재인용).

** Abramovitz(1986); Nelson(1991)을 참조하라. 누적적 인과관계의 개념에 대해서는 Young(1928); Kaldor(1985); Stigler(1951)를 참조하라.

상인 개별 유기체의 의도나 노력과는 아무 상관없이 '자연적'으로 진행된다. 여기서 '자연적'이라는 용어가 의미하는 바는 선택의 대상이 설사 선택 메커니즘을 아무리 자신의 이익에 도움이 되는 방향으로 변화시키려 해도 그것이 불가능하다는 것이다. 그렇다면 경제 부문의 선택 메커니즘은 결코 '자연적'이지 않다. 선택의 대상 - 이 경우에는 기업 - 이 자신에게 유리한 방향으로 선택 메커니즘을 변동시킬 수 있기 때문이다. 경제 주체들은 자신(즉 유전자)은 물론 환경(즉 선택 메커니즘)까지 변화시킴으로써 스스로의 생존 능력을 향상시킨다. 예컨대 (타자기, 컴퓨터, 전화 같은) 네트워크 외부성network externalities을 가진 산업에서 활동하는 기업들은 자사 기술의 확산을 통해 생존 기회를 변동시킬 수 있다. 보다 규모가 작은 기업들에게 복제품 생산을 부추기거나 고객들에게 대출을 제공함으로써 말이다. 광고 또한 기업이 (소비자 선호라는) 선택 메커니즘을 변화시켜 생존 가능성을 높이려는 또 하나의 사례라 할 수 있다.

3.2 경제·기술 변동 조절 장치로서의 산업 정책

지금까지 자본주의 경제에서 변동의 본질을 살펴보았는데, 이 과정에서 특히 자본주의 경제의 변동 과정을 생물학적 진화에 비유한 진화론적 주장까지 검토한 바 있다. 거기서 생물학적 진화와 경제적 진화는 기본적으로 다르다고 논했다. 이유는 경제적 진화의 경우 (기업 같은) 선택의 대상이 적어도 어느 정도까지는 상황을 '변형'시킬 수 있으며, 심지어 선택 메커니즘 자체까지 변동시키는 것도 가능하기 때문이다. 이는 기본적으로 인간이 가진 (특히 타인으로부터의) 학습 능력, (예를 들어 일본식 경영을 소개하는 글을 쓴다든가 하여) 성문화를 통해 (완벽하지는 않지만 어느 정도는 이루어지는) 지식의 전달, (예를 들어 일본식 경영을 부분적으로 도입하는 것과 같은) 제도화 등에 따른 것이다. 그렇다면 산업 정책을 어떻게 해야 경제 변동과 학습을 촉진하는 수단으로 활용할 수 있을까?

3.2.1 경제 변동 조절 장치로서의 산업 정책

(잘못 이해된) 진화론적 견해를 수용한 산업 정책 비판론자들이 놓치고 있는 중요한 사실이 있다. 그것은 심지어 경제 변동의 성공에도 조절이 필요하다는 것이다. 상호 의존성이 존재하는 현실 속에서 단지 '더 좋은 대안이 있다'는 것과 '그 대안을 실현할 수 있다'는 것은 엄연히 다르다. 예컨대 컴퓨터 키보드의 경우 쿼티QWERTY형 보다 나은 대안이 여럿 있다. 그러나 그 어떤 경제 주체나 집단도 단독으로는 대안형 키보드를 채택할 수 없다. 이들은 다른 경제 주체(집단)들이 그 대안형 키보드를 선택하지 않으면 시장의 처벌을 피할 수 없기 때문이다.[65] 좀 더 일반적으로 말해서 경제 주체들 간의 상호 의존성이 강한 경우 경제 변동이 순조롭게 진행되려면 이 같은 변동에 대한 보완 조치들이 함께 이루어질 것이라는 보장이 필요하다.[66]

예를 들어, 컴퓨터 산업이 성공적으로 발전하려면 강력한 반도체 산업이 필요하다고 가정해 보자. 이런 상황에서 잠재적 투자자들이 반도체 산업에 충분히 투자할 것이라는 신뢰할 만한 약속이 없다면 컴퓨터 산업은 투자를 받기 힘든 부문이 될 것이다.* 그 반대의 경우

---

* 물론 컴퓨터 회사들이 자체적으로 반도체 생산에 나설 수도 있다. 하지만 반도체 생산에서

도 물론 마찬가지이다. 아브라모비츠Abramovitz가 〈따라잡기, 앞서 가기, 뒤떨어지기Catching Up, Forging Ahead, Falling Behind〉(1986)에서 다음과 같이 주장한 것도 그래서이다.

"어떤 나라의 총 자본이 서로 맞물리는 요소들로 복잡하게 얽힌 그물망처럼 구성되어 있다고 하자. 또한 이처럼 복잡하게 구성된 총자본 중 특정한 부분만을 더욱 현대적이고 효율적인 요소로 대체한다고 하자. 이 경우 특정한 부분의 대체를 성공시키려면 값비싼 비용을 감수하더라도 그 외의 다른 부분까지 개조할 필요가 있다."[67] 만약 변동에 따른 모든 비용과 수익이 기업 내부의 문제라면 이 같은 작업은 효율적으로 통제될 수 있을 것이다. 그러나 현실 속에서 총 자본은 사용 차원에서는 상호 의존적이지만 소유권 차원에서는 분할되어 있고, 그에 따라 변동에서 발생하는 비용과 수익은 (특정 기업이 아닌) 여러 기업과 산업에 나누어져 귀속된다. 그러므로 "과거의 자본 구조를 고집하면서 새로운 기술들을 도입하는 작업은 어렵고 순조롭지 못한 과정이 된다."**

물론 이런 보완적 프로젝트에 대해 잠재적 투자자들이 자기들끼리 협약을 체결할 가능성도 있다. 그러나 이런 협약에는 높은 비용이 따

의 규모의 경제와 컴퓨터 생산에서의 규모의 경제가 동일한 규모인지의 여부가 의문스럽다. 반도체 산업의 경우 대규모 상태에서 규모의 경제가 실현된다면, 컴퓨터 회사에서의 반도체 자체 생산은 전문 반도체 회사에서 생산을 하는 것에 비해 높은 비용을 치러야 할 것이다.

** Abramovitz(1986, p.402) 참조. 이와 관련 포터Porter(1990, p.653)는 "미국이나 유럽의 경우 기술 표준에 도달하기까지의 과정에서 해당 기업들이 해당 산업 내에서 자신들의 위치를 유지하기 위해 온갖 수단을 부리는 통에 질질 늘어지는 일이 빈번했다. 일본에서도 통산성은 기업들이 기본 규격을 채택하도록 심각하게 압력을 가하곤 해야 했는데, 이는 기업들로 하여금 혁신 사이클에서 다음 단계로 넘어가라고 압박하기 위해서였다."고 보고한다. 일본의 컴퓨터 및 공작기계 산업 관련 사례는 Dore(1986, pp.134-136)를 참조하라.

를 수 있는데, 특히 투자자들이 감당해야 할 '특수 자산'의 규모가 각기 다를 때 더욱 그렇다. (보완적 투자의 실행에 실패할 경우 특수 자산에 많이 투자한 투자자일수록 보다 큰 피해를 입게 되기 때문이다.) 국가 개입은 이 같은 협약에 필요한 거래 비용을 크게 줄일 수 있다. 이런 종류의 국가 개입이 반드시 보조금 등의 금융 자원을 지원하는 형태일 필요는 없다. 이미 논의했듯, 보완적 투자를 조절할 명확한 지침의 제시를 전제한다면 정부 차원의 (프랑스나 동아시아의 '유도적 계획indicative planning' 같은) 공고만으로도 충분할 것이다. 국가는 또한 새로운 산업에 대한 협동 연구에 금융 인센티브를 제공할 수도 있다.* 이 같은 금융 지원은 국가가 새로운 산업과 관련하여 공고한 내용을 이행할 것이라는 신호 장치로 작용해 그에 대한 신뢰도를 더욱 높일 수 있을 것이다.⁶⁸ 이렇듯 산업 정책은 보완적 투자 결정을 조절하는 역할을 수행할 수 있다. 상호 의존성의 세계에서 산업 정책은 경제 변동의 장애물이 아니라 필수적 조건인 것이다.**

3.2.2 산업·기술 변동 조절 장치로서의 산업 정책

기술적 지식의 성문화codifiability에는 한계가 있다. 그렇다면 우리는 지식 생성의 문제를 산업 정책의 이론 틀에 포함시킬 필요가 있다. 지식 생성의 문제는 제품 주기product cycle 이론에서 더욱 실용적인

---

* 어떤 나라가 초전도 분야로 나아가야 할지 생명공학 분야로 나아가야 할지는 중요하지 않다. 하지만 그 어느 쪽이든 보완적 투자가 충분히 이루어질지의 여부는 중요하다.

** 보완적 투자의 조절 문제에 대한 걸출한 논의는 리처드슨Richardson(1960)을 참조하라. 또한 허시먼의 '연관linkage' 개념에 대해서는 Hirshman(1958)을, 다멘Dahmén의 '발전 연합development blocs'에 대해서는 Dahmén(1988)을 참조하라.

용어로 논의된 바 있다.[69] 제품 주기 이론은 또한 일본에서 실행된 산업 정책에 활용된 것으로 알려져 있다.*

제품 주기 이론에 따르면, 미성숙 시장young market은 동일한 제품을 다른 방식으로 만들면서 서로 치열하게 경합하는 실험 단계라는 특징이 있다. 이후 시장이 성숙해 갈수록 대부분의 기술적 지식들이 성문화되면서 쉽게 전달할 수 있게 된다. 그 과정에서 몇 개의 기술이 우수한 것으로 알려지면, 그 기술이 다른 기술을 제압하고 해당 산업 전반으로 확산되는데, 이는 기업들이 다른 기업들의 경험에서 배우기 때문이다. 이어 시장이 성숙하고 노년기로 접어들게 되면서 (기술적 지식은 더 많이 성문화되지만) 그 시장에서 이루어질 수 있는 새로운 발견의 가능성 역시 점차 줄어들게 되고, 그에 따라 '발견 절차로서의 경쟁competition as a discovery procedure'[70]의 역할도 감소된다.** 그렇다면 이제부터 제품 주기론이 어떻게 산업 정책의 수행에 통합될 수 있는지 살펴보기로 하자.

---

* Okimoto(1989, 1장), Magaziner and Hout(1980, 4장) 참조. 매거지너Magaziner와 하우트Hout(1980, pp.38-39)는 "통산성이 가장 막강한 이유는 산업의 진전에 따라 적절한 정책을 이루어 낼 수 있는 단계별 경쟁력에 대한 이해에 있는 것으로 보인다."고 주장한다. 이들은 "초기에 산업의 급속한 성장 국면에서 … 해외 경쟁자로부터의 보호, 생산자들의 집중, 자금 흐름에 대한 정부 지원, 새로운 기술을 자극하는 정책을 필요로 했다. … 국제적으로 경쟁력을 확보한 다음에는 … (이따금 정부가 공식적으로 인정하고 산업 연합회가 조정하는 불황 카르텔이나 수출 카르텔 같은 중요한 예외적 경우를 제외하고는) 정부 지원이 더 이상 불필요하게 됨에 따라 정부가 손을 떼게 되었다. 최종적으로 산업의 경쟁력이 하락하게 되자 통산성은 다시 활발하게 움직이기 시작했는데, 이번에는 생산 설비 감축과 합리화를 도모하기 위해서였다."

** 물론 우리는 '회춘rejuvenation'의 가능성을 잊어서는 안 된다. 프랑스의 전 산업부 장관 드레퓌스Pierre Dreyfus의 주장처럼 "사양 산업은 없다. 오직 사양 기술만 있을 뿐이다."(Hall, 1987, p.210에서 인용)라고까지 할 수는 없겠지만, 외부로부터 유입된 일련의 새로운 기술 변화로 인해 성숙 산업이 다시 미성숙 산업으로 바뀔 수 있는 것이다. 필자에게 이런 중요한 점을 환기시켜 준 로젠버그Nathan Rosenberg에게 감사한다.

미성숙 단계의 산업에서는 새로운 지식을 생성하는 실험이 필요한데, 산업 정책은 이 같은 과정을 촉진해야 한다. 국가는 기업들이 더욱 공격적인 실험과 학습을 감행할 수 있도록 산업 정책을 통해 안정적인 환경을 제공해야 하는 것이다. 그 수단으로는 특허 시스템·보조금·관세나 다른 형태의 진입 장벽 등이 있다. 이는 우리에게 친숙한 유치 산업론의 주장이기도 하다. 이 단계에서 국가는 새로운 산업으로 인해 발생하는 새로운 외부성에 대처할 수 있는 일련의 제도들을 수립해야 할 수도 있다.[71] 이와 더불어 산업 정책은 이 단계에서 조절과 관련 귀중한 역할을 수행할 수 있다. 상품 규격이나 공정 기준의 도입이나, 저투자나 과잉 투자를 방지하기 위한 경쟁적 투자 결정에 대한 조절, 보완적 투자가 확실히 이루어질 것이라는 보장 같은 것들은 이 단계에서 모두 유용할 것이다.

산업이 성숙할수록 실험은 점점 덜 중요해진다. 하이에크는 이렇게 주장한다.

"수많은 생산자들이 완전히 표준화된 상품을 만들어 내는 고도로 조직된 시장에서는 경쟁 행위가 이루어질 필요도 없고, 가능하지도 않다. 이런 상황에서는 경쟁 행위를 초래하게 될 조건들이 이미 충족되어 있기 때문이다. 즉 모든 시장 참여자들이 해당 상품을 생산하는 가장 좋은 방법을 거의 비슷한 정도로 알고 있는 경우라 할 수 있다."[72]

한편에서는 기술이 안정화·성문화되고, 다른 한편에서는 자산 특수성이라는 새로운 환경과 그에 따른 불확실성에 대처할 제도들이 수립되면, 우리가 이미 논의한 대로 산업 정책의 '정태적' 차원이 더욱 중요한 지위를 얻게 된다.*

산업이 노년기에 접어들면 생산이 축소되고, 노동력은 다른 부문으로 이동하며, 생산능력도 감소한다. 문제는 이런 단계의 산업에 남아 있는 물적·인적 자원은 (해당 산업에 대한) 자산 특수성이 매우 높은 관계로 재배치가 극도로 어려울 뿐만 아니라 심지어 불가능할 수도 있다는 것이다. 보유하고 있는 특수 자산의 가치가 손실될 가능성에 직면한 소유자들은 자산 가치의 하락을 막기 위해 경제 변동에 저항할 것인데, 이런 상황에서 관련 기업들 간의 소모전이나 장기적 노동 쟁의가 벌어진다면 심각한 규모의 자원 낭비가 초래될 수 있다.

따라서 이 단계에서 산업 정책의 역할은 당사자들 간의 퇴출 및 생산 설비 감축에 대한 협상을 촉진하는 것이 된다. 심지어 이런 협상이 교착 상태에 이르는 경우에는 해결책을 제시하고, 당사자들이 이에 순응하도록 유도할 수도 있다. 또한 국가는 기업이 퇴출이나 생산량 감축을 결정하는 경우 노동자들의 저항을 줄이기 위해 직업 재훈련, 재배치 등의 프로그램을 조직함으로써 협상 과정을 순조롭게 조율할 수 있다.

3.2.3 '혁신의 원천'의 다양성과 산업 정책

넬슨Nelson은 〈민간 기업의 평가Assessing Private Enterprise〉(1981)를 통해 자본주의 경제의 혁신 메커니즘을 주제로 논의하던 중, 여러 기업들이 경쟁적으로 혁신을 시도하다 보면 (다수의 기업들이 동일한 혁신 방법을 추진하는 경우에서 보듯) 낭비의 발생이 불가피하지만, 이는

---

* 제품 주기에 따라 정책의 강조점이 달라진 사례로 훌륭한 것은 1970년대 후반 통산성에 의해 조직된 6개 일본 컴퓨터 주변기기 제조업체들의 생산 카르텔이다. '카르텔에 의해 조절되는 이들 제품에는 (주로) 디자인이 안정되고 좀 더 나은 개선을 기대하기 힘든 표준적인 주변기기가 포함되었다'(Magaziner and Hout, 1980, pp.83-84).

치러야 할 비용이라고 주장한 바 있다. 즉 이 같은 낭비는 전체 경제 시스템의 혁신이 특정한 단일의 정신(즉 독점)이 추진하는 혁신에 좌지우지되는 사태를 피하기 위해 필요한 비용이라는 이야기이다. 혹은 아브라모비츠가 〈따라잡기, 앞서 가기, 뒤떨어지기〉(1986)에서 주장한 것처럼 "새로운 분야를 개척하는 초기의 노력을 무색하게 만드는 불확실성 속에서 여전히 미궁에 빠져 있는 목적지에 도달하는 유일한 길을 찾아 전력을 경주하는 것은 확실히 현명하지 못한 일일지도 모른다."[73] 이는 혁신이란 것이 기본적으로 움직이는 표적에 대한 추적이며, 누구도 자신의 절대적 우위를 주장할 수 없는 작업이기 때문이다. 그래서인가. 넬슨은 다음과 같이 주장한다.

"우리가 전지전능하다면 무엇 때문에 (연구개발 경쟁에는 낭비적 성향이 있는데) 민간 기업을 통해 연구개발 활동을 수행하겠는가. 그러나 우리는 이성에 한계가 있다는 것을 알고 있기 때문에 민간 기업을 진보의 엔진으로 내세우는 것이다."[74]

이 같은 주장은 대단히 설득력이 강하다. 인간의 이성에 한계가 있다면, 우리는 끊임없이 변화하는 세계에 대한 '지식의 원천의 다양성'을 보호해야 할 필요가 있다. 물론 이 같은 명제를 반드시 기업 간의 모든 '협력적' 행위에 반대하는 주장으로 해석할 필요는 없겠지만 말이다.* 그러나 상황이 이렇다고 국가가 그냥 손을 놓고 있어도 되는 건가? 세상의 모든 사물들이 스스로 알아서 진화하도록 내버려 두면 그걸로 끝인가?

---

* Jorde and Teece(1990, pp.81-82) 참조. 경제 시스템에서 다양성의 역할에 대해서는 Johnson and Lundvall(1989, pp.103-104)을, 생물학 세계에서 유전적 다양성의 역할에 대해서는 Axelrod(1984, p.170)를 참조하라.

이러한 '다양성' 주장에 명백하게 함의된 자유방임주의를 반박하는 사례 중 하나가 바로 자본 시장의 불완전성이다. 자본 시장의 불완전성으로 말미암아 거대 규모의 고정 투자가 필요한 산업에서는 후발 기업이 불리한 위치에 설 수밖에 없기 때문이다.* 이런 상황에서 국가는 최소한 재정적 문제를 제외하고는 기존 기업들과 동등한 능력을 가진 것으로 간주되는 잠재적 진입 기업에게 자본 시장을 대리해 자금을 지원할 수 있다. 한국, 프랑스, 영국 등에서 국가가 조직한 벤처 캐피털 육성 계획이 그런 좋은 사례라 할 수 있다.

국가는 보다 더 직접적인 방법으로 '혁신의 원천의 다양성'을 증대하는 데 공헌할 수도 있다. 예컨대 국가는 연구개발 비중이 높은 산업에 좀 더 많은 기업들이 진입할 수 있도록 유사한 업종에 종사하는 기업들의 관련 연구개발 활동에 보조금을 지원할 수 있다. 아니면 대학이나 공공 연구소의 관련 기초 연구를 지원한 뒤 그 결과를 발표하도록 할 수도 있다. 물론 국가가 이런 역할을 수행하는 과정에서 어느 정도 중복의 문제가 대두될 가능성은 있다. 하지만 이것이야말로 다양성을 보존하고 발전시키기 위해 치러야 하는 정당한 가격으로 봐야 할 것이다.

3.3 리스크의 사회화가 발전을 촉진한다

이 절의 첫 단락에서 필자는 자본주의 경제에서 변동의 본질에 대

---

* 연구개발 활동에 대한 자본 시장의 불완전성이 함의하는 바와 관련 '장기 자금 이야기'에 대해서는 Tirole(1988, pp.337-339)을, 거대 규모의 고정 투자를 필요로 하는 연구개발의 비용에 대해서는 Tirole(1988, p.414)을 참조하라.

해 논의했다. 필자는 자본주의 경제의 변동 과정은 유사類似 생물학적 진화 과정으로 정의할 수 있으며, 경제 주체들은 이 과정을 통해 자신의 '유전자'(행위적 특성)와 선택 메커니즘(환경)을 함께 변동시킬 수 있고, 실제로도 변동시킨다고 주장했다. 이런 주장에 근거해 필자는 산업 정책의 동태적 차원에 대해 논의했다. 그리고 산업 정책이 수행할 수 있는 가장 중요한 역할은 변동에 대한 조절, 실험의 촉진, 다양성 보존 등이라고 지적했다.

이 절에서 찾을 수 있는 결정적으로 중요한 주제는 '리스크의 사회화'이다. '리스크의 사회화'란 경제 변동의 리스크를 개인보다 사회에 부담시키는 기제라고 할 수 있다. 원자화된 개인이 제각기 경제적 결정을 내리는 정통파 경제학 모델의 경우 경제 변동의 리스크는 반드시 개인들이 부담해야 한다. 이런 관점에서 보면 리스크의 사회화는 개인들에게 도덕적 해이moral hazard의 여지를 제공하는 것에 불과하다. 개인들은 자신의 리스크를 사회에 떠맡길 수 있다고 믿게 되면 지나치게 무거운 리스크마저 감수하는 도덕적 해이를 범하게 된다는 것이다. 그러나 현실 세계 속에서 일어나는 상당수의 경제 변동은 상호 의존적 결정을 포함하게 마련이다. 만약 이 같은 상황에 포함된 리스크들이 오직 개인들에게만 부과된다면, 사회적으로 필요한 경제 변동이 발생하지 않을 수도 있다. 따라서 국가 개입을 통한 리스크의 사회화는 상호 의존성을 포함한 변동을 촉진시키기 위한 하나의 수단이다.

주류 경제학의 암묵적 가정과는 반대로 자본주의 경제는 점진적인 리스크의 사회화를 통해 발전해 왔다. 로젠버그Rosenberg와 버드젤Birdzell은 ≪서구는 어떻게 부유하게 되었는가≫(1986)에서 다음과 같이 주장한다.

"서구는 다른 지역의 경제에 비해 대단히 부유하다. 이는 경제 부문에 다음과 같은 사안들을 실험할 수 있는 자율성이 부여되었기 때문이다. 즉 새롭고 다양한 제품의 개발, 제조 방법, 기업의 조직 양식, 시장 관계, 수송 및 통신 방법, 자본-노동 관계 등등을 말이다."[75]

그리고 이런 과정에서 제도들은 (예컨대 유한책임회사에서 볼 수 있듯) '사적 투자의 수익은 내부화하고, 비용은 외부화'[76]함으로써 개인적으로 책임질 수 있는 규모 이상의 리스크 감수와 실험을 감행할 수 있도록 허용했다. 그러므로 국가 개입을 통한 리스크의 사회화는 이처럼 이미 존재하고 있는 제도들의 확장에 불과한 것으로 간주할 수 있다.

4 반산업 정책론자들의 질문에 답한다!

4.1 정보의 비대칭으로 산업 정책은 불가능하다?

산업 정책에 대한 일반적 반대론 중 하나는 정보의 문제에 기반하고 있다.[77] 이러한 주장에는 두 가지 요소가 있다. 첫째는 국가가 자국 경제의 미래 산업 구조를 정확히 결정하기에 충분할 정도로 정보를 가지고 있지는 못하다는 것인데, 이는 '정보의 불충분'의 문제라 할 수 있다. 둘째는 국가가 산업 정책에 종속되는 기업들보다 정보적 측면에 있어 불리한 지위라는 것인데, 이에 따르면 기업들은 이런 정보 우위를 이용해 자신들이 사회적으로 정당하게 받을 수 있는 것 이상의 수익을 뜯어낸다고 한다. 결국 (이런 도덕적 해이는) '정보 불균형'의 문제라 할 수 있다.

완고한 시장 자유주의자[78]들을 제외한다면, 정보론 계열의 학자[79]들은 특별한 산업이 아닌 특정한 유형의 경제 행위를 겨냥하는 (투자나 연구개발 같은) '일반적 산업 정책'을 지지하는데, 이는 필자가 이 장의 초반부에서 적절한 산업 정책 유형으로 정의한 바 있는 선별적 산업 정책에 대해 비판적인 입장이다. 이 주장에 따르면 국가가 관련 정보를 모두 가지고 있는 경우에는 특수한 개입이 유효할 수 있다. 그러나 국가가 관련 정보를 모두 가지고 있는 상황은 실제로는 발생하기 어려운 만큼, 국가는 불완전한 정보라는 기반 위에서 승자를 선택할 것이 아니라 생산성이 높은 활동을 일괄적으로 지원해야 한다는 것이다.[80]

4.1.1 정보가 불충분하면 미래 계획도 없는가?

'정보의 불충분' 문제와 관련해서는 첫째, 우리가 정보의 불충분 때문에 미래의 경제생활에 대한 계획을 세우지 못하는 경우는 없다는 사실에 주목할 필요가 있다. (정보의 불충분으로 인한) 미래의 불확실성은 오히려 미래에 대비한 계획을 세워야 하는 이유 그 자체이다. 불확실성을 극복하는 작업이 기업, 특히 현대적 대기업에서 가장 중요한 기능 중 하나인 것도 그래서이다.[81] 기업이 심사숙고해서 생산 기술, 생산량, 유동성 상태, 재고 수준 등을 결정하는 이유는 무엇인가. 그것은 시장 수요, 거시경제 환경, 기술 발전 상태 등의 환경 요소들이 갑자기 변동할 때 발생하는 잠재적 손실을 최소화하기 위해서이다. 즉 근본적인 불확실성 parametric uncertainty을 극복하기 위해서인 것이다. 예컨대 기업은 원자재나 노동력, 부품, 설비 등의 구매와 관련한 계약은 장기간에 걸쳐 묶어 두려 한다. 반면 제품의 판매와 관련해서는 거래 상대가 우호적인 경우에도 잠재적 손실을 최소화하려 한다. 즉 전략적 불확실성을 극복하고자 하는 것이다. 따라서 국가가 정보의 불충분 때문에 국민 경제의 미래에 대한 계획을 세우려 해서는 안 된다는 주장은 부적절하다. 기업들은 정보의 불충분에도 불구하고 - 사실은 '정보의 불충분 때문에'라고 말해야 할 것이다 - 미래를 계획할 수 있고, 실제로 미래를 계획하고 있지 않은가.

둘째, 국가 개입이 분별 있게 이루어지기 위해 필요한 정보 요건이 국가의 개입을 불가능하게 할 만큼 대단한 것은 아니다. 기업가들은 투자 결정을 내릴 때 나름대로 '근거 있는 추측'이나 '동물적 본능'에 따라 움직인다. 또 기업들이 투자 결정을 내릴 때 활용하는 (현재와 미래의 수요 평가, 우수 기술의 유용성, 기업의 재정 상태 및 분배 네트워크와 같은) 대다수 정보는 실제로 그 누구라도 접근할 수 있는 종류의 것이다. 뿐인가. 기업이 사용하는 정보의 많은 부분은 컨설턴트, 연구소, (통계청 같은) 국가 기관 등의 외부에서 획득한 것이다. 이렇듯 국가는 정보의 불충분으로 곤란을 겪는 반면 기업은 그렇지 않다는 주장이 반드시 사실인 것은 아니다. 일본의 통산성이 민간 부문을 다룰 수 있는 원천은 그들이 가진 '정보의 우월성'[82]에 있는데, 그것은 정부 손에 있는 광범위한 정보 네트워크의 덕분이라는 사실에서 보듯 말이다.*

---

* 구태여 말할 필요도 없겠지만, 정보를 좀 더 광범위하게 이용하는 것이 보다 나은 선택을 보장해 주는 것은 아니다. 이것은 인간이 가진 정보 처리 능력의 한계 때문이다. 이와 관련해서는 Chang(1994, 2장 1.2절)을 참조하라. 한국과 관련된 논의에 대해서는 Chang(1993)을 참조하라.

셋째, 후발국의 경우[83]에는 바람직한 산업 구조를 파악하는 것이 그다지 심각한 문제가 아니다. 후발국은 경제 발전의 최선두에 있는 국가들을 관찰하고, 그들의 경험으로부터 학습할 수 있는 '후발자의 이익second-mover advantage'을 확보할 수 있기 때문이다.* 산업 발전의 최선두에 거의 근접했던 일본 같은 국가의 경우에도 2차 대전 이후 시기를 통틀어 "정책의 목표가 주로 '선진국 따라잡기'였던 경우에는 우선 순위의 설정이나 차기의 유망 산업을 골라내는 데 있어 큰 어려움이 없었다."[84] 정보 불충분의 문제는 '의도적 돌연변이'를 일으킬 여지가 큰 후발국 – 즉 거의 모든 국가 – 에 적용되면 설득력의 대부분을 상실하고 마는 것이다.[85]

4.1.2 기업이 국가보다 정보 면에서 앞서는가?

정보의 불균형 문제와 관련해서는 첫째, 이 문제가 국가-기업 간에만 국한되는 것이 아니라 경제생활 전반에 편재한 보편적 문제라는 점에 주목할 필요가 있다. 정보의 불균형은 기업과 대출 기관 사이에, 그리고 경영자와 주주 사이에도 존재한다. 더욱이 기업 내에서도 본부와 자회사 간에 (혹은 본부와 산하 부서 간에) 정보의 불균형이 존재한다. 만약 정보의 불균형이 격심해 국가 개입을 중단해야 할 정도라면, 다른 투자 프로젝트에 자금을 댄다거나 기업의 경영 계획을 세우는 것도 정당화될 수 없다. 주인-대리인 문제의 위험성에도 불구하고 현대의 대기업들이 탄생했다. 이는 방만한 경영[86]을 통제하는 여러 가지

---

* 물론 선발자는 혁신을 통해 보다 많은 대가를 거두는 만큼 '후발자의 불이익'이 존재한다는 것도 인식해야만 한다. 이 점을 지적해 준 카푸르Sandeep Kapur에게 감사한다. 이와 관련해서는 Landes(1990), Amsden and Hikino(1993)도 참조하라.

수단이 있기 때문이다. 이와 마찬가지로 국가와 기업 간의 정보 불균형을 감소시키는 방법과 수단들도 존재한다.

둘째, 정보 불균형 문제는 산업 정책 - 정확하게는 필자가 정의한 '선별적 산업 정책' - 에만 독특하게 발생하는 것이 아니라 다른 정책들에도 적용된다. 예컨대 '일반적 산업 정책'의 지지자들은 '일반적 산업 정책'은 정보의 불균형으로 인한 도덕적 해이가 발생하지 않는다고 가정한다.[87] 그러나 사실은 '일반적 산업 정책'에서 정보의 불균형에 따른 문제점들이 보다 격렬하게 나타날 수 있다. 그 이유는 다음과 같다. 일반적 산업 정책은 정의상 포괄적이 될 수밖에 없는데, 문제는 정책의 조건과 범위 등이 포괄적이면 포괄적일수록 이에 수반되는 예기치 못한 사태들이 점점 더 많아질 수밖에 없다는 것이다. 그리고 이같은 상황에서 정책을 성공시키려면 터무니없이 높은 거래 비용을 감당해야 한다. 즉 일반적 산업 정책의 결과인 예상치 못한 우발적 사건들이 역으로 일반적 산업 정책 그 자체의 존립을 위협하게 되는 것이다. 이와 관련된 흥미로운 사례 중 하나가 1981년에 제정된 미국의 세법 조항들이다. 이 법률 조항들은 당초 산업 부문의 연구개발을 촉진하기 위해 제정되었으나, 결국 광고 회사들에 보조금을 퍼주는 것으로 귀결되고 말았다.[88] 이에 비해 필자가 정의한 산업 정책의 성격은 특수하다. 즉 특정 대상에 대해 가급적 정밀한 맞춤형 custom-designed 협상을 추진함으로써 예상치 못한 우발적 사건과 도덕적 해이를 줄이자는 것이다. 프랑스의 경우 확실한 목표를 두고 국가와 개별 기업들 간에 소위 '계획 계약plan contract'을 맺어 좋은 성과를 올렸던 것은 맞춤형 산업 정책을 통해 도덕적 해이를 줄인 모범적 사례라 할 수 있다.[89]

셋째, 정보 불균형의 문제에서는 현장에 가까운local 정보가 큰 안목에서 본global 정보보다 항상 우월하다고 가정된다.* 그러나 현지 정보의 보유자들이 오히려 '하위 목표 확인의 문제sub-goal-identification'로 말미암아 훨씬 더 비합리적인 결정을 내릴 수도 있다. 산업 정책의 목표가 경제 전반의 효율성을 높이는 것이라면, 특정한 상황 하에서는 (기업 등이 보유한) 현장에 가까운 정보의 영향력을 차단하는 것이 바람직할 수 있다. 특히 산업 정책적 결정이 기업으로서 감당할 수 없는 외부성을 포함하고 있는 경우에는 국가가 더 좋은 선택을 할 수 있을 것으로 보는 것이 당연하다. 이는 국가가 우월한 존재이기 때문이 아니다. 오직 국가에 보유된 정보가 다른 주체들의 정보보다 전체적인 문제를 더 많이 고려하고 있기 때문이다.

4.2 지대 발생으로 기업가 정신이 무너진다?

자본주의 경제의 본질인 끊임없는 변화 – 슘페터에 따르면 '창조적 파괴의 폭풍'[90] – 와 그 결과인 '불확실성의 범람'으로 말미암아 기업가에게는 자본주의 발전 과정에서 새로운 지식을 창조하거나 발견하는 핵심적 역할이 부여된다.[91] 그러나 보몰Baumol이 〈기업가 정신

---

* 흥미롭게도 일반 노조원들의 호전성을 찬양하고 노조 지도자들에 대해 수정주의자라고 공격한 마르크스주의자들의 비판(예컨대 Panitch, 1981) 중 일부도 정보에 대하여 똑같은 관점에 기반해 있다. 톰린슨Tomlinson(1982)이 논하듯, 이런 입장은 궁극적으로 "보통의 노동자들의 경험, 즉 자본주의적 임금 노동의 압제적·착취적 관계에 대한 경험은 적절한 사회주의적 방향으로의 투쟁을 보증한다."는 믿음에 의존한다. "이런 경험을 했기 때문에 일반 노동자들은 자본주의적 기업을 변화시킬 적절한 수단을 누구보다도 잘 알 수 있는 반면, 노조 간부들의 경험은 그들로 하여금 다른, 혹은 잘못된 평가를 내리게 만든다."는것이 선험적으로 가정된다는 것이다.

Enterpreneurship〉(1990)에서 논했듯 자본주의 경제의 핵심 요소 중 하나인 이윤 동기만이 지나치게 부각되는 상황에서는 기업가 정신이 자칫 생산적 목표에서 비생산적이거나 심지어 파괴적인 목표로 일탈하기 쉽다. 보몰에 따르면, (옛날 중세 유럽에서 전쟁을 통해 부를 취득했던 것과 같이) 현존 자산들의 파괴에 뛰어난 기업가에게 지대rent가 부여되는 상황에서는 기업가 정신이 파괴적 목표로 활용될 수 있다. 또한 현존 자산들을 단순히 이동시키는 작업을 통해 지대를 얻을 수 있는 상황이라면 기업가 정신은 이 같은 비생산적 목표에 집중될 것이다.[92]

국가의 주요 역할 중 하나는 이 같은 기업가 정신의 일탈을 억제하는 것인데, 이런 역할은 기업가들이 비생산적이거나 파괴적인 영역에서 이윤을 획득할 기회를 줄임으로써 수행된다. 비생산적 행위의 본질은 거래 비용을 발생시킨다는 것이고, 비생산적 행위가 존재할 수 있게 된 것은 전략적 불확실성 때문이다. 따라서 이에 대처하는 방법 중 하나는 적절한 거시경제 운영을 통해 거시경제적 불안정성을 줄임으로써 기업가 정신의 일탈을 방지하는 것이다. 비생산적 행위란 (예컨대 헤지펀드처럼) 주로 거시경제적 불안정성을 이용해 수익을 취할 수 있을 때 발생하기 때문이다.

특수한 조절 문제를 해결하기 위한 여러 행위들도 기업가 정신의 일탈을 방지하는 데 활용될 수 있다. 예컨대 유도적 계획이나 제품의 국가 표준 설정 등을 통한 투자 조절은 국가가 조절 문제에 내재한 전략적 불확실성을 줄임으로써 비생산적 기업가 정신을 억제하기 위해 개입할 수 있는 영역이라 할 수 있다.

기업가 정신을 생산적 활동으로 유도하는 작업에서 고려해야 할 결정적으로 중요한 조건이 또 하나 있다. 그것은 기업가가 획득한 지대가 지속적일 수 있지만 영원하지는 않다는 사실이다. 이는 마르크스[93]와 슘페터[94]도 지적한 바 있다. 기업가들이 지대를 추구하는 주된 이유는 무엇인가. 그것은 일단 지대를 얻을 수 있는 독점적 지위를 획득하면 당분간 안정적으로 운영할 수 있기 때문이다. 이것은 기업가들이 생산성 성장 그 자체에 헌신하고 싶어 하기 때문은 아니라는 이야기이다. (물론 예외적 사례도 있다.) 그러므로 독점적 지위(와 이에 수반하는 지대)가 너무 빨리 무너지는 사회의 경우 기업가들이 혁신에 대한 인센티브를 상실하게 될 수 있다.[95] 이와 반대로 독점적 지위가 지나치게 오래 지속되는 경우에도 문제는 크다. 독점에 따른 누적 경제 순손실cumulative deadweight loss이 궁극적으로는 그 기업이 독점적 지위를 구축하는 과정에서 이루어 놓은 생산성 향상에 따른 이득productivity gains을 넘어서게 될 것이기 때문이다. 지대를 누릴 수 있는 기간이 너무 짧으면 혁신 인센티브가 사라지고, 너무 길면 생산성 성장에 장애가 발생하는 것이다. 그러므로 이와 관련된 중요한 질문은 다음과 같다.

"기업가들의 지대 향유 기간을 어느 정도로 설정할 것인가? 이 기간은 기업가들이 지대를 위한 혁신에 박차를 가할 수 있는 정도로 길어야 하는 동시에, 이들의 관심을 생산성 개선으로 돌릴 수 있을 정도로 짧아야 한다."[96]

이 질문은 지대 창출과 관련 있는 산업 정책 수단을 채택하는 경우에 특히 적절하다. 그렇다면 지대 향유 기간을 지속적이되 항구적이지 않은 수준으로 유지하기 위해 국가는 무엇을 해야 하는가?

간단한 방법 중 하나는 특허 시스템을 활용하는 것이다. 특허 시스템은 혁신 기업에 독점적 지위를 보장해 준다. 특허 시스템을 통해 혁신 기업은 자사를 모방하는 다른 기업에게 추월당할 수 있다는 두려움에서 해방되는 것이다. 동시에 특허 시스템은 특허 기간을 제한함으로써 누적 경제 순손실이 해당 기업이 독점적 지위를 구축하는 과정에서 이루어 놓은 생산성 이득을 초과하지 못하도록 통제할 수 있다. 그러나 사회적 생산성을 높이는 것이 특별한 제품이나 과정이 아니고 투자 프로젝트라면 - 이 경우 생산성 향상은 주로 파급 효과를 통해 이루어진다 - 특허 시스템을 이용할 수가 없다. 이 경우에 필수적인 이윤 동기, 즉 지대는 보조금, 수입 장벽, 산업 허가제 등의 다른 방법으로 창출될 필요가 있는 것이다.

만약 이처럼 지대가 특허 시스템 이외의 다른 방법으로 창출되는 경우에는 또 다른 중요한 문제가 발생한다. 즉 필요한 경우 국가가 그 지대를 회수할 수 있는지의 여부이다. 이 문제가 의미하는 바는 다음과 같다. 첫째, 산업 정책을 입안할 때 국가는 지대 향유 기업에 대해 엄격한 평가 기준을 마련해야 한다. 이는 해당 기업의 성과와 무관하게 지대를 허용하는 사태를 방지하기 위해서이다. 예를 들어 프랑스의 경우 사양 산업에 대한 국가 지원 조건은 해당 산업의 성과에 의존하는데, 이는 국가 지원을 상대적으로 효율적으로 만드는 데 일조하였다.[97] 둘째, 국가는 지대 회수에 저항하는 기업에 대해서는 제재를 가할 수 있는 권력을 보유해야 한다. 산업 정책이 영국보다 프랑스에서 더욱 순조롭게 실시될 수 있는 것은 우연이 아니다. 프랑스에서는 정부가 은행 부문에 대한 통제권을 가지고 있다. 그러나 영국에서는 정부가 금융 자원의 흐름을 부분적으로 통제할 수 있는 데 불과했다.*

---

* 여타의 OECD 국가들에서 국가와 금융 간의 다양한 관계나 그것이 산업 조절과 관련 함의

또한 다양성을 보존하기 위한 산업 정책 수단 중 (벤처 캐피털 육성 계획, 관련된 상업적 연구개발이나 기초 연구에 대한 보조금 지원 등의) 일부는 지대가 항구적으로 유지되는 사태를 방지하기 위한 수단으로 활용될 수 있다. 심지어 새로 진입한 기업이 (기술과 조직 구조가 기존 기업과 동일해) 다양성을 증가시키지 못하는 경우에도 국가가 해당 산업 내부의 기존 기업이 규모의 경제 이상으로 생산능력을 확대하지 못하도록 하고 새로운 기업의 진입을 허용한다면 지대가 항구적으로 유지되는 것을 방지하는 데 도움이 될 것이다.

4.3 관료 권한 강화로 부패 가능성이 높아진다?

산업 정책 체제가 단지 효율성을 달성하기 위한 기술적 수단에만 그치는 것은 아니다. 산업 정책 체제는 기본적으로 하나의 정치경제 시스템이기도 하다. 즉 산업 정책에 대한 논의는 이와 연관된 정치적 문제에 대한 논의와 함께 이루어져야 하는 것이다. 여기서는 산업 정책과 관련된 여러 가지 정치적 문제 중에서 두 가지, 정당성과 민주적 통제에 대해서만 살펴보자.

4.3.1 결과의 공정성은 누가 담보할 것인가?

어떤 학자들은 산업 정책을 포기해야 하는 이유에 대해 산업 정책이 다음과 같이 국가의 정당성을 허물기 때문이라고 주장한다. 첫째,

---

하는 바에 대해서는 Zysman(1983)과 Cox(eds., 1986)를 참조하라. 같은 주제로 프랑스의 상황과 관련된 것에 대해서는 Hall(1987)을 참조하라. 한국과 관련해서는 Chang(1993)을 참조하라.

산업 정책은 일부 이익집단에 혜택을 부여함으로써 사회의 수호자로서의 국가 이미지를 부식시키고, 그 결과 국민들로 하여금 국가의 진정한 의도에 의혹의 눈길을 던지게 만든다.* 둘째, 산업 정책은 관료 집단에 재산권을 배분하는 권력을 부여함으로써 관료주의적 부패의 단초를 마련한다. 부패는 비효율성을 낳을 뿐 아니라 - 정부 관리가 뇌물을 받고 자격이 안 되는 기업에 허가를 내주는 것이 그 예가 될 것이다 - 정치 체제의 정당성까지 해칠 수 있다.[98] 그렇다면 산업 정책의 효율성 이득efficiency gains이 어떻든 간에 우리는 산업 정책을 포기해야 하는 것인가. 그렇지 않다. 그 이유는 다음과 같다.

다른 무엇보다도 정당성은 사회 경제 시스템 전반의 맥락에서 따져야 할 문제이다. 정치 시스템은 사회 경제 시스템의 일부일 뿐이기 때문이다. 일례로 시민들은 일반적으로 (높은 정도의 소득 불평등이 있다거나 하면) 국가가 불편부당하고 투명한 경우에도 그 사회 경제 시스템의 결과에 환멸을 느낄 수 있다. 이와 관련 돕Dobb은 《자본주의 기업과 사회적 진보Capitalist Enterprise and Social Progress》(1925)에서 이렇게 주장한 바 있다.

"(독점으로 말미암아) 종속 집단이나 종속 계층의 심리가 기득권층에 대한 적대감이나 불신 경향으로 흐르게 될 수 있다. … 이런 상황이 벌어지면 … 그 사회는 조화로운 민주적 공동체가 가져야 하는 '일반 의지'를 상실하게 될 수 있다. 이렇게 되면 사회의 각 집단들은 더 이상 이상주의적 호소에 반응을 보이지 않게 되고, 그동안 잠복했던 사회적 적대감들이 폭발하게 되면서 전체 사회의 성공을 위해 분

---

* 프랑스 상황에서 이 문제를 논의한 것으로는 Hall(1987, pp.176-180)을 참조하라.

파적 이익을 희생시키던 관행까지 거부하게 된다."*

정당성은 특정한 정부 혹은 특수한 유형의 정책이 부패할 가능성을 따지는 것보다 훨씬 더 근본적인 문제이다.

게다가 산업 정책을 운영하는 경우 정당성의 위기가 현실화할 수 있다고는 하지만, 이는 결코 산업 정책에만 국한되는 가능성은 아니다. 보다 일반적인 다른 정책들 역시 정당성 문제에 직면할 수 있는 것이다. 예를 들어 통화 정책은 언뜻 보기에 이익집단들의 활동과 무관한 것 같다. 하지만 기업가들이 통화 확대 정책을 위해, 금융가들이 통화 긴축 정책을 위해 로비를 벌인다는 사실은 이미 잘 알려져 있다. 그렇다면 이 같은 로비가 부패의 원인이 되어 국가의 정당성이 위협받는 일이 없다고 누가 보장할 수 있는가.

4.3.2 효율적인 민주적 의사결정이 가능한가?

산업 정책 체제에 엘리트 관료주의가 필요한 것이 명백하다는 사실로 인해 종종 산업 정책이 민주적 통제를 위협할지도 모른다는 우려가 제기되곤 했다. 특히 앵글로색슨 유형의 의회 민주주의를 신봉하는 사람들은 일본, 프랑스 등 '산업 정책 국가'의 입법부가 약체라는 사실에 관심이 많다. (한국을 거론하지 않은 이유는 이 나라의 정치 체제가 현대사의 주요 기간 동안 민주정이 아니었기 때문이다.) 의회 민주주의 신봉자들은 산업 정책 국가에서 (대중의 지배를 받지 않는) 관료들이 강

---

* Dobb(1925, pp.157-158)에서 인용. 그는 계속해서 말하기를, 그 결과 "조화는 압제 정치나 일련의 타협을 통해서만 가능할 뿐이다. … 전략적 고려만 일삼게 되면서 복지나 효율성의 극대화에 대한 고려는 갈수록 무시되고" 그로 말미암아 "계급 투쟁이 벌이질 수 있는데" 그런 경우 "해당 공동체의 경제적 자원 중 많은 부분이 이런 투쟁, 혹은 그 투쟁의 예방에 소비하게 된다."는 것이다(p.158).

력한 권력을 보유하고 있다는 사실에 대해 다음과 같은 결론을 내린다. 즉 산업 정책 국가의 전반적 정치 과정은 국민들에게 '효율성이 민주적 가치를 지배해야 한다' 는 신념을 심어 주기 위한 허울에 불과하다는 것이다.* 또 그들은 산업 정책은 민주적으로 통제하기 어렵다고 생각한다. 그 이유는 다른 '불편부당' 하거나 보편적인 정책과 대조적으로 산업 정책은 관료들의 재량에 따라 움직이기 때문이라는 것이다.

이 같은 관점에 대해서는 다음과 같은 반론을 제시할 수 있다. 첫째, 합리적이고 정교하게 구성된 사회라면 어디에든 일정한 정도의 관료주의적 통제는 필요한 것이다. 키칭Kitching은 그 이유를 ≪다시 사회주의를 생각한다Rethinking Socialism≫(1983)에서 다음과 같이 설명한다.

"많은 사안의 경우 급속한 상황 변동에 상응하는 속도로 결정하는 것이 필요하기 때문에, 사회 기능의 정지나 일대 혼란에 직면하는 대가를 치러야 하는 경우를 제외한다면, 지극히 민주적인 의사결정 과정이 완료될 때까지 무작정 '기다리기만' 할 수는 없다. 따라서 실제 상황 속에서는 필연적으로 좀 더 민주적인 거대 집단이 작지만 좀 더 '효율적인' 집단에게 권력을 위임하게 된다. … 그러나 일단 이런 권력 위임이 벌어지면 매일 매일 벌어지는 일상적 일에 대한 의사결정권의 대부분이 민주적 토론 공간에서 소수 집단의 손으로 넘어가게 되는데, 거대 집단으로서는 이 소수 집단을 효율적으로 통제하지 못

---

* 그러나 (개인들의 자격으로 개인들을 대표하는) 의회 대표제만이 정당한 대표제가 아니라는 점이 지적될 필요가 있다. (스칸디나비아의 신조합주의에서와 같은) 계급 대표제나 (미국의 로비 그룹들과 같은) 특정 사안별 대표제 등 다른 형태의 대표제도 있다. 대표제의 여러 형태에 대해서는 Maier(1987)를 참조하라.

할 수도 있다."⁹⁹

즉 민주적 통제와 의사결정의 효율성 간에는 일정한 상충관계가 존재할 수 있다. 그러나 민주적 통제와 효율성을 어떻게 절충하는 것이 가장 바람직한지를 결정짓는 선험적 기준은 없다. (이는 산업 정책에서도 마찬가지이다.)

둘째, 산업 정책만이 민주적 통제의 문제에 해당되는 것은 아니다. 예컨대 산업 정책을 비판하는 학자들은 보통 중앙은행의 독립성을 지지한다. 그러나 이들은 일본 통산성이나 영국 무역산업부 관료들의 민주적 신뢰도에 대해서는 의혹의 눈길을 던지면서도, 정작 독일 연방은행Bundesbank 관료들의 민주적 신뢰도에 대해서는 전적으로 믿어 의심치 않는다는 태도를 보이는 것은 그다지 납득이 가는 일이라 할 수 없다. 정책 결정권자의 자의적 결정이 개입되지 않는 정책이란 없다. 게다가 다른 정책들은 산업 정책보다도 더 투명성이 낮은 경우가 많고, 따라서 민주적 통제가 더 힘들 수도 있다.¹⁰⁰ 산업 정책의 경우 그나마 어떤 집단이 수혜자인지라도 분명하게 가려진다. 그러나 (가령 통화 정책 같은) 다른 정책들은 수혜자가 누구인지조차 불확실한 경우가 많다. 따라서 투명성만 확보한다면 오히려 다른 정책들보다 한결 용이하게 산업 정책에 대해 민주적 통제를 가할 수 있을 것이다. 그럴 의지만 있다면 말이다.

4.4 제도적 선결 없이는 산업 정책도 없다?

산업 정책 비판론자들은 '산업 정책 국가'에는 그 나라에만 특유한 제도들이 있다고 주장한다. 예컨대 (관료들에게 광범위한 재량권이 부여되는) 엘리트 관료주의, 협조적인 정부와 기업 관계 등이 그것이다.*
산업 정책 비판론자들은 또 제도를 바꾸는 것이 무척 어려운 일이라고 강조한다. 때문에 산업 정책이 가진 장점이 상당히 크다 해도 (엘리트 관료주의 등의 제도가 없는) 비非산업 정책 국가들이 산업 정책을 채택하는 것은 현실적으로 불가능하다는 것이다.

물론 산업 정책 체제를 효율적으로 운영하려면 이를 적절히 떠받칠 수 있는 제도들이 필요하기는 하다. 그리고 이런 제도를 수립하는 것이 당연히 쉬운 일은 아니다. 그러나 이 같은 제도 수립 과정의 어려움을 지나치게 과장할 필요는 없을 것이다. 국가들은 (산업 국가 특유의 제도가 없어도) 자신들의 과거와 다른 나라의 경험을 통해 학습하면서 제도 혁신을 추진해 나갈 수 있다. 가령 상당수 학자들은 일본의 각종 주요 제도들이 이 나라에 고유한 문화 풍토로 인해 수립될 수 있었다고 강변한다. 그러나 실제로는 일본의 제도들 역시 당대의 문제를 해결하기 위한 일본인들의 의식적 제도 수립 노력에 따른 성과물이다. 1950년대 초반 일본의 노동·생산물·금융 시장이 그 이후 시기들보다 훨씬 더 불안했던 것은 그 유명한 일본의 '집단주의'적 특성이 "단지 고대로부터 이어져 온 (봉건적) 문화 전통의 '유물'이 아니라"[101] 의식적인 제도 혁신의 산물이라는 것을 증명한다.[102] 게다가 제도 혁신에 반드시 오랜 기간이 걸리는 것도 아니다. 일본의 종신 고용제는 기본적으로 전후 시대의 창조물이다.[103] 프랑스 정부는 최근까지도 개

---

* 홍미롭게도 바다라코Badaracco와 요피Yoffe(1983), 슐츠Schultze(1983, pp.9-10), 로렌스Lawrence(1984, pp.112-115) 같은 미국 학자들은 대개 엘리트 관료주의의 부재를 강조하고, 헤어Hare(1985, pp.112-113) 같은 영국 학자들은 효율적인 산업 정책에 대한 장애물로 국가와 자본가 사이의 적대감을 강조하는데, 이는 각각 그 나라의 제도적 특질을 반영한 것으로 보인다.

입주의적이고 친親현대화적 정책 성향으로 널리 알려져 있지만, 2차 대전 이전에는 자유방임주의적이고 반反현대화적 정책 기조로 유명했다.[104] 스웨덴의 노동-자본 대타협은 비교적 짧은 기간을 거쳐 성립되었는데, 이 나라는 1920년대 유럽에서 가장 치열한 노사 격돌의 무대이기도 했다.[105] 더욱이 다른 제도를 가진 나라로부터 배운다는 것은 절대로 그 나라의 제도를 그대로 복제해서 옮겨 온다는 것이 아니다. 차라리 다른 나라의 배울 만한 제도와 '기능적으로 동등한' 제도를 자국에 수립하기 위해 노력하는 행위로 표현하는 것이 옳다. 예컨대 스웨덴의 '적극적 노동 시장 정책'과 일본의 종신 고용제는 매우 다른 제도이다. 그러나 이 제도들은 일자리를 보장함으로써 기술 변동에 대한 노동자들의 태도를 긍정적인 방향으로 유도한다는 점에서 '기능적으로 동등'하다. 도어Dore의 《유연한 엄격성Flexible Rigidities》(1986)에서 인용한 다음 대목은 이런 관점에서 볼 때 매우 의미심장하다 할 수 있다.

"(일본의 경험에서 배운다는 것은) 우리가 일본인이 되어야 한다거나, 유교적 윤리를 받아들여야 한다거나, 애국심을 일본인 수준으로 고양시켜야 한다는 이야기가 아니다. 일본의 경험에서 배운다는 것은 오히려 우리가 스스로에게 다음과 같은 질문을 제기해야 한다는 것이다. 즉 일본의 제도들과 전통이 일본인을 위해 이룩한 업적을 영국의 전통과 조화될 수 있는 다른 방법이나 제도를 통해 영국에서 이루어 낼 수는 없는가를 말이다.

예컨대 제조업체가 급속한 혁신을 추진하려면 노사 간에 긴밀한 협조와 협의가 필요하다. 그러나 전통적으로 노사 관계가 험악한 영국은 노사 간의 협조와 협의를 이루어 내기가 현실적으로 어렵다. 또한 일본 기업들의 경우 노사 간에 협조가 촉진될 수 있었던 것은 일본인들이 관료주의적 위계를 거부감 없이 받아들였기 때문이다. 그러나 영국의 기업에서는 관료주의적 위계가 수용되기 힘들다. 그렇다면 영국의 현실에서 노사 간 협조를 이루어 내기 위해서는 어떤 형태의 산업 민주주의 혹은 작업장 의사결정 참여workplace decision-sharing 제도를 수립해야 할 것인가?

영국인들은 종신 고용제를 노동 관행으로 채택할 수도 없고, 채택하기를 바라지도 않을 것이다. 또한 영국인들은 좀 더 유동적인 사회 시스템과 이를 통한 보다 많은 개인적 자유를 원하는 경향이 있다. 문제는 일본 경영자들이 노동자들의 교육 훈련에 투자하게 되는 주된 인센티브가 바로 종신 고용제라는 것이다. 그렇다면 영국의 현실에서 경영자들이 노동자들의 교육 훈련에 투자하도록 하려면 어떤 인센티브 제도를 수립해야 할 것인가?

일본 금융 시스템의 핵심적 장점은 기업의 장기 계획과 투자를 촉진하는 것이다. 이런 금융 시스템 하에서 기업인들은 내년에 발표될 올해의 세후 순이익 실적에 크게 집착하지 않아도 된다. 그렇다면 영국의 금융 시스템 역시 기업의 장기 계획과 투자를 촉진하도록 하려면 어떤 개혁이 필요한가? 물론 일본의 증권 거래 제도 같은 것을 영국으로 옮겨 와야 한다는 이야기는 아니다.

또한 일본은 선도 기업의 임금 협상 결과에 다른 기업들이 따라가는 관행, 그리고 전국적으로 임금 교섭이 동시에 실시되는 관행을 통해 인플레이션을 통제한다. 그렇다면 영국도 임금 교섭을 동시에 진행시키기 위한 나름대로의 방법을 강구해 보는 것은 어떨까?"[106]

5 문제는 타당성이 아니라 실행 방법이다!

산업 정책론에 대한 반감을 관통하는 것은 일종의 의심과 불신이다. 산업 정책 비판론자들은 산업 정책에 대해 (트레자이스의 ≪산업 정책은 일본이 성공을 거둔 주요 원인이 아니다*Industrial Policy is not the Major Reason for Japan's Success*, 1983≫라는 제목에서 보듯) 기껏해야 현실성 없는 관료주의적 간섭이나 (바다라코와 요피의 ≪산업 정책 - 우리나라에서는 불가능하다*Industrial Policy : It Can't Happen Here*, 1983≫라는 제목에서 보듯) 특별한 문화가 있는 나라에서만 그럭저럭 작동하는 특수한 형태의 국가 개입으로 간주한다. 이 같은 반응은 사실 이해할 만하다. 정통파 경제학의 경우 이상화된 완전 시장 외에는 그 어떤 형태의 조절도 인식하지 못하고, 심지어는 내생적 기술 변동과 학습의 역할까지 무시하는 상황이니 말이다.

그러나 산업 정책은 우리가 제도적 다양성 및 기술 변동을 심각하게 고려하는 최근의 경제 이론의 발전을 흡수할 수만 있다면 경제 이론적으로도 확립될 수 있는 정책적 관행이다. 조절 메커니즘으로서의 산업 정책은 상호 의존성과 자산 특수성이 지배하는 상황에서 가장 효율적인 정책 수단일 수 있다. 상호 의존성과 자산 특수성이 지배하는 상황에서는 시장을 통한 조절이 높은 거래 비용을 초래하는 반면, 중앙 계획을 통한 조절은 높은 정보 비용의 부담으로 귀결된다. 반면 산업 정책은 이런 비용들을 줄일 수 있다. 기술 변동 문제와 관련한 산업 정책은 기술 변동을 촉진하는 보다 우월한 방법으로 실시될 수 있다. 산업 정책은 또한 중앙 계획의 경우처럼 (기술 진보에서 유일하지는 않지만 가장 중요한 추진력인) 이윤 동기를 고사시키지 않으면서도 리스크의 사회화를 통해 시장이 고유의 추진력으로 일으킬 수 있는 변동 이상의 변동을 촉진할 수 있다.

산업 정책은 당연히 만병통치약이 아니다. 다른 정책이나 다른 형태의 경제 조절과 마찬가지로 산업 정책에는 그것 자체의 비용과 수익이 존재한다. 산업 정책의 수익은 일본이나 한국 등의 성공담에서 볼 수 있듯 산업 정책의 비용을 상쇄하고도 남는 규모가 될 수도 있다. 그러나 산업 정책의 비용이 그 수익을 압도하는 경우도 많다. 그러므로 지금 우리가 제기해야 할 질문은 '산업 정책이 작동할 수 있는가 없는가'의 여부가 아니다. (실제로 산업 정책은 작동하기 때문이다.) 오히려 우리에게 필요한 질문은 '어떻게 하면 산업 정책이 잘 작동하도록 만들 수 있는가'가 되어야 한다. 그러기 위해 이 장에서 우리는 산업 정책이 작동하는 경제적·정치적·제도적 조건을 파악할 수 있는 이론적 근거를 제공하고자 시도했다. 그리고 이를 달성할 수 있는 방법과 수단도 몇 가지 제안했다.

규제의 경제학과 정치학

Globalization, Economic Development, and the Role of the State 8

지난 20년 동안 국가 개입의 효과와 그 바람직성에 대해 폭넓은 반성과 회의가 제기되면서, 많은 나라들이 대부분 (전면적으로는 아니라 하더라도) 탈규제deregulation라는 형태로 광범위하게 규제 개혁에 착수해 왔다. 이는 대부분의 나라에서 국가의 경제 개입이 극적으로 증대한 2차 대전 종전 직후 20년 동안의 분위기와는 지극히 대조적인 현상이다. 왜 이 같은 심대한 변화가 생겼는가? 변화의 결과는 무엇이었는가? 어떻게 해야 이 영역에 대한 우리의 이해를 높이고 정책적 기량을 증진시킬 수 있을 것인가? 이 장에서는 2차 대전 이후의 규제 - 그리고 탈규제 - 에 대한 시각들의 변천 과정을 추적함으로써 이러한 문제들에 대한 답변을 시도하고자 한다. 또한 이 과정에서 관념의 진화에 영향을 주면서도 다른 한편 그로부터 영향을 받는 현실 세계의 경제적·정치적 발전에 대해 하나의 개괄을 제시하게 될 것이다. 다만 그 전에 먼저 몇 가지 개념적 정리가 이루어져야 한다.

규제regulation는 통상적으로 정부 - 혹은 국가* - 가 민간 부문 행위자들에 대해 '공공 이익'과 충돌을 빚는 일이 없도록 어떤 행위를 할 수 있고 어떤 행위를 할 수 없는지 직접적으로 명시하거나 금지하는 것으로 정의된다. 이러한 정의에 따라 규제는 정부 세입tax revenues에 의거한 공공재의 정부 공급이나 공기업을 통한 상업적 재화 및 서비스의 공급과는 구별되고, 또한 조세와 보조금을 통해 가격 신호를 수정함으로써 간접적으로 민간 부문 행위자들의 행동에 영향을 미치도록 의도된 행위들과도 구분된다.

물론 실제로는 이런 구분이 그리 분명하지 않다. 우선 '공공 이익'을 규정하는 것부터가 쉽지 않다. 통상적인 경제학 문헌에서 공공 이익이라 하면 신고전학파 경제학에서 파생된 사회복지라는 특정 개념과 연관해서 규정하는데, 이것은 결코 보편적으로 받아들여지는 개념이 아니다. 게다가 신고전학파의 틀 안에서조차 사회복지의 적확한 정의를 놓고 논쟁이 계속되고 있는 실정이다.[1] 마지막으로 경제학자들 - 혹은 다른 사회과학자들 - 이 이론적으로 공공 이익에 대해 명확하게 정의한다 할지라도, 이것이 정부가 인식하고 있는 공공 이익과는 일치하지 않을 수도 있다. 이 문제는 정부가 실제로 공공 이익을 증진하기를 원하는지, 정부가 공공 이익을 증진할 수 있는지의 여부와 관계없이 존재하는 문제이다. 정부의 의도와 능력의 문제는 뒤에

---

* 이 글에서 '정부'와 '국가'라는 두 용어는 같은 의미로 쓰일 것이다. 물론 두 용어가 구별되어 쓰여야 할 마땅한 이유가 많이 있지만, 이 글의 목적에 국한하자면 그러한 구별이 그리 중요하지 않기 때문이다.

서 다시 다루게 될 것이다.

더욱이 앞서의 정의에서 언급된 규제와 다른 유형의 정부 개입 간의 차이는 실제로 그 경계가 모호한 것이 보통이다. 예컨대 그 액수가 크다면 보조금도 실제로 규제만큼이나 직접적인 명시 혹은 금지가 될 수 있다.[2] 또한 재화와 서비스의 공적 공급과 규제 간의 구분도 실제로는 분명하지 않은데, 이것은 그 자격이 전적으로 '공적'이라고도 할 수 없고 그렇다고 '사적'이라고도 할 수 없는 행위자들이 일부 존재하기 때문이다. 예컨대 정부가 공사公私 합작 사업의 결정에 영향을 미치는 경우를 생각해 보자. 앞서 규제에 대한 정의에 따르자면, 이 경우 정부는 그것을 '규제'하고 있는 것인가, 아닌가? 게다가 공기업에 대해 고도의 자율성을 부여하고 (프랑스의 '계획 계약'의 경우에서 보듯) 정부와 맺은 공식적 계약에 입각해 운영하게끔 하는 나라들도 있다. 그런 공기업과, 예컨대 공적 규제를 받으며 공공성이 높은 서비스를 제공하는 public utilities 미국의 기업들과의 (명목적인 구분이 아니라) 실질적인 구분은 그다지 분명하지가 않다.

여기서 우리의 논의를 요약해 보도록 하자. 규제에 대한 통상적인 정의는, 민간 부문 행위자들의 행위가 '공공 이익'에 부합되게끔 직접적으로 영향을 미칠 수 있도록 의도된 정부의 행위이다. 이에 따르면 조세나 보조금 같은 수단 외에도 예산 지출을 통한 공공재의 보급이나 공기업의 운영 역시 규제의 영역에서 제외된다. 이러한 규제에 대한 정의에 모호한 점이 많다는 것은 인정한다. 하지만 여기서는 일단 그대로 받아들이기로 하자. 그러면 이제부터 규제에 대한 시각들의 역사적 진화 과정을 살펴보는 것으로 이 글의 본론을 시작해 보자.

1 정부 규제의 역사적 변천 과정

1.1 자유방임주의에서 적극적 개입주의 시대로

제2차 세계 대전 종전 이후 사반세기 동안, 즉 연구 목적상 '규제의 시대age of regulation'라고 지칭하고자 하는 이 시기 동안, 전 세계적으로 정부 개입 수준의 전반적 상승이 목격[3]되었다.* 이 장의 뒷부분에서 논의하게 될 여러 가지 이유로 말미암아 많은 나라의 정부가 더욱 적극적인 거시경제 정책을 시행하기 시작했고, 많은 기업들을 국유화했으며 (혹은 새로운 공기업을 설립했으며), 공공 지출을 (국민소득에 대비해서) 증대시킨 것은 물론, 우리의 연구 목적에 가장 중요한 측면으로서 규제 활동의 범위와 심도를 확대, 강화한 것이다.

선진국에서는 새로운 개혁 지향적 '조합주의corporatist' 정치 연합의 등장과 더불어 정치적 견해에 주목할 만한 전환이 있었다. 양차 대전 사이에 불거진 자본주의의 대대적인 실패와 연관된 자유방임적 경제 정책들에 대해 반대하는 입장으로 돌아섰던 것이다. 그에 따라 완전고용과 거시경제의 급격한 변동 방지가 정책의 우선순위가 되었는데, 이는 케인스주의 경제학에 기초한 적극적 거시경제 정책의 활용을 통해 달성 가능한 것으로 간주되었다. 또 서유럽의 많은 나라들이 정부가 '사령탑commanding height' 역할을 할 수 있도록 '전략' 산업

---

* 이 장에서 우리는 (오늘날에는 거의 사라져 버린) 사회주의 국가에 대한 논의는 배제하고자 한다. 사회주의 국가의 경우 (몇몇 국가의) 농업 부문과 일부 서비스 부문을 제외한다면 대부분 민간 부문이 존재하지 않는 관계로 이 글에서 정의한 '규제'의 개념이 별다른 의미가 없기 때문이다.

에 속하는 많은 기업들을 국유화했다. 또한 많은 나라들이 자본주의 제도의 '과잉'을 통제하기 위해, 그리고 미국이나 영국을 제외한 다른 나라들의 경우에는 자국 경제를 근대화하기 위해 보다 중요한 과제로 다양한 규제 수단을 사용했다.

미국은 전형적인 자유 시장 경제라고 자부하고 있었음에도 불구하고 사실상 규제에 관한 한 많은 영역에서 다른 선진국들보다 앞서 나갔다. 양차 대전 사이 기간에 자유방임 정책을 고수한 대부분의 다른 선진국들과는 대조적으로, 미국 내 개혁 세력들은 1930년대 말까지 이미 (통신, 수도, 전기, 가스, 석유 같은) 다양한 '공익 설비들utilities'은 물론, (트럭 운송, 항공, 철도 같은) 교통, 도소매 유통에서 금융 부문에 이르기까지 자연 독점natural monopoly에 대한 광범위한 규제 체제를 확립하는 데 성공하였다.[4] 이러한 규제는 (1) 규모의 경제가 있는 경우 자원 배분의 효율성을 높이고, (2) 경쟁 압력이 부재한 속에서 생산 효율성 - 라이벤슈타인Leibenstein의 용어[5]를 빌리자면 'X-효율성' - 을 증대하며, (3) 산업의 안정성을 해치는 가격 전쟁을 야기하는 '과당' 경쟁을 방지하며, (4) 모든 시민들이 필수적인 서비스(수도, 전기, 우편 등)를 이용할 수 있도록 하는 것 등을 목적으로 하였다.* 게다가 미국에서는 이 기간 중에 대폭 강화된 반反트러스트 규제가 시행되고 있었다.

---

* 여기서 눈에 띄게 흥미로운 사실은 (트럭 운송 부문이 가장 좋은 사례에 해당되는데) 규제 대상에 포함된 산업이라고 해서 모두가 규모의 경제가 큰 것도 아니었고, 규모의 경제가 큰 산업이라고 해서 모두가 규제 대상에 포함된 것도 아니었다는 점이다. 이것은 부분적으로 미국의 규제 시스템이 중앙의 관료 조직에 의해 설계되었다기보다 법원 판례에 의해 결정되었다는 의미심장한 사실을 반영하는데, 미국의 규제 시스템은 이로 인해 '아무렇게나' 진행된 것처럼 보이게 되었다(Sherman, 1989, p.15 참조).

다른 선진국들, 즉 서유럽과 일본의 경우 지금은 그 차이가 줄어들었는지 모르지만 미국과는 다른 형태의 규제 체제를 취했다.⁶ 이 둘 사이에는 다음과 같은 세 가지의 주목할 만한 차이가 있었다.

첫째, 미국에서는 자연 독점이 최우선적으로 규제 대상이 된 데 반해, 일본이나 서유럽 대부분 나라들에서는 자연 독점이 명목상 '규제되지' 않는 '공기업들을 통해' 처리되었다. 물론 이러한 차이는 여러 가지 면에서 실질적인 것이라기보다는 명목상의 것에 불과했다. 이들 나라의 공기업을 관리하는 정부 부처나 기구들의 경우 미국의 규제 당국이 직면했던 것과 같은 종류의 문제들을 처리해야 했기 때문이다.

둘째, 이들 나라에서는 반트러스트 규제에 대해 미국만큼 크게 비중을 두지 않았다. 예컨대 일본의 반트러스트 법은 최근까지도 악명이 자자할 정도로 미지근한 방식으로 시행되었다. 프랑스 정부는, 특히 1960년대에는 자국 기업들이 국제 경쟁에서 살아남기 위해서는 보다 대형화될 필요가 있다는 믿음에서 합병을 공개적으로 장려했다. 영국과 서독의 반트러스트 법에는 '필요한 경우에는' 경쟁 제한적 행위에 대한 처벌을 면제해 주는 조항이 많이 포함되어 있었다.⁷ 그 주된 이유는 이들 나라의 정부 대 기업 관계가 단순히 미국보다 훨씬 덜 적대적이었기 때문이 아니었다. 그것은 이들 나라의 정부가 경쟁을 바라보는 시각이 시장 지배력의 존재를 경쟁과는 양립 불가능한 것으로 받아들이는 (미국식 반트러스트 법령의 배후에 있는) 신고전학파적 관점보다는, 시장 지배력의 존재를 기술과 조직의 혁신을 통해 벌이는 치열한 경쟁에 따른 불가피한 결과로 간주하는 (마르크스, 슘페터, 하이에크 같은 이들로 대변되는) 이른바 '대륙적' 시각이라 불릴 수 있는 것과 보다 가까웠기 때문이다.⁸

하지만 미국과 다른 선진국들 간의 가장 중요한 차이는 규제의 목적에 있었다. 미국에 대해 '추격자'의 입장인 서유럽과 일본에서는 규제 체제가 종종 '개발 지향적developmental' 목적에 맞춰 형성되었다. 미국의 경우 규제 체제가 주로 '정태적static'인 생산과 배분의 효율성에 대한 우려에 의해, 일부는 형평에 대한 우려에 의해 형성되었던 데 반해, 서유럽과 일본에서는 (생산성 향상, 기술 개선 및 효율적 구조 변화 달성과 같은) '동태적dynamic' 고려들에 비중을 둔 것이다.*

현실 세계에서의 이 같은 발전과 함께 이 시기에는 (피구의 《후생경제학The Economics of Welfare》[9]으로 싹이 튼) 후생경제학 분야에서 국가 개입에 대한 체계적인 정당화를 제공하는 일련의 새로운 이론적 발전이 이루어졌다. 그 중 가장 중요한 이론으로 다음과 같은 것을 들 수 있다.[10]

새뮤얼슨Samuelson[11]은 공공재 이론을 체계화하였는데, 여기서 비지불자non-payer 배제의 난점('비배제 가능성non-excludability' 조건)과 추가 소비자를 덧붙이는 데 따른 역효과의 부재('비경쟁적non-rivalry 소비' 조건)는 재화의 잠재적 소비자들로 하여금 타인들에게 무임승차하고자 하는 동기를 갖게 만든다. 그러므로 국방 및 치안, 사회 기반 시설 등과 같은 재화와 서비스에 대한 정부 공급이나 민간 부문 공급자에 대한 규제가 정당화된다는 것이다.

이 시기에 피구와 직접적인 연장선상에서 스키토프스키Scitovsky[12]를 비롯한 다른 이들의 저작을 통해 외부 효과에 대한 분석이 이루어

---

* 이러한 구분은 존슨의 저 유명한 (대표적 사례로 전후의 미국을 들 수 있는) '규제 국가regulatory state'와 (전후의 일본이나 프랑스가 해당되는) '개발 국가developmental state'라는 구분과 대략 일치한다. Johnson(1982, 1장) 참조.

졌다. 그에 따르면 외부 효과가 존재할 경우 개인적 비용 및 혜택은 사회적 비용 및 혜택과 다르기 때문에 개인적 행위들에 대한 규제가 없는 상태에서는 (가령 오염과 같은) 부정적 외부 효과를 산출하는 행동은 과다 공급되는 반면, (가령 기초적 연구개발과 같은) 긍정적 외부 효과를 갖는 행동은 과소 공급될 것으로 주장되었다. 이론적으로는 외부 효과를 다루는 데 규제보다 세금 및 보조금이 더 나은 수단이라는 사실에 일반적으로 동의하고 있다. 하지만 세금 및 보조금 계획과 연관된 행정적·정치적 난점들로 말미암아 외부 효과의 억제라는 목적을 위해서는 (가령 자동차의 매연 배출 규제에서 볼 수 있듯) 규제가 좀 더 자주 사용된다.

(이 장에서 정의된 바대로의) 규제와 가장 직접적으로 연관을 맺고 있는 후생경제학의 영역은 자연 독점의 영역이다. 그에 따르면 매몰 비용이 큰 일부 산업의 경우 최저 생산 비용이 한 기업이 전체 시장을 대상으로 생산하는 경우 - 또는 '자연 과점natural oligopoly'이 있을 때는 소수의 기업들이 전체 시장을 대상으로 생산하는 경우 - 에 달성될 것이다. 하지만 이 경우에는 비경쟁 시장과 연관된 온갖 폐해들 - 배분의 비효율성에 기인한 '후생의 경제 순손실', 경쟁 압력의 결여에 기인한 생산의 비효율성(혹은 X-비효율성), 기업들 간의 유착 가능성 증대, '약탈 가격'이나 '선제적 투자' 및 기타 다른 '낭비적' 행동 가능성의 증대, 소비자와 원자재 공급자에 대한 지배적 기업의 착취 가능성 증대 등등 - 이 야기될 것이다. 그러면 당연히 이러한 폐해를 최소화하기 위해 정부의 독점 기업 행위에 대한 규제(혹은 심지어 독점 기업 해체)가 필수적이게 된다.

이 모든 이론들은 정부가 (긍정적 외부 효과를 가진) 어떤 행동들은 장려하고 (부정적 외부 효과를 가진) 어떤 행동들은 억제하기 위해서는 공공재의 직접 공급 - 혹은 최소한 자금 지원 - 에 관여해야 하고, 자연 독점 (혹은 자연 과점) 산업에 있는 기업들이 가격 책정 및 투자 등등의 차원에서 할 수 있는 일들에 대해 제한을 두어야 한다고 제시했다. 이러한 이론적 발전에 힘입어 기존의 많은 규제 조치들이 더욱 확고한 기반을 얻게 되었으며, (환경 규제 같은) 일부 새로운 조치들도 확실한 이론적 근거를 확보하고 점차 도입할 수 있게 되었다.

이 시기에 개발도상국들에서는 규제 체제의 형성에 있어 선진국들에 비해 개발 목표가 한층 더 중요한 역할을 수행했다. 이들 나라의 경우 옛 식민지 종주국들로부터 정치적으로뿐만 아니라 경제적으로도 독립을 획득하고자 했기 때문이다. 그에 따라 광범위한 범위의 규제 조치 및 기타의 다른 정책 수단들을 통해 산업 발전을 증진시키고자 하는 시도들이 신중하게 취해졌다. 투자 결정은 대부분 정부에 의해 내려지거나 조정되었다. 공기업이나 공공 부문 투자 프로그램, 때로는 금융 부문에 대한 정부의 통제를 통해서였다. '유치' 산업을 대외 경쟁으로부터 방어하고, 기술 수입의 속도와 형태를 통제하고, 기술 자립 능력을 개발하기 위해 수입품과 외국인 직접투자에 대한 규제들이 부과되었다. 국내적으로는 산업 인허가제와 다른 형태의 진입 규제들이 부과되었는데, 이는 자칫 리스크가 적은 비제조업 활동에 대한 투자에 나설지도 모르는 투자자들에게 이윤을 보장함으로써 제조업 투자를 유도하기 위해서였고, 투자의 양과 형태를 전체 산업화 전략에 부합하도록 하기 위해서였다.

이러한 규제 체제의 형성 과정에서 '개발경제학'이라고 명명된 경제학 하위 분야의 등장 덕분에 몇몇 유용한 수단이 제공되었다. 비록 이 이론이 이 나라들에서 실제로 시행된 규제 조치들에 대해 전적인 혹은 최소한 적지 않은 책임이 있다고 믿는 것은 잘못일지라도 말이다. 이른바 '빅푸시' 혹은 '균형 성장' 이론에서는 산업적 기반이 미비한 개발도상국 기업가들의 경우 규모의 경제와 수요 보완성에 직면해 있기 때문에, 정부의 투자 계획을 통해 상호 보완적 투자들이 동시에 이루어질 것이라는 데 대한 어떤 시장 외적인 보증이 없다면 근대 산업에 투자할 동기를 부여 받지 못할 것이라는 주장이 나왔다.[13] 또한 발전 과정에 내재한 불확실성과 경영 능력의 결여를 고려할 때, 균형 성장적 접근이 현실성이 없다는 점을 지적한 허시먼의 '불균형 성장' 접근법은, 정부가 산업들 간의 보완성에 초점을 맞추고 다른 부문들과 대부분 '연계linkages'를 갖는, 그래서 연관 부문들에서 자발적인 성장을 자극할 그런 산업을 목표로 잡고 자극해야 한다고 주장했다.[14]

'규제의 시대'는 선진국과 개발도상국을 막론하고 대부분의 국가들이 급격한 성장과 전례 없는 물질적 번영을 경험한 시기였다. 이 시기 동안 규제 체제의 효과에 대해 여러 나라를 통틀어 일률적으로 말하는 것은 불가능하지만, 많은 나라들에서 이 시기의 벽두에 (그리고 일부 탈脫식민국들의 경우 독립 후 1960년대 초까지) 들어선 규제의 틀이 대체로 잘 작동했다는 것은 분명하다. 일본이나 서유럽의 많은 나라들은 경제적 근대화에 눈부신 성공을 거두었다. 이 시기에 미국의 규제 체제가 '폭넓게 이용 가능한 수준 높은 서비스, 확실한 공급 계약, 그리고 안정적인 (그러나 종종 일부 소비자가 나머지를 보조하게 하는) 가격의 제공'이라는 자체 목적을 대거 달성했다는 점도 인정받고 있다.[15] 개발도상국들의 경우에는 전체상이 다소 복합적이었다. 하지만 이 시기 동안 대부분의 나라들에서 전후의 규제 체제가 대체로 잘 작동했으며, 몇몇 나라에서는 실로 대단히 성공적이었다. 정부 규제, 나아가 정부 개입 전반을 공격하는 일부 외로운 목소리가 들리기는 했지만,[16] 이 시기 말에 이르러서는 효율성을 증진하고 성장을 촉진하며 경제적 진보의 과실들을 보다 고르게 나누어주기 위해서는 적극적인 규제 체제가 필요하다는 굳건한 합의가 형성되었다.

지금까지의 논의를 요약해 보자. 제2차 세계 대전 이후 다양한 정치적·경제적 이유로 인해 전반적으로 보다 적극적인 정책 체제로의 이동이 전 세계적 차원에서 이루어졌다. 하지만 미국이나 (미국보다는 좀 덜했지만) 영국 같은 최선두 선진국들의 규제 체제와 나머지 다른 국가들이 채택한 규제 체제 사이에는 중요한 차이가 있었다. 미국과 영국의 규제 체제는 신고전파학적 의미에서 '시장 실패'의 교정에 더욱 비중을 둔 반면, 다른 나라들의 규제 체제는 '개발' 목표에 더욱 비중을 두었다.

이 시기에 정부의 보다 적극적인 역할을 정당화해 주는 일련의 경제 이론들이 등장했다. 케인스주의 거시경제학의 발전에 더하여 후생경제학 및 개발경제학의 발전이 이루어지면서, 이제까지 자유방임주의 정책들이 누렸던 것과 같이 지적 바탕을 지니지 못했던 개입주의적 주장들이 한층 더 정교해지게 되었다. 자본주의 국가들은 전후의 규제 체제 덕분에 최소한 부분적으로, 아니 경우에 따라서는 대폭적으로 전례 없던 경제적 진보를 달성했으며, 그에 따라 '개입주의적' 체제와 그 체제를 뒷받침해 준 이론들은 확고하게 확립된 것 같았다.

1.2 정부 실패, 규제 포획, 지대 추구라는 비판

1970년대는 여러 가지 면에서 명백히 전환의 시기였다. 세계 경제는 '황금시대'의 종말을 목격하였고, 경제 실적이 보다 허약해지는 새로운 시대로 접어들었으며, 두 차례의 석유 위기와 제3세계 외채 위기 같은 거대한 충격에 몇 차례나 상처를 입었다. 정치적으로는 많은 나라에서 우파로의 권력 이동이 있었는데, 이들은 국가 개입의 대폭 축소와 보다 광범위한 시장 원리의 적용을 고취했다. 이 시기에는 지적으로도 '규제 받는 자본주의'라는 전후의 정통에 도전하는 친親시장적 이론들의 부상이 목격되었다.

1970년대에는 또 모두는 아니라 해도 대부분의 선진국에 산업 위기의 시기가 닥쳤는데, 이는 선진국의 기업들이 일본 및 동아시아의 신흥공업국들에서 출현한 새로운 경쟁자들에게 밀려났기 때문이었다. 이 같은 선진국의 산업 위기가 완전고용에 근접한 결과로 야기된 노동자의 교섭력 강화와 결합되면서, 경제 실적의 악화는 종종 (대개 물가 상승이 가속화되어 나타나는) 분배 투쟁의 격화를 의미하게 되었고, 끝내는 전후 초기의 조합주의에 입각한 정치적 해결책의 붕괴로 이어졌다. 이 같은 당시의 정치적 풍토의 변화는 1976년 스웨덴에서 40년 이상 유지되어 오던 사회민주당 통치의 종식, 1970년대 후반 미국에서 카터 행정부가 시작한 대규모의 탈규제 정책 추진, 1979년 영국에서의 대처 정부의 선출 사례에서 잘 드러났다고 할 수 있다.[17]

황금시대에 대한 여러 연구를 통해 그 시대의 붕괴에 있어 증대된 혹은 과도한 정부 규제가 담당한 역할은 기껏해야 2차적인 것에 불과했다는 것을 지적하지만,[18] 그렇다고 이러한 변화에도 기존의 규제 틀이 아무런 타격도 받지 않고 존속될 수는 없었다. 부분적으로는 이 같은 위기의 시기에 기존 규제 체제의 실패가 한층 더 명백해진 때문이고, 더 중요하게는 정치적 풍토의 변화 때문이기는 하지만, 기존의 규제 체제가 제대로 움직이지 않고 있음은 물론 경제의 효과적인 작동까지 훼손하고 있다는 주장이 거세지고 있었던 것이다.

여기서 한 가지 덧붙여야 할 사실은 이 시기에 정부 규제의 범위가 축소되기만 하고 있었던 것은 아니라는 점이다. 풍요의 증대와 함께 많은 선진국들에서 급격한 산업화에 따른 (인적·환경적) 비용에 대해 진지한 재평가가 있었고, 그 결과 이러한 비용의 감축을 요구하는 정치적 운동이 성장하게 되었다. 그에 따라 이제까지 '경제적' 문제들이 대부분을 차지하던 규제의 영역에 점차로 광범위한 (예컨대 소비자 보호, 근로 기준, 환경 보호 같은) '사회적' 문제들이 들어오게 되었다. 이 시기에는 경제 영역에서 정부 규제의 축소 과정이 시작되었던 반면, 사회적 영역에서는 정부 규제가 확대되고 있었던 것이다.

개발도상국에서는 1970년대에 흔히 '수입 대체 산업화' 모델이라고 (다소 오해하기 쉽게) 불리던 기존의 국가 주도 산업화 모델에 대한 환상이 깨져 나가는 일이 목격되었다. 앞서 지적했듯, 국가 주도 산업화의 경험은 어떤 나라들에서는 문제가 아주 없지는 않았지만 대체로 성공적이었다. 그리고 다른 많은 나라들에서는 그다지 성공적이지 못했다. 더욱이 초기부터 대단히 성공적으로 국가 주도의 산업화를 수행했던 나라들조차 규제 체제가 반드시 (부분적으로는 국가 주도 산업화의 성공으로 인해 야기된) 국내 경제 환경의 변화와 세계 경제의 상황 변화에 효과적으로 적응한 것은 아니었다. 하지만 개발도상국의 경우 주요한 탈규제 정책의 추진이 선진국들보다 다소 늦은 1980년대에 이루어졌다. - 다만 칠레만큼은 이미 1970년대 중반에 피노체트Pinochet 장군의 잔혹한 통치 아래 '신자유주의 혁명'의 길로 들어서고 있었다. 많은 개발도상국들은 외채 위기 발생 이전까지는 자국의 개발에 필요한 자금을 국제 자본 시장을 통해 계속 조달할 수 있었고, 따라서 자국의 전후 초기 정책 체제를 유지할 수 있었다. 그럼에도 불구하고 1970년대에는 많은 개발도상국에서 점차 기존의 국가 주도 산업화 모델에 대한 합의가 증발하는 상황이 벌어졌다.

한편으로는 이 같은 현실 세계의 경험을 반영하고, 다른 한편으로는 현실 세계의 정책 결정이 전개되는 방식에 영향을 미치면서, 1970년대에는 폭넓게 말해 '정부 실패' 이론이라고 부를 수 있는 일련의 경제 이론이 발전을 보였다.[19] 정부 실패 이론의 요지는 정부가 후생 경제학이나 여타의 친親개입주의적 경제 이론들에서 전제하듯 자비롭고 전지하며 전능한 행위자가 아니라는 것인데, 그 이유는 다음과 같다. 첫째, 정부는 (재선을 추구하는 정치인들이나 고액의 봉급과 보다 많은 권력을 추구하는 관료들 같은) 자기 이익을 추구하는 개인들의 집단에 의해 운영되고 이해집단의 영향을 받는 조직이므로, 공공 이익보다는 이들 집단에 봉사하는 정책을 시행하는 결과를 낳는다. 둘째, 설령 정부가 공공 이익을 증진시키려는 의도를 갖고 있다고 가정할 수 있다 하더라도, 막상 정부는 그 의도를 달성할 능력을 갖고 있지 않다. 왜냐하면 정책의 입안과 시행에는 비용이 들어가는데, 이는 '낭비적인' 로비 행위로의 자원 이전 같은 (이른바 '지대 추구' 행위라는) 의도하지 않은 해로운 결과를 낳을지도 모르기 때문이다.

자신의 이론에서 정부를 (종종 암묵적으로) 전지하고 전능한 사회의 수호자로 그린 몇몇 경제학자들이라 해서 그것이 실제로 존재하는 정부에 대한 사실적인 묘사라고 간주하였던 것은 아니다.[20] 하지만 초기 개입주의 이론들이 '올바른' 정책이란 어떠해야 하는지에 치중한 탓에 상대적으로 현실 속에서의 정책이 어떻게 입안되고 시행되는지에 대해서는 거의 언급하지 않았다는 점만은 부정할 수 없다. 정부 실패 이론은 바로 이 같은 결정적인 취약점을 공격함으로써 지적인 조류를 개입주의 이론들에 반대하는 방향으로 돌려놓는 데 중요한 역할을 했다. 이 장의 목적과 관련하여 다음과 같은 두 가지 주장이 주목할 만하다.[21]

첫째, 먼저 스티글러[22]와 포즈너[23]가 제안하고 펠츠먼Peltzman[24]이 발전시킨 소위 '규제 포획regulatory capture' 이론이다. 그에 따르면 규제 기구들은 일단 설립되면 생산자들과 소비자들 및 (환경 로비 단체와 같은) '공익' 집단들을 포함하는 이해집단들의 '포획' 대상이 된다. 그 과정에서 그 어떤 집단도 규제 기구를 완전히 장악하는 데 성공하지 못할 수 있지만, 최종적으로는 생산자 집단이 해당 기구를 사실상 장악할 가능성이 높다. 왜냐하면 생산자 집단의 경우 구성원의 수는 적어도 자원이 풍부하여 '집단행동collective actions'[25]을 조직하는 데 좀 더 능하기 때문이다. 따라서 규제 포획 이론은 규제 기구들이 공익을 증진하기보다는 오히려 생산자 집단의 이익을 증진하게 되고 말 것으로, 말하자면 신규 진입자들을 막는 진입 장벽 설치와 같이 사회복지 측면에서 긍정적인 효과를 기대할 수 없는 규제들이나 시행하게 되고 말 것으로 예측한다.

둘째, 이 시기에는 털록[26]이나 크루거[27], 그리고 뷰캐넌Buchanan[28] 등이 발전시킨 지대 추구 이론의 부상도 목격되었다. 이 주장에 따르면, 독점들 - 그리고 그에 연관된 '지대들' - 은 모두가 다 그런 것은 아니지만 대부분 정부의 규제가 부과되면서 창출된다고 한다. 따라서 정부 결정에 영향을 미치기 위해 자원을 사용하는 것이 돈을 버는 좋은 길이다. 지대 추구 이론은 이른바 '지대 추구 비용'으로 불리는 이 같은 '영향력 비용 influence costs'[29]이 지대를 획득하는 이들에게 있어서는 지출할 만한 가치가 있는 비용일 수 있겠지만, 사회적 생산물의 감소를 가져온다 - 그러므로 사회적 관점에서는 '낭비' - 고 주장한다. 따라서 독점에 따른 사회적 비용은 통상 독점과 연관되는 배분의 비효율성만이 아니라 '독점 창출' 비용, 즉 지대를 추구하는 비용도 포함되어야 한다는 것이다.

이와 관련하여 이 시기에는 '독점권 경매 franchise auctioning'가 직접 규제보다 더 나을 수 있다는 아이디어도 개발되었다. 뎀세츠의 논문[30]을 바탕으로 개발된 이 아이디어에 따르면, 자연 독점에 대해 경쟁적 산출을 자극하고자 시도하는 정부 규제는 '독점 지위에 대한 경쟁' - 즉 특정 기간 동안 통상 최고 입찰자에게 주어지는 독점권을 위한 경쟁 입찰 과정 - 으로 대체될 수 있다고 한다. 훗날 영국에서 지역 TV 채널들의 독점권에 실제로 적용되기도 한 이 아이디어는 자연 독점의 직접 규제에 대한 흥미로운 대안으로 간주된다.

이 시기의 개발도상국들과 관련해서는 기존의 규제 체제들에 대해 '효율성'의 관점에 입각해 이론적으로 공격을 가하는 일이 늘고 있었다.[31] 더러 '가격 정상화 get the prices right' 이론이라 불리기도 하는 이 공격은, 개발도상국에서 시장 논리에 대해 반대하는 시도와 산업화를 '강제하는' 시도가 많은 부문에서 비효율성을 유발한다고 주장한다. 이 이론에 따르면, 투자를 증진시키려는 의도에서 자본을 '인위적으로' 싸게 만드는 정책은, 특히 노동을 '인위적으로' 비싸게 만드는 최저임금제 법안과 같은 정책과 결합될 경우, 많은 개발도상국에서 사용되는 생산 기술을 종종 ('과도하게' 자본 집약적인) '잘못된' 종류의 것으로 만들어 버리고, 그 결과 자원의 비효율성을 초래한다는 것이다. 이렇게 되면 해당 산업들은 관세 보호와 수입 물량 제한이 뒷받침되어야만 살아남을 수 있는데, 이러한 정책들은 가격 왜곡을 가져와 경제적 비효율성을 가중시킨다고 한다. 이 같은 '인위적' 산업화는 농업의 쇠퇴를 낳는 한편, 자칫 현금 작물의 수출을 위축시키는 (환율의 과대평가 같은) 다른 정책과 결합될 경우 개발도상국의 외환 획득 능력을 제약하여 국제수지상으로 보다 큰 곤경을 초래하게 될 것이라는 주장이었다.

이상과 같은 '효율성' 주장들에 더하여 정치적 논리에 기초해 특정한 정책들의 등장과 지속을 설명하려는 '정치경제학적' 논리들이 개발도상국들과 관련해 여러 가지로 제기되었다. 이 시기에 크루거[32]에 의해 개발도상국인 인도와 터키의 무역 정책에 대한 구체적 사례를 기반으로 지대 추구 모델의 맹아가 개발되었는데, 보다 강력한 정치경제학적 비판은 소위 '종속 이론dependence theory'의 전통에서 연구해 오던 일단의 급진적 경제학자들로부터 나왔다.[33] 이들은 많은 개발도상국에서 '비효율적인' 규제 체제들이 지속되는 이유로 그것들이 제국주의 국가 및 토착 '매판compradore'의 이해관계를 반영하기 때문이라고 주장했다. 또 다른 급진적 경제학자인 립턴Lipton[34]은 이른바 '도시 편향성urban bias' 논리라 불리는 정치경제학 모델을 제시했는데, 이것은 나중에 다수의 우파 정치경제학자들에 의해 활용되었다.[35] 이 주장에 따르면, 개발도상국의 정부 정책에는 비효율성과 불평등을 낳는 '도시적' (혹은 '반反농업적') 편향성이 있는데, 이는 지리적으로 분산되고 정치적으로 제대로 조직되지 못한 농민에 비해 기업가나 노동조합 같은 도시 집단이 상대적으로 강력한 정치적 영향력을 갖고 있기 때문이라는 것이다.[36] 여기서 눈에 띄게 흥미로운 점 한 가지는 이러한 급진적 주장들의 다수가 스티글러의 포획 이론의 근저에 있는 것과 본질적으로 동일한 논리를 갖고 있다는 점이다.[37]

1970년대는 전환의 10년이었다. 이 10년 동안 경제 정책에 대한 전후 합의postwar consensus는 미국과 영국을 제외한 다른 선진국 대부분에서 계속 유지되고 있었지만, 점점 더 긴장된 국면을 맞이하고 있었다. 대부분의 개발도상국에서는 1970년대에 걸쳐 자국의 초기 정책 체제를 유지하는 데 있어 어려움이 덜했지만, 기존의 국가 주도 산업화 프로그램들에 대한 불만의 증대가 목격되었다. 이런 속에서 정부를 사회의 전지전능한 수호자로 간주할 수 있다는, 많은 친개입주의 이론들의 (종종 암묵적인) 가정에 의문을 품은 일련의 강력한 주장들이 대두하기 시작했다. 그 중에서도 규제 포획론과 지대 추구론은 주목할 만한 예라 할 수 있다. 개발도상국과 관련 정부 개입의 배후에 있는 '의도'에 의문을 제기하는 유사한 주장들도 나타났는데, 종속 이론이나 도시 편향성 이론에서 보듯 대부분 급진적인 경제학자들에 의해 형성된 것이었다. 개발도상국의 규제 조치 또한 그 비효율성으로 말미암아 이른바 '가격 정상화' 이론에 의해 비판받기 시작했다.

1.3 탈규제·민영화와 '발전 없는 10년'

규제를 비롯한 정부 개입 전반에 반대하는 정치적·지적 조류는 1970년대에 부상하기 시작해 1980년대 초부터 전 세계를 휩쓸기 시작했다. 이 시기 동안 많은 나라들이 여러 가지 내외 압력으로 말미암아 국가와 경제 간의 관계에 대해 광범위한 구조 조정의 길에 들어섰는데, 거기에는 규제 개혁, 예산 삭감, 민영화 등이 포함되어 있었다. 아울러 1970년대 국가 실패 이론들이 제공한 통찰력 위에 성립된 다수의 경제 이론들도 생겨났다.

선진국의 경우 1970년대 중반 이후로 지속된 경제 실적의 지체로 말미암아 옳건 그르건 케인스주의적 총 수요 관리와 광범위한 정부 규제에 의존한 종래의 경제 관리 모델을 불신하게 되었다. 케인스주의적 거시경제 정책의 매력이 떨어지고 복지국가가 부과하는 조세 부담을 대폭 줄이려는 시도가 이루어지는 가운데 과다한 규제가 일본이나 동아시아 신흥공업국들과의 경쟁에서 많은 선진국들, 특히 서유럽 국가들의 발목을 잡고 있다는 우려가 증대되었다. 이 같은 주장 중 가장 유명한 것은 올슨Olson[38]의 제도적 경직화institutional ossification 주장과 기에르쉬Giersch의 이른바 '유럽 경화증Eurosclerosis' 주장*이었다. 1980년대 초가 되면서 미국과 영국은 대대적인 탈규제 (그리고 영국의 경우에는 민영화) 추진에 한창이었다.[39] 적어도 그때까지는 획기적인 탈규제(및 민영화)가 미국과 영국에 국한되고 있었지만, 다른 선진국들 역시 그 정도와 속도에는 차이가 있을지 몰라도 정부 지출의

---

* Giersch(1986) 참조. 이 같은 주장과 관련해 제기되는 한 가지 문제점은, 서유럽 국가들의 발목을 잡고 있다고 비난받는 규제의 대부분이 자본주의 황금시대 동안에도 존재했다는 것이다. 주목해야 할 또 다른 중요한 점은, '유럽 경화증' 주장에 의해 유죄 선고를 받은 규제 중 많은 부분이 흔히 유연하다고 간주되는 일본과 동아시아 경제에도 존재한다는 것이다(Chang, 1995 참조). 이렇게 볼 때, 서유럽 국가들의 경우 일부 영역에서의 규제가 과도했을 수는 있지만, 최소한 유럽 경화증 옹호자들이 주장하는 바와 같이 최근 이들 국가가 겪고 있는 어려움의 주요 요인이 과도한 규제에 있다고 믿기는 어려울 것 같다.

삭감, (전면적인 민영화는 아니지만) 국유 자산의 매각, 공기업 및 사회 복지 운영에 있어서 보다 '상업적인' 기준의 도입, 독점권 경매,[40] '비교잣대 경쟁yardstick competition'[*]과 같은 보다 '시장 지향적인' 규제 방식을 통해 전반적으로 탈규제를 추진하고, 정부의 경제 개입을 완화시켜 나갔다. 이와 동시에 많은 선진국들에서 정부 주도의 '경제 개발' 활동이 대폭 줄어들었는데, 프랑스의 국가주의적dirigiste 산업 정책이 서서히 종지부를 찍은 것이 그 대표적인 예가 될 것이다. - 비록 이 시기에 미국에서 '개발 지향적' 산업 정책을 둘러싸고 벌어진 격렬한 논쟁이 공교롭게도 주요 경제 경쟁국인 일본에서 그러한 산업 정책이 거둔 성공으로 촉발된 것이었기는 하지만 말이다.[41]

많은 개발도상국들이 1970년대 석유 수출국들에 의해 재순환된 저리 자금을 이용할 수 있었던 덕분에 자국의 초기 경제 정책 체제를 유지할 수 있었음은 이미 언급했다. 하지만 이 옵션은 1970년대 말부터 선진국들이 (특히 고금리 정책 같은) 억제적인 거시경제 정책을 도입하면서 점차 그 부담이 무거워졌고, 결국 1982년에 멕시코의 채무 불이행 사태 발발과 더불어 더 이상 유지 불가능한 것이 되었다. 국제 자본이 갑작스럽게 말라붙게 되자 (한국과 같은) 상환 능력이 있는 나라를 제외한 다수 개발도상국들, 특히 주로 라틴 아메리카와 아프리카 국가들은 이 '발전 없는 10년(lost decade of development)'[42] 동안 장기적인 불황과 경제 파탄의 시기로 빠져들었다.

이 시기 개발도상국들이 처하게 된 경제난의 '책임'이 정확히 내

---

[*] 비교잣대 경쟁은 독점 상태에 있는 시장을 소규모 독점 기업(예를 들어 지역별 독점 기업)으로 나누고 규제 당국이 이들 간의 상대적 성과를 비교하여 전반적인 성과 기준을 정하는 방식을 말한다(Vickers and Yarrow, 1988, 4장 참조).

부의 부족한 운영 능력과 외부로부터의 적대적인 거시경제적 충격 사이 어디쯤에 놓여야 하는지의 문제는 여전히 논란의 대상[43]이지만, 이들 나라들이 지금까지 해 오던 방식 그대로 계속해 나갈 수 없다는 것만은 분명했다. 초기의 국가 주도 산업화 모델에 대한 국내 불만의 확산과 더불어 국제 대출 기관들로부터 외부적 압력이 더해지면서, 대부분의 개발도상국들은 자국의 규제 체제들은 물론 정부가 민간 부문과 관계를 맺는 방식과 같은 보다 일반적인 문제에 대해서까지도 본격적으로 개혁에 나서도록 내몰렸다. 말할 필요도 없겠지만 모든 나라들이 같은 정도의 열의를 갖고 개혁 정책을 수용한 것은 아니었다. 어떤 나라들은 단지 개혁 자체를 거부했다가 결국 나중에 가서는 자국의 경제 붕괴로 인해 더 많은 것을 개혁해야 했다. 또 어떤 나라들은 (한국과 대만, 중국의 사례에서 볼 수 있듯) 개혁의 필요성은 수용하되 매우 점진적인 방식으로 개혁을 진행했고, 또 어떤 나라들은 (칠레, 멕시코, 가나의 사례에서 볼 수 있듯) 다른 어느 나라들보다도 더 철저하게 개혁을 수행했다.

　탈규제의 시대 후반 들어 '전략적 무역' 이론, '신성장new growth' 이론, 그리고 기술 변동의 경제학economics of technological change 같이 이전의 선행 이론들보다 한층 더 미묘한 방식으로 정부 개입을 정당화하는 새로운 이론들이 떠올랐다고는 해도, 이론적 측면에서 반개입주의는 눈에 띄게 발전한 시기였다.[44]

　1970년대에 등장한 정부 실패 관련 연구들은 독창성에 있어서는 정부 실패 이론이 출현하던 당시에 비견될 만한 새로운 공헌은 없다 해도, 한층 더 발전된 탈규제 및 여타의 국가 불개입 추진에 보다 많은 정당성을 부여했다.[45] 이 시기에는 또한 규제 과정에서 정보와 유인에 따른 문제를 강조하는 이른바 '규제의 신경제학new economics of regulation'의 부상이 목격되었다. 이러한 입장을 가진 모델들은 규제자와 피규제 기업들 사이의 정보 비대칭성의 존재가 어떻게 추가적인 감시 비용이나 생산에 있어서의 '태만slacks'(혹은 X-비효율성)이나 생산 요소들의 '잘못된' 결합의 이용을 비롯한 여타의 다른 비효율성들을 낳는지 분석한다.[46] 최근 그 연장선상에서 나온 연구 중 흥미로운 게 하나 있는데, 그것은 규제 개혁에 있어서의 '신뢰할 만한 약속credible commitment'이라는 쟁점에 관한 것이다.[47] 그에 따르면, (가령 정책이 변덕스럽다는 과거의 기록 때문에) 신뢰성 문제로 곤란을 겪고 있는 정부의 경우 정부 스스로에 대한 개혁 약속을 신뢰할 만하게 만들기 위해서는 스스로 정책의 유연성을 제한하는 조치를 면밀하게 취해야 한다는 것이다. 이를 위해 가능한 조치에는 정부가 스스로를 단순하고 엄격한 규정으로 규제하면서 정치적으로 독립된 규제 기구를 설립한다거나, 아니면 (가령 국제적 금융 기관과 같은) 권위 있는 외부 기관으로부터 신뢰성을 '빌려오는' 것 등이 포함된다.*

이 시기에는 또한 '경합 시장contestable market' 이론[48]의 부상도 목격되었는데, 그에 따르면 어떤 산업에 진입하기 위해 상당 수준의 '매몰' 투자가 필요치 않을 경우에는 자연 독점에 대한 정부 규제가 불필요하다고 한다. 진입 장벽이 낮으면 시장에 새로 진입하는 것이 쉬워지고, 그렇게 되면 잠재적인 신규 시장 진입자가 가하는 위협으로 인해 현재의 시장 독점자들이 방심할 수 없게 된다는 의미에서, 그

---

* 그러나 이렇듯 경직된 정책은 그 나라가 자국의 규제 체제를 변화하는 상황에 맞춰 적절하게 조절할 수 없다는 것을 의미하기 때문에 최종적으로 비싼 대가를 치르게 될 수도 있다(이 장의 2.4항 참조).

시장은 '경쟁적'은 아니지만 '경합적'이 된다는 것이 이 주장의 요지이다. 이것이 현실의 경우라면 자연 독점으로 보이는 것은 사실상 경쟁 시장의 결과에 근접한 것이 되기 때문에 규제가 불필요해진다. 이 이론의 경우 자연 독점의 상황이 통상 매몰 투자의 필요성 때문에 발생한다는 사실을 고려할 때, 그 현실성이 떨어지기는 하지만 규제 이론상의 일부 통념들을 재검토하게 해 주었다.

이 시기의 또 다른 흥미로운 이론적 발전으로는 코스[49]를 시작으로 재산권에 관한 연구가 규제와 연관된 쟁점들로 확장된 일을 들 수 있다.[50] 이 시각에 따르면, 외부 효과 문제들은 어떤 의미에서 확실한 재산권의 부재에 따른 문제인 만큼 재산권을 재규정하고 관련된 적절한 시장들을 창출함으로써 해결할 수 있다고 한다. 물론 여기에는 코스 본인의 강조에도 불구하고 그의 추종자들 다수가 종종 무시하곤 하는 중요한 단서, 즉 그렇게 하는 데 드는 거래 비용이 그리 크지 않아야 한다는 조건이 따라붙는다. 예컨대 보다 효율적인 오염 통제 방식은 정부가 직접 규제를 통해 개별 기업들의 생산 기술 선택 자체를 통제하는 것보다는 오염 허가권 거래 시장의 확립을 통하는 것이라고 주장되었고, 일부 영역에서는 그것이 실행에 옮겨졌다.

1980년대 이래로 개발도상국들과 관련하여 등장한 새로운 정치경제학 모델들은 정부 기구가 파당적 이해에 포획되어 있음을 강조하는 경향이 있다.[51] 베이츠Bates[52]의 경우 립턴의 도시 편향성 모델[53]을 원용하여, 아프리카의 많은 나라에서 정부 정책이 노조에 가입되어 있지 않은 도시 노동자들과 소농들의 희생을 대가로 기업가와 조직 노동자, 그리고 세력 있는 농민들의 이익에 봉사하고 있다고 비판했다. 바르단Bardhan[54]에 따르면, 인도의 경우 기업가와 부농, 그리고 도시 전문직 계층이라는 지배적 소유자 집단에 대해 질서를 강제하지 못하는 국가적 무능으로 말미암아 (그리고 주로 농업 부문에 대해 과세하지 못하는 무능력 덕분에) 정부의 조세 기반이 제한되었고, 생산적인 사회 기반 시설에 투자될 수 있는 정부 자원들이 보조금이나 조세 특혜 등의 형태로 낭비되는 사태가 초래되었다고 한다. 이른바 '포퓰리즘의 거시경제학macroeconomics of populism' 연구에서는 일부 라틴 아메리카 국가들의 경우 조직화된 노동 계급 운동이 가진 정치적 힘 때문에 지속 불가능한 거시경제 정책을 공약하는 '포퓰리스트' 정부가 선출된다고 주장한다. 거기에는 공공 지출 증대와 임금 인상이 포함되는데, 그래야만 (그들의 시각에서는 소득 분배의 편향으로 말미암아 수요 부족에 시달리고 있는) 경제의 지속적인 성장을 도모할 수 있다는 믿음에서 그런 것이다. - 하지만 이는 흔히 초인플레이션이나 예산 적자 급증과 같은 재앙으로 귀결되었다.[55] 이러한 이론들의 (전부는 아니지만) 다수가 '포획' 문제에 대한 해결책으로 특히나 탈규제를 권고했는데, 이는 정부의 포획을 방지하기 위한 최선의 방법은 시장의 결과를 변화시키는 정부 권력을 치워버림으로써 포획 자체를 무의미하게 하는 데 있다는 믿음에서였다.

'탈규제의 시대'에 각기 다른 여러 나라들에서 취한 탈규제 조치들의 성공 여부에 대해 총괄적으로 말하기란 쉽지 않다. 그러한 개혁의 유형과 결과가 나라들마다 다르기 때문이다. 또한 많은 나라에서 탈규제가 민영화나 거시경제 안정화 등 여러 다른 정책 수단들과 함께 시행되었다는 사실 역시 탈규제의 효과를 독자적으로 파악하기 어렵게 하고 있다.

어떤 영역에서는 탈규제 조치가 매우 성공적이었다. 미국의 트럭 운송 산업*과 같이 애초부터 규제의 경제적 정당성이 거의 존재하지 않았던 산업 부문이나, 아니면 많은 나라에서의 장거리 무선통신 산업과 같이 기술 변동이 종래의 규제 체제를 낙후한 것으로 만들어 버린 산업 부문과 관련된 경우에는 특히 그러했다. 다른 영역, 특히 금융 부문에서는 탈규제가 바로 정부의 수수방관과 잘못 동일시되면서 파국적인 결과를 초래한 경우들도 다수 존재한다. 1980년대 초 칠레의 금융 탈규제 파탄,[56] 미국의 저축대부조합 부실화,[57] 1995년의 멕시코 위기가 그 예라 할 수 있다. 이와 함께 결과가 복합적인 여러 영역들도 존재했다.

전체 경제의 수준에서 탈규제의 영향은 그다지 긍정적이지 않은 것 같다. 일부 부문별 성공담에도 불구하고 두 탈규제 주도국, 즉 미국과 영국은 탈규제 추진 이후 자국의 경제 실적을 뚜렷하게 향상시키는 데 성공하지 못했다. 다른 선진국들은 영미의 경우처럼 그리 대대적으로 탈규제를 추진한 것은 아니었다. 하지만 그 규모야 어떻든 간에 적어도 아직까지는 탈규제의 영향이 그리 가시적이지는 않다. 라틴 아메리카에서는 (아르헨티나, 볼리비아, 멕시코처럼) 가장 급진적인 형태로 탈규제를 추진한 나라들이 장기적 성장률을 제고하는 데 실패했는데, 이는 탈규제의 추진으로 인해 대폭적인 투자의 하락이 초래됨으로써 장기적 성장 전망이 약화된 때문으로 보인다.[58] 아프리카 경제에서 (가나같이) 급진적인 탈규제를 추진한 나라들의 경우 초기에는 좋은 경제 실적을 올렸다. 하지만 이것은 주로 설비 가동률 제고와 수

---

* 비터Vietor(1994, 1장)를 비롯한 많은 연구자들은 트럭 운송 산업에 대한 규제가 나오게 된 가장 중요한 동기는 트럭 운송으로 말미암아 철도 산업의 규제 체제가 약화될 가능성을 최소화하는 데 있었다고 지적하고 있다.

입 자재의 공급 개선에 기인한 것이었는데, 그 원동력이 다소 빠르게 소진된 것으로 보인다.[59] 전체 경제 실적에 대한 탈규제의 보다 긍정적인 효과는 아마도 좀 더 점진적인 접근 방식이 채택된, 게다가 기존의 훌륭한 투자 실적이 의도적인 정책 수단들을 통해 부분적으로 더욱 강화된 여러 아시아 국가들에서 찾아볼 수 있을 것이다.

이런 증거들을 해석하는 데 있어 한 가지 수수께끼는 부문별 탈규제 성공담은 많은 반면, 그것이 국민 경제에 미친 영향에 대해서는 긍정적인 이야기들이 그다지 많은 것 같지 않다는 점이다. 여기서 두 가지 사실이 고려되어야 한다. 첫째, 부문별 연구가 대부분 미국에서, 또 그보다는 적지만 영국에서 나오는 만큼 결국 세계의 다른 나라들에서 무슨 일이 일어나고 있는지에 대해서는 제대로 된 전체 그림이 그려지지 않는다는 점이다. 즉 다른 나라들에서 더 많은 부문별 연구가 나와야 하는 것이다. 둘째, 좀 더 중요하게 고려해야 할 사항은 부문별 평가와 경제 전반에 대한 평가가 종종 상이한 것들에 대해 말하고 있다는 점이다. 신고전학파 경제학자들이 작성한 부문별 연구의 대부분은 탈규제의 실행을 '정태적인' 생산과 배분의 효율성 측면에서 평가하는 반면, 경제 전반에 대한 평가는 흔히 성장과 생산성 성과라고 하는 '동태적' 효율성의 측면에서 이루어진다.[60] 그렇기 때문에 탈규제가 특정 부문에서는 정태적인 효율성에 상당한 개선을 가져왔지만, 그러한 성과는 본질적으로 일회적인 성격의 것으로 장기적인 영향력이 없으며, 나아가 일국적 수준에서는 성장 동력에 부정적으로 작용하기까지 했다고 할 수 있다. 결과적으로 탈규제가 단순히 정태적인 효율성의 성과 수준이 아니라, 기업가들을 정부의 제약으로부터 자유롭게 해 줌으로써 혁신과 생산성 성장을 증진시켜 결국에는 경제를 '부흥시킬revitalise' 것이라는 기대를 갖고 탈규제 추진에 나선 많은 나라들은 대체로 참담한 실망을 맛보게 된 것이다.

 이 항의 논의를 요약해 보자. 1980년대 이후 선진국이나 개발도상국을 막론하고 대부분의 나라들은 자국 경제에 대해 최소한 일정 정도 탈규제를 추진했다. 1970년대에 경제적 실적이 악화된 것이 흔히 경제에 대한 정부 개입이 과다한 탓으로 돌려졌고, 그에 따라 정부 지출을 축소하고 공기업을 민영화하며 경제에 대한 규제를 축소하는 시도들이 이루어진 것이다. 학계에서도 1970년대에 시작된 정부 실패 이론의 통찰력을 발전시킨 모델들이 수적으로 크게 증가했다. 이 시기에 탈규제가 미친 영향에 대해 일반적으로 진술하기는 어렵지만, 다음과 같이 말하는 것은 적절한 듯하다. 즉 최소한 정태적 효율성의 관점에서 볼 때에는 일부 주목할 만한 부문별 성공담이 있는 반면, 경제 전반의 수준에서 기대되던 탈규제의 동태적 효과는 대부분의 나라에서 눈에 띌 만큼 실현된 것 같지는 않다고 말이다.

2 탈규제 논쟁에서 간과된 것은 무엇인가?

 앞 절에서 논의된 개별 이론들의 장단점이 무엇이든 간에 지금의 우리는 규제와 관련된 문제들에 대해 2차 대전 직후의 시기보다는 더 많은 것을 이해하고 있다. 우리는 규제나 혹은 어떤 다른 방식의 정부 개입을 요청하는 시장 실패의 원인과 메커니즘에 대해 좀 더 나은 이해를 할 수 있게 된 것이다. 우리는 또한 규제 체제의 작동을 둘러싼, 그리고 국가 개입 일반을 둘러싼 정치 과정들에 대해 보다 잘 알게끔

되었다. 하지만 우리가 규제라고 부르는 이 다면적이고 복합적인 주제에 대해 만족스러울 만큼 이해하고 있다고 하기에는 아직 다소 거리가 있다. 이 절에서 우리는 기존의 논의들에서 간과되거나 부적절하게 다루어진 몇 가지 중요한 주제들을 다룸으로써 규제의 경제학과 정치학에 대한 우리의 이해를 증진시키기 위한 몇 가지 제안을 할 것이다.

2.1 규제가 없었다면 시장도 없었다

작금의 반反정부적 분위기에 편승하여 규제는 적을수록 좋다는 대중화된 신념이 존재한다. 하지만 원활하게 작동하는 시장은, 그러한 작동을 가능하게 하는 몇 가지 기본적인 측면과 관련하여 효과적인 규제를 필요로 한다. 따라서 규제가 적을수록 반드시 더 나은 것은 아니라는 점에 유념해야 한다. 모든 시장은 본연의 기능을 유지하기 위해 부정한 행위들에 대해서뿐만이 아니라, 더 나아가 (어떤 식으로 정의되든) '공정한' 거래에 속하는 것에 대해서도 규제를 필요로 한다. (가령 전문적 서비스나 기술 자문 시장 같은) 구매자가 재화나 서비스의 가치를 심지어 구매 후에도 알 수 없는 시장의 경우 누가 그것을 공급할 수 있는지에 대한 일정한 규제가 필수적일 것이다. 1992년도 노벨 경제학상 수상자이자 선도적인 제도주의 경제학자인 코스는 교과서에서 말하는 이상적인 시장과 가장 가깝다고 생각되는 주식 시장이나 원자재 시장에서조차도 무엇이 거래될 수 있는지, 누가 거래할 수 있는지, 일정 기간에 가격이 얼마만큼 변동할 수 있는지 등에 대한 엄격한 규제가 있을 때에만 제대로 작동할 수 있다고 지적한 바 있다.[61]

보다 이론적인 수준에서 볼 때, 제도주의 경제학의 최근 발전은 복잡한 현대 경제가 조직 내부의 규칙, 장기적인 관계 계약, 그리고 정부 규제 같은 것들에 의해 부과되는 일정 정도의 '경직성'을 필요로 한다는 점을 제시하고 있다.[62] 이러한 시각은 인간이 제한적인 계산 및 의사결정 능력만을 가지고 있기 때문에 경직적인 행동 규칙을 통해 특정한 행위의 가능성을 무시하도록 하는 장치가 있지 않으면 복잡한 문제들을 다룰 수 없을 것이라는 점을 강조한다. – 그렇지 않다면 인간은 복잡성complexity에 대처할 수 없을 것이다.[63] 다소 역설적으로 생각해 (소유에 관한 규칙 같은) 교환이 일어나는 데에만 필요한 규칙을 제외한 다른 그 어떤 규칙도 갖고 있지 않은 완전히 '유연한' 경제, 즉 많은 탈규제 지지자들에게 이상적인 기준이 되는 그런 경제는 코스의 비유를 빌려 말하자면, 고립된 개인들이 숲의 가장자리에서 도토리와 산딸기를 교환하는 일 이상의 것을 유지할 수 없을 것이다.[64] 복잡한 현대 경제가 일단 기능할 수 있기 위해서는 일련의 '규칙들'(과 그에 수반되는 구속력을 가진 의무, 그리고 행동에 있어서의 경직성)이 필요한 것이다.

물론 이러한 규칙들의 다수는 민간 부문이 스스로 제공할 수 있고, 또한 종종 제공한다. 코스가 지적하듯,[65] 주식 시장에서의 '규제'는 흔히 주식 거래 그 자체가 제공하는 것이다. 많은 나라에서는 다양한 직종들이 구성원들의 자격과 업무 수행에 대해 '자기 규제'를 부과한다. 이런 의미에서 볼 때, 규제로부터 자유로운 것이 분명해 보이는 많은 시장들도 굳이 정부에 의해서는 아니더라도 사실상 무거운 규제를 받고 있는 것이다. 정부 규제와 자기 규제 중에서 어느 쪽을 선택하느냐는 상대적인 효율성의 문제이다. 요컨대 정부 규제는 규모의 경제 덕분에 정보 처리 과정에서 비용상의 이점을 가질 수 있는 반면, 자기 규제는 도덕적 해이의 가능성으로 말미암아 보다 효율이 떨어지게 될 가능성이 있다. 하지만 정부 규제와 자기 규제의 경우 결국 완전한 대체 관계는 아니다. 왜냐하면 자기 규제는 궁극적으로 정부가 '허용 가능한' 행동의 한계를 설정하는 법령 및 기타 지침들을 통해 뒷받침되어야 하기 때문이다. 이런 의미에서도 탈규제가 모든 정부 규제의 폐지와 동일시되어서는 안 된다. 비록 정부 규제 중에서 어떤 것이 반드시 '필요한' 규제인가 하는 문제는 또 다른 대단히 어려운 문제이기는 하지만 말이다.

아울러 지적되어야 할 것은, 특정 영역에서의 탈규제가 다른 영역에서는 정부 규제의 증대를 요구할 수도 있다는 점이다. 가령 산업 및 금융 부문에서의 탈규제는 각기 소비자 및 예금자의 보호와 관련된 규제의 증대를 요구할 것이다.[66] 최근의 미국의 저축대부조합 사태나 1980년대 초에 터진 칠레의 금융 위기는 (이자율 지정과 같은) 일부 영역에서 규제를 완화하기 위해서는 자기자본비율이나 특정 유형의 금융 기관들이 보유할 수 있는 자산의 종류 등과 같은 다른 영역에서 규제가 강화되어야 함을 보여 준다. 이와 유사하게 매몰 비용을 필요로 하는 산업에 대한 진입 억제의 제거 역시 이와 유사하게 약탈적 행동에 대한 반트러스트 형태의 규제가 강화되어야만 효과를 볼 수 있을 것이다.[67] 각국 정부가 (통신과 같은) 특정 산업에서 새로운 진입자들보다 기존 기업들에 대해 보다 강하게 규제를 적용하는 최근의 추세 역시 유사한 문제의식을 반영하고 있다. 또 영국 및 다른 나라들의 경험을 토대로 민영화에는 규제의 완화가 아닌, 오히려 규제 체제의 강화가 수반될 필요가 있다는 주장도 종종 제기되고 있다. 왜냐하면 민영화의 경우 "종전에는 공적 소유 산업의 내부에 있던 관계들이 이제는 사기업들 간 시장 계약의 당사자가 되거나 규제자와 공급자 간의 '계약' 대상이 됨에 따라 계약 관계의 수와 범위, 그리고 복잡도가 대폭 증가"하게 되기 때문이다.[68]

2.2 시장은 규제에 의해 창출된다

규제에 관한 기존의 연구들에서 거의 논의되지 않은 한 가지 중요한 쟁점은 정부 개입이 단순히 시장을 규제하기 위해서만이 아니라 시장을 '창출'하기 위해서도 필요할 수 있다는 점이다.* 이 '시장 창출'의 문제는 선진국이라고 예외인 것은 아니지만 개발도상국들, 그리고 특히 재산권이 투명하고 안전하게 규정되어 있지 않으며, 사업 행위를 위한 효과적인 법적 틀이 존재하지 않는 체제 전환 국가들에서 훨씬 더 심각한 현안이다. 혹자의 경우 '시장은 자연 발생적으로 발전한다'[69]고 믿고 있기도 하지만, 이는 한 마디로 사실이 아니다. 폴라니[70]와 코스[71]의 주장에 따르면, 많은 이들이 시장 체제가 완전히 자생적으로 출현했다고 믿고 있는 영국에서조차도 재산권을 확립하고 특정한 시장을 위한 기본적인 규제 틀을 제공하는 데 있어서 정부의 역할은 본질적인 것이었다. 문제는 시장을 창출한다는 것이 보기와는 달리 훨씬 더 복잡한 과정이라는 것이다.

가장 먼저 정부는 사회적 '선호'라는 관점에서 특정한 재화와 서

---

* 더욱이 정부 규제는 시장만이 아니라 시장의 주역, 즉 기업도 창출한다. '법인'의 구성과 해산에 관한 규칙 및 법인의 권리와 의무에 관한 규칙을 제정함으로써 그렇게 하는 것이다. 필자는 이런 중요한 요점을 제기해 준 익명의 논문 심사위원referees께 감사를 표한다.

비스의 시장을 창출할 것인지 말 것인지를 결정할 필요가 있다. 이러한 결정은 순수하게 '경제적'인 것은 아닌데, 왜냐하면 시장을 통하는 것이 보다 '효율적'임에도 불구하고 사회가 시장을 통한 공급을 원하지 않는 (대신에 가치나 필요에 따라 배분되기를 원하는) 그런 재화와 서비스가 존재하기 때문이다. 몇 가지만 예를 들어보자. 어떤 사회는 혈액 시장이나 인간 장기 시장을 한사코 받아들이지 않을 것이다. 또 어떤 사회는 아무리 효율적이라 해도 사기업이 치안이나 교도 행정 서비스를 제공하는 것을 허용하려 하지 않을 것이다. 의료나 교육과 같은 '가치재 merit goods'의 공급에 있어서는 나라마다 시장의 이용 정도가 각기 다르다. 공공성이 높은 서비스를 제공하는 기업들에 대해서는 많은 사회가 심사숙고 끝에 완전히 시장 원리에 따라 운영하지는 않는다는 결정을 내리고 있다. 이런 사례는 계속된다. 이 같은 결정 가운데 일부는 아마도 경제적인 측면에서 비용이 드는 것일 수도 있다. (때문에 그 중 일부는 현재 운영 방식이 재검토되고 있다.) 하지만 시장의 경계가 오로지 효율성에 대한 고려에 의해서만이 아니라 비경제적인, 혹은 심지어 '도덕적인' 고려에 의해서도 결정된다는 점을 인식하는 것이 중요하다. 적법성(치안 서비스와 교도 행정 서비스), 공정성(의료나 공공요금), 가치(교육이나 의료) 혹은 심지어 '돈으로 살 수 없는 것이 존재한다'는 신념(장기나 혈액 시장)과 같은 것에 대한 고려에 근거하기도 한다는 것이다. 유감스럽게도 규제 개혁에 관한 작금의 논의는 이러한 측면에 대해 말할 만한 것이 거의 없다.

일단 어떤 재화와 서비스를 시장을 통해서 제공할 것인지 (최소한 암묵적으로라도) 결정되었다면, 재산권이 배분되고 집행되어야 한다. 재산권 배분 역시 겉보기만큼 단순한 일이 아니다. 통상적으로 우리는 무엇인가를 소유하는 것이 너무도 당연한 일이라고 생각한다. 그러나 어느 누군가가 하나의 자원을 소유하고 있다 하더라도, 그것의 사용은 타인의 재산권(및 다른 권리)에 의해 제한된다. 예를 들어 설령 내가 한 자루 칼을 소유하고 있다 해도, 그것으로 당신을 죽이는 것은 허용되지 않는다. 왜냐하면 사회는 당신의 살 권리에 내가 나의 소유물을 자유롭게 사용할 권리보다 더 가치를 두고 있기 때문이다. 아니면 당신이 어떤 기계 한 대를 소유하고 있다고 하자. 그리고 그 기계가 내가 사적으로 소유하고 있는 호수를 오염시키고 있다고 하자. 이 경우 사회가 내 재산을 오염으로부터 지키려 하는 나의 권리를 당신이 당신의 기계를 당신 마음대로 사용할 권리보다 더(혹은 덜) 가치를 부여한다면, 그 기계의 사용은 허용되지 않을(혹은 허용될) 것이다. 바꿔 말하자면 재산권에 대한 서술은 사회 구성원들이 적법한 것으로 받아들이는 여러 권리로부터 독립된 것이 아니다. 결과적으로 전부는 아니라 해도 대부분의 재산권이 가장 복잡한 방식으로 제약되어 있는 것이다.'[72]

이것이 사실이라는 것을 가장 잘 설명해 주는 사례로는 아동 노동의 경우를 들 수 있다. 20세기의 OECD 국가에 사는 사람들이라면 설령 아동을 고용함으로써 이득을 볼 가능성이 있다 하더라도 대부분 아동 노동의 금지를 통상적인 의미에서의 규제로 간주하지 않을 것이다. 고용주가 필요하다고 생각하면 누구든지 고용할 권리보다는 아동이 노동하지 않을 권리에 더 많은 가치를 부여할 것이기 때문이다. 하지만 19세기 유럽의 많은 자본가들(그리고 바로 오늘날 개발도상국의 많은 자본가들)은 이를 노동 시장의 '자유로운' 작동을 간섭하는 부당한 규제로 간주했다(간주하고 있다). 이들은 20세기 OECD 국가의 시민들과 가치판단을 공유하지 않았기(않고 있기) 때문이다. 이는 어느 한 사회가 정당한 것으로 간주하는 권리 체계는 시간과 장소에 따라 다르다는 것을, 그런 만큼 '규제되지 않은'(혹은 '자유로운') 시장은 해당 사회에 의해 정당한 것으로 간주되는 권리 체계에 대한 명시적인 준거 없이는 정의될 수 없음을 보여 준다. 정당한 권리 체계를 정의하는 데 대하여 항상 논쟁과 투쟁이 그치지 않는다면 '자유로운' 시장을 창출하는 일은 일부 사람들이 생각하듯 단순한 일이 아니다.[73]

2.3 판단 기준이 효율성밖에 없는가?

실생활에서의 많은 규제들이 오로지 효율성에 대한 관심에서 유발된 것만은 아니다. 그 동기에는 분배에 대한 고려도 함께 있었다.[74] 자연 독점에 대한 규제에는 흔히 직간접적으로 해당 기업이 전유할 수 있는 독점 지대 monopoly rent의 양을 제한하는 것이 포함된다. 독점권 입찰을 통해 정부는 생산자로부터 최소한 지대의 일부라도 뽑아낼 수 있다. 그리고 이렇게 정부가 뽑아 낸 것들은 아마도 세금 감면이나 보조금 등의 형태로 어떤 다른 집단에게 재분배될 것이다. 예컨대 많은 나라에서 외딴 섬에 살고 있다는 이유로 우편 서비스나 전력을 공급 받지 못하는 경우는 없어야 한다는 사실에 근거해 전력, 전화, 우편, 철도 서비스 등을 공급하는 기업들에 대해 (원하기만 하면 누구나 이용 가능하도록) '보편적 서비스'를 제공할 것을 강제한다. 그럼으로써 소득을 생산자들로부터 소비자들에게로 재분배할 수 있을 뿐만 아니라, 다른 소비자들로부터 '불우한' 소비자들에게도 재분배할 수 있다. 또 다른 사례로는 대형 조립 업체와 소규모 하청 업자들 사이의 관계와 관련된 규제를 들 수 있다. 이런 규제는 대기업들이 보다 우월한 교섭력을 행사해 공동 잉여 joint surplus 중에서 자신들의 몫을 늘릴 수 있는 여지를 제한하는 재분배 지향적인 성격의 것이기 때문이다. 근로 기준에 대한 규제 역시 고용주로부터 (그리고 만일 기업이 비용을 소비자에게 전가한다면 그 소비자로부터) 노동자에게로 재분배하는 성격을 띠고 있는 또 하나의 예라 할 것이다.* 이런 예들은 이 외에도 얼마든지 있다.

최근의 탈규제 추세는 당연히 재분배 문제에도 상당한 충격을 안겨 주고 있다. 가령 탈규제 추세에 따른 가장 큰 '피해자들'은 과거 구체제 하에서는 보조를 받았으나 이제는 종종 필요한 서비스에 대한 접근이 거부되거나 아니면 훨씬 비싼 가격을 지불할 수밖에 없게 된 '불우한' 소비자들, 그리고 때때로 자기 기업에 대한 규제가 완화됨에 따라 해고당하거나 보다 열악한 조건 속에서 일할 수밖에 없게 된 영세 기업 affected firms 종업원들이라는 것이 많은 연구를 통해 지적된 바 있다.[75] 물론 일부 집단이 입는 손해보다는 전체의 이득이 중요하다는 주장은 가능하고, 또 충분히 정당화될 수 있다.[76] 하지만 그렇다 해도 탈규제 추세가 분배에 어떤 결과를 낳고 있는지를 밝히고 논의할 필요는 있다. 그래야만 정책 결정자들이 이 같은 결과에 내포된 정치적 함의에 대해 좀 더 잘 대처할 수 있음에도, 아직은 제대로 이루어지지 않고 있다.

예컨대 탈규제를 통해 사회적 순익 net social gain이 발생한다 해도

---

* 근로 기준이 더 나아질수록 생산성이 높아진다면 아무도 손해를 보지 않을 것이라는 사실에 주목할 필요가 있다. 다만 이 경우 고용주와 노동자와 소비자가 각기 정확히 얼마나 많은 이득을 보게 될지의 여부는 상황에 따라 다를 수 있다.

탈규제로 이득을 보는 사람들의 대부분은 개인적으로 그리 큰 이득을 보지 못하는 반면, 피해자들은 큰 손해를 입는다는 점, 특히 그들은 '기업 특수적firm-specific'이거나 '산업 특수적industry-specific'인 물적 혹은 인적 자산의 소유자들이어서 현재의 고용 상태에서 벗어났을 때 그 가치를 거의 상실하고 만다는 점[77]을 감안한다면, 탈규제를 긍정적으로 평가하기란 어려울 것이다. 가령 우리(사회)는 실제 1000명의 항공사 종업원을 해고하고, 그 덕분에 50만 명의 고객들이 평균 100달러씩 절약할 수 있게 되기를 원하는가? 아니면 원거리 지역에 사는 10만 명이 철도를 이용하지 못하는 대신 모든 철도 승객들이 연평균 25달러를 절약할 수 있다면 우리는 이를 받아들일 만하다고 생각하는가? 어쩌면 받아들일지도 모르겠다. 그리고 우리가 그래서는 안 된다는 절대적 이유란 존재하지 않는다. 하지만 우리는 이러한 문제를 순익과 손실이라 평가되는 어떤 수치 아래 묻어 두기보다는 밝은 빛 아래서 비춰 볼 필요가 있다. 이는 이득을 보는 이들이 손해를 보는 이들을 보상하기 위해 구체적으로 자신들의 이득의 일부를 지불하는 것을 가능케 하는, 사회적으로 합의된 '보상 체계'를 설계하는 데도 또한 도움이 될 것이다.

심지어 규제 개혁으로 이득을 보게 된 이들 사이에서도 그 이득의 분할을 둘러싼 문제는 여전히 남아 있다. 가령 최근 영국의 (가스, 수도 및 전력 관련) 공익 기업들이 민영화된 이후 상대적으로 규제 체제가 완화되면서 최고경영진이 받게 되는 보수가 (최저 50%에서 최고 500%에 이르기까지) 막대하게 증대된 것을 두고 격렬하게 논쟁이 벌어졌다. 많은 소비자들이 비용 대비 효과의 증대를 통해 이득을 보았고, 일부 소비자들은 변화된 요금 체계 덕분에도 이득을 본 상태였다. 그럼에도 불구하고 (해고된 종업원들이나 손해를 본 '억울한' 소비자들은 말할 것도 없고) 이득을 본 다수의 소비자들조차 해당 기업 경영진이 이처럼 막대한 이득을 분배 받아 마땅한 것인지에 대해 의아해 했다. 이득을 나누는 '공정한' 방식은 역시 존재하고 있지 않은 것이다.

조스코Joskow와 로즈Rose[78]가 지적하듯, 규제에 대한 전통적인 연구들은 유감스럽게도 정태적인 효율성과 관련된 쟁점에 몰두한 탓에 규제 및 탈규제가 분배에 대해 갖는 의미에 대해서는 소홀히 해 왔다. 서로 다른 개인 및 집단을 망라하는 어떤 '총량적인' 평가가 불가피하다 해도 분배와 관련된 쟁점들이 무시되어서는 안 된다. (어떻게 정의하든) 결과의 '공정성'에 대한 염려야말로 종종 사람들이 특수한 정책 변화를 수용할 것인가 거부할 것인가를 결정하는 데 있어 대단히 중요한 요소로 작용한다는 점을 감안하면, 규제 개혁의 성공 여부는 최소한 부분적으로라도 사람들로 하여금 분배적 측면에서 그 결과의 공정성을 받아들이도록 하는 데 달려 있는 것이다. 그럼에도 이 영역에 대한 우리의 이해는 여전히 미흡하다.[79] 비록 최근 규제의 정치학politics of regulation에 대한 연구들이 분배와 관련된 쟁점에 보다 많은 주의를 기울이고 있기는 하지만 말이다.

2.4 동태적 효율성은 왜 따지지 않는가?

규제에 대한 기존 연구는 정태적 효율성이라는 쟁점의 경우와는 달리 '동태적' 쟁점들 혹은 이 장에서 '발전론적' 쟁점들이라고 부르는 것에 대해 충분히 주목하고 있지 않다. 일부 저자들은 규제와 탈규제에 대한 분석을 순전히 정태적인 효율성의 차원에서만 수행하고,

심지어는 생산성과 성장에 대한 규제 개혁의 영향조차 고려하지 않고 있다.* 이는 개선된 정태적 효율성으로 인한 이득(혹은 손실)이 통상 상대적으로 작고 일회적인 성격의 것인데 반해, 동태적인 이득(혹은 손실)은 대단히 크고 장기적으로 지속되는 성격의 것임을 감안한다면 대단히 부적절한 접근이라 할 것이다.** 그러므로 가령 '반트러스트' 활동의 증대라는 형태로 규제 개혁이 진행된 결과 생산성 성장률이 조금만 감소되어도,[80] 그에 따른 손해는 이러한 개혁으로 얻는 정태적 효율성의 향상에 따른 이득보다 훨씬 더 클 수 있는 것이다. 일부 저자들은 동태적 효율성의 중요성을 인정하면서도, 일반적으로 탈규제에 의해서든 혹은 더 엄격한 반트러스트 규제에 의해서든 (상황에 맞는 방식으로) 더 높은 정태적 효율성을 달성하는 것이 더 높은 동태적 효율성으로 이어질 것이라고 믿고 있다. 저 유명한 세계은행의 나라별 가격 왜곡 지수price distortion index와 성장률 사이의 관계에 대한 회귀분석regression은 이러한 시각을 반영하고 있다.[81] 하지만 선도적인

---

* 조스코와 로즈는 미국 내에서 규제의 (그리고 그 연장선으로 탈규제의) 영향에 대한 사례 연구를 개괄하면서 다음과 같이 주장한다. "참담하게도 규제가 혁신과 생산성 성장에 미친 영향을 평가하려는 노력은 거의 없었다. 우리가 알고 있는 것의 상당 부분은 아주 오래된 것들이다. 규제로 말미암은 정태적 이득과 손실은 아마도 혁신과 생산성 성장의 결과 산출된 장기적인 후생 증가에 비하면 작을 것이다. 그러므로 이후에는 규제가 생산성 성장 및 새로운 재화와 서비스 개발의 동력으로서 얼마만한 영향을 미쳤는지에 대한 연구가 필수적이다." (Joskow and Rose, 1989, p.1484 참조. 또한 Winston, 1993, p.1268 참조)

** 미국에서 독점으로 인한 배분의 비효율성으로 야기되는 손실에 대한, 이제는 고전이 되어버린 하버거Harberger의 추산에 따르면, 그 수치는 국민총생산GNP의 1% 내외이다. '지대 추구' 비용을 반영하여 추산한 나중의 평가는 그 수치를 국민총소득GNI의 4~5% 내외로 잡고 있다(Harberger, 1954 참조). 이와 관련 맥코믹McCormick 등은 과거의 '지대 추구' 비용은 (이미 지출되었기 때문에) 탈규제를 통해 회수될 수 없으므로 "탈규제에서 오는 이득은 하버거의 비용보다 작아서 아마 국민총소득의 1.5% 정도일 것이다."라고 주장한다(McCormick et al., 1984, p.1078 참조).

한 신고전학파 경제학자도 지적하고 있듯이,[82] 우리에게 보다 높은 정태적 효율성을 달성하는 것이 필연적으로 보다 높은 동태적 효율성으로 이어질 것이라고 말해 주는 경제학 이론은 존재하지 않는다.[83] 게다가 경제 전반의 수준에서 더 많은 (하지만 전부는 아닌) 시장의 '왜곡'을 제거한다 해서 그것이 반드시 경제에서 정태적 배분의 효율성을 개선시켜 주는 것은 아니라는 '선험적인' 문제도 물론 있다.[84]

슘페터는 독점 지대(혹은 그가 기업가의 이윤이라고 부른 것)는 혁신의 유인을 제공하며, 근대의 대규모 연구개발 시대에 와서는 혁신을 위한 자원을 제공한다고 주장했다.[85] 이것이 사실이라면 정태적인 효율성과 동태적인 효율성 간에는 상충관계가 존재한다고도 할 수 있을 것이다. 이 경우 규제 개혁이 (가령 반트러스트 규제를 강화함으로써) 시장 지배력 및 그로 인한 독점 지대의 감소를 수반하게 된다면, 혁신율과 생산성 성장률은 아마도 부정적인 영향을 받게 될 것이다. 물론 기술 변동의 경제학에 관한 최근의 연구들이 보여 주는 바와 같이 이야기가 그토록 간단명료하지는 않다.[86] 시장 지배력은 단지 혁신과 생산성 성장을 결정하는 여러 요인 가운데 하나일 뿐이다. 혁신과 생산성 성장은 다른 여러 제도적이고 기술적인 요인들의 영향을 받는 것이다. 그러니까 요점은 (가령 느슨한 반트러스트 규제 같은) 어떤 유형의 규제 체제가 동태적 효율성을 위해 반드시 좋은가 아닌가 하는 것이 아니라 규제 개혁에 대한 현재의 논의가 동태적 효율성을 고려하는 데 충분히 주목하고 있지 않다는 사실이다.*

---

* 동태적 효율성이라는 쟁점에 이목이 집중되도록 하는 한 가지 방법은, 우리가 이 장의 1절에서 했던 바와 같이 정태적 후생static welfare을 도모하는 규제(이를 '후생주의' 규제라 하자)와 장기적 생산성 성장의 지원을 도모하는 규제(이를 '발전론적' 규제라 하자)를 구분하는 것일 수

또한 규제 체제와 (동태적 효율성의 중요한 결정 요소인) 기술 변동 간의 관계가 일방적인 것은 아니라는 점도 지적되어야 한다. 위에서 우리는 규제 체제의 변화가 기술 혁신과 생산성 성장에 미치는 영향에 관하여 논의한 바 있다. 하지만 기술상의 변화 또한 기존 규제 체제의 효율성에 영향을 미칠 수 있다. 가령 기술 진보로 말미암아 특정 산업에서의 규모의 경제가 보다 큰(더 작은) 규모로 실현된다면, 해당 산업에서 시장 지배력으로 인해 야기되는 문제들을 통제하기 위한 규제의 필요성 또한 증대(감소)할 것이다.

기술 진보는 자연 독점 산업의 '분화unbundling'를 이끌어 낼 수 있는데, 이는 최근 전력 산업 및 통신 산업의 발전상에서 보는 바와 같이 그 산업의 특정 부문에 대한 탈규제를 실행 가능할 뿐만 아니라 바람직한 것으로 만들어 준다.[87] 기술 진보는 또 최근 컴퓨터 산업과 통신 산업 간의 상호 침투에서 보는 바와 같이 산업들 간의 전통적인 경계선을 허물어 버림으로써 기존 규제 수단들의 '재포장repackaging'을 요구할 수도 있다. 기술 진보는 또한 완전히 새로운 산업의 출현을 선도할 수도 있는데, 이 경우 해당 산업의 향후 발전을 위해서는 특히 생산 및 처리 기준과 관련해 안정적인 규제 체제를 적기에 확립하는 것이 결정적으로 중요할 수가 있다.[88] 이 모든 사항들은 규제 체제가

도 있다. 이 두 유형의 규제 모두 진입 억제, 가격 통제, 기술 표준 등과 같은 수단들이 사용된 다는 점에서는 똑같지만, 그 지향하는 목적은 전혀 다른 것이 보통이다. 물론 어떻게 보면 발전론적 규제와 후생주의 규제는 모두 '시장 실패'의 언어 로 표현될 수 있다. 이 둘 모두 어떤 이상적인 목표를 달성하는 데 있어 시장 메커니즘이 실패하는 경우에 필요한 조치로 보여질 수 있기 때문이다. 하지만 이러한 해석은 그다지 도움이 되지 않는다. 우리가 위에서 제시했 듯 서로 상충될 수 있는 정책 권고를 산출하는 각기 다른 두 가지 이론을 하나로 묶어 버리는 결과가 되기 때문이다.

고정된 것으로 취급되어서는 안 되며, 역동적으로 변화하고 있는 기술적 조건들에 적응되어야 한다는 점을 제시한다.*

물론 이상의 모든 것이 규제 체제가 끊임없이 변해야 함을 의미하는 것은 아니다. 만일 그렇다면 규제라는 개념은 사실상 아예 무의미해질 수도 있다. 왜냐하면 규제란 민간 부문이 활동하는데 공공 이익과 충돌하지 않기 위해 감안해야 할 기본 조건을 규정하는 규칙을 안정적으로 제공하는 것이 그 역할이기 때문이다. 만일 규제 체제가 너무 자주 변한다면 아마도 과다한 조정 비용이 들게 될 것이다.

하지만 정책 결정자들이라면 규제 체제가 상황 변화에 맞추어 조정되어야 한다는 사실을 받아들이고 (가령 정기적인 재평가를 통해) 그러한 변화가 증진될 수 있는 정책 환경을 제공하도록 노력하는 것은 지극히 중요하다.

2.5 인간에게는 이기적 동기밖에 없는가?

규제의 정치학은 규제에 관한 작금의 연구에서 결코 간과되고 있는 쟁점은 아니다. 사실상 그것은 정부 실패 이론의 초점이었다. 규제의 정치학에 대한 최근의 연구 역시 그 연장선상에 있다. 하지만 이 영역에 대한 현재 우리의 이해 수준은 아직 대단히 부족하기만 하다.

---

* 설령 기술 진보가 없다 해도 규제 체제의 지속적인 적응 노력은 불가피할 것이다. 인간의 합리성이 제한된 것이라는 점을 감안할 때, 규제와 관련된 규칙이 최초로 기록되었을 당시에는 향후 발생 가능한 모든 사태를 예측할 수 없었으리라는 것이 당연하기 때문이다. 그러므로 기존 규칙은 시간의 경과와 더불어 '창의적인' 재해석 및 '합법적' 회피에 따른 위험성의 증대에 노출될 수밖에 없게 되고, 그에 따라 추가 규제가 필요한 것이다. 필자는 이 점을 제기해 준 한 익명의 논문 심사위원께 감사를 표한다.

이에 대해서는 상세하게 논하기 어렵기 때문에[89] 지금은 일단 포괄적인 주장을 생략하고 정부 실패 접근법의 근저에 있는 일부 주요 전제만을 쟁점으로 논할 것이다.[90]

정부 실패 학파의 중심 명제, 즉 '정부는 정보를 수집하고 결정을 강제하는 데 있어 무한한 능력을 가진, 불편부당한 공공 이익의 수호자가 아니고, 이기적인 개인과 그러한 개인들의 집합으로 구성되어 있고 또 그로부터 영향을 받는 하나의 조직이다'는 명제 자체를 부정할 수는 없을 것이다. 하지만 그렇다고 해서 자기 이익이 모든 것을 설명해 준다고는 말할 수 없다. 자기 이익은 대단히 중요하기는 하지만 인간에게 있어 유일한 동기는 아니기 때문이다.

자기 이익이 지배적인 동기로 작용하는 경제의 (대부분을 차지하는) '민간' 영역에서조차 사람들은 종종 (규칙을 준수하는 태도, 단결심, 계급 연대, 일솜씨에 대한 자부심, 일반화된 이타주의 같은) 어떤 도덕적 가치에 따라서 행동한다. 이러한 가치는 단지 자기 이익을 '위장하는 가장의 베일'이 아니며,[91] 궁극적으로 (사회적 배척, 명성, 규칙 위반에서 오는 심리적 '죄책감' 등의) 어떤 숨겨진 제재의 메커니즘에 기초한 '착시'도 아니다.*

실제로 사이먼Simon과 애로우Arrow를 비롯한 여러 사람들이 되풀이해서 지적했듯, 만일 인간이 전적으로 이기적이라면 복잡한 분업에 기초해 있는 현대의 모든 경제는 엄청난 협상 비용 및 감시 비용에

---

* 그 공급에는 기여하지 않는 사람들이 거기에서 얻어지는 이득을 취하는 것을 막을 수 없다는 의미에서 이러한 제재 메커니즘 자체도 공공재이며, 따라서 완전히 이기적인 인간들만 사는 세상에서는 그것이 제대로 공급될 수가 없다. 이를 위해서는 (정부 실패론자들이 비판하는) 개입주의 옹호자들이 그러는 것처럼 국가와 같은 외생적인 불편부당한 제3자의 존재를 전제해야 한다.

짓눌려 붕괴하고 말 것이다.* '공공' 영역에서 활동하는 경우에 대해 말하자면, 사람들은 더더욱 (위에서 언급한 것들에 더해 공직 윤리, 정부의 성실성에 대한 관심, 사회적 결속 욕구, 민족주의와 같은) 도덕적 가치의 기반에서 행동하는 경향이 있다.** 게다가 개인의 선호도는 사람들이 가지고 태어나는 불변의 데이터가 아니라 어느 정도 '사회화 과정', 즉 가족, 학교, 공동체, (정부 조직을 포함한) 일터, 대중매체 등이 여러 비이기적인 '도덕적' 코드를 (상당히 성공적으로) 빈번히 가르치는 과정에 의해 결정된다.***

만일 우리가 위에서 말한 것이 사실이라면, 정부 실패 학파가 믿고 있는 대로 국가 개입의 범위를 줄이는 것이 아닌 다른 방식으로서도 공권력의 사유화를 제한하는 것이 가능할 것이다. 가령 사람들이 '비이기적인' 가치를 간직할 수 있다면, 그리고 사람들의 가치가 사회화 과정을 통해 변화될 수 있다면, 우리는 정부 실패와 관련된 많은 문제를 이기적인 목적의 공직 남용이나 국고 약탈에 반대하는 도덕적 설

---

* 현실 속에서 실제로도 이렇다는 것은 일상적인 쟁의 행위 중 하나가 '업무 처리 규정에 따라 작업하는 것'이라는 사실에 의해서도 강력하게 뒷받침된다. 공식적인 규칙으로는 생산과정이 제대로 작동하게 만드는 데 필수적인 노동자들의 노력 정도를 일일이 규정하는 것이 불가능하기 때문에 노동자들이 정확하게 업무 처리 규정집에 따라 작업하는 것만으로도 생산량의 30~50%는 쉽게 줄어든다는 것은 잘 알려진 사실이다.

** 실제로 놀Noll은 미국에서의 규제의 정치학에 관한 연구를 개괄하면서 규제와 연관된 관료나 정치인들이 순전한 이기심 이외에 ('공공 이익'에 대한 관심이나 자신의 이데올로기적 신념 같은) 여러 가지 다른 동기를 가지고 행동한다는 강력한 증거가 있다고 지적한다(Noll, 1989, p.1281 참조).

*** 물론 이것이 '일반화된' 도덕적 코드만으로 충분히 사회를 유지할 수 있다는 의미인 것은 아니다. 우리의 도덕심은 종종 우리가 우리 자신을 발견하는 특수한 사회적 관계 속에 내재되어 있다(Granovetter, 1985 참조). 필자는 이 점을 제기해 준 한 익명의 논문 심사위원께 감사를 표한다.

득을 통해서 완화시킬 수도 있을 것이다. 많은 정부 실패 이론 지지자들은 이러한 시각을 '순진한' 것이라고 매도할 수도 있겠지만, 이는 '훌륭한' 정부 혹은 (사기업을 포함하여) 잘 운영되는 어떤 다른 조직이 그 조직 내외에 있는 개인들에 의한 (공권력을 포함한) 단체 권력의 오용을 통제하는 중요한 한 가지 방식인 것이다.* 사실상 정부 실패 학파는 (정치에서 모든 사람들은 단지 협소하게 정의된 자기 이익을 추구할 뿐이라는) 정치적 삶에 대한 '냉소적인' 시각을 설교함으로써 정치인들과 관료들로 하여금 그들이 가졌던 그나마의 작은 도덕심마저 포기하도록 조장하고 있는지도 모른다. 그리고 만일 세상에 정부 실패 이론에 묘사된 바와 같은 정치인 및 관료만 있다면, 그 결과는 진정 재앙이 아닐 수 없다.

이는 (정부 내외의) 분파적 이해관계들이나, 심지어는 영향력 있는 개인들에 의해 자행되는 정부의 사유화 및 남용 가능성과 그 실체를 부정하는 것이 아니다. 도덕적 설득만으로도 충분히 그러한 남용을 억제할 수 있다고 믿는 것도 아니다. 훌륭한 인센티브 시스템을 정부 내부 및 주변에 설계하는 일은 지극히 중요하다. 왜냐하면 이를 통해 완벽하지는 않다 하더라도 공직자나 강력한 이익집단의 이해관계와 공공 이익을 조정할 수 있기 때문이다. 이른바 규제의 신경제학, 그리

---

* 예컨대 (일본, 프랑스 및 영국 같은) 세계적으로 그 명성이 높은 관료 조직의 경우 강력한 공공 봉사 정신과 국가적 사업 수행에 대한 자부심·단결심 등을 통해 구성원들을 고취시킬 수 있다. 이런 측면에서 볼 때 정부 실패 모델들이 국가에 대해 갖고 있는 고도의 불신은 대부분의 정부 실패 모델들의 원적지라 할 수 있는 미국에서 이러한 관료적 전통을 찾아볼 수 없다는 사실을 반영하는 것일 수도 있다. 이 학파의 창시자 중 한 사람인 노스North(1981)조차도 훗날의 논문에서는 많은 정부 실패 모델들이 미국에서 기원하고 있기 때문에 야기되는 문제를 인정하고 있다(North, 1994, p.366 참조).

고 보다 광범위하게는 '주인-대리인' 이론의 연장선상에 있는 여러 연구의 근저에는 실상 이러한 관심이 깔려 있다.[92]

현재 이 이론이 안고 있는 한 가지 결정적인 문제는 애로우가 지적하듯, 이 모델들이 거대하고 복합적인 현대의 (정부를 포함한) 조직들 내부와 주변에서 일어나고 있는 사태에 대해 엇비슷하게나마 묘사하지도 못한다는 의미에서는 지나치게 단순한 반면, 주인-대리인 문제에 대한 해결책으로 내놓는 '처방들'은 너무나 복잡해서 실행할 수가 없다는 것이다. 이와 대조적으로 실생활에서의 다양한 주인-대리인 문제들에 대한 해결책은 매우 단순한 것이 보통인데, 애로우에 따르면 이는 우리의 제한된 합리성과 거래 비용으로 말미암은 불가피한 결과이다. 애로우가 제시하듯 실생활에서의 조직들이 왜 그리고 어떻게 상대적으로 단순한 인센티브 시스템에 기초했음에도 합리적으로 잘 운영되고 있는지를 이해하지 못한다면, 우리가 갖고 있는 인센티브 시스템에 관한 복잡한 모델들은 우리가 보다 나은 정치적인, 관료적인, 그리고 규제와 관련된 인센티브 시스템들을 구축하는 데 실질적으로 하등의 가치를 갖지 못할 것이다.[93] 그런데 이러한 이해에는 아직 도달하지 못한 상태이다.

3 아직은 결론을 내리기에 너무 이르다

이 장에서 우리는 '규제'를 정의하는 것에 따르는 개념적 난점들을 간략하게 논의한 뒤, 지난 50년간 규제와 탈규제에 대한 관점이 어떻게 변화해 왔는지 살펴보았다. 이와 함께 우리는 이 같은 관점의 변화를 현실 속에서 진행된 경제적, 정치적 발전과 결합시키고자 시도했다. 관점과 현실은 서로에게 영향을 미치면서 변화하는 것이기 때문이다. '규제'를 둘러싼 논쟁은 지난 반세기 동안 복잡하게 그리고 격렬하게 전개되어 왔다. 이를 시기별로 구분한다는 것은 다소 무리한 일일지도 모른다. 그러나 필자는 일단 이 50년을 다음과 같이 세 개의 '시대'로 나눌 수 있다고 생각한다.

(1) 규제의 시대(1945~1970) : 대다수 국가들에서 정부 지출 증대, 국유화, 규제 확대 등의 형태로 정부 개입이 늘어났다. 개입주의 경제 이론의 발전기이기도 했다.
(2) 전환의 시대(1970~1980) : 전후 개입주의 체제가 집중적인 정치 공세에 시달리기 시작한 시기이다. 당시 부상한 반개입주의 경제 이론들이 개입주의 체제에 대한 정치 공세에 조력했다.
(3) 탈규제의 시대(1980~현재) : 상당수 국가들이 민영화, 예산 감축, 탈규제 등을 시도하면서 정부 개입을 축소하고자 노력했다. 1970년대에 발원하고 1980년대에 정교화된 반개입주의는 그 이론적 영역을 확대하면서 탈규제 움직임을 정당화했다.

이 같은 역사적 검토를 수행한 뒤 필자는 '규제' 문제에 대한 이해를 심화시키는 데 필요한 몇 가지 주제를 제시했는데, 그 내용은 다음과 같다.

첫째, 필자는 탈규제가 경제 영역에서 정부가 완전히 철수하는 것과 동일시되어서는 안 된다고 지적했다. 그 이유는 시장의 효율적 작동은 물론 시장의 존립 그 자체를 위해서도 필수 불가결한 규제들이 있기 때문이다. 필자는 또한 특정 부문에서 탈규제는 다른 부문의 규제를 늘리는 것으로 이어질 수 있다고 주장했다.

둘째, 특히 개발도상국과 (사회주의에서 자본주의로의) 체제 전환 경제의 경우 정부가 해야 할 일은 단지 시장 규제 정도가 아니라 시장을 창출하는 것이라고 필자는 주장했다. 또한 시장을 창출하는 과정에서 '어느 영역까지가 시장이고 어느 영역부터는 시장이 아닌지'의 여부나 '재산권(등 제반 권리)을 어떤 방식으로 어떤 집단에게 부여할 것인지'의 여부 등을 결정하는 작업에 따르는 난점을 강조했다.

셋째, 필자는 규제 개혁을 설계할 때 분배의 관점을 더욱 명시적으로 고려하는 것이 필요하다고 주장했다. 특정한 규제 개혁을 시도하는 경우 우리는 그 개혁의 결과로 나타날 경제 전반의 효율성 상태에 대해 총체적으로 판단하는 것도 중요하지만, 다른 한편으로는 그 개혁에 따라 분배 상태가 어떻게 변화할 것인지에 대해서도 심사숙고해야 한다. 그래야 개혁이 성공할 수 있다.

넷째, 필자는 동태적 논점에 더욱 주의를 기울여야 한다고 강조했다. 그 이유는 동태적 효율성에 대한 규제 개혁의 효과가 정태적인 효율성에 대한 규제의 효과를 쉽게 압도할 수 있기 때문이다. 필자는 또한 기술과 다른 조건들의 '동태적' 변동에 규제 체제 그 자체를 적응시킬 필요가 있다고 주장했다.

마지막으로 필자는 '규제의 정치학 이론'의 현재 상태와 그와 관련된 문제들에 대해 논의했다. 필자는 '자기 이익 추구'는 물론 중요하지만 인간 행위를 결정하는 유일한 동기는 아니며, 특히 공적인 영역에서 일하는 사람들에게는 더욱 아니라고 주장했다. 또한 규제 개혁의 설계자들이 '도덕적' 동기의 중요성을 무시하면 실패하기 쉽다고 주장했다. '인센티브를 설계'하는 연구가 중요하다는 것은 이미 인정되고 있다. 그러나 '인센티브 설계'가 현실에 얼마든지 적용 가능한 것이냐의 여부에 대해서는 좀 더 주의 깊게 살펴보아야 할 것이다.

지난 반세기는 다양한 규제 (그리고 일반적으로 국가 개입) 이론들이 태동하고 발전하고 몰락한 세월이었다. 더불어 여러 나라의 현실 속에서 다양한 규제 체제들이 성공과 실패를 경험한 시기이기도 했다. 이런 세월을 경과했으니 우리는 아마 50년 전보다는 훨씬 현명해졌을 것이다. 그러나 많은 사람들이 예전에 그랬던 것처럼 "해결책을 찾았다"고 자신 있게 외칠 수 있기까지 아직은 갈 길이 멀다. 현존하는 이론들이 거의 무시해 왔거나 충분히 심층적으로 탐구하지 못한 중요 쟁점들이 여전히 너무나 많이 남아 있다. 지금 여러 나라에서 이루어지고 있는 규제 개혁을 향한 현실 세계의 진전은 자신들이 해결책을 가지고 있다고 믿는 이들에게는 고통스러울 정도로 느려 보일 것이다. 하지만 '규제'라는 대상을 우리가 충분히 이해하지 못하고 있는 상황을 고려하면, 다소 느린 발전이 반드시 나쁜 일은 아니다. 지난 50여 년의 경험을 통해 확신할 수 있는 교훈이 있다면 세계는 우리가 믿거나 바라는 것보다 훨씬 복잡한 실체라는 것이다.

9 개발도상국에서 공기업의 효율성

Globalization, Economic Development, and the Role of the State

1970년대 후반 이래 많은 개발도상국들, 특히 아프리카와 라틴 아메리카의 국가들은 대단히 심한 외환 부족을 겪게 되었다. 그 결과 이들 국가는 국제수지 지원과 경제 원조를 받기 위해 국제통화기금이나 세계은행 같은 국제 금융 기관을 찾아갈 수밖에 없었다. 소위 브레턴 우즈 기관들(IMF와 세계은행을 묶어서 부르는 이름-역주)은 자신들의 융자에 수요-공급 측면 모두에 관련된 세세하고 중복된 융자 조건을 내걸었다. 이 중 공급 측면의 조치에는 우선 아브라모비치 Avramovic가 ≪국영기업의 발전과 관리 *The Evolution and Management of State-Owned Enterprises*≫에서 지적한 '성장' 조건[1]이 포함되어 있었는데, 그 핵심은 다음과 같다.

"민간 경제 부문을 자유화하고, 이윤 동기를 부여한다. 여기에는 가능한 한 많은 국영기업(세계은행의 용어로는 공기업)의 민영화, 사기업의 합리화, 외국인 직접투자의 촉진 등이 포함된다."

미국 국제개발국USAID(US Agency for International Development)이 공공연하게 이데올로기적인 이유로 민영화를 촉진하는 것과는 달리,[2] 국제통화기금이나 세계은행은 자신들의 활동에서 이데올로기적 동기를 부정한다. 오히려 대상 국가의 저조한 경제 실적, 지나치게 확대된 국가 역할, 국영기업의 명백한 비효율성 때문에 민영화를 주장한다는 것이다. 이에 따라 사하라 사막 이남의 아프리카에 관한 〈버그 보고서Berg Report〉는 아래와 같이 결론을 맺는다.

"금융 자원과 숙련 노동력, 조직적 역량의 희소성을 감안할 때 현재 공공 부문이 지나치게 확대되었다는 것은 지극히 명백하다. 이런 공공 부문의 확대는 가용한 자원으로 달성할 수 있는 성장률을 저하시키고 있고, 부분적으로는 현재 위기의 원인이 되었다. 공공 기관들의 실적을 향상시키지 않고서는 성장률 증대를 달성하기 어려울 것이다."[3]

비슷한 맥락에서 1987년도에 발행된 ≪세계 개발 보고서≫는 다음과 같이 기록하고 있다.

"국영기업의 실적은 나라별로 차이가 크다. 그러나 기록에 따르면 개발도상국 국영기업의 실적이 특히 저조했다. 이 개발도상국 국영기업들이 산업화 과정에서 정부가 바라던 전략적 역할을 수행하는 데 실패했다는 것은 분명하다. 브라질과 인도, 이스라엘을 대상으로 실시한 최근의 비교 연구 결과에서 보듯, 국영기업은 일반적으로 재무 수익률financial rates of return이 민간 부문보다 낮다. 재무적 수익성이 낮은 것은 종종 가격 통제에 기인한 것이지만, 국영기업은 일반적으로 사회적 수익성social profitability 측면에서도 저조한 실적을 보이고 있다. 그 결과 이들 국영기업은 종종 공공 예산과 외채에 커다란 부담을 안기곤 한다."[4]

몇몇 영향력 있는 주류 경제학자들 또한 경제적 측면에서 공기업과 국가의 역할에 대한 이 같은 부정적 평가에 공감을 표시했다. 발라사Balassa 등은 ≪라틴 아메리카 경제 성장의 재개를 향하여Towards Renewed Economic Growth in Latin America≫에서 "1980년대의 경제적·사회적 위기를 심화시킨 핵심 요소는 대부분의 라틴 아메리카 국가의 역할이 급속하고 광범위하게 확대되었기 때문"[5]이라고 주장했다. 이와 유사하게 버논Vernon 또한 〈민영화의 가능성The Promise of Privatisation〉에서 현재 민영화 추세의 추진력은 지난 30년에 걸친 공기업의 실패 경험에 대응하는 실용주의 정신이라고 설명했다.[6]

이 장에서는 먼저 중앙 계획 경제가 아닌 혼합 경제를 실시하는 개발도상국에서 나타난 공기업의 경제적 비효율성과 관련하여 활용 가능한 분석적 주장과 증거를 검토하고자 한다. 그 다음으로는 공기업의 실적을 개선하려는 정부가 선택할 수 있는 몇몇 방안을 논의할 것인데, 여기에는 민영화와 조직 개혁, 경쟁 촉진, 그리고 정치 개혁 등이 포함된다.

1 '비효율적'인 공기업이라는 허구

공기업이 언제나 '비효율적'이라거나, 대부분 실적이 저조하다는 주장은 기초적인 사실 조사만으로도 그 허구성이 드러난다. 다음과

| 표 3 | 일부 개발도상국에서 공공 부문의 생산과 투자 비중

국가	연도	요소 비용의 GDP 대비 비중	총 고정 자본 형성 대비 비중
인도	1960~61	5.3	34.7
	1966~69	6.5	29.6
	1978	10.3	33.7
파키스탄	1961	4.5	n.a.
	1974~75	6	33.3
	1978~81	n.a.	44.6
필리핀[1]	1960	n.a.	2
	1965	n.a.	1.8
	1974~77	1.7	9.5
대만	1951~53	11.9	31.4
	1966~69	13.6	28
	1978~80	13.5	32.4
한국[1]	1963~64	5.5	31.2
	1970~73	7	21.7
	1978~80	n.a.	22.8
멕시코[2]	1975~77	n.a.(6.1)	27.0(21.8)
브라질	1968	n.a.	14
	1980	n.a.	22.8
아르헨티나[3]	1968~69	n.a.	15.4
	1974~75	n.a.	18.2
	1978~80	4.6	19.6
베네수엘라[4,5]	1968	n.a.	15.3
	1978~80	27.5(3.0)	36.3(25.7)
페루	1960	n.a.	5.1
	1968~69	n.a.	11.2
	1978~79	n.a.	14.8
탄자니아	1966~69	9.3	22.7
	1974~77	12.3	30.3
	1978~79	n.a.	16.3
케냐	1964~65	7.5	9.7
	1970~73	8.7	10.6
	1978~79	n.a.	17.3
코트디부아르[4]	1965~69	n.a.	16.5

국가	연도	요소 비용의 GDP 대비 비중	총 고정 자본 형성 대비 비중
	1970~73	n.a.	27.9
	1979	10.5	39.5

주 : 1 (총 고정 자본 형성이 아닌) 총 국내 자본 형성 대비. 2 괄호 안의 수치는 1975년에 국영화된 철광석과 석유 사업을 제외한 수치. 3 주요 기업만 집계. 4 시장 가격으로 환산한 GDP 대비. 5 괄호 안 수치는 22개 주요 공기업만 포함.
출처 : Short(1984) 표 1.

같은 사실을 생각해 보자.

전 세계의 혼합 경제 국가에는 공기업이 광범위하게 설립되어 있다. 공기업이 좌익 체제나 저개발국가, 경제 실적이 저조한 국가에만 존재하는 것은 아닌 셈이다. 그런데 공기업 부문의 규모를 나라별로 비교하는 작업에 근거가 될 만한 국제 데이터를 확보하기란 쉽지 않다. 공기업의 구성 요건이 그 정의에 있어 차이를 보이는데다, 다른 여러 가지 통계상의 문제가 제기되기 때문이다. 그럼에도 가장 유용하다고 판단되는 국제통화기금의 데이터에 따르면, 중앙 계획 국가를 제외한 개발도상국의 경우 1970년대 중반에 공기업은 평균적으로 국내총생산의 8.6%와 총 고정 자본 형성의 27%를 담당했다. 반면 산업화된 시장 경제의 경우 고정 자본 형성에서 공기업이 차지하는 비중은 11.1%로 상당히 낮은 수준을 기록했지만, 국내총생산에서 차지하는 비중은 개발도상국보다 오히려 약간 높은 9.6%를 기록했다.*

표 3은 일부 개발도상국에서 공기업 부문이 차지하는 비중에 관한 자료이다. 여기서 볼 수 있듯, 공기업은 대만이나 한국 같은 동아시아

---

* 고정 자본 형성에서 공기업이 차지하는 비중은 산업 국가보다 개발도상국이 높다. 하지만 국내총생산에서 공기업이 차지하는 비중은 서로 비슷하다. 개발도상국에서 공기업의 자본/산출 비율capital output ratio은 상대적으로 경제 전반의 평균보다 월등히 높지만, 선진국에서는 그렇지 않기 때문이다. 보다 상세한 내용은 Short(1984)의 표 1을 참조하라.

신흥공업국의 경제적 성공에서 대단히 중요한 역할을 수행했다. 사실 이들 국가의 공기업 부문 규모는 인도·아르헨티나·브라질·멕시코 같은 다른 선도적 신흥공업국들과 엇비슷했고, '실패'의 대표적 사례로 꼽히는 필리핀이나 페루보다 훨씬 컸다. 그 중 '사회주의' 체제라고는 하기 어려운 대만에서 공기업은 1950년에서 1975년까지 총 자본 형성의 3분의 1을 기여하였는데, 이 기간 동안 대만은 가장 괄목할 만한 성장과 산업화를 보여 주었다. 또 표 3에 제시된 아프리카 관련 데이터에 따르면, 공기업은 (때로 성공적이라고 간주되곤 하는) 코트디부아르나 케냐 같은 시장 지향적 국가에서나 '사회주의적'인 탄자니아에서나 마찬가지로 큰 역할을 수행했다. 때문에 존스Jones와 메이슨Mason이 〈혼합 경제 체제인 저개발국에서의 공기업 부문의 구조와 규모 결정에 있어 경제적 요소의 역할Role of Economic Factors in Determining Size and the Structure of Public Enterprise Sector in Less Developed Countries with Mixed Economies〉을 통해 비록 이데올로기의 영향이 존재한다고는 해도 저개발국에서 공기업 부문이 상대적으로 큰 이유를 설명할 수 있는 구조적 요인이 있다고 주장[7]한 것이다.

커크패트릭Kirkpatrick은 〈저개발국 국영기업에 대한 세계은행의 시각The World Bank's View on State Owned Enterprises in Less Developed Countries〉에서 아시아, 아프리카, 라틴 아메리카의 23개 저개발국을 대상으로 1961년에서 1981년까지의 기간 동안 공기업 부문의 규모, 1인당 국내총생산, 국내총생산 성장률 사이에 어떤 관계가 존재하는지 연구[8]했다. 표 4는 그가 찾아낸 여러 변수들 사이의 순위 상관 계수rank correlation coefficient이다.

공기업이 언제나 저조한 실적을 거둔다면 다른 조건이 동일하다고

| 표 4 | 공기업 부문, 소득 수준, 성장 사이의 관계

	순위 상관 계수
GDP에서 공기업의 생산이 차지하는 비중과 1인당 소득	0.22
총 고정 자본 형성에서 공기업 투자 비중과 1인당 소득	−0.13
GDP 대비 공기업의 생산 차지 비중과 1인당 소득 증가율(1960~81)	−0.05

출처 : Kirkpatrick(1986).

할 때 해당 국가의 공기업 부문 규모와 경제 실적은 음(−)의 상관관계를 보일 것으로 예측할 수 있다. 하지만 위의 표 4에서 나타난 상관계수는 대단히 작고 통계적으로도 무의미한데다, 언제나 정확한 부호(음 혹은 양)를 띠는 것도 아니다. 아무리 최소화해서 해석한다 해도 이러한 총량적 분석에 따르면, 공기업 부문이 경제 성장에 해롭다는 개념은 정당화될 수 없는 것이다.*

표 5는 선진자본주의국가의 공기업 규모에 관한 데이터를 제시하고 있다. 공기업의 상대적 규모에 있어 선진국의 나라별 차이는 저개발국의 경우와는 다소 다른 원인 때문이다. 제2차 세계 대전 이후 (영국처럼) 좌파 정부가 권력을 잡았거나, 혹은 프랑스와 이탈리아처럼 '부역자'의 재산을 압수한 결과 서부 유럽에서 많은 기업이 국유화되었던 것이다.[9]

총체적 수준에서 프랑스와 오스트리아를 보면, 공기업의 비중이 매우 높았던 이 두 나라는 1950~1975년 사이의 사반세기 동안 대단히 성공적으로 경제를 성장시켰다는 사실을 알 수 있다. 이런 맥락에

---

* 전체로서 아니면 (공기업 부문에 국한하지 않고) 다양한 요소로 구성된 공공 부문의 규모와 경제 성장 사이의 관계를 다룬 문헌은 많이 있다(Rubinson, 1977; Marsden, 1983; Gemmell, 1983; Landau, 1983 and 1986; Singh and Sahni, 1984; Ram, 1986; Conte and Darrat, 1988 참조). 이런 연구는 일반적으로 그 관계가 복잡하고 모호하다는 사실을 보여 준다.

| 표 5 | 일부 선진국에서 공기업의 산출 및 투자 비중

국가	연도	요소 비용의 GDP 대비 비중	요소 비용의 총 고정 자본 형성 대비 비중
오스트리아[1]	1970~73	15.8	n.a.
	1978~79	14.5	19.2
프랑스[4]	1959~61	12.7(7.6)	23.0(14.5)
	1966~69	12.8(6.9)	19.0(10.2)
	1974	11.9(5.3)	14.0(7.3)
	1982	n.a.(6.5)	n.a.(12.5)
이탈리아[1]	1967~69	7	14.2
	1974~77	7.7	17.2
	1979~80	n.a.	15.2
일본[2]	1965	n.a.	13.6
	1970~73	n.a.	9.9
	1978~81	n.a.	11.2
스웨덴[1,3]	1978~80	n.a.(6.0)	15.3(11.4)
영국	1938	n.a.	4.7
	1946~49	n.a.	11
	1950~53	n.a.	21.5
	1962~65	10.3	19.8
	1974~77	11.3	18.6
	1982	11.2	17.1

주 : 1 시장 가격 기준으로 GDP 대비. 2 (총 고정 자본 형성이 아닌) 총 국내 자본 형성 대비. 3 괄호 안의 수치는 지방 정부 소유의 공기업 제외. 4 괄호 안의 수치는 대규모 기업만 포함.
출처 : Short(1984)의 표 1.

서 오스트리아의 사례는 특히 중요한 의미를 지닌다. 칼도Kaldor는 ≪공기업과 사기업Public or Private Enterprise≫에서 이렇게 주장한다.

"오스트리아가 제2차 대전 이후 세계에서 일본 다음으로 높은 경제 성장률과, 세계 최고의 1인당 실질 소득 증가를 기록했다는 사실은 일반적으로 그다지 잘 알려져 있지 않다. 이는 두 번의 세계 대전 사이 경제 침체에 따른 높은 실업률로 허덕이던 오스트리아의 모습과는 선명한 대조를 이루는 것이다."[10]

칼도의 관찰에 따르면 "오스트리아의 공공 부문은 총 고용의 16%, 총 생산의 20%, 그리고 수출의 25%를 담당했는데, 이는 (상대적인 기준으로 볼 때) 서방 선진국 중에서 가장 큰 규모"라는 것이다.

또 다른 사례를 들어보자. 세계에서 가장 효율적인 철강 기업은 한국 기업인 포스코, 즉 포항제철이다. 포스코는 국영기업으로 1986년에 1인당 467톤의 조강 능력을 보였는데, 이에 비해 일본의 5개 대형 철강 기업의 1인당 조강 능력은 327톤이었다. 포스코의 효율성에 따른 경쟁력 우위는 그대로 한국 소비자의 이익으로 전환되었다. 포스코는 국내 소비자들에게 톤당 320달러에 강철을 공급했는데, (포스코에 따르면) 이는 각각 톤당 540달러와 430달러를 지불해야 했던 미국과 일본 자동차 업체에 비하면 훨씬 저렴한 것이었다.[11]

상당수 학자들은 공기업은 본질적으로 저조한 실적을 보일 수밖에 없다고 주장한다. (이 말이 사실인지는 바로 다음 절에서 살펴볼 것이다.) 그렇다면 우리는 이 같은 주장에 대해 포스코의 사례를 통해 분석적 질문을 제기할 수 있다.

공기업의 실적이 반드시 저조해야 하는 이유는 무엇인가?

만약 포스코가 예외적인 사례라면 '무엇이 포스코를 효율적으로 만들었는가'의 문제가 뚜렷한 현안으로 제기된다.

포스코는 물론 전형적인 사례가 아닐 수도 있다. 하지만 그렇다고 대단히 예외적인 경우도 아니다. (좀 더 자세한 것은 다음 절에서 살펴보겠지만) 소유 형태(공기업 혹은 사기업)가 기업 실적에 미치는 영향을 (해당 기업이 소속되는 산업, 기업 규모, 기업 연한, 시장 지배력 등 소유 형태 이외에 실적에 영향을 미치는 요소들을 배제한) 적절한 방법으로 비교해 보면, 공기업의 실적이 사기업에 비해 상대적으로 저조하다는 실증적 증거는 보편타당하지도 않거니와 결정적인 것도 아니다. 그렇지만 지금은 일단 공기업이 성공적이지 못했다는 평가가 주류를 이루는 국가에서조차 공기업이 뛰어난 효율성을 보인 사례가 있다는 점에만 주목해 두자.[12] 예를 들어 사하라 사막 이남의 아프리카에서 공기업 성공 사례로 주목할 만한 것은 케냐의 차茶 개발기관, 에티오피아의 통신 기관, 탄자니아의 전기공급주식회사,[13] 그리고 시에라리온의 구마밸리 Guma Valley 용수 회사[14] 등이 있다.

이런 관점에서 보자면, 공기업에 대한 편견이 이렇듯 광범위하게 퍼져 있고, 민영화에 대한 요구가 전 세계에 걸쳐 존재한다는 사실이 이상하게 보일 수도 있다.[15] 1980년대 이래 공공 소유에 대한 사람들의 태도는 극적으로 변화했다. 이러한 극적인 태도 변화는 허시먼이 ≪계속 변화하는 참여의 방식 Shifting Involvement - Private Interest and Public Action≫에서 만들어 낸 '공공-민간 순환 public-private cycle'[16] 이외의 개념으로는 제대로 이해하기 힘들 것 같다. '공공-민간 순환'이란 (공공 부문의 비중이 크든, 민간 부문의 비중이 크든) 사람들은 자신의 사회 경제 생활과 이에 대한 선호에 필연적으로 '실망'하게 되고, 따라서 그 반대편 사회 경제 생활에 대한 선호로 (즉 공공은 민간으로, 민간은 공공으로) 이동하게 되는 경향을 나타내는 용어이다.

2 공기업을 둘러싼 찬반 양론

이 절에서 우리는 저개발국 공기업의 상대적 효율성에 대한 실증적 연구들을 살펴볼 것이다. 그러나 이보다 먼저 공기업에 대한 찬반 이론부터 검토하기로 하자.

2.1 경제 발전에서 공기업의 역할

공기업이 설립되고 운영되는 원인은 특히 저개발국에서 오랫동안 연구되어 왔고, 그 내용도 잘 알려져 있다. 공기업의 존재 근거는 '시장 실패'를 비롯한 다양한 이유로 설명된다. 이하는 그 내용을 간략하게 정리한 것이다.

(a) 특정 국가가 국제적으로 비교우위를 가지고 있는 산업이지만 (철강이나 화학처럼) 투자 규모가 너무 커서 민간 부문이 참여할 수 없는 경우가 있다. 이때 불완전하고 미성숙한 자본 시장을 고려하면 민간 부문의 투자는 더욱 기대하기 어렵게 된다. 이런 산업에 대해서는 정부가 개입해 기업체를 설립하는 것이 필요할 수 있다. 거쉔크론이 자신의 저명한 논문 〈역사적 관점에서 경제의 후진성Economic Backwardness in Historical Perspective〉에서 지적[17]하듯이 뒤늦게 산업화에 뛰어든 국가일수록 정부 개입의 필요성은 더욱 커진다. 그 이유는 선진국에서 해당 산업이 시작된 이후 시간이 지날수록 효율적인 생산 규모가 계속 증대하기 때문이다.

(b) 이런 관점은 개발도상국에서의 (전기, 교통, 통신 같은) 대규모 인프라 투자에 좀 더 타당하게 적용될 수 있다. 게다가 이런 산업은 자연 독점으로 이어지는 경향이 있다. 그러므로 이런 산업의 국유화나 공기업의 설립은 한층 더 정당성을 갖게 되는 셈이다.[18]

(c) 공기업이 경제를 주도해야 한다는 일련의 주장은 거시경제학, 특히 혼합 경제 체제 하에서 민간 투자의 본질에 대한 관점에서 비롯되는데, 이와 관련해서는 다음과 같은 칼도의 고전적 설명이 있다.

"국가가 계획적으로 공공 투자를 수행하는 경우에는 이로 인해 불 거지는 모든 종류의 교차 효과(혹은 간접 효과)들을 고려할 수 있다. 그러나 민간 투자에서는 이것이 가능하지 않다. 케인스는 완벽한 불확실성 하에서 투자자는 일반적으로 미래가 현재와 같을 것이라는 통념에 의존한다고 주장한 바 있다. 그 때문에 '장기적 기대의 형성에 있어 현재의 상황이 과도하게 영향을 미치는 것이다'[19] 그러므로 (민간 투자가 주도하는 상황에서) 미래의 생산능력 규모는 현재의 수요 상태에서도 수익성이 발생할 수 있는 수준으로 결정되는 경향이 있다.

그런데 상품 수요란 원래 생산 과정을 통해 창출되는 소득 규모에 의존하는 것이다. 그러므로 현재 시점의 투자 결정에 따라 미래에 추가적인 생산이 발생한다면, 이 같은 과정 자체가 상품 수요를 현재보다 확대하는 과정이기도 하다. 하지만 민간 투자자들은 이 같은 상황을 고려할 수 없다. (혹은 불완전하게 고려한다.) 그 이유는 이들이 상호 간에 독립적으로 각각 투자 의사를 결정하기 때문이다. 반면 공기업은 모든 투자의 포괄적 효과를 고려하는 만큼 특정 투자 계획의 사회적 수익성을 계산할 수 있다. 그런데 일본의 사례에서 볼 수 있듯, 심지어 투자가 사기업들에 의해 이루어지는 경우에도 국가는 이와 같은 '투자의 사회적 수익성에 대한 고려'를 할 수 있다는 점에 주목해야 한다. 그러므로 이 상황에서 필요한 것은 산업 발전을 위한 국가의 포괄적인 투자 계획과 (일본에서처럼 외국인 소유가 아닌 내국인 소유 기업이라면) 사기업에 대한 '행정 지도'를 통해서라도 이 계획에 대해 영향력을 행사할 수 있는 국가의 능력이다."

(d) 개발도상국 경제에 대한 외국 기업의 지배는 장기적인 경제 계획과 성장에 도움이 되지 않는 것으로 간주할 수 있다. 왜냐하면 국내 기술 역량을 구축하는 데 장애가 될 수 있기 때문인데, 이 점을 감안하면 공기업의 설립, 공기업과 외국 기업의 합작 등이 가능한 대안이 될 수 있다.

(e) 전반적인 경제 효율성의 문제는 차치하더라도 많은 경제 영역에서 공기업의 설립이 분배와 형평성 달성에 있어 바람직하다는 주장이 있다. 분배적 목표를 달성하는 데 있어서는 공기업을 통한 가격 정책이 조세/보조금 정책을 운용하기 위해 정보를 수집하고 관리·감독하는 것보다 비용이 크게 절약될 수 있다는 것이다.

공기업의 설립에 대한 이러한 이론적 근거는 공기업과 사기업의 상대적 실적에 대한 실증적 증거를 평가하는 데 있어 중요한데, 그에 대해서는 아래에서 살펴볼 것이다. 하지만 이런 이론적 근거는 공기업이 설립 이후 얼마나 효율적으로 운영될 수 있을지에 대해서는 아무것도 알려 주지 않는다. 이 중요한 주제에 대해서는 기업 및 산업조직 이론이라는 다른 분과에서 아주 최근 들어 연구 논문들이 나오고 있다. 이제 그 문제를 살펴보기로 하자.

2.2 '주인-대리인' 문제의 대두

2.2.1 이기적인 대리인을 견제할 방법이 없다

공기업은 그 정의상 해당 기업을 소유하고 있지 않은 경영자에 의해 운영된다. 이 경우 경영자는 (소유자에 대한) 이기적인 대리인으로 가정할 수 있다. 그러면 경영자는 자신이 소유자가 아닌 만큼 자신의 업체처럼 신경을 쓰지는 않게 된다. 따라서 공기업 경영자는 소유자 겸 경영자가 직접 자기 소유의 기업을 운영하는 것만큼 효율성 향상을 위해 노력하지 않을 것이다. 물론 적어도 공기업의 법률상 소유자에 해당하는 '국민'이 공기업 경영자의 노력을 철저히 감독할 수만 있다면 이 문제는 극복 가능하다. 하지만 그 누구도 실제 업무를 담당하는 사람만큼 해당 업무에 대해 잘 알 수 없기 때문에, 그리고 실적 변화가 경영자의 노력에 기인한 것인지 아니면 다른 요소의 영향을 받은 것인지 제대로 구분한다는 것이 본질적으로 어렵기 때문에, 경영자의 노력 수준을 완벽하게 감독하기는 불가능할 것이다.

이를 현재의 기업 이론이라는 관점에서 보자. 이는 이른바 주인-대리인 문제에 해당하는데, 불완전한데다 비대칭적이기까지 한 정보로 말미암은[20] 주인(국민public)의 무능 때문에 대리인(공기업 경영자)의 이기적 행동 결과를 제한하지 못하는 데서 발생한다.

공기업을 반대하는 진영에서는 언급을 피하지만, 소유자 겸 경영자가 운영하지 않는 사기업의 경우에도 똑같은 문제가 존재한다는 것은 말할 필요도 없다.[21] 하지만 공기업 반대론자들은 공기업에는 주인-대리인 문제가 한 겹 더 있다고 반론한다.* 공기업 경영자의 실적을 감독할 직접적인 책임은 정부에 있다. 즉 정부가 국민의 대리인 역할을 하는 것이다. 하지만 정부 역시 이기적인 목적을 추구하는 정치

---

* 야로우Yarrow(1989)는 1986년 논문에서보다는 1989년 논문에서 주인-대리인 문제를 더 중요하게 다루었는데, 이에 대해서는 나중에 다시 언급할 것이다.

인과 관료로 구성되어 있다. 때문에 국민은 정부가 그 대리인으로서 공기업 경영자를 감독하는 데 충분한 노력을 기울이고 있는지를 파악하기가 어렵다는 것이다.*

따라서 민영화는 (국민-정부 관리자-공기업 경영자라는) 중층적 위임 구조를 제거하고 주인과 대리인 사이에 (주주-사기업 경영자라는) 직접적 관계를 구축함으로써 공공 소유 구조에서 발생하는 유해한 비효율성을 줄일 수 있다는 주장이 나온다.[22]

2.2.2 사기업 경영자는 감독이 가능한가?

a. '주주의 집단행동' 문제

사기업의 경우 개별 주주의 목표가 서로 다르고 상충될 가능성이 있다는 문제는 무시한다고 치자. 그렇다 해도 민영화가 반드시 경영자의 행동에 대한 효과적인 감독을 보장하는 것은 아니다.[23] 주식이 극소수의 개인에게 매각되지 않는 이상 올슨Olson이 ≪집단행동의 논리 The Logic of Collective Action≫에서 '주주의 집단행동'[24]이라 부를 수 있는 문제가 존재하기 때문이다. 즉 주주 단체가 다수의 개인으로 구성된다면, 개별 주주에게는 경영자를 감독하고 그러기 위해 필요한

---

* Yarros(1989) 참조. 게다가 정부와 국민 사이에 존재하는 주인-대리인 문제는 선거 제도의 한계로 말미암아 더욱 악화된다. 다시 말해 "일반 국민은 … 4년이나 5년마다 투표에 참여할 기회를 부여받지만, 선거 결과에 영향을 미칠 확률은 거의 제로에 가깝다. 게다가 선거에서는 현안에 대해서나 광범위하게 관심을 두지, 공기업 경영자에 대한 감독 문제 같은 것에는 관심을 두지 않는다. 때문에 보통의 유권자라면 선출된 대표자가 공기업 경영자들을 제대로 감독하고 있는지에 대해 정보를 수집하느라 비용을 지불할 가능성이 거의 없다."는 것이다 (Vickers and Yarrow, 1988, p.31 참조).

정보를 수집하고자 하는 동기가 부여되지 않는다. 기업 실적의 향상은 (그 대가를 치르지 않은 주주를 포함하여) 모든 주주가 누릴 수 있는 '공공재'이기 때문이다.[25]

공적 소유의 경우 해당 기업의 실적을 책임질 대상은 (정부 담당 부처, 공기업의 대리인, 공공 지주회사 중에서) 하나 또는 몇 개 기관에 불과하다. 그러므로 공기업 활동의 감독과 관련된 집단행동의 문제는 크지 않을 수 있다. 이런 의미에서 보자면, 민영화는 효율성이 높은 관련 기관을 통한 감독 체제에서 보다 효율성이 낮은 '주주의 집단행동'을 통한 감독 체제로 대체함으로써 공기업의 실적을 실제로 악화시킬 수 있다. 물론 주인인 국민의 대리인으로서 공기업의 감독을 담당하는 정부 부처가 자신의 의무를 성실하게 수행하지 않을 가능성도 충분히 있다. 또 무수한 사람들로 구성된 국민이 감독 기관을 감시하는 영역에서 집단행동의 문제가 존재할 가능성도 충분히 있다. 하지만 집단행동에 대한 제도적 메커니즘으로서의 정당과 다양한 정치 집단의 존재를 고려할 때, 유권자 대중은 종종 집단행동을 위한 제도적 장치가 부족한 주주들의 경우보다 쉽게 집단행동에 나설 수가 있다.

b. 위임의 단계는 어느 정도?

앞서 논의했듯 공기업의 경우 하나 이상의 위임 단계를 보유하고 있다는 사실이 반드시 사기업보다 주인들로부터의 감독 압력이 덜하다는 것을 의미하지는 않는다. 게다가 위임 차원의 관점에서 본다면, 공기업과 사기업의 차이는 허구이다. 사기업이든 공기업이든 일정 규모의 기업이라면 한 단계 이상의 위계적 관리 구조를 갖게 마련이기 때문이다. 어떤 대형 기업이든 이미 내부의 다층적 위임 구조에서 발생하는 문제에 직면해 있다. 따라서 기존의 다층적 위임 구조에 (정부-경영자라는) 한 단계의 위임을 더 추가한다 해서 기업의 실적에 그렇게 큰 차이가 생길 것이라고 단언할 수는 없다.

더구나 소유 구조 하나만을 근거로 기업의 전반적인 위임 구조가 몇 단계여야 한다고 결정할 뚜렷한 방법이 없다. 예를 들어 일본 기업 내에서의 위임 단계 - 또는 관리 구조 단계 - 는 일반적으로 동일 산업 내의 미국 기업보다 적다.[26] 다른 사례로는 공기업이 외국 기업에 매각되었을 때, (정부 부처-경영자라는) 위임의 한 단계가 (본사-현지 경영자라는) 다른 것으로 대체될 뿐 위임 단계의 수는 변함이 없다는 점을 들 수 있다. 다르게 표현하면, 민영화가 기업 경영과 관련된 위임 단계의 수를 줄일지는 분명치 않다는 것이다.

c. 이기적인 경영자와 관료?

(불완전한 정보와 더불어) 주인-대리인 문제가 성립하는 데 필수적인 이기적인 개인이라는 전제 또한 의문스럽다. 관료나 공기업 경영자가 자신의 문제에만 관심을 둘 뿐이라면 비민주적인 국가에서 공기업이 대단히 효율적으로 운영되는 이유가 어디에 있는가? 대중에게는 공기업에 대한 통제권이 거의 없던 (1980년대까지 40년 가까이 일당 독재를 해 온) 대만이나 (1980년대 후반까지 중간중간 산발적으로 민주 정치가 이루어졌을 뿐 대부분 대단히 권위주의적인 통치가 실시되었던) 한국에서 공기업이 매우 효율적으로 운영된 이유가 무엇인가?

이 국가들에서 주인(즉 국민)은 대리인(즉 관료와 공기업 경영자)을 '정치 시장political market' (즉 선거)을 통해 감시할 도리가 없었다. 하지만 한국의 공기업 부문은 대단히 효율적이다.[27] 그 중 일부는 세계에서도 가장 효율적인 공기업으로 꼽힌다. (앞서 언급했듯 포스코의 경우가 그렇다.) 대만의 경우는 훨씬 더 놀랍다. 대만의 공기업은 1952년에 대만 산업 생산의 57%를 담당했으며, 1962년에도 그 비율이 46%선에서 유지되었다. (1953년에서 1962년에 이르는) 이 기간 동안 대만의 총 산업 생산은 연간 11.7%나 성장했는데, 총 산업 생산에서 공기업이 차지하는 비중이 (1975년 19%, 1980년 18%에서 보듯) 평균 20%로 크게 낮아진 1973~1980년의 기간에도 이 같은 성장률은 크게 달라지지 않았다.[28]

대만과 한국의 관료 혹은 공기업 경영자들이 이기심이라고는 전혀 없는 성인이라고 주장하려는 것은 결코 아니다. 다만 그것이 옳건 그르건, 스스로를 '공공 이익의 수호자'로 생각하기를 요구하는 (예컨대 유교 같은 전통적인 문화 가치가 작동하는) 환경 속에서 일하게 된다면, 관료나 공기업 경영자는 (상당 정도) 공공의 이익을 우선시하도록 하는 선호 체계가 내적으로 형성될 수도 있다고 생각한다.*

2.3 공기업에는 징계 메커니즘이 없다

2.3.1 민영화 하면 자본 시장의 징계가 가능하다

비록 주인-대리인 문제가 아니더라도 공기업은 그들의 부진한 실적을 효과적으로 응징할 방법이 없기 때문에 비효율적일 가능성이 높

---

* 물론 이 나라들에서 비이기적인 선호 체계가 아닌 다른 요소들, 예를 들어 관료나 공기업 경영자에 대한 인센티브 메커니즘이 중요한 역할을 했을 수도 있다. 하지만 이들 국가의 관료나 공기업 경영자에 대한 처우가 상대적으로 빈약하다는 점을 고려한다면 그런 요소가 대단한 영향을 미쳤을 것 같지는 않다.

다는 주장이 있을 수 있다. 사기업의 경우 실적에 불만을 느낀 고객은 그 기업으로부터 '퇴거exit'(즉 해당 기업 제품의 구매를 중단)하고, 그것은 바로 해당 기업의 수익성 악화로 이어진다.[29] 수익성 악화는 그 다음 주주의 퇴거(즉 주주들의 주식 매각)로 이어지고, 그것이 해당 기업의 주가 하락으로 연결되면서 다른 기업에 인수될 가능성이 높아진다.[30] 결국에는 기업을 파산으로 몰고 가는 고객의 이러한 '퇴거' 선택권을 행사하겠다는 위협으로 인해 경영자는 기업을 효율적으로 운영하지 않을 수 없다는 주장이 나온다.

반면 공기업은 대부분의 경우 독점 기업이기 때문에 고객은 만족스럽지 않더라도 퇴거 선택권을 행사할 수 없다. 게다가 공기업은 일반적으로 인수 합병의 위협에서 벗어나 있을뿐더러, 도산될 가능성도 거의 없다. 때문에 공기업 경영자에게는 인수와 도산의 위협에 처해 있는 사기업 경영자만큼 기업 실적을 향상시켜야 한다는 동기가 부여되기 힘들다.[31] 다르게 표현하면, 공기업은 자본 시장(즉 '기업 통제 시장market for corporate control'[32])에서 벗어나 있기 때문에 사기업만큼 효율성을 유지할 필요가 없다.

2.3.2 자본 시장의 징계에 문제가 있다

a. 퇴거와 항의권

자본 시장이 기업에 대한 유일한 징계 메커니즘이라는 견해는 '퇴거'가 실적이 나쁜 (기업을 포함한) 모든 조직을 응징하는 유일한 수단이라는 전제에 의존한다. 하지만 (궁극적으로 기업의 인수나 도산으로 이어질) '퇴거' 선택권과 더불어 "기업의 고객이나 조직의 구성원이 경영진이나 경영진을 감독하는 기관을 겨냥한 항의, 아니면 일반적 항의를 통해 직접 불만을 표출하는 것이다."³³ 그러므로 인수나 도산의 위협을 받지 않는 공기업이라 하더라도 '항의' 선택권을 통해 징계할 수 있다.³⁴ 게다가 사적 소유 그 자체가 '퇴거' 선택권의 효율적 작동을 보장하는 것은 아니다. 많은 사기업들이 자연적으로 또는 인위적으로 생성된 진입 장벽의 보호를 받고 있는 독점 기업들이고, 따라서 고객의 '퇴거' 선택권이 효율적으로 행사되기 어렵다.

그리고 공기업이 결코 도산하지 않는다는 말도 사실이 아니다. 공기업은 '청산'의 형태로 도산할 수 있고, 또 도산해 왔다. 영국, 이탈리아, 이스라엘, 코트디부아르, 브라질, 싱가포르 같은 다양한 나라에서 공기업의 청산이 무수히 이루어졌다.³⁵ 공기업이 도산하지 않는 경향이 있다고 하지만 문제는 오히려 (공기업이든 사기업이든) 대기업이다. 대기업이 도산 위기에 처했을 때 (대표적으로 미국의 크라이슬러나 서독의 폭스바겐의 경우에서 볼 수 있듯) 국가가 해당 대기업의 도산을 막기 위해 국유화를 포함해 여러 가지 구제 조치를 취한 무수한 사례가 증명하듯이 말이다.³⁶ 고용 창출이 매우 힘든 저개발국에서는 기업의 규모라는 요소가 특히나 중요하다. 예컨대 인도 정부는 실업을 막기 위해 늘상 민간 부문의 '부실' 기업을 구제해 주거나 인수해 왔다.³⁷

b. 징계 메커니즘으로서 자본 시장의 효율성

(자본 시장 같은) 기업 통제 시장을 통한 기업 징계의 효과는 영국에서 국영기업 민영화론의 요체였다.³⁸ 간단히 말해 그것은 자본 시장의 경쟁 압력이 심지어 (그 정의상 제품 시장을 통한 징계가 적절치 않을 수밖에 없는) 사기업의 자연적 독점에 대해서도 주로 인수·합병 메커

니즘을 통해 효율성을 확립한다는 주장이다.

하지만 이런 방식의 논리 전개에는 심각한 결함이 있다. 첫째, 기업 통제 시장이 이론상에서조차도 '효율적'으로 작동하지 못할 가능성을 제시하는 (무임승차 문제나 거래 비용 문제 같은) 중요한 선험적 이유들이 있다. 둘째, 보다 중요한 것은 실증적인 분석의 결과가 자본주의의 '전설'과는 반대된다는 것이다. 즉 시장의 인수·합병 메커니즘에 의해 제거되는 것은 '비효율적'이고 '수익성이 낮은' 기업만이 아니다. 존속되어야 할 '효율적'이고 주주 가치 극대화에 힘쓰는 기업도 함께 제거된다. 실증적인 연구 결과에 따르면, 기업 통제 시장에서 기업의 생존은 효율성이나 수익성보다는 기업의 규모에 의해 결정되는 경우가 대부분이다. 게다가 평균적으로 볼 때 합병 기업의 수익성은 합병 후에도 개선되지 않는다. 제품 시장에서 인수 기업의 독점력은 인수 결과로 증가하게 되어 있다는 맥락에서 볼 때, 이것은 결국 합병 이후 자원 이용의 효율성이 감소된다는 사실을 보여 준다. 여기에는 민영화를 옹호하는 사람들이 제시하는 자본 시장의 규율자로서의 역할을 찾아보기 힘든 것이다.*

그 정도에 그치면 다행이다. 자본 시장을 통한 징계는 부족한 정도가 아니라 왜곡된 결과를 낳을 수도 있다. 앞서의 연구 결과에 기초해 싱Singh은 기업 통제 시장이 권력이나 세력을 확장하기 위해 기업 성장을 추구하는 대기업 경영자를 징계하기보다는 오로지 인수되는 것을 피하기 위해서 기업 규모를 늘리는 데 집중하도록 만든다는 사실

---

* 이 주제에 관해서는 많은 이론적·실증적 연구 결과들이 있다. 개괄적인 내용에 대해서는 Hughes and Singh(1987), Hughes(1989)를 참조하라. 또한 Singh(1971, 1975, 1990), Grossman and Hart(1980), Stiglitz(1985)를 참조하라.

을 보여 준다.³⁹ 역설적이지만 이런 기업들은 규모는 작지만 상대적으로 수익성이 높은 기업을 인수하는 식의 인수 메커니즘을 활용해 기업의 규모를 키우려는 소기의 목적을 달성할 수도 있다.⁴⁰

기업의 수익성과 주식 시장의 징계 기능이라는 협소한 문제에서 투자 및 경제 성장 문제와 불가피하게 연관될 수밖에 없는 '전반적인 경제 효율성'으로 관심을 돌리면, 주식 시장의 역할에 대한 케인스의 혹평은 여전히 설득력 있는 만큼 심각하게 고려할 필요가 있다. ≪일반이론General Theory≫의 12장에서 케인스는 다음과 같이 썼다.

"투기꾼은 한낱 거품으로서 기업의 안정적인 흐름에 아무런 해도 끼치지 않을 수 있다. 그러나 기업 자체가 투기의 소용돌이 속에서 거품이 되어 버리면 문제는 심각해진다. 한 국가의 자본 성장이 카지노 같은 활동의 부산물이 된다면, 자본 성장에 악영향이 미칠 가능성이 크다. 월스트리트의 경우 신규 투자의 방향을 미래 수익이 가장 높은 곳으로 돌린다는 사회적 목표를 가진 제도로 받아들일 수 있다. 그러나 이런 목표의 달성이 자유방임 자본주의가 거둔 뛰어난 승리 중의 하나라고 주장할 수는 없다."⁴¹

투기의 역할에 대한 케인스 학파의 우려에 덧붙여서 주가의 변동성volatility, 그리고 토빈Tobin의 〈근본적 가치 평가를 위한 평균-분산 접근A Mean-Variance Approach to Fundamental Valuations〉*이나 코쉬Cosh, 휴즈Hughes, 싱 등의 〈인수, 단기주의, 그리고 금융 산업Takeovers, Short-termism and Finance-Industry〉에서 말하는 '근본적인 가

---

* 이 문제에 관해서는 많은 논문이 있다. Tobin(1984), Shiller(1981), Summers(1986), Camerer(1989), Nickell and Wadhwani(1989)를 참조하라.

치 평가'라는 맥락에서는 효율적이지 않을 수 있다는 사실은 인수 메커니즘이 다양한 방식으로 경영진의 '단기적' 관점을 부추겨 장기 투자나 경제 성장, 국제 경쟁력을 저해할 수 있다는 것을 보여 준다.[42]

2.4 공기업 반대론은 설득력이 없다

지금까지 우리는 기업 이론 및 산업 조직론에 기초한 전통적인 공기업 찬반론을 살펴보았다. 그 과정에서 우리는 공기업 반대론이 그다지 설득력이 없다는 사실을 파악했다. 이미 보았듯이 공기업 반대론은 '주주의 집단행동' 문제, 현대 기업의 조직적 복잡성, 관료와 경영자에게 존재하는 비이기적인 동기, 투자 결정을 자본 시장에 의존하는 데서 야기되는 다양한 문제점, 기업 통제 시장의 본성 등을 경시한다. 인간이 가진 동기의 복잡성과 현대의 경제생활에서 제도의 복잡성을 제대로 인식하지 못하고 있는 주장은 그 어떤 것이라도 그대로 받아들여서는 안 될 것이다.

3 공기업과 사기업의 효율성 비교

공기업과 사기업의 상대적 효율성에 관한 기존의 실증적 증거를 고찰하기에 앞서 공기업의 실적 측정 수단과 관련하여 몇 가지 결정적인 개념적, 현실적 문제의 검토가 필수적이다.[43]

3.1 수익성 기준에 의한 효율성 비교

사기업이든 공기업이든 기업의 실적을 측정하는 가장 일반적인 수단은 수익성이다. 실제 사용되고 있는 (영업 이익, 자산 수익률, 자본 수익률 같은) 많은 수익성 측정 수단 중 어떤 것이 가장 바람직한가에 대한 합의가 없음에도 불구하고, 수익성은 공기업의 실적을 연구한 논문에서 가장 흔하게 사용되는 측정 지표 중 하나이다. 적어도 수익성은 대차대조표나 손익계산서를 통해 가장 손쉽게 데이터를 뽑아 낼 수 있기 때문이다.[44]

3.1.1 수익성이 실제로 실적을 반영하는가?

기업의 실적을 연구하는 데는 광범위하게 사용됨에도 불구하고 수익성은 다음과 같은 이유에서 사기업의 실적을 측정하는 지표로서조차도 완전하게 기능을 발휘하지 못한다.

다른 무엇보다도 수익성은 기업의 실적뿐만 아니라 회계 방식에도 좌우된다. 인플레이션 시기의 수익성 산정의 어려움은 특히나 잘 알려져 있다.[45] 그리고 일반적으로 '단기 기간의 수익성 계산은 회계 관행의 자의적 해석이나 회계 기준의 변화 혹은 기업의 대차대조표를 재구성하는 행동에 의해 상당한 영향을 받는다.'[46]

둘째, 단기 수익성은 기업의 장기 실적을 측정하는 지표로서는 적당하지 않을 수가 있다. 예를 들어 어떤 기업은 투자를 중단함으로써, 말하자면 과거의 기旣투자분에 근거해 운영하는 방식으로 특정한 시점에서 대차대조표를 그럴싸하게 꾸밀 수 있는데, 이것은 기업의 장기적 지속성에 손상을 끼치는 결과가 될 수 있다. 주가를 기준으로 기업의 실적을 측정하는 것 또한 이런 문제를 극복하지 못한다. 앞서 자본 시장의 징계 기능을 검토할 때 그 이유를 상세하게 논한 바와 같이, 주가는 현실적으로 기업의 장기 예상 수익률을 반영할 수가 없다. 주가는 '단기적' 고려에 의해 좌우될 가능성이 높은 것이다. 이런 한계로 말미암아 기업의 실적을 제대로 측정하기 위해서는 필연적으로 여러 해에 걸친 실적을 평균하여 산정한 장기 수익률을 사용할 수밖에 없다. 이 같은 고려는 특히 (공기업이 참여할 가능성이 높은) 자본 집약적 산업에서 중요하다. 자본 집약적인 산업에서는 현재의 투자 부족이 미래 실적의 심각한 훼손으로 이어질 수 있기 때문이다. 이와 대조적인 사례로 (개발도상국에서 공기업이 참여할 가능성이 높은) 유치 산업에 속하는 기업은 현재의 수익성을 놓고 보면 형편없을 수도 있지만, '경험 학습'을 통해 운영비의 감축에 성공한다면 가까운 시일 내에 실적 개선을 기대할 수 있다. 이런 학습 효과는 특히 개발도상국의 공기업에게 중요하다.

3.1.2 공기업에는 수익성 외의 목표가 있다

공기업의 경우 실적 지표로서 수익성을 사용할 때 몇 가지 추가적인 문제점이 발생한다. 앞서 살펴보았듯이 공기업은 종종 수익이 아닌 다른 목적으로 설립된다. 설령 최초에는 순수하게 이윤 추구를 목적으로 설립되었다 하더라도 정부가 항상 그렇게 하는 것은 아니지만 (정당성이 있건 없건) 수익이 아닌 다른 목표를 위해 종종 활용하곤 하기 때문이다.[47]

첫째, 많은 공기업이 분배적 고려에 입각해 설립되었다. 버논Vernon에 따르면, 제2차 세계 대전 이후 특히 선진자본주의국가에서는

'경제력을 민간 부문의 대기업 리더로부터 정부나 노동계의 지도자 같은 다른 부문의 리더에게로 이양'[48]하기 위해 많은 공기업이 설립되었다. 또 일부 공기업은 (남부 이탈리아의 공기업처럼) 특정 지역 혹은 (말레이시아 인 공기업처럼) 특정 민족[49]의 상대적 지위를 향상시키기 위해 설립되었다.[50]

둘째, 공기업은 종종 정부가 어떤 거시경제적 목표를 달성하는 데 사용되기도 한다. 물론 이러한 목표를 달성하는 수단으로서 공기업이 얼마나 효율적인가는 논쟁거리이다.[51] 공기업의 고용 정책은 때로 실업에 대응해 일자리를 창출하고 유지하는 수단으로 사용되어 왔다. 공기업의 투자 정책 또한 정부에 의해 경기 조절 장치로 활용되어 왔다.[52] 심지어 인플레이션 압력이 높은 시기에는 공기업의 가격 정책이 종종 인플레이션에 대한 대처 수단으로 이용되곤 하였다.[53]

셋째, 공기업은 종종 민간 산업을 활성화하는 수단으로 사용되기도 한다. 예를 들어 공기업의 조달 정책은 많은 경우 유치 산업이나 사양 산업의 수요를 부양하는 데 사용되었다.* 게다가 공기업 제품은 가격이 낮게 매겨지는 관계로 민간 부문의 수익성에 실질적으로 영향을 미칠 수 있었는데, 전기나 비료, 철강과 같이 기초 투입재일 경우에는 특히 그렇다. 따라서 '농부에게 주는 보조금이 직접 보조이고, 비료를 생산하는 공기업은 흑자를 내고 있는 상황을 상정해 보자. 이 경우 똑같은 액수의 보조금이 비료 가격을 낮추는 방식으로 지원된다면, 비료 생산 기업은 적자를 볼 것이다. 그러나 이 경우 적자가 반드

---

* 일본의 통신 산업 분야 공기업인 일본전신전화NTT의 조달 정책은 일본에서 하이테크 산업의 촉진에 중요한 역할을 했다. Okimoto(1989)를 참조하라.

시 공기업의 비효율성을 반영하는 것이라고 볼 수는 없다.'[54]

그러므로 공기업이 수익 창출이 아닌 다른 목표를 가지고 있다면 수익성 지표만으로 해당 공기업의 실적을 평가하는 것은 정당하지 않다. 실제로 '실적 평가 과정에서 해당 공기업에 부여된 목표 전체를 파악하는 일련의 절차를 반드시 거쳐, 그 다음에 달성 정도를 측정할 지표를 설계한 다음, 그를 사용하여 실적을 측정'하는 것이 이상적이다. 물론 현실에서는 '목표들이 분명하면서도 뚜렷한 방식으로 정리되기도 어렵거니와 목표들 사이에 서로 모순되는 것이 있을 수 있는 만큼, 실적 측정에 적합한 만족할 만한 지표를 하나 혹은 여러 개 고안해 내야 하는 문제가 있다. 그리고 그에 필요한 데이터를 구하는 것도 쉬운 일은 아니다.'[55] 사정이 이렇기 때문에 이러한 절차를 통해 공기업의 실적을 평가한 연구는 드물다.*

3.1.3 무엇이 공기업의 수익성을 제약하는가?

지금까지 수익성이 공기업 실적을 평가하는 지표로 적절하지 않다는 점을 설명했다. 그런데 기업의 소유 형태가 (공기업이냐 사기업이냐에 따라) 수익에 미치는 영향을 실증적으로 연구하다 보면, 수익성 지표의 문제점이 한층 더 뚜렷한 형태로 나타나게 된다. 연구자 입장에서는 '기업 소유 형태와 수익성의 관계'만을 따로 떼어 내 연구해야 하는데, 현실 속에서는 소유 형태 외에도 해당 기업의 수익에 영향을

---

* 하지만 다양한 기준을 적용한 연구가 (예컨대 Killick, 1983; Green, 1985에서 보듯) 약간은 존재하는데, 나중에 논의할 것이다. 그러나 이런 연구조차 공기업이 추구하도록 요구받는 목표가 가장 적절한 목표인지의 여부와 같은 중요한 주제에 대해서는 언급하지 않는다. 이 문제에 대해서는 이 장의 5절에서 다룰 것이다.

미치는 요소들이 다수 존재하기 때문이다. 지금부터는 이처럼 소유 형태 이외의 '간섭' 요소들을 살펴보기로 하자.

a. 나라마다 특이한 요소들

공기업 부문은 그 소유 형태와는 아무런 관련이 없는, 해당 국가 특유의 사회 경제적 환경 때문에 비효율적일 수도 있다. 즉 공기업과 사기업 모두에 적용되는 원인 때문에 공기업의 업무 실적이 부실한 경우이다.

우선 경영 능력의 문제를 제기할 수 있다. 상당수의 저개발국에서는 부실한 경영 능력이 공기업은 물론 사기업에까지 악영향을 미친다는 지적이 있다. 저개발국의 경우 회계 시스템도 미비한데, 이 또한 (공기업이든 사기업이든) 기업 전반의 문제이지 공기업의 실적만 저하시키는 요인은 아니다. 세계은행 보고서[56]는 이에 대해 다음과 같이 주장한다.

"(많은 수의 저개발국의 경우) 국영기업들에 대한 회계 감사에 있어 통일된 기준도 없다. (사기업의 경우도 마찬가지이다.) 개발도상국 중 70여 나라에는 회계 기준조차 없다. (라틴 아메리카 이외의) 많은 개발도상국의 경우 1960년 이후에야 비로소 대학 교육과정에 회계학이 도입된 관계로 전문적인 회계사를 보기 힘든 형편이다. 그 중에는 지금까지도 표준적인 회계 교육 시스템이 없는 국가가 있다."

거시경제적 조건 또한 마찬가지로 사기업과 공기업의 실적에 영향을 미친다. 터키, 세네갈 등 일부 국가의 공기업 부문은 1970년대 초반까지 손익분기점을 맞추거나 흑자를 기록하다가 1970년대 후반에서 1980년대 초반 사이에 적자로 돌아선 바 있다. 세계은행은 이 같은 사례를 공기업의 실적이 부실해질 수밖에 없다는 주장의 증거로 제시했다.[57] 그러나 당시의 상황을 좀 더 자세히 살펴보면, 이들 국가에서 공기업의 실적 저하는 1970년대 후반 이후 전체적인 거시경제 조건의 악화를 반영한 것에 불과하다.

더욱이 거시경제 조건이 악화되던 이 시기에 사실상 파산한 대형 사기업은 그 일부가 국유화됨으로써 회사 문을 닫는 것을 모면했다. 이는 국민 경제에서 해당 사기업들의 비중을 고려할 때 (언제나 그랬던 것은 아니지만 종종 고용 문제를 이유로) 망하도록 내버려둘 수는 없었기 때문이다. 이와 관련 가장 유명한 사례로는 일부 서유럽 국가가 브리티시 리랜드British Leyland(영국)나 폭스바겐(1970년대 서독) 등의 자동차 회사를 국유화한 것을 들 수 있다. 이렇듯 거시경제 조건이 악화되면 공기업 부문이 부실화된 사기업들을 떠맡아야 하고, 이에 따라 공기업 부문의 수익성이 저하되는 경우가 발생한다. 가령 1983년에서 1987년 사이 그리스 정부는 사실상 파산한 사기업 43개 업체를 국유화하는데, 그리스는 이 시기에 엄청난 경제적 어려움을 겪었고, 공기업 부문의 전반적인 실적도 현저히 악화되었다.[58]

b. 산업 특유의 요소들

공기업 부문의 수익성이 저조한 이유 중 하나는 상당수의 공기업이 '어려운wrong' 산업에 종사하고 있기 때문이기도 하다. 이 '어려운' 산업에는 일시적인 곤란을 겪고 있는 산업과 더불어 (서유럽에서 석탄이나 조선 산업 같은) 사양 산업, (저개발국의 자본 집약적 산업 같은) 유치 산업 등이 포함된다. 이런 기업들이 공기업 부문에 많은데다 대형 사기업이 부실화로 사실상 파산하는 경우, 이를 국유화하라는 압력까지 더해지는 저간의 사정을 감안하면, 공기업 부문의 저조한 수익성은 어쩌면 너무나 당연한 결과일지도 모른다.

c. 기업 특유의 요소들

기업 규모, 시장 지배력, 설립 연수 같은 기업 관련 요소들 때문에 공기업의 수익성이 저조할 수도 있다. 첫째, 기업 규모와 관련해 고찰해 보면 공기업은 대형화하는 경향이 있다. 대형화된 규모는 (규모의 경제가 중요한 경우) 공기업에 긍정적 영향을 줄 수 있지만, (규모의 비경제가 중요한 경우) 부정적 영향을 미칠 수도 있다. 개발도상국에는 대규모 투자가 필요한 부문에 공기업이 설립되는 경우가 많은데, 이는 자본 시장의 미발달로 인해 민간 투자자들이 거대 규모의 자본을 조달하기 어렵기 때문이다. 그러므로 '규모의 문제'는 개발도상국에서 특히 중요하다.[59] 둘째, 설립 연수 또한 공기업 실적에 영향을 미친다. 젊은 기업은 '학습'의 부족 때문에 오래된 기업보다 저조한 실적을 거둘 수도 있지만[60] 더 좋은 실적을 올릴 경우도 있는데, 이는 젊은 기업이 낡은 경영 관행이나 조직 타성 등에서 상대적으로 자유로운 탓이다. 물론 반대로 관리 노하우나 조직적 전통 또는 경험 덕분에 오래된 기업이 젊은 기업보다 좋은 실적을 거둘 수도 있다. 셋째, 비효율적 기업이지만 단지 시장 지배력이 크기 때문에 높은 수익성을 기록하는 공기업도 있다. 그러나 이런 공기업의 경우 정부가 시장 지배력이 크다는 이유로 가격을 규제하는 바람에 필요할 때조차도 가격을 인상하지 못한 채 대차대조표의 악화를 감수하기도 해야 한다.[61] 따라서 (기업 규모에 비해) 내수 시장이 작은 탓에 공기업이 독점 혹은 과점적 지위를 차지하기 쉬운 개발도상국에서는 해당 기업의 시장 지배력을 감안해야 그 기업의 실적을 올바르게 평가할 수 있다.

선진국 기업의 미시경제적 실적을 연구한 문헌은 상당히 많다. 이 문헌들에 따르면, (수익성이나 성장률 중 어떤 것을 기준으로 삼았던 간에) 기업의 실적은 앞서 언급된 기업 규모, 설립 연수, 기업이 속한 산업, 시장 지배력 등 다양한 요소의 영향을 받는다.[62] 그러나 이 같은 관점에서 개발도상국의 사례를 연구한 실증적 연구는 거의 드물다. 심지어 이상의 요소들이 기업 실적에 독립적 영향을 미치는지의 여부와 관련된 이론적 근거를 둘러싼 연구조차 부실하다. 그렇다면 가난한 나라에서 (공기업이든 사기업이든) 기업의 미시적 효율성을 평가하는 과정에 이런 요소들을 분명히 반영시키는 작업이 이후의 과제가 될 것이다.

3.2 기술적 효율성 지표와 비용 효율성 지표

앞서 보았듯 수익성은 공기업의 실적을 측정하는 지표로 문제가 많다. 때문에 경제학자들은 효율성을 측정할 수 있는 다른 수단을 모색해 왔는데, 그것이 바로 기술적 효율성 지표와 비용 효율성 지표이다.

3.2.1 기술적 효율성 지표에 내재된 문제점

공기업에 대한 실증적 연구에서 가장 인기 있는 효율성 지수는 기술적 효율성이다. 기술적 효율성을 측정하는 방법은 다음과 같다. 우선 기업 실적에 영향을 미치는 다양한 요소 중 (공기업 혹은 사기업 같은) 소유 형태를 제외한 (국가, 산업, 기업 규모 같은) 다른 요소들의 영향을 배제한다. 이런 상태에서 여러 기업들이 한 단위를 생산하는 데 얼마나 많은 투입이 필요한지를 각각 측정한 다음, 그 결과를 비교해서 기업의 생산 효율성을 평가하는 것이다.

여기서 가장 바람직한 방법은 적절한 생산함수를 추정하는 것이다. 또 하나 인기 있는 방법은 총 요소 생산성을 측정하는 것인데, 생산함수가 동질적이거나 혹은 보다 실용적인 수준에서 '규모에 대한 수익 불변'인 경우 총 요소 생산성을 추산해 도출한 결과는 생산함수를 이용해 도출한 결과와 동등하다. 단 '규모에 대한 수익 불변'이라는 가정은 현실적으로 정당화되기 어렵지만 말이다.[63]

하지만 이런 측정 방법에는 문제가 많다. 다양한 요소를 투입해 다양한 제품을 생산하는 기업 – 사실상 규모가 어느 정도 이상이 되는 모든 현대 기업이 여기에 해당한다 – 의 경우 그 투입물과 산출물을 양적으로 나타낼 수 있는 명확한 수단이 없는 것이다. 이 방법이 정당화되려면 양적 지수quantity indexes를 구축할 수 있어야 한다. 이 방법의 전제 자체가 생산 효율성(또는 기술 효율성)을 가격 효율성(또는 배분 효율성)으로부터 분리시키는 것이기 때문이다. 독점같이 시장에 다양한 불완전성이 존재할 때 가치(가격) 지수는 사실을 오도할 수 있다.

현실 세계에서 많은 기업들은 다양한 제품을 생산하는 업체이다. 따라서 이런 기업의 다양한 제품을 다른 기업과 비교할 수 있는 형태로 총계화하는 것은 대단히 어렵다. 물론 제품들이 (예컨대 식용유처럼) 상대적으로 동질적인 경우에는 직접적으로 수량을 비교할 수가 있다. 그리고 (다양한 품질의 석탄을 열량 단위로 환산하는 경우처럼) 일부 제품들은 공통의 단위로 환산하는 것도 가능하다. 그러나 가령 다양한 유형의 가구에 대해 양적으로 비교할 만한 지수를 만들어 낼 수 있을까. 물론 동일한 제품 또는 유사한 제품 조합을 생산하는 기업들끼리 비교하는 것으로 어느 정도 이 문제를 해결할 수 있다는 주장도 가능하다. 그러나 이런 방법을 동원한다 해도 기업들이 생산한 제품의 질이 각각 다르다는 것은 또 다른 난제로 남는다.[64] 가령 겉보기에는 동질적으로 보이는 전기 같은 상품에도 이런 문제가 존재한다. 예컨대 밀워드Millward에 따르면, "캘리포니아의 민간 전기 업체들은 자사의 비용이 공적 전기 업체의 비용보다 높다는 점은 인정한다. 그러나 이 업체들은 그들이 전기 공급이 어려운 지역에까지 전기를 공급한다고 주장한다."*

3.2.2 비용 효율성 지표에 내재된 문제점

이 같은 양적 지수의 문제를 극복하기 위한 수단 중 하나가 바로 비용 효율성 지표로, 생산물 단위당 비용을 측정하는 방법이라고 할 수 있다. 그러나 비용 효율성 지표에는 다음과 같은 단점이 있다.

첫째, 투입물 가격이 기업마다 동일하지는 않다. 요소 가격이 공기업과 사기업에 대해 각각 다를 수 있다는 이야기이다. 예컨대 자본 및 투입물에 대해 보조금을 받는 공기업은 이 같은 요소들을 사기업보다 저렴한 가격으로 사용할 수 있다. 사기업은 공기업보다 싼 임금으로 노동력을 활용할 수 있는 것이 보통이다.[65] 심지어 사기업 사이에서도 투입물 가격이 기업마다 다를 수 있다. 가령 각 기업들이 서로 다른 장기 원료 공급 계약을 체결하고 있는 경우이다. 또한 동일한 물리적 특성을 지닌 자본설비의 가격이 기업마다 다를 수도 있다. 이는 기업

---

* Millward(1982, p.63)를 참조. 이와 관련 서독의 생명보험과 자동차보험 산업에서 공기업과 사기업을 비교 연구한 피싱거Fisinger(1984)는 소비자 불만 같은 질적 차원의 요소를 연구에 도입하는 보기 드문 시도를 하였다.

들이 서로 다른 시점에 (서로 다른 이자율로) 할부와 같은 서로 다른 계약 조건으로 자본재를 구입하기 때문이다. 게다가 노동의 이동성이 완벽하지 않은 한 기업들은 지역에 따라 다른 수준의 임금을 노동자들에게 지급해야 할 것이다.

둘째, 생산 기술이 '규모에 대한 수익 불변'이 아닌 경우 규모가 다른 기업들을 각 기업의 단위 비용을 기준으로 비교하는 방식은 올바르지 않다. 그러나 이 문제는 비슷한 규모의 기업을 비교하는 방식으로 극복 가능하다고 주장할 수 있을 것이다. 하지만 정말 어려운 문제는 역시 기업마다 요소 가격이 다르다는 것인데, 이 문제를 해결하려면 각각의 기업이 직면하는 다양한 투입물 가격에 대한 완전한 정보가 필요하기 때문이다.

3.2.3 두 효율성 지표의 일반적인 한계

앞서 지적한 여러 문제점에 덧붙여 두 가지 효율성 지표에는 다음과 같은 공통적인 단점이 있다.

첫째, 필자는 수익성을 기업의 실적 지표로 사용하는 것이 타당한지 여부를 논의하면서 다음과 같이 주장한 바 있다. 즉 공기업은 보다 많은 일자리, 보다 높은 총 수요, 보다 낮은 물가 인상률, 유치 산업에 대한 수요 창출, 사기업의 투입물 가격 하락 등의 외부 효과를 만들어 낼 수 있다는 것이다. 물론 공기업의 단위 비용이 사기업보다 높거나, 공기업의 생산성이 사기업보다 낮을 수는 있다. 그러나 사회적 관점에서 보면 이런 경우에도 공기업이 생산 자원을 비효율적으로 사용한다고 말하기는 어렵다.

둘째, 특정한 시점에서 측정된 기술적 효율성 및 비용 효율성 지표로 나타낼 수 있는 것은 정태적 효율성밖에 없다. 물론 (공기업이든 사기업이든) 어느 정도의 시간 범위를 두고 기업의 실적을 측정해야 하는지는 대단히 애매하다. 그러나 적어도 공기업의 효율성 실적을 평가하는 연구라면 비용 함수 및 생산성의 변화를 고려할 수 있을 정도의 기간을 관찰 대상으로 삼아야 한다는 주장은 상당히 합리적이다. 최근의 연구 성과를 보면, 비용 함수를 활용하는 학자들은 비용 함수의 변화를 고려하고 있지 않지만, 생산성 지표를 활용하는 일부 학자들은 생산성의 변화에 어느 정도 주목하는 것 같다.*

3.3 공기업의 목표와 연관된 평가가 필요하다

앞서 살펴보았듯이 실증적 연구에 사용되는 모든 기업 실적 지표에는 다양한 문제점이 있다. 더욱이 공기업의 경우 긍정적 외부 효과를 창출하는 경향이 있기 때문에 그 사회적 영향을 총체적으로 평가하기가 대단히 어렵다. 즉 공기업의 실적을 종합적으로 평가할 수 있는 단일한 수단이 존재하지 않는다는 이야기이다. 결국 공기업의 실적을 공정하게 나타내려면 한두 개 정도가 아니라 여러 가지 다양한 평가 기준을 동원할 수밖에 없다. 공기업이 다양한 목표를 달성하기 위해 설립된 경우에는 더욱 그렇다.

수많은 학자들이 공기업과 사기업의 실적 비교를 통해 단순하고 명확한 결론을 내리고 싶어 했다. 그러나 지금까지 보았듯이 이는 지

---

* Dholakia(1978); Pryke(1980); Krueger and Tuncer(1982); Manasan et al.(1988) 참조. 이와 관련 유치 산업이 저개발국에 보다 많은 가능성이 높고, 학습 효과 또한 유치 산업에서 좀 더 분명하다는 사실을 감안하면, 생산성 성장 지표는 저개발국에 더 중요해 보인다.

극히 애매한 문제이다. 하지만 이 복합적인 방식만이 문제를 해결할 수 있는 유일하게 합리적인 길이라는 것도 분명하다. 공기업의 실적을 평가하는 기준은 해당 산업과 국가가 직면하고 있는 구체적인 조건에 따라 결정되어야 한다. 개별 공기업들의 목표가 각각 다를 뿐만 아니라, 심지어는 유사한 공기업들이 국가에 따라 다른 목적으로 운영되고 있기 때문이다.

4 실증적 증거를 통한 저개발국의 공기업 평가

4.1 공기업이 항상 비효율적인 것은 아니다

수익성을 기준으로 하는 실적 평가는 본질적으로 공기업에 불리하다고 필자는 주장했다. 그러나 이런 연구조차도 저개발국의 공기업이 항상 비효율적이라는 결론은 내리지 못한다. 심지어 수익성이 낮아도 공기업이 사기업보다 우월한 실적을 거둘 수 있기 때문이다.[66] 하나하나 낱낱이 뜯어보면, 상당수의 공기업은 아프리카처럼 경제적으로 어려운 지역에서 이윤을 내고 있으며, 수익성 측면에서도 상응하는 사기업보다 나은 실적을 보이고 있다.[67] 물론 재무 실적을 무시하자거나 저개발국의 공기업들에게 재무적으로 개선할 점이 없다고 주장하는 것은 당연히 아니다.* 저개발국 공기업의 재무 실적이 실망스러운 것

---

* 여기서 명심해야 할 매우 중요한 사항은 공기업의 재무적 흑자는 해당 기업의 '경제 효율성'을 향상시킬 필요 없이 가격을 올리는 방법만으로도 개선될 수 있다는 것이다.

은 사실이다. 특히 농촌 지역에서의 조세 수입을 크게 증가시키기 어려운 저개발국이 다른 부문에 투자할 수 있는 재원을 창출할 주요 수단으로 공기업을 설립했다는 사실을 감안하면 더욱 그렇다.

4.2 공기업 실적은 최고에서 최악까지 있다

기존의 효율성 연구에는 여러 가지 결점이 있다. 첫째, 상당수의 효율성 연구는 경제의 정태적 차원에만 초점을 맞추고 있다. 이는 '학습'이 중요한 역할을 수행하는 개발도상국에는 적절치 않은 방법이다. 둘째, 기존의 연구들은 공기업이 효율적으로 작동하는 국가들을 거의 다루지 않았다는 점에서 편파적이다. 그들은 이에 따라 공기업의 '정태적' 효율성이 사기업보다 떨어진다고 지적하는 경향이 있었다. 그러나 문제는 이런 연구들이 서로 비교하는 것이 의미가 있는 기업들을 비교했는지의 여부이다.

어떤 연구는 여러 나라에서 각기 다른 업종의 다른 기업들을 무차별적으로 끌어모아 비교했다. 어떤 연구자들은 비슷한 기술과 비슷한 제품 조합의 기업들을 비교함으로써 이런 문제를 극복하려 했으나, 이들 역시 기업 규모의 차이에서 비롯되는 효과를 적절하게 고려하지 않았다. 일반적으로 실적에 미치는 영향이라는 측면에서 기업 규모는 소유 형태보다 훨씬 중요하다.

그런데 밀워드는 "저개발국에서 기업 규모가 동일한 경우 공기업이 사기업보다 기술적 효율성이 낮다는, 통계적으로 유의미한 증거는 없다."[68]고 지적한 바 있다. 더욱이 다양한 연구를 통해 살펴보면, 공기업은 최고의 실적에서 최악의 실적까지 다양한 분포를 보인다. 그리고 공기업의 효율성을 평가할 때, 생산성 성장률 같은 동태적 지표를 활용하면 훨씬 나은 실적이 나오기도 한다.

4.3 국가 소유라 실적이 부실한 것이 아니다

앞서 우리는 공기업의 실적을 측정하는 단일한 실적 지표는 없으며, 따라서 복수의 지표를 사용하는 것이 바람직하다고 주장했다. 이는 공기업이 복수의 목표를 위해 운영된다는 사실 때문만은 아니다. 다만 금융 통계 이외에는 실적 평가에 사용할 만한 신뢰할 수 있는 데이터가 부족하기 때문에 복수의 지표를 활용한 연구는 매우 희귀한 형편이다. 그러나 킬릭Killick[69]과 그린Green[70] 등의 연구는 공기업의 부실한 실적이 공적 소유 형태 때문이 아니라 해당 국가의 열악한 경제 상황에 기인한다는 가설을 입증할 수 있는 증거를 제시한다는 점에서 주목할 만하다.

4.4 사기업보다 비효율적이라는 근거가 없다

가장 널리 사용되는 실적 지표인 수익성은 공기업의 실적을 측정하는 데 심각한 결함이 있는데, 특히 개발도상국에서 그러하다. 그렇다고 단위 비용이나 생산성 같은 평가 기준도 그리 만족할 만한 지표는 아니다. 우리는 공기업이 일반적으로 복수의 목표를 달성하기 위해 운영된다는 사실을 감안해야 한다. 그래서 필자는 공기업 평가에 고용 창출(혹은 유지), 경상수지 기여도, 소득 재분배 등 다양한 기준을 적용하자고 주장하는 것이다. 또한 우리는 해당 기업이 속한 산업과 국가의 특성을 고려해서 평가 기준을 선택해야 한다.

그러나 저개발국 공기업의 실적에 대한 만족할 만한 실증적 연구는 상대적으로 적다. 심지어 수익성 지표에 기초한 연구들은 고도로 집계된 데이터만을 제시하면서 상당수 공기업들이 사기업과 대등하거나 어떤 경우에는 우월한 실적을 기록하기도 한다는 사실을 은폐해 버린다.

게다가 그 집계의 수준에 관계없이 공기업 부문 전반이 사기업보다 비슷하거나 우월한 실적을 보인 시기와 지역도 있었다. 공기업에 본질적으로 불리한 수익성 지표로 측정해도 그렇다. 또한 효율성 지표에 기초한 연구의 경우에도 이중 상당수는 엄격한 기준으로 볼 때 서로 비교할 수 없는 기업들을 비교한 뒤 공기업을 비판하고 있다. 물론 이런 연구 중 일부는 서로 비슷한 기업을 기업 규모까지 고려하면서 비교하기도 한다. 그러나 이런 학자들도 공기업이 사기업보다 효율성이 떨어진다는 통계적으로 유의미한 증거를 찾아내지는 못했다. 다시 강조하지만 공기업은 효율성 측면에서 최고에서 최악까지 다양한 분포를 보인다.

5 공기업의 실적을 향상시킬 방법은 있는가?

일반적으로 공기업이 사기업보다 실적 측면에서 떨어진다는 주장을 입증할 수 있는 엄밀한 실증적 증거는 없다. 그렇다고 공기업에는 그 어떤 문제도 없고 그러므로 개선할 필요가 없다는 것은 아니다. 상당수의 저개발국에서 가장 중요한 정책 문제 중 하나는 '공기업의 실적을 어떻게 개선할 것인가'이다. 이에 대해 가장 인기 있고 간단한 처방이 민영화라는 것을 우리는 이미 알고 있다. 그러나 수많은 연구자가 지적했듯 민영화는 유일한 대안도 아니고 최선의 대안도 아니며, 그저 그런 대안도 못 되기 쉽다.[71]

5.1 민영화만이 공기업 실적 향상의 대안인가?

공기업의 저조한 실적이 주로 공적 소유 형태 때문이라는 비판에 동의한다면, 민영화는 (실질적으로나 이론적으로나) 공기업 관련 문제를 해결하는 가장 분명한 처방인 것처럼 보인다. 민영화란 문자 그대로 계속기업의 소유권을 국가나 (오스트리아의 ÖIAG, 이탈리아의 ENI 같은 공적 지주 회사에 해당하는) 반+자율적인 공공 법인으로부터 민간 투자자에게로 이전하는 것을 의미한다. 물론 논자에 따라서는 영업권 입찰이나 민간 위탁contracting out까지 민영화의 범주에 포함시키는 경우도 있다.

그러나 앞서 지적했듯 기업의 효율성에 영향을 미치는 요인 중에는 소유 형태 외에도 다양한 요소들이 있다. 시장 경쟁의 수준, 기업의 규모와 설립 연수, (유치 산업, 성숙 산업, 사양 산업 같은) 산업의 발전 상태 등이 그것이다.[72] 이는 결국 민영화가 공기업 문제를 해결하는 유일한 처방일 수는 없다는 이야기이다. 따라서 소유 형태 이외의 요소들이 동시에 바로잡히지 않는 한 민영화로 해당 기업의 실적을 개선하기는 쉽지 않을 것이다. 영국[73]이나 칠레[74]는 물론 개발도상국들[75]의 민영화 사례를 살펴보면, (공적 소유 상태에서 단행되기도 한) 경쟁의 증대와 조직 개혁이 단순히 소유권을 민간에 이전하는 것보다 공기업 실적 개선에 훨씬 중요하다는 것을 알게 된다.[76] 더욱이 공기업의 민영화에서 발생하는 현실적인 문제들이 있다. 이 문제는 두 가지 범주로 나뉘는데 하나는 일반적인 민영화이고, 다른 하나는 개발도상국의 민영화이다.

5.1.1 공기업의 수익성이 낮은 이유는 따로 있다

상당수의 공기업들은 다양한 이유로 말미암아 수익성이 저조한 산업 내에서 운영된다. 게다가 이미 지적했듯, 공기업 중 일부는 부실 경영으로 국유화된 사기업이다. 이렇듯 (이전에는 사기업이던) 공기업이 사양 산업에 속해 있을 경우에는 대규모 구조 조정을 감행하지 않는 한 수익성이 저조할 가능성이 크다. 또한 공기업의 수익성이 낮은 경우 매각 대상이라 하더라도 구매자가 나설지 의문스럽다. 바꿔 말하면, 정부는 수익성 낮은 공기업을 매각하려 하지만 민간 투자자들은 이런 기업을 매입하려 하지 않는다.[77]

이 같은 문제에 대한 가장 분명한 해결책은 민영화 과정에 들어가기 전에 저수익성 공기업의 실적을 개선하는 것으로,[78] 이는 잠재적인 구매자를 이끌어 내기 위해서다.[79] 그러나 공적 소유 하에서 해당 공기업의 실적을 개선할 수 있다면, 이 같은 매각에는 효율성 개선 외의 다른 목적이 있다고 보아야 한다. 예컨대 대처 시절의 영국과 피노체트 시절의 칠레처럼 이데올로기적 이유에 따른 공기업 매각인 것이다.

이와 함께 민영화에 높은 비용이 소요된다는 점도 중요한 사실이다. 첫째, 매각 대상 공기업의 가치를 평가하는 문제부터가 만만치 않다. 상당수의 경우 공기업 자산은 정부 지원을 통해 매입된 것이다. 따라서 공기업을 민간 부문에 매각할 때 그 가치의 평가가 문제로 떠

오르지 않을 수가 없다.* 이 가치 평가의 문제는 저개발국에서 더욱 까다롭다. 이들 국가에는 신뢰할 만한 회계 시스템이 없는데다 공인 회계사의 수도 부족하기 때문이다. 따라서 광범위한 민영화 프로그램을 추진하는 경우 정부는 공기업의 가치 평가 작업에만 엄청난 시간과 자원을 쏟아 부어야 한다.[80] 둘째, 매각 대상 공기업의 주식을 인수하고 상장하는 작업에도 만만치 않은 비용이 든다. 개발도상국은 예산 문제 때문에 민영화를 시도하는 경우가 많은 만큼 이 같은 비용은 실제로 민영화를 추진하는 데 걸림돌로 작용할 수 있다.

더 중요한 사실이 있다. 공기업을 판다는 것은 정부가 그 기업이 앞으로 가져올 수익을 포기한다는 의미에서 '기회 비용'을 수반하는 일이다. (예컨대 주류와 담배 전매 같은) 세입 창출 기능을 주로 담당해 왔던 공기업의 경우를 보면 이런 사실이 분명해진다. 심지어 특정 공기업이 적자 상황이었다 해도 이 공기업의 매각이 정부의 재정 상태를 실제로 개선할 수 있을지의 여부는 명확치 않다. 해당 공기업이 (공공 교통의 보조 같은) 소비자 지원이나 (전기나 비료 보조 같은) 민간 업체 지원 수단으로 활용되어 왔다고 가정하자. 그렇다면 이런 공기업을 매각했다 하더라도 정부는 소비자와 민간 업체에게 그에 상당하는 보조금을 계속 지급해야 하는 경우가 있다. 이는 보조금을 마련하기 위해 세금을 인상해야 한다는 의미이다. 게다가 조세/보조금 정책이 공기업을 통해 지원하는 것보다 비용이 적게 든다는 보장도 없다. 조세/보조금 정책은 반드시 보조금 수혜자에 대한 정보 수집, 조세 징

---

* 이 문제에 대한 해결책 중 하나는 가치 평가의 기준으로 유사한 사기업을 활용하는 것이다. 그러나 여기에도 문제는 있다. 공기업은 독점 기업인 경우가 많기 때문에 비교할 만한 사기업이 존재하지 않는 경우가 적지 않다.

수, 조세 회피 및 탈세 감시 등에 필요한 비용을 수반하기 때문이다. 공기업의 설립 근거 중 하나가 조세/보조금 정책에 수반되는 막대한 비용의 절감이라는 사실을 잊어서는 안 될 것이다.

물론 특정 집단에 대한 지원처럼 비상업적 목적인 경우는 공기업 외의 다른 정책 수단을 통해 시행하는 것이 나은 만큼 민영화가 필요하다는 주장이 제기될 수도 있다. 이 복잡한 문제를 여기서 충분히 설명하기에는 한계가 있지만, 공기업을 통한 일자리 창출(혹은 유지) 사례를 살펴보기로 하자. 혹자는 일자리 창출 그 자체는 공기업이 추구할 적절한 목표가 아니라고 주장할 수 있다. 고용은 오히려 정부의 다른 정책 수단, 예컨대 거시경제 정책을 통해 가장 효율적으로 촉진될 수 있다는 것이다.

이것이 새삼스러운 주장은 아니다. 하지만 부유한 국가든 가난한 국가든 현실 속에서 직면해야 하는 전형적인 상황은 훨씬 더 복잡한 것이다. 예컨대 1970년대와 1980년대처럼 급속한 구조 변동의 시기에는 거시경제 정책 그 자체만으로는 고용 수준을 유지하기도 벅찬 일이었다. 새로운 산업에 필요한 인력을 훈련하거나 재교육하는 작업만 따져도 엄청난 시간이 필요하기 때문이다. 이런 상황에서는 일부 공기업으로 하여금 '과잉 고용'을 하게 하는 것이 정부가 활용할 수 있는 가장 '효율적'인 대안일 수 있다.

가장 중요한 사실은 민영화에 따라 반드시 정부가 모든 책임에서 간단히 벗어날 수 있는 것은 아니라는 점이다. 순수하게 세입을 창출하기 위해 설립된 (관광호텔이나 담배 전매 등의) 공기업을 제외하면, 대다수 공기업은 민영화된 이후에도 여전히 정부 규제에서 벗어날 수가 없다. 이와 같이 민영화된 공기업들은 이후에도 여전히 (독점이나 과점에 해당하는) 시장 지배적 사업자이거나 (긍정적이거나 부정적이거나) 외부 효과를 창출하고 있기 때문이다. 다시 강조하지만 공기업의 설립 혹은 사기업 국유화의 주요 이유 중 하나는 효율적인 규제가 어려웠기 때문이라는 것을 잊어서는 안 될 것이다.

5.1.2 민영화 추진 자체가 현실적으로 난제이다

a. 상장

공기업을 민영화하려면 해당 기업의 주식을 매각해야 한다. 이를 위한 가장 흔한 방법은 공기업의 주식을 주식 시장에 상장하는 것이다. 그러나 저개발국의 경우 주식 시장의 미성숙으로 인해 자본 시장을 통한 주식 매각이 불가능할 때가 있다.[81] 실제로 상당수의 개발도상국에는 자본 시장이 없다. 가령 사하라 사막 이남의 아프리카 국가에서는 1980년대 후반까지도 라고스Lagos, 하라레Harare, 나이로비Nairobi, 아비장Abidjan 등 네 곳에만 주식 시장이 있었다.[82] 주식 시장이 있는 국가의 경우에도 그 규모가 너무 작아 공기업 주식을 매입할 수 있을 만한 충분한 자금이 모이기 어렵다. 저개발국의 공기업은 그 나라에서 제일 큰 기업 중 하나인 경우가 많기 때문이다. 이런 모든 문제에도 불구하고 주식 시장을 통해 공기업의 민영화에 성공했다고 할지라도 여전히 문제는 남는다. 자본 시장이 발전하지 못한 만큼 민영화된 예전의 거대 공기업 입장에서는 '자본 시장의 징벌'을 그리 두려워할 필요가 없다. 민영화된 이후 해당 기업의 사업 실적이 부진하다 해도 미발전된 자본 시장에서 이 거대 기업에 대해 (자본 시장의 징벌인) 인수 합병 위협을 가할 수 있는 규모의 자금이 모이기는 거의

불가능하기 때문이다.[83]

더구나 주식 시장에 상장이 성공한 이후에도 주식이 지나치게 분산 매각될 경우에는 더 많은 문제가 양산된다. 분산 매각에 의해 생긴 수많은 주주들은 주주 행동을 통한 경영 감시 기능을 효율적으로 수행하기 어렵다. 엄격한 감시에 따른 (실적 향상으로 인한 주가 상승과 배당금 증대 같은) 개인적 혜택보다 (정보를 수집하는 비용 등의) 비용이 더 높기 때문이다. 그런 관계로 공기업 주식을 다수에게 무차별적으로 매각하기보다는 소수의 개인이나 심지어는 한 사람에게 넘기는 것이 낫다는 주장이 제기되는 것이다.

b. 소수의 개인에 대한 매각

저개발국에는 공기업 민영화에 투자할 수 있을 만한 부자가 많지 않다. 따라서 개발도상국에서 소수의 개인에게 공기업을 매각한다는 것은 그리 실현 가능한 방안이 아니다. 실제로 사하라 사막 이남의 아프리카 국가에 공기업이 많은 이유는 이들 나라의 민간 부문에서 현대적 산업을 육성할 만한 자본을 마련할 수 없었기 때문이다.

더욱이 저개발국에서 소수에게 공기업을 매각하는 방법은 심각한 정치적 반감을 불러일으킬 수도 있다. 해당 국가에서 가장 큰 기업이기도 한 공기업을 소수의 개인에게 매각하는 행위는 이미 불평등한 소득과 부의 분배를 더욱 악화시킬 수 있기 때문이다. 또한 소수에게 매각하는 방식의 민영화는 '정실 자본주의crony capitalism'를 촉진하는 수단으로 사용될 수도 있다. 이는 정치적으로 인맥이 닿는 개인에게 공기업을 헐값으로 매각할 수 있기 때문이다.[84]

C. 해외 매각

결국 저개발국의 경우 자본 시장이 발전하지 못했을 뿐만 아니라 (대기업인 경우가 많은) 공기업을 매입할 수 있는 부자도 없다. 그렇다면 어떤 방식의 민영화가 가능할까. 그래서 나오는 주장이 공기업의 해외 매각이다. 외국 자본의 공기업 인수에는 여러 가지 장점이 있다. 예컨대 (동일 업종, 혹은 유사 업종에 종사하는 외국 기업에 인수되는 경우에만 가능하지만) 선진 경영 기법과 생산 기술의 전수, 효율성 향상을 위한 신규 투자 등이다. 그러나 문제도 많다.

첫째, 앞서 지적했듯 해외 매각은 모든 공기업에 내재한다고 주장되는 (공기업의 위임 단계가 '국민-관계 부처-경영자'로 사기업에 비해 한 단계가 더 많은 데 기인하는) 주인-대리인 문제를 해결할 수 없다. 외국 자본에 공기업을 매각하는 방안은 (관계 부처-경영자라는) 위임의 한 단계를 (해외 본사-현지 경영자라는) 다른 위임 단계로 대체하는 것에 불과하다. 외국 자본을 통해 민영화된다고 해도 공기업 위임 단계의 수는 이전과 동일한 것이다.

더욱이 정치경제적 환경이 불안한 개발도상국에서 외국 자본은 정치경제 상황의 단기적인 악화에도 해당 국가를 떠날 수 있는데, 이는 장기적으로 매우 해로운 일이다. 실제로 상당수 개발도상국들이 국유화를 선택한 가장 중요한 이유는 다국적 자본이 언제든 떠날 수 있다는 두려움 때문이었다. 한 번 더 강조하자면, 주요 기업의 해외 매각은 국가가 자국 경제 발전의 필요에 따라 적절하게 그 기업을 통제하는 데 어려움을 초래하고, 그것을 해결하기 위해서는 막대한 비용이 수반된다.

5.2 민영화 외의 공기업 실적 향상 수단들

민영화로 공기업의 실적을 개선하는 방안에는 문제가 많다는 점을 살펴보았다. 그렇다면 대안은 무엇인가? 아래에서 간단하게나마 대안적 수단 몇 가지를 논의해 보자.

5.2.1 조직 개혁으로도 실적 향상은 가능하다

a. 목표의 명확화

공기업은 일반적으로 복수의 목표에 기여할 것을 요구 받는다. 물론 복수의 목표를 추구하는 것이 반드시 나쁜 것은 아니다. 이런 활동들이 유익한 외부 효과를 창출할 수도 있기 때문이다.[85] 하지만 종종 공기업의 목표들이 불분명하거나 잠재적으로 충돌하는 목표 사이에서 어떤 것을 더 중시해야 하는지에 대한 우선 순위가 불확실한 것이 사실이다. 이런 혼란은 공기업의 실적에 심각한 악영향을 미치기 쉽다. 이런 경우에는 다음과 같은 개혁을 시도할 필요가 있다.[86]

첫째, 공기업이 추구해야 하는 목표를 명확히 해야 한다. 둘째, 공기업이 추구해야 하는 목표의 수를 줄여야 한다. 공기업이 너무 많은 목표를 추구하다 보면, 가뜩이나 희소한 저개발국의 경영 자원이 희석되는 탓에 도리어 실적이 악화될 수 있기 때문이다. 셋째, 복수의 목표를 추구한다면 일부 목표는 다른 목표를 위해 희생해야 달성할 수 있다는 사실을 감안해 목표 사이에 우선순위를 설정할 필요가 있다.[87]

b. 정보 수집의 개선

이미 언급했듯 일부 국가의 정부는 자국 공기업의 기본적 입지와 행위에 대한 가장 기초적인 정보조차 보유하지 못하는 경우도 있다. 예컨대 브라질 정부는 1979년에 공기업에 대한 관리 제도의 개혁 이전까지 자국 공기업의 수입, 지출, 부채에 대한 정보들을 통합적으로 관리하지 못했다.[88] 세네갈의 공기업 관리도 프랑스 식 계약 시스템을 도입한 1980년 이전까지 대단히 끔찍한 상태였다. 세네갈 공기업들의 경우 기본적인 사업 계획은 말할 것도 없고, 자체 운영에 필요한 주요 정보까지 결여된 상황이었다.[89] 규제 당국이 보유한 정보도 형편없는 상태였다는 것을 감안하면, 이런 국가에서 일부 공기업이나마 그럭저럭 굴러갔다는 것이 오히려 신기할 정도이다. 정부가 공기업의 운영과 움직임에 대한 정보를 취득하는 것은 공기업 관리를 위한 첫 단계라 할 수 있다. 그렇다면 저개발국에 시급한 과제는 개별 공기업 차원과 정부 차원, 모두에서 정보 수집의 기반을 마련하는 일이다.

c. 인센티브 개혁

공기업에 대한 가장 일반적인 비판 중 하나는 이들 기업의 경영자와 노동자에게 더 나은 실적을 달성하도록 유도하는 (보상과 처벌에 해당하는) 적절한 인센티브가 없다는 것이다.

먼저 보상 측면을 살펴보면, 실적을 보수와 연계시키는 것이 가능할 뿐만 아니라, 경영자와 노동자 모두에게 어느 정도 유용하다. 그러나 다음 두 가지 사안에 주의할 필요가 있다. 첫째, 특정 구성원에게 그가 노력한 정도에 엄밀하게 상응하는 보상을 제공하는 것은 기실 거의 불가능하다. 경영자의 경우에도 기업의 실적 향상이 우수한 경영 능력 때문인지 아니면 경영 행위를 넘어서는 다른 요인 때문인지 정확히 구별하기 힘들다. 게다가 노동자들이 '팀' 제로 일하는 경우 한 개별 노동자가 기업 전체의 효율성 향상에 얼마나 기여했는지를 따로 알아내기란 결코 쉽지 않다. 둘째, 일반적 통념과 달리 보상을 반드시 금전으로 제공할 필요는 없다. 공기업 직원들은 그 나라에서 가장 거대한 기업 중 하나의 구성원이란 것 자체에서 비롯되는 사회적 인정이 다소 낮은 보수를 보완하기도 한다.

이제 기업 실적이 하락할 경우 경영자와 노동자에게 가해지는 징계 차원에 대해 논의해 보자. 경영자 징계 측면과 관련해서는 (적자 경영을 지속하는 기업이 국가 또는 은행에 의해 지속적으로 구제됨으로써 기업의 금융 제약이 연성화되는 현상인) '연성 예산 제약'을 제거해야 한다. 물론 예산 제약을 강화할 때는 공기업이 창출하는 긍정적 외부 효과도 고려해야 한다. 노동자 징계 측면과 관련해서는 일부 저개발국의 공기업들이 누려 왔던 '철밥통' 관행을 깨뜨려야 한다. 이는 실업과 그에 따른 빈곤으로부터 노동자들을 보호할 장치들을 제거하자는 것이 아니다. 단지 누구도 특정한 직업에서 준準재산권을 행사하도록 허용해서는 안 된다는 이야기이다. 이런 권리는 경제의 효율적인 구조개혁에 필요한 고용 구조의 변화를 방해할 수 있기 때문이다.

d. 정부의 감시 부담 완화

공기업의 효율성을 개선하는 또 다른 중요한 방법은 공기업을 감시하는 기관의 부담을 완화시키는 것인데, 이미 이런 기관은 과중한 업무에 시달리고 있기 때문이다. 물론 (니스카넨의 '이기 추구 관료 이론'에 따르면) 관료들이 지배권을 확장하기 위해 스스로 '과중한 업무 부담'을 선택했다는 주장이 제기되기도 한다. 그러나 이런 상황이 관계 기관의 감시 활동에 해롭다는 것은 명백하다.

공기업 감시를 전담할 특별 기관을 설립하는 것도 자주 권장되는 방안이다. 브라질의 국영기업 관리 특별사무국이 그 좋은 사례라 할 수 있다.[90] 감시 책임을 하나의 기관에 몰아주는 것도 이 문제를 처리하는 방안 중 하나이다. 이런 사례로는 한국의 감사원이 있다.[91] 아니면 감시 대상 공기업의 수를 줄일 수도 있다. 비슷한 계열의 공기업들을 합병하거나 공공 지주 회사를 설립하는 방법인데, 이는 상당수의 선진국과 개발도상국에서 실제로 시행되기도 했다.

5.2.2 소유자 변경보다는 경쟁 촉진이 효과적이다

민영화와 관련된 논의들에 자주 등장하는 주장이 있다. 바로 "효율성 측면에서 볼 때 경쟁에 거의 노출되지 않은 독점 기업을 민영화하는 것보다는 잠재적으로 경쟁이 가능한 산업을 자유화하는 것이 훨씬 낫다."는 것이다.[92] 공적 부문의 비중이 큰 개발도상국의 경우 제품 시장에서의 경쟁 부진은 노조의 권한 남용, 경영진의 태만, 비효율성 등으로 이어지기 쉽다. 그리고 이 같은 현상은 경제적으로 바람직하지 못할 뿐만 아니라, 사회적으로도 대다수 대중과 보호 받지 못하는 비공식 부문의 노동자 대부분에게 불공정한 결과를 낳게 된다.* 이런 환경에서 공기업의 실적을 개선하려면, 소유자를 바꾸는 것보다 경쟁 촉진이 더 중요할 수 있다.

경쟁을 촉진하기 위한 방법은 다음과 같다. 첫째, 다른 공기업과의

---

* 이런 독점적 지위의 남용이 공공 부문의 독점에만 존재하지 않는다는 사실에 유념해야 한다. 이런 남용은 민간 독점 산업에서도 흔하다.

경쟁을 유발하는 것이다. 영국은 국영 버스 회사의 도전에 따라 국영 철도 기업이 서비스 개선으로 맞선 사례가 있다.* 둘째, 국내 사기업과의 경쟁을 유발할 수 있다. 이탈리아의 국영 철강 기업인 핀시더 Finsider, 프랑스 자동차 제조 업체인 르노는 지난 수십 년 동안 국내 사기업과의 치열한 경쟁을 통해 좋은 실적을 달성할 수 있었다.[93] 셋째, 공기업이 수출 시장에서 경쟁하도록 유도할 수 있다. 브라질의 CVRD(철광석), 모로코의 OCP(인산 비료), 이스라엘의 ICL(화학), 인도의 HMT(기계 장비) 등이 그 좋은 사례이다.[94] 특히 한국의 포스코는 수출 시장에서의 경쟁을 통해 생산성을 높인 경우이다. 마지막으로 수입 자유화도 경쟁을 촉진하는 방법이 될 수 있다. 그러나 개발도상국의 상당수 공기업은 '미성숙' 단계에 머물고 있어 외국 기업과의 경쟁을 견딜 수 없을지도 모르므로 이 전략은 제한적으로 사용할 필요가 있다. 특히 국내 시장에서 '외국 기업과의 경쟁'은 거시경제 수준에서 국제수지에 악영향을 미칠 수 있다. 따라서 다른 사정이 동일하다면, 일반적으로 국내 경쟁이 해외 수입품과의 경쟁보다 낫다.[95]

5.2.3 저개발국에서는 정치 개혁이 선결 요건이다

상당수의 저개발국에서 공기업은 제조업 고용의 주요 원천인데다, 다른 부문보다 높은 임금을 주는 경향이 있다. 또한 공기업은 사기업

---

* "1980년 장거리 여객 수송의 규제 완화 이후 국영 버스 회사인 NBC와 국영 철도 회사인 BR 사이에서는 장거리 수송을 둘러싸고 치열한 경쟁이 벌어졌다. 이 경쟁으로 인해 철도 회사 측은 다양한 방식으로 서비스를 개선하고, 한산한 시간대의 요금을 할인 등 가격 정책을 좀 더 유연하게 구사하게 되었다. 이 같은 경쟁에 의한 개선이 철도 회사 측의 극심한 자금 부족에도 불구하고 일어났다는 것에 주목할 필요가 있다. 만약 경쟁이 적절한 철도 투자와 함께 진행되었다면 그 혜택은 훨씬 더 커졌을 것이다."(Rowthorn, 1990b, pp.7-8 참조)

들이 하청 계약을 수주할 수 있는 주요 원천이기도 하다. 공기업 운영에 관련된 일자리 수와 자금 규모를 감안하면, 상당수의 저개발국 정치인들의 경우 정치적으로 선호하는 집단에 대한 소득 재분배의 수단으로 공기업을 이용한다는 것이 그리 놀라운 사실이 아니다. 정치인들이 자신의 정치적 영향력을 공기업의 경영진 임명, 고용 정책, 계약 등에 발휘하는 경우가 있는 것이다.

이처럼 공기업을 (정치인과 민간이 특혜와 정치적 지지를 맞교환하는 관행인) '후견주의clientelist'의 수단으로 활용하는 관행은 '국가가 약체인' 개발도상국일수록 그 정도가 심하다. '약체 국가'가 자신의 권력을 정당화할 수 있는 방법은 정치적 지지를 돈으로 사는 것 외에는 없기 때문이다.[96] 이들 국가에서 공기업 운영은 단기적 정치 압력과 로비에 종속되어 왔고, 그 결과 공기업에 대한 경영과 감독은 부실화되었다. 일부 아프리카 국가의 경우 권력 세습의 수단으로 공기업을 남용한 사례가 있다.[97] 말레이시아에서는 경제 부문의 지배자인 화교 집단으로부터 정치 부문의 지배 집단이지만 경제적으로는 빈곤한 말레이 인들에게 소득을 재분배하기 위한 수단으로 공기업을 설립한 경우가 있었다.[98]

그 이유가 어떠하든 공기업의 설립과 운영이 후견 정치clientelist politics에 좌지우지된다면, '정책적' 처방으로는 공기업의 실적을 향상시킬 수 없다고 보아야 한다. 민영화든 조직 개혁이든 거시경제 상황의 개선이든 간에, 이 경우에는 무용지물일 뿐이다. 경제 문제들은 정치 동향과 무관하지 않으며, 따라서 기술적 처방만으로는 해결될 수 없다. 경제 문제는 기술 문제가 아니라 정치경제 차원의 문제인 것이다.[99] 지금까지 보아왔듯이 저개발국 공기업의 실적 개선은 단순한 기술적 공식으로 이루어질 수 있는 일이 아니라, '나라 세우기nation-building'의 관점에서 추진되는 정치 개혁이 필요한 작업이다. 현 선진 자본주의국가들도 정치와 경제가 긴밀한 관계를 형성했던 중상주의 시대를 경유하면서 태동한 것이다.

6 공기업은 단순히 경제학만의 문제가 아니다

6장에서 우리는 세 가지 주요한 질문을 검토했다. 첫 번째 질문은, '공기업이 사기업보다 비효율적이어야 할 이유가 있는가'의 여부였다. 두 번째 질문은, '특히 개발도상국에서 공기업은 정말 비효율적인가'의 여부였다. 세 번째 질문은, '실제로 공기업이 비효율적이라면 이를 치유할 처방은 있는가'의 여부였다. 이런 질문들에 답하다 보니 기술적·행위적·조직적·제도적·정치적 요소들을 모두 포괄하는, 매우 복잡한 그림을 그리게 되었다. 공기업이 부실한 (혹은 우량한) 원인은 극단적으로 다양하고, 그러므로 처방도 그만큼 다양하다. 또한 공기업의 실적을 향상시킬 것으로 기대되는 변화는 단순히 경제학의 문제가 아니라 근본적으로 조직, 제도 구축, 그리고 정치경제의 문제라는 것이다.

주

1부 (국가 개입의 이론적·역사적 배경) 국가의 개입을 어떻게 볼 것인가?

1장 국가의 경제 개입을 둘러싼 논쟁사

1. 양차 대전 사이의 경제 발전에 대한 탁월한 보고로서는 미국과 독일의 경우 Maier, 1987, 스웨덴의 경우 Wright, 1991 참조.
2. 이러한 입장을 잘 개진한 것으로는 Ellman, 1989 참조.
3. Marglin and Schor, 1990; Armstrong *et al.*, 1991 참조.
4. 마셜 플랜에 대해서는 Panic, 1990 참조.
5. 프랑스에 대해서는 Cohen, 1977, 일본에 대해서는 Johnson, 1982 참조.
6. Pkkarinen *et al.* (eds.), 1992 참조.
7. Thompson (ed.), 1989 참조.
8. Toye, 1987 참조.
9. Kaldor, 1966에 의해 촉진된 이른바 Verdoorn's Law 참고.
10. Singh, 1992a 참조.
11. 선진자본주의국가와 관련된 자세한 논의는 Cullis and Jones, 1987; Mueller, 1979에 포함된 원문과 비평을 참조. 저개발국가와 관련된 자세한 논의는 Toye, 1987; Shapiro and Taylor, 1990, 사회주의 국가와 관련된 논의는 Ellman, 1989; Brus and Laski, 1989를 참조할 수 있다.
12. Glyn *et al.*, 1990 참조.
13. 이에 대한 비판은 Kaldor, 1985 참조.
14. Deane, 1989 참조.

15. 이와 관련해서는 Lindberg and Maier (eds.), 1985 에세이 참조.
16. Giersch, 1986 참조.
17. Singh, 1992a 참조.
18. Hughes and Singh, 1991 참조.
19. World Bank, 1987과 1991 참조. 이 이론에 대한 비판으로는 Weiss, 1990; Singh, 1992b 참조.
20. North, 1981; Findlay, 1990 참조.
21. Soto, 1989를 예로 들 수 있다.
22. Baumol (ed.), 1980; Vernon and Aharoni (eds.), 1981; Jones (ed.), 1982 참조.
23. World Bank, 1983 참조.
24. 이런 이론들에 대한 비판은 Chang and Singh, 1993; Rowthorn and Chang, 1993 참조.
25. Bleaney, 1988; Brus and Laski, 1989 참조.
26. Kornai, 1979 참조.
27. Bowles, 1985; Akerlof and Yellen (eds.), 1986 참조.
28. 이에 대해 개괄적으로 살펴보기 위해서는 Furubotn and Pejovich, 1972 참조.
29. 이 논쟁에 대한 훌륭한 개괄적 연구로는 Lavoie, 1985 참조.
30. 관련 쟁점들에 대한 개괄적 연구는 Barr, 1992 참조.
31. Polanyi, 1957 참조.
32. 예를 들어 Dosi *et al.* (eds.), 1988 참조
33. Chang and Kozul-Wright, 1994 참조.
34. Krueger, 1974; Bhagwati, 1982; de Soto, 1989 참조.
35. Driver, 1980; Boss, 1990 참조.
36. Chang, 1994, 2장 참조.
37. 결과주의에 대한 철학적 논쟁으로는 Scheffler (ed.), 1988의 에세이들을 참조.
38. Berlin, 1969 참조.
39. Peacock and Rowley, 1979, 26장 참조.
40. Chang, 1994, 3장 참조.
41. Williamson, 1975; Pagano, 1985 참조.
42. Thompson *et al.* (eds.), 1991 참조.
43. Polanyi, 1957 참조.
44. Pagano and Rowthorn (eds.), 1996의 에세이들을 참조.

2장 구조 조정 시대의 국가의 역할

1. Marglin and Schor (eds.), 1990; Armstrong *et al.*, 1991 참조.
2. 예를 들어 Olson, 1982; Giersch, 1986 참조.
3. Goldthorpe, 1984; Katzenstein, 1985; Pekkarinen *et al.*(eds.), 1992 참조.
4. Johnson (ed.), 1984; Thompson (ed.); 1989, Chang, 1994 참조.
5. Piore and Sable, 1984; Boyer (ed.), 1988; Jessop *et al.* (eds.), 1991 참조.
6. Dosi *et al.* (eds.), 1988; Lundvall (ed.), 1992; Nelson (ed.), 1993 참조.
7. Chang, 1994, 1, 2장 참조.
8. Nozick, 1974; Buchanan, 1986 참조.
9. 예를 들어 Peacock and Rowley, 1979 참조.
10. Mises, 1929; Hayek, 1949 참조.
11. Burton, 1983 참조.
12. Alt and Shepsle (eds.), 1990의 에세이 참조.
13. Kirzner, 1973 참조.
14. Simon, 1991 참조.
15. Gerschenkron, 1966 참조.
16. Polanyi, 1957; Coase, 1988 참조.
17. Zysman, 1983; Evans *et al.* (eds.), 1985; Maier, 1987; Hall (ed.), 1989 참조.
18. 이 용어와 관련해서는 Hayek, 1988 참조.
19. 예를 들어 Williamson, 1985; Simon, 1991 참조.
20. Abramovitz, 1986, p.402 참조.
21. 예를 들어 Stiglitz, 1992 참조.
22. Okimoto, 1989 참조.
23. 초점의 의미에 대해서는 Schelling, 1960 참조.
24. Chandler, 1990; Lazonick, 1991 참조.
25. Loasby, 1991, p.11 참조.
26. Loasby, 1991, p.101 참조.
27. Olson, 1982; Giersch, 1986; Hodgson, 1989 참조.
28. Kuznets, 1973, p.204 참조.
29. Gamble, 1987 참조.
30. Williamson, 1985 참조.

31. Rowthorn, 1977; Lindberg and Maier (eds.), 1985 참조.
32. 공적 의제 설정의 중요성에 대해서는 Skocpol, 1985 참조.
33. Polany, 1957 참조.
34. Boyer (ed.), 1988 참조.
35. 예를 들어 Barr, 1992 참조.
36. 예외적인 작업으로는 Vartiainen, 1995 참조.
37. Johnson (ed.), 1984; Thompson (ed.), 1989; Chang, 1994 참조.
38. Goldthorpe, 1984; Katzenstein, 1985; Pekkarinen *et al.* (eds.), 1992 참조.
39. Chang, 1994, 1995 참조.
40. Nelson (ed.), 1993의 에세이 참조.
41. Zysman, 1983 참조.
42. 투자 조정에 대해 자세한 것은 Chang, 1994, 3장 참조.
43. Zysman, 1983; Dore, 1986; Chang, 1995 참조.
44. 이와 관련 자세한 것은 Koike, 1987 참조.
45. Pekkarinen, 1992 참조.
46. 그와 관련 LO 1963은 고전적 선언문이다. Edquist and Lundvall, 1993, p.274 참조.
47. Landesmann, 1992 참조.
48. Landesmann, 1992 참조.
49. Salmon, 1990 참조.
50. Korpi, 1983; Salmon, 1990 참조.
51. Katzenstein, 1985; Vartiainen, 1995 참조.

3장 신자유주의를 넘어서

1. 이와 관련 뛰어난 역사적 개관으로는 Deane, 1989; Shonfield, 1965 참조.
2. Chang and Rowthorn, 1995a 참조. 이것의 스페인 어판은 Chang, 1996.
3. Chang, 1994a, 1-2장 참조.
4. Evans, Rueschemeyer and Skocpol (eds.), 1985; Hall (ed.), 1989; Toye, 1991; Evans, 1995; Chang and Rowthorn, 1995b 참조.
5. North, 1994; World Bank, 1997.

6. Friedman, 1962가 좋은 사례이다.
7. Hirschman, 1958, 6장 참조.
8. Scitovsky, 1954 참조.
9. Schotter, 1985, pp.68-80 참조.
10. Lavoie, 1985; Pagano, 1985 참조.
11. 예컨대 World Bank, 1991, p.40, 표 2.2 참조.
12. Evans, 1995 참조.
13. Johnson, 1982 참조.
14. Hirschman, 1982a 참조.
15. Coase, 1992, p.718 참조.
16. '경직성' 같은 비시장 제도에 대한 관점의 비판은 Chang, 1995 참조. 이 자료의 스페인 어판은 Chang, 1996 참조.
17. Simon, 1991 참조.
18. Lazonick, 1991 참조.
19. Williamson, 1975, p.20 참조.
20. Arrow, 1974는 이 같은 관점 중 가장 정교한 사례에 해당한다.
21. Nozick, 1974; Buchanan, 1986 참조.
22. 이에 대해서는 Chang, 1994a, 1장 참조.
23. Stiglitz, 1992, p.75 참조.
24. Polanyi, 1957, p.140 참조.
25. Kozul-Wright, 1995 참조. 이에 대해서는 심지어 세계은행마저도 인식하고 있다. World Bank, 1997, p.21, 표 1.2 참조.
26. Freeman, 1989 참조.
27. World Bank, 1991, p.97, 표 5.2; Kozul-Wright, 1995, p.97, 표 4.8 참조.
28. Chang and Nolan, 1995 참조. 이 자료의 스페인 어판은 Chang and Nolan, 1996 참조.
29. 연대순으로 Toye, 1987; King, 1987; Gamble, 1988; Toye, 1991; Chang, 1994a; Evans, 1995; Chang and Rowthorn, 1995a and 1995b 등이 있으며, Chang and Rowthorn, 1995a and 1995b의 스페인 어판은 Chang, 1996 참조.
30. 이 같은 주장에 대해 보다 자세히 알기 위해서는 Vira, 1998 참조.
31. 구 자유주의 정치학에 대한 날카로운 분석은 Bobbio, 1990 참조.
32. Gamble, 1988 참조.

33. Albert, 1991; Berger and Dore (eds.), 1996; Chang, 1997 참조.

2부 (대외 경제 정책 이슈 점검) 발전과 진보를 위한 경제학을 향하여

4장 초국적기업의 등장과 산업 정책

1. 최근 이 문제를 비판적으로 고찰한 문헌으로는 Helleiner, 1989와 Lall (ed.), 1993의 서문이 있다.
2. Julius, 1990, 1994; UNCTC, 1992; Michalet, 1994; Brittan, 1995 참조.
3. Stopford, 1994 참조.
4. Hutton, 1995 참조.
5. Archibugi and Michie, 1995, p.130 참조.
6. UNCTAD, 1995, 5장; Ozawa, 1995 참조.
7. 최근의 사례로서 Bairoch and Kozul-Wright, 1996; Hirst and Thompson, 1996; Milberg, 1998 참조.
8. Dicken, 1992, 4장 참조.
9. Hirst and Thompson, 1992, p.366 참조.
10. Brittan, 1995, p.3 참조.
11. UNCTAD, 1994, p.14, 표 1.5 참조.
12. Hirst and Thompson, 1996, pp.95-97 참조.
13. Kozul-Wright, 1995, p.160 참조.
14. Hirst and Thompson, 1992, p.368 참조.
15. 1993년 3월 27일자 《Econimist》, pp.15-16 참조.
16. World Bank, 1985, p.130 참조.
17. Helleiner, 1989, p.1467 참조.
18. Milberg, 1998 참조.
19. Brittan, 1995, p.2 참조.
20. 최근 제기된 이와 관련한 문헌으로는 Helleiner, 1989; Lall (ed.), 1993; Chudnovsky (ed.), 1993을 참조.
21. Fransman and King (eds.), 1984; Fransman, 1986; Haq et al., 1996 참조.

22. Lall, 1995 참조.
23. 자세한 내용은 한국에 관해서는 Koo, 1993; 타이완에 대해서는 Schive, 1993 참조.
24. 1981년 한국 정부가 발간한 ≪외국인 투자 백서White Paper on Foreign Investment≫를 보면 이런 정책적 견해가 구체적으로 드러난다. EPB, 1981 참조.
25. EPB, 1981, pp.70-71 참조.
26. EPB, 1981, p.70 참조.
27. Evans, 1987, p.208 참조.
28. Schive, 1993, p.319 참조.
29. 그 예로 Julius, 1994; Michalet, 1994 참조.
30. 예를 들어 Ostry, 1990; Cable, 1995 참조.
31. Julius, 1994; Michalet, 1994 참조.
32. 협상 문제에 관한 자세한 논의는 Helleiner, 1989 참조.
33. ≪Financial Times≫ 1994년 11월 23일자 기사 참조.
34. ≪Financial Times≫ 1993년 8월 23일자 기사 참조.
35. ≪Financial Times≫ 1995년 8월과 10월의 여러 기사 참조.
36. Hirst and Thompson, 1992, p.368 참조.
37. Julius, 1994, pp.278-279 참조.
38. World Bank, 1985, p.130 참조.
39. Milberg, 1998 참조.
40. Panic, 1998 참조.
41. Chang and Rowthorn, 1995, pp.44-45 참조.
42. 이 문제와 관련해서는 Stopford and Strange, 1991, 4장도 참조.
43. 이와 관련 일본의 사례를 보려면 Fransman, 1994; 개발도상국의 사례를 보려면 Evans, 1998 참조.
44. Milberg, 1998; Evans, 1998 참조.

5장 경제 발전에서 지적재산권의 역할

1. Siebeck, 1990a 참조.
2. 악명 높은 강황 가루의 사례를 들 수 있다. 이와 관련해서 UNDP, 1999, pp.70-

71 참조.
3. Reinert, 1995; Cipolla, 1993 참조.
4. Landes, 1969는 영국의 기술이 유럽 대륙 각국으로 이전되는 현상을 가장 잘 설명한 논문이다. 미국으로의 기술이전에 관해서는 Jeremy, 1981 참조.
5. Fransman and King (eds.), 1984 참조.
6. 자세한 내용은 Landes, 1969, pp.150-151 참조.
7. 보다 자세한 내용은 Jeremy, 1997; Harris, 1998, 18장 참조.
8. Landes, 1969, p.148 참조.
9. Harris, 1998, pp.457-462; Jeremy, 1977 참조.
10. Landes, 1969, p.148 참조.
11. 자세한 내용은 Williams, 1896; Penrose, 1951; Schiff, 1971; McLeod, 1988; Crafts, 2000; Sokoloff and Khan, 2000 참조.
12. Cochran and Miller, 1942, p.14
13. 자세한 내용은 Schiff, 1971 참조.
14. Schiff, 1971; Machlup and Penrose, 1950은 당시의 반특허 운동을 자세히 설명한다.
15. 기계적 모델에 의해 표현될 수 있는 발명품. Schiff, 1971, p.85 참조.
16. Schiff, 1971 참조.
17. Patel, 1989, p.980 참조.
18. 자세한 내용은 Penrose, 1951, 3장 참조.
19. Shell, 1998, 4.1항 참조.
20. Penrose, 1951, 4장 참조.
21. William, 1896은 이런 우려에 관해 여러 가지 흥미로운 내용을 제공한다. 또한 Landes, 1969, p.328 참조.
22. Williams, 1896, p.137 참조.
23. Williams, 1896, p.137 참조.
24. Williams, 1896, p.138 참조.
25. UNDP, 1999, p.73 상자글 2.9 참조.
26. 이런 견해에 관한 이론적 설명은 Chang, 2002 참조.
27. Penrose, 1951, p.23에서 인용
28. Machlup and Penrose, 1950, pp.18-19 참조.
29. UNDP, 1999, pp.72-73 참조.

30. Scherer and Ross, 1990, p.627 참조.
31. Machlup and Penrose, 1950, p.18 참조.
32. Schumpeter, 1987 참조.
33. Scherer and Ross, 1990, p.629 각주 46 참조.
34. Evenson, 1990 또한 이 주장에 동의한다.
35. 자세한 내용은 이 책의 7장 1절을 참조.
36. Schiff, 1971, pp.102-103 참조.
37. 특히 염색, 화학, 전자기술 산업의 경우 Schiff, 1971, p.104 참조.
38. Machlup and Penrose, 1950, pp.25-28 참조.
39. Machlup and Penrose, 1950, p.26 참조.
40. Machlup and Penrose, 1950, p.26 참조.
41. Machlup and Penrose, 1950, p.26 참조.
42. Levin *et al.*, 1987, p.788 참조.
43. http://www.pharma.org/publications/profile00/chap2.phtm#growth 참조.
44. Palast, 2000 참조.
45. Palast, 2000 참조.
46. RAFI, 2000 참조.
47. UNDP, 1999, p.73 참조.
48. Machlup and Penrose, 1950, pp.19-22 참조.
49. Scherer, 1984, p.139 참조.
50. Scherer, 1984, p.130 참조.
51. Scherer, 1984, p.140 참조.
52. Braga, 1996 참조.
53. Akyüz *et al.*, 1998; Amsden, 2000; Chang and Cheema, 2001 참조.
54. UNDP, 1999, p.68 참조.
55. 보다 자세한 내용은 Shell, 1998; Patel, 1989 참조.
56. Shell, 1998, pp.120-123 참조.
57. Shell, 1998 참조.
58. Siebeck, 1990a 참조.
59. Siebeck, 1990b 참조.
60. Fransman and King (eds.), 1984에 나온 논문 참조.
61. Siebeck, 1990b 참조.

62. Bronckers, 1994; Primo Braga, 1996 참조.
63. Schiff, 1971, pp.102-103 참조.
64. UNDP, 1999, p.73, 상자글 2.9 참조.
65. Helleiner, 1989; Lall, 1993; Chang, 1998 참조.
66. 보다 자세한 내용은 Ghosh, 1999 참조.
67. 이 장의 1절과 Fransman and King (eds.), 1984 참조.

6장 선별적 산업 정책은 지금도 유효한가?

1. Reinert, 1995는 이 논쟁의 전통에 관해 훌륭한 요약을 제공한다. Chang, 2002a는 정책 관행의 역사에 대한 증거를 제시한다.
2. Freeman, 1989; Reinert, 1995; Chang 2002a 참조.
3. Chang, 2002a 참조.
4. Chang, 2002a 참조.
5. 프랑스 사례는 Cohen, 1997; Hall, 1986, 핀란드와 오스트리아 사례는 Vartiainen, 1995, 노르웨이 사례는 Fagerberg et al., 1990 참조.
6. 이런 주장을 다시 살펴보려면 Chang and Rowthorn, 1995a 참조.
7. Hirschman, 1967은 이런 경험을 분석한 훌륭한 논문이다. Bruton, 1998은 이런 경험을 분석한 최근 논문이다.
8. 예컨대 Badaracco and Yoffie, 1983; Schultze, 1983 참조.
9. 예컨대 Hare, 1985 참조.
10. World Bank, 1993 참조.
11. Chang, 1998b 참조.
12. 경제 발전 과정에서 베버주의적 관료 제도의 중요성에 관해서는 Rauch and Evans, 2000 참조.
13. Evans, 1995와 1998 참조.
14. Cheng et al., 1998 참조.
15. Cheng et al., 1998 참조.
16. Kuisel, 1981 참조.
17. Renshaw, 1986; Chang and Rowthorn, 1995b 참조.
18. Renshaw, 1986; Okimoto, 1989; Fransman, 1990 참조.

19. Fields, 1998 참조.
20. Amsden, 1985; Wade, 1990 참조.
21. 관련 자료는 각주 8에 제시된 자료들과 이 책의 9장 참조.
22. Fagerberg et al., 1990 참조.
23. 정실 자본주의에 관한 비판은 Chang, 2000 참조.
24. Zysman, 1983; Cox (ed.), 1986; Dertouzos et al., 1989 참조.
25. Chang, 1998a와 2000; Chang et al., 1998 참조.
26. World Bank, 1993, 4장 참조.
27. Jones and Sakong, 1980 참조.
28. Fields, 1995 참조.
29. 이와 관련된 대표적인 사례들은 1980년대까지의 일본 산업에서 많이 찾아볼 수 있다. 자세한 내용은 Magaziner and Hout, 1980; Dore, 1986 참조.
30. Evans, 1995에서 이 용어를 빌렸다.
31. 자세한 내용은 Akyüz et al., 1998; Chang, 1999; Amsden, 2000 참조.
32. 자유 시장을 정의하는 어려움도 있다. Chang, 1997과 2002b 참조.
33. 자세한 내용은 Evans, 2000 참조
34. 자세한 내용은 Chang, 2001 참조.
35. 자세한 내용은 Westney, 1987; Evans, 1998 참조.

3부 (국내 경제 정책 이슈 점검) 신자유주의 경제학의 반경제성 비판

7장 산업 정책의 정치경제학

1. OECD가 1970년대 초반에 출간한 국가 연구 시리즈 참조.
2. NEDO, 1978; Stout, 1979; Cairncross et al.,1983 참조.
3. Singh, 1977; Blackaby (ed.), 1979; Rowthorn and Wells, 1987 참조.
4. Pinder (ed.), 1982; Jacquemin (ed.), 1984; Cox (ed.), 1986; Duchêne and Shepherd (eds.), 1987 참조.
5. 이 논쟁과 관련한 흥미로운 리뷰로는 Norton, 1986; Thompson, 1989 참조.
6. Kirzkowski (ed.), 1984; Krugman (ed.), 1988의 에세이 참조.

7. Cohen and Zysman, 1987 참조.
8. Reich, 1982, p.75 참조.
9. Reich, 1982; Johnson (ed.), 1984 참조.
10. 가령 Bhagwati, 1988, pp.110-114 참조.
11. 가령 Burton, 1983 참조.
12. 이런 주장에서 가장 세련된 것으로는 Bhagwati, 1989 참조.
13. Rowthorn and Wells, 1987; Baumol *et al*., 1989 참조.
14. Rowthorn and Wells, 1987, 1장 참조.
15. Boltho, 1985 참조.
16. Reich, 1982, p.75 참조.
17. Pinder, 1982, pp.44-52 참조.
18. Donges, 1980, p.189 참조.
19. Corden, 1980, pp.182-183 참조.
20. Johnson, 1984, p.7, 9 참조.
21. Johnson, 1984, p.9 참조.
22. Landesmann, 1992, p.245 참조.
23. Lindbeck, 1981 참조.
24. Nelson, 1981, p.109 참조.
25. Pagano, 1985, 8장 참조.
26. Khan, 1987, pp.831-834 참조.
27. Richardson, 1960, pp.31-32 참조.
28. 가령 Varian, 1984, p.88 참조.
29. Hayek, 1949a, p.46 참조.
30. Hayek, 1949b, p.96 참조.
31. 가령 Rasmusen, 1989, pp.295-298 특히 경쟁 참조.
32. 이에 대한 고전적 논의로는 Knight, 1921, 3부 참조.
33. 안정적 진화 전략의 개념은 Maynard Smith, 1982 참조.
34. Parker and Maynard Smith, 1990, p.31 참조.
35. 이 장의 3.1 참조.
36. Marx, 1976, p.477 참조.
37. Williamson, 1975 참조.
38. 자산 특수성asset specificity의 개념은 Williamson, 1975와 1985 참조.

39. Pagano, 1985, 8장 참조.
40. Richardson, 1971 참조.
41. 아래 부분 참조. Telser, 1987; Yamamura, 1988 참조.
42. Richardson, 1971, p.441 참조.
43. Dore, 1986; Magaziner and Hout, 1980 참조.
44. Tirole, 1988, p.241 참조.
45. 일본의 국가 주도 불황 카르텔에 대해서는 Magaziner and Hout, 1980; Dore, 1986 참조.
46. Tirole, 1988, p.313 참조.
47. Hall, 1987, pp.208-209 참조.
48. Dore, 1986, p.142; Okimoto, 1989, p.110 참조.
49. 이와 관련된 빈티지 효과에 대한 설명은 Salter, 1960 참조.
50. Dore, 1986 참조.
51. Dore, 1986, p.142 참조.
52. Dore, 1986, pp.137-138 참조.
53. Scumpeter, 1987, pp.102-103; Eatwell, 1982, p.210 참조.
54. Richardson, 1972 참조.
55. 예컨대 Burton, 1983 참조.
56. Lange and Taylor in Lippincott (ed.), 1938의 에세이; Lavoie, 1985, 4장 참조.
57. Rosenberg and Birdzell, 1986, p.331 참조.
58. Hayek, 1949b, pp.93-94 참조.
59. Kirzner, 1973, 1장 참조.
60. Hayek, 1949c, pp.78-79 참조.
61. Hayek, 1978, p.183 참조.
62. Gould, 1983; Dawkins, 1986 참조.
63. Schumpeter, 1987, p.83 참조.
64. Hodgson, 1988, p.143 참조.
65. David, 1985 참조.
66. Richardson, 1960, 2장 참조.
67. Abramovitz, 1986, pp.401-402 참조.
68. Porter, 1990, 12장 참조.
69. Vernon, 1987 참조.

70. Hayek, 1978 참조.
71. Nelson and Soete, 1988, pp.633-634 참조.
72. Hayek, 1949b, p.103 참조.
73. Abramovitz, 1986, p.41 참조.
74. Nelson, 1981, pp.108-109 참조.
75. Rosenberg and Birdzell, 1986, p.333
76. North, 1981, p.62 참조.
77. 예컨대 Burton, 1983; Grossman, 1988 참조.
78. 예컨대 Burton, 1983 참조.
79. 예컨대 Cairncross et al., 1983; Grossman, 1988; OECD, 1989 참조.
80. Price, 1980; Lindbeck, 1981 참조.
81. Richardson, 1960; Williamson, 1975; Stinchcombe, 1990 참조.
82. Okimoto, 1989, p.145 참조.
83. '후발late development'의 개념에 대해서는 Gerschenkron, 1966 참조.
84. Dore, 1986, p.135 참조.
85. Dore, 1989 참조.
86. Chandler, 1962 참조.
87. 예컨대 Corden, 1980, pp.182-183; Balassa, 1985, p.319 참조.
88. Lawrence, 1984, p.140 no.45 참조.
89. Hall, 1987, p.207 참조.
90. Schumpeter, 1987 참조
91. Schumpeter, 1987; Dobb, 1925; Kirzner, 1973; Nelson, 1986 참조.
92. North, 1990b, 8장 참조.
93. Marx, 1981 참조.
94. Schumpeter, 1987 참조.
95. Schumpeter, 1987, pp.104-105 참조.
96. Richardson, 1960, 3장 참조.
97. Hall, 1987, p.210 참조.
98. Krueger, 1990, p.18 참조.
99. Kitching, 1983, p.39 참조.
100. Dore, 1987, pp.199-201 참조.
101. Dore, 1986, p.250 참조.

102. Magaziner and Hout, 1980, p.2 참조.
103. Johnson, 1982, p.14 참조.
104. Cohen, 1977; Kuisel, 1981 참조.
105. Korpi, 1983 참조.
106. Dore, 1986, p.252 참조.

8장 규제의 경제학과 정치학

1. Stiglitz, 1988, 4장; Cullis and Jones, 1992, 1장 참조.
2. Gray, 1995, p.6 참조.
3. 그 전개 양상의 개관을 위해서는 이 책의 1장 참조.
4. Vietor, 1994, 1장 참조.
5. Leibenstein, 1966 참조.
6. Majone (ed.), 1990, 서문 참조.
7. Swann, 1998, p.16 참조.
8. 경쟁에 대한 상이한 개념들에 대해서는 Hayek, 1949; McNulty, 1968 참조.
9. Pigou, 1920 참조.
10. 이에 관한 교과서로는 Musgrave and Musgrave, 1984; Stiglitz, 1988 참조.
11. Samuelson, 1954 참조.
12. Scitovsky, 1954 참조.
13. Rosenstein-Rodan, 1943; Nurkse, 1952; Scitovsky, 1954 참조.
14. Hirschman, 1958 참조.
15. Vietor, 1994, p.9 참조.
16. Hayek, 1944; Friedman, 1962; Buchanan and Tullock, 1962 참조.
17. Hirschman, 1982는 이 시기의 정치적 풍토 변화에 대해 탁월한 설명을 펼치고 있다.
18. Marglin and Schor (eds.), 1990; Armstrong et al., 1991; Cairncross and Cairncross (eds.), 1992.
19. Mueller, 1979; Cullis and Jones, 1987 참조.
20. 예를 들면 Toye, 1991 참조.
21. 보다 상세한 논의를 위해서는 Chang, 1994, 1-2장 참조.

22. Stigler, 1971 참조.
23. Posner, 1974 참조.
24. Peltzman, 1976 참조.
25. 이 용어의 출처는 Olson, 1965 참조.
26. Tullock, 1967 참조.
27. Krueger, 1974 참조.
28. Buchanan et al. (eds.), 1980 참조.
29. 이 용어의 출처는 Milgrom and Roberts, 1990 참조.
30. Demsetz, 1968 참조.
31. 가령 Balassa et al.,1982; Little, 1982; Lal, 1983 참조. 이 문헌들에 대한 비판적인 논평으로는 Toye, 1987 참조.
32. Krueger, 1974 참조.
33. 이에 대한 개괄을 위해서는 Palma, 1978 참조.
34. Lipton, 1977 참조.
35. 이 장의 1.3항 참조.
36. 이에 대한 비평으로는 Byres, 1979 참조.
37. 이 점에 대해서는 Chang, 1994, pp.18-22; Toye, 1991 참조.
38. Olson, 1982 참조.
39. Swann, 1988 참조. 미국에 관해서는 Winston, 1993; Vietor, 1994 참조. 영국에 관해서는 Vickers, 1991 참조.
40. 이 장의 1.2항 참조.
41. 이 논쟁에 대한 개괄을 위해서는 이 책의 7장 참조. 또한 Johnson (ed.), 1984 참조.
42. 이 용어의 출처는 Singh, 1990.
43. 가령 Sachs (ed.), 1989와 Hughes and Singh, 1991을 비교해 보라.
44. 전략적 무역 이론의 예로는 Krugman (ed.), 1988 참조. 신성장 이론의 예로는 Journal of Economic Perspectives, 1994의 특별 심포지엄 참조. 기술 변동의 경제학의 예로는 Dosi et al. (eds.), 1988; Nelson (ed.), 1993 참조.
45. 이 장의 1.2항 참조
46. 포괄적인 논의에 대해서는 Tirole and Laffont, 1993 참조. 기술적인 개괄은 Caillaud et al., 1988 참조.
47. 최근의 몇 가지 예로는 Levy and Spiller, 1994; Willig, 1994 참조.

48. Baumol *et al.*, 1982 참조.
49. Coase, 1960 참조.
50. Barzel, 1989는 이 연구에 대해 훌륭한 설명을 제공한다.
51. 이에 대한 비판적인 논평으로는 Colclough, 1991 참조.
52. Bates, 1981 참조.
53. 이 장의 1.2항 참조.
54. Bardhan, 1984 참조.
55. Dornbusch and Edwards (eds.), 1991 참조.
56. Diaz-Alejandro, 1985 참조.
57. White, 1993 참조.
58. Solimano, 1992; UNCTAD, 1995 참조.
59. Haque *et al.*, 1996, 5장 참조.
60. 이 장의 2.4항 참조.
61. Coase, 1988 참조.
62. 특히 Simmon, 1991 참조. 대표적인 논문 몇 편에 대해서는 Langlois (ed.), 1986 참조.
63. 이른바 '제한적 합리성bounded rationallity' 이론에 대해서는 Simmon, 1983 참조. 또한 Arrow, 1974; Hayek, 1988, pp.11-28 참조.
64. Coase, 1992, p.718 참조.
65. Coase, 1988 참조.
66. Swann, 1988, p.1 참조.
67. Vickers, 1991 참조.
68. Michie, 1995, p.129 참조.
69. Stiglitz, 1992, p.75 참조.
70. Polanyi, 1957 참조.
71. Coase, 1988 참조.
72. Demsetz, 1988; Barzel, 1989 참조.
73. 보다 충분한 논의를 위해서는 You and Chang, 1993 참조.
74. Bryer, 1990, p.36 참조.
75. Joskow and Rose, 1989 참조. 사례 연구에 대한 개괄을 위해서는 Winston, 1993 참조.
76. 이른바 '보상 원칙compensation principle'에 따르면 그러하다. 이 문제에 대한

고전적인 논의로는 Dobb, 1969, 6장 참조.

77. 이러한 자산 특수성의 개념에 대해서는 Williamson, 1985, 1장 참조.
78. Joskow and Rose, 1989, p.1487 참조.
79. Joskow and Rose, 1989; Noll, 1989 참조.
80. 이는 그럴 수 있다. 이하 본문 참조.
81. 예컨대 World Bank, 1983 and 1991 참조.
82. Krueger, 1980 참조.
83. Taylor, 1993 역시 참조.
84. 이른바 Lipsey and Lancaster, 1956의 '차선 정리second-best theorem' 참조.
85. Schumpeter, 1987 참조.
86. Dosi et al. (eds.), 1988; Nelson (ed.), 1993 참조.
87. Gray, 1995, p.9 참조.
88. Chang, 1994, pp.76-77 참조.
89. Noll, 1989는 이 영역에 대한 대단히 훌륭한 개괄을 제공한다.
90. 정부 실패 이론에 대한 상세한 비판으로는 Chang, 1994, 1-2장 참조.
91. McPherson, 1984 참조.
92. 주인-대리인 이론에 대해서는 Stiglitz, 1987; Sappington, 1991 참조.
93. Arrow, 1991 참조.

9장 개발도상국에서 공기업의 효율성

1. Avramovic, 1988 참조.
2. Aylen, 1987 참조.
3. World Bank, 1981, p.5 참조.
4. World Development Report, 1987, pp.66-67 참조.
5. Balassa, 1986 참조.
6. Vernon, 1988, pp.18-19 참조.
7. Jones and Mason, 1982 참조.
8. Kirkpatrick, 1986 참조.
9. 전후 프랑스의 '징벌적' 국유화에 대해서는 Byé, 1955, pp.74-81 참조.
10. Kaldor, 1980, p.3 참조.

11. ≪Economist≫ 1988년 5월 21일자 p.16; Amsden, 1989, pp.298-299 참조.
12. Nellis and Kikeri, 1989 참조.
13. World Bank, 1983, pp.78-85 참조.
14. Luke, 1988 참조.
15. 아울러 Commander and Killick, 1988, pp.16-69 참조.
16. Hirshman, 1982 참조.
17. Gerschenkron, 1962 참조.
18. 보다 자세한 내용은 이 장의 3.1.1 참조.
19. Kaldor, 1980 참조.
20. 주인-대리인 문제에 대해서는 유명한 논문인 Jensen and Meckling, 1976 참조. 보다 간단한 요약을 읽으려면 Stiglitz, 1987 참조.
21. Baumol, 1980도 이와 똑같은 점을 지적한다.
22. Yarrow, 1989 참조.
23. Vickers and Yarrow, 1988, p.11 참조.
24. Olson, 1965 참조.
25. 이와 비슷한 주장을 보려면 Stiglitz, 1985; Vickers and Yarrow, 1988, pp.12-13; Yarrow, 1989, p.58 참조.
26. Dertouzos et.al, 1987, p.97 참조.
27. World Bank, 1983 참조.
28. Amsden, 1985 참조.
29. 징벌 메커니즘으로서 '퇴거'의 개념에 관해서는 Hirschman, 1970, p.4 참조.
30. Singh, 1971 and 1975 참조.
31. Yarrow, 1989 참조.
32. Yarrow, 1986, p.330 참조.
33. Hirschman, 1970, p.4 참조.
34. 비슷한 주장으로 Aharoni, 1986, p.194 참조.
35. Shirley, 1983, p.55; Aharoni, 1986, pp.63-64 참조.
36. Aharoni, 1986, pp.63-64 참조.
37. Ahluwalia, 1987 참조.
38. Littlechild, 1986 참조.
39. Singh, 1971 and 1975 참조
40. 이 부분에 대해서는 Greer, 1986 참조.

41. Keynes, 1936 참조.
42. 보다 더 자세한 분석은 Cosh, Hughes and Singh, 1990; Dertouzos *et.al.*, 1988 참조.
43. 이 문제에 대한 좋은 안내 자료로서 Nove, 1973, 1장 참조.
44. World Bank, 1983, 8장; Shirley, 1983; Short, 1984; Georgakopolous *et al.*, 1987; Luke 1988 참조.
45. Likieman, 1984, p.163 참조.
46. Bishop and Kay, 1988, p.5. 보다 상세한 논의를 위해서는 Edwards, Kay and Mayer, 1987 참조.
47. Nove, 1973; Millward, 1982; Likierman, 1984 참조.
48. Vernon, 1981, p.14 참조.
49. 말레이시아의 공기업과 관련해서는 Mallon, 1982 참조.
50. 이 문제에 관한 이론적 논의는 Fernandes, 1983 참조.
51. Rees, 1976, p.22; Jones and Mason, 1982, pp.28-31; Floyd, 1984 참조.
52. 영국의 사례에 관해서는 Shepherd, 1965를 참조하라. 그러나 이 논문에서 시도한 바는 그다지 성공적이지 못하다. 스페인의 사례에 관해서는 Galán, 1980을 참조하라. 이 논문에서 시도한 바는 상당히 성공적이다.
53. Millward, 1982, p.62 참조.
54. Aharoni, 1986, p.188 참조.
55. Cook and Kirkpatrick, 1988, p.11 참조.
56. World Bank, 1983, p.82 참조.
57. World Bank, 1983 참조.
58. Georgakopolous *et al.*, 1987 참조.
59. 관련 증거를 찾아보려면 Short, 1984, p.143 참조.
60. Jenkins and Lahouel, 1983, p.15 참조.
61. Cook and Kirkpatrick, 1988, p.16 참조.
62. Singh and Whittington, 1968 and 1975; Meeks and Whittington, 1976; Kumar, 1984; Evans, 1987a and 1987b 참조.
63. Millward, 1988, p.148 참조.
64. Parris *et al.*, 1987, pp.148-149 참조.
65. Short, 1984, pp.142-143; Cook and Kirkpatrick, 1988, p.16; MacAvoy and McIssac, 1989, 부록 I 참조.

66. 1981~1983년 사이의 필리핀이 그 예라 할 수 있다. Manasan *et al.*, 1988 참조.
67. 싱가포르 조선업에 관한 사례는 Sikorski, 1989 참조.
68. Millward, 1988, p.157 참조.
69. Killick, 1983 참조.
70. Green, 1985 참조.
71. 민영화 문제에 관한 광범위한 분석은 Aharoni, 1986; Vickers and Yarrow, 1988; Vernon-Wortzel and Wortzel, 1989; Rowthorn, 1990a 참조. 개발도상국에 대한 연구는 Aylen, 1987; Cook and Kirkpatrick, 1988; Commander and Killick, 1988; Bienen and Waterbury, 1989; Basu, 1990 참조. 사회주의 국가에 관한 연구는 Singh, 1990; Newbery, 1990; Rowthorn, 1990b 참조.
72. 이 장의 3절 참조.
73. Bishop and Kay, 1989; Rowthorn, 1990b 참조.
74. Yotopolous, 1989 참조.
75. 요약된 결과는 Vernon-Wortzel and Wortzel, 1989 참조.
76. Newbery, 1990; Rowthorn and Chang, 1993 참조.
77. World Bank, 1987, p.68, 상자글 4.3 참조.
78. 대처 정부는 영국철강과 영국항공 같은 공기업을 민영화하기 위해 실제로 이 같은 조치를 감행했다. Daring, 1989; Rowthorn, 1990b 참조.
79. Bienen and Waterbury, 1989; Heller and Schiller, 1989 참조.
80. Bienen and Waterbury, 1989 참조.
81. World Bank, 1987, p.86, 상자글 4.3 참조.
82. Commander and Killick, 1988, p.112 참조.
83. 이 문제에 관해서는 Singh, 1990 참조.
84. Commander and Killick, 1988 참조.
85. 이 논의에 관해서는 이 장의 2절과 6절 참조.
86. 이에 관한 이론적 논의를 위해서는 Vernon-Wortzel and Wortzel, 1989 참조. 사례를 보려면 Trivedi, 1988; Arcirio, 1988; Song, 1986 참조.
87. 예를 들어 경기 역행적counter cyclical인 투자 전략은 고수익 목표와 상충될 수 있다.
88. World Bank, 1983, p.80, 상자글 8.4 참조.
89. Trivedi, 1988 참조.
90. World Bank, 1983, p.80, 상자글 8.4 참조.

91. Song, 1986 참조.
92. Newbery, 1990, p.9 참조.
93. Ayub and Hegstad, 1986, p.18 참조.
94. Ayub and Hegstad, 1986, p.18 참조.
95. 이 점에 관한 자세한 내용은 Singh and Ghosh, 1988 참조.
96. Khan, 1989 참조.
97. Sandbrook, 1985 and 1988; Bienen and Waterbury, 1989 참조.
98. Mallon, 1982 참조.
99. 이 점에 대해서는 Rowthorn and Chang, 1993 참조.

참고 문헌

1부 (국가 개입의 이론적·역사적 배경) 국가의 개입을 어떻게 볼 것인가?

___1장 국가의 경제 개입을 둘러싼 논쟁사

Akerlof, G. and Yellen, J. (eds.) (1986). *Efficiency Wage Models of the Labour Market*. Cambridge: Cambridge University Press.
Armstrong, P., Glyn. A. and Harrison, J. (1991). *Capitalism since 1945*. Oxford: Blackwell.
Barr, N. (1992). 'Economic Theory and the Welfare State: A Survey and Interpretation', *Journal of Economic Literature*, vol.30, no.2.
Baumol, W. (ed.) (1980). *Public Enterprise in a Mixed Economy*. London and Basingstoke: Macmillan.
Berlin, I. (1969). 'Two Concepts of Liberty', in *Four Essays on Liberty*. Oxford: Oxford University Press.
Bhagwati, J. (1982). 'Directly Unproductive Profit-Seeking (DUP) Activities', *Journal of Political Economy*, vol.90, no.5.
Bleaney, M. (1988). *Do Socialist Economies Work?* Oxford: Blackwell.
Boss. H. (1990). *Theories of Surplus and Transfer*. Boston: Unwin Hyman.
Bowles, S. (1985). 'The Production Process in a Competitive Equilibrium: Walrasian, Neo-Hobbesian, and Marxian Models', *American Economic Review*, vol.75, no.1.
Brus, W. and Laski, K. (1989). *From Marx to the Market*. Oxford: Clarendon

Press.

Buchanan, J. and Tullock, G. (1962). *The Calculus of Consent: Logical Foundations of Constitutional Democracy*. Ann Arbor: University of Michigan Press.

Chang, H.-J. (1994). *The Political Economy of Industrial Policy*. London and Basingstoke: Macmillan.

Chang, H.-J. and Kozul-Wright, R. (1994). 'Organising Development: Comparing the National Systems of Entrepreneurship in Sweden and South Korea', *Journal of Development Studies*, vol.30, no.4.

Chang, H.-J. and Singh, A. (1993). 'Public Enterprises in Developing Countries and Economic Efficiency', *UNCTAD Review*, no.4.

Cohen, S. (1977). *Modern Capitalist Planning: The French Model*, 2nd edn. Berkeley: University of California Press.

Cullis, J. and Jones, P. (1987). *Microeconomies and the Public Economy: A Defence of Leviathan*. Oxford: Blackwell.

Deane, P. (1989). *The State and the Economic System*. Oxford: Oxford University Press.

de Soto, H. (1989). *The Other Path*. New York: Harper and Row.

Dosi, G., Freeman, C., Nelson, R., Silverberg, G. and Soete, L. (eds.) (1988). *Technical Change and Economic Theory*. London: Pinter Publishers.

Driver, C. (1980). 'Productive and Unproductive Labour: Uses and Limitations of the Concepts', Thames Papers in Political Economy.

Ellman, M. (1989). *Socialist Planning*, 2nd edn. Cambridge: Cambridge University Press.

Findlay, R. (1990). 'New Political Economy', *Economics and Politics*, vol.2, no.2.

Furubotn, E., and Pejovich, S. (1972). 'Property Rights and Economic Literature: A Survey of Recent Literature', *Journal of Economic Literature*, vol.10, no.4.

Gerschenkron, A. (1966). 'Economic Backwardness in Historical Perspective', in *Economic Backwardness in Historical Perspective*. Cambridge, MA: Belknap Press.

Giersch, H. (1986). 'Liberalisation for Faster Economic Growth', *IEA Occasional Paper*, no.74. London: Institute of Economic Affairs.

Glyn, A., Hughes, A., Lipietz, A. and Singh, A. (1990). 'The Rise and Fall of the Golden Age', in S. Marglin and J. Schor (eds.), *The Golden Age of Capitalism*. Oxford: Clarendon Press.

Hirschman, A. (1958). *The Strategy of Economic Development*. New Haven: Yale University Press.

Hughes, A. and Singh, A. (1991). 'The World Economic Slowdown and the Asian and Latin American Economies: A Comparative Analysis of Economic Structure, Policy and Performance', in T. Banuri (ed.), *Economic Liberalisation: No Panacea*. Oxford: Clarendon Press.

Johnson, C. (1982). *MITI and the Japanese Miracle*. Stanford, California: Stanford University Press.

Jones, L. (ed.) (1982). *Public Enterprise in Less-developed Countries*. Cambridge: Cambridge University Press.

Kaldor, N. (1966). *Strategic Factors in Economic Development*. Ithaca, NY: Cornell University Press.

———. (1985). *The Scourge of Monetarism*, 2nd edn. Oxford: Oxford University Press.

Keynes, J. M. (1926). 'The End of Laissez Faire', in *Essays in Persuasion*. London and Basingstoke: Macmillan.

Kornai, J. (1979). 'Resource-Constrained versus Demand-Constrained Systems', *Econometrica*, vol.47, no.4.

Krueger, A. (1974). 'The Political Economy of the Rent-Seeking Society', *American Economic Review*, vol.64, no.3.

Lavoie, D. (1985). *Rivalry and Central Planning*. Cambridge: Cambridge University Press.

Lindberg, L. and Maier, C. (eds.) (1985). *The Politics of Inflation and Economic Stagnation*. Washington, D.C.: The Brookings Institution.

Maier, C. (1987). *In Search of Stability*. Cambridge: Cambridge University Press.

Marglin, S., and Schor, J. (eds.) (1900). *The Golden Age of Capitalism*. Ox-

ford: Clarendon Press.
Mueller, D. (1979). *Public Choice*. Cambridge: Cambridge University Press.
Niskanen, W. (1973). *Bureaucracy: Servant or Master?* London: Institute of Economic Affairs.
North, D. (1981). 'Neoclassical Theory of the State', in *Structure and Change in Economic History*. New York: W.W. Norton and Company.
Nozick, R. (1974). *Anarchy, Utopia and the State*. Oxford: Blackwell.
Nurske, R. (1952). 'Some International Aspects of the Problem of Economic Development', *American Economic Review*, vol.42, no.2.
Olson, M. (1982). *The Rise and Decline of Nations*. New Haven: Yale University Press.
Pagano, U. (1985). *Work and Welfare in Economic Theory*. Oxford: Blackwell.
Pagano, U. and Rowthorn. B. (eds.) (1996). *Democracy and Efficiency in the Economic Enterprise*. London: Routledge.
Panic, M. (1990). 'Managing Reform in the East European Economies: Lessons from the Postwar Experience of Western Europe', paper presented for the United Nations Economic Commission for Europe.
Peacock, A. (1979). 'Appraising Government Expenditure: A Simple Economic Analysis', in A. Peacock, *The Economic Analysis of Government*. Oxford: Martin Robertson.
Peacock, A. and Rowley, C. (1979). 'Pareto Optimality and the Political Economy of Liberalism', in A. Peacock, *The Economic Analysis of Government*.
Pekkarinen, J., Pohjola, M. and Rowthorn, R. (eds.) (1992). *Learning from Corporatist Experience*. Oxford: Clarendon Press.
Polanyi, K. (1957). *The Great Transformation*. Boston: Beacon Press.
Posner, R. (1975). 'The Social Costs of Monopoly and Regulation', *Journal of Political Economy*, vol.83, no.4.
Rosenstein-Rodan, P. (1943). 'Problems of Industrialisation of Eastern and South-Eastern Europe', *Economic Journal*, vol.53, no.3.
Rowley, C. (1983). 'The Political Economy of the Public Sector', in B. Jones

(ed.). *Perspectives on Political Economy*. London: Frances Pinter.

Rowthorn, R. and Chang, H.-J. (1993). 'Public Ownership and the Theory of the State', in T. Clarke and C. Pitelis (eds.). *The Political Economy of Privitisation*. London: Routledge.

Scheffler, S. (ed.). (1988). *Consequentialism and its Critics*. Oxford: Oxford University Press.

Schumpeter, J. (1987). *Capitalism, Socialism and Democracy*, 6th edn. London: Unwin Paperbacks.

Scitovsky, T. (1954). 'Two Concepts of External Economies', *Journal of Political Economy*. vol.62, no.2.

Shapiro, H. and Taylor, L. (1990). 'The State and Industrial Strategy', *World Development*. vol.18, no.6.

Singh, A. (1992a). 'The Actual Crisis of Economic Development in the 1980s: An Alternative Policy Perspective for the Future', in A. K. Dutt and F. Jameson (eds.), *New Directions in Development Economics*. Aldershot: Edward Elgar.

———. (1992b). '"Close" vs. "Strategic" Integration with the World Economy and the "Market-Friendly Approach to Development" vs. an "Industrial Policy": A Critique of the *World Development Report 1991* and an Alternative Policy Perspective', mimeo, Faculty of Economics and Politics, University of Cambridge.

Stigler. G. (1975). *The Citizen and the State*. Chicago: University of Chicago Press.

Thompson, G. (ed.) (1989). *Industrial Policy: USA and UK Debates*. London: Routledge.

Thompson, G., Frances, J., Levacic, R. and Mitchell, J. (eds.) (1991). *Markets, Hierarchies and Networks*. London: Sage.

Toye, J. (1987). *Dilemmas of Development*. Oxford: Blackwell.

Vernon, R. and Aharoni, Y. (eds.) (1981). *State-Owned Enterprises in the Western Economies*. London: Croom Helm.

Weiss, J. (1990). *Industry in Developing Countries*. London: Routledge.

Williamson, O. (1975). *Markets and Hierarchies*. New York: The Free Press.

World Bank (1983). *World Development Report 1983*. New York: Oxford University Press.
———. (1987). *World Development Report 1987*. New York: Oxford University Press.
———. (1991). *World Development Report 1991*. New York: Oxford University Press.
Wright, R. (1991). 'Three Essays in Comparative Institutional Economics', unpublished Ph.D. dissertation. Faculty of Economics and Politics, University of Cambridge.

2장 구조 조정 시대의 국가의 역할

Abramovitz, M. (1986). 'Catching Up, Forging Ahead, and Falling Behind', *Journal of Economic History*, vol.46, pp.385-406.
Alt, J. and Shepsle, K. (eds.) (1990). *Perspectives on Positive Political Economy*. Cambridge: Cambridge University Press.
Amsden, A. (1985). 'The State and Taiwan's Economic Development', in P. Evans, D. Rueschemeyer and T. Skocpol (eds.), *Bringing the State Back In*. Cambridge: Cambridge University Press.
———. (1989). *Asia's Next Giant*. Oxford University Press.
Armstrong, P., Glyn, A. and Harrison, J. (1991). *Capitalism since 1945*. Oxford: Basil Blackwell.
Arrow, K. (1974). *The Limits of Organisation*. New York and London: W.W. Norton and Company.
Banuri, T. and Schor, J. (eds.) (1991). *Financial Openness and National Autonomy*. Oxford: Clarendon Press.
Barr, N. (1992). 'Economic Theory and the Welfare State: A Survey and Interpretation', *Journal of Economic Literature*, vol.30, pp.741-803.
Boyer, R. (ed). (1988). *The Search for Labour Market Flexibility*. Oxford: Clarendon Press.
Bruno, M. and Sachs, J. (1985). *Economics of Worldwide Stagflation*. Camb-

ridge, MA: Harvard University Press.

Buchanan, J. (1986). *Liberty, Market and State*. Brighton: Wheatsheaf Books Ltd.

Burton, J. (1983). *Picking Losers...?: The Political Economy of Industrial Poli-cy*. London: Institute of Economic Affairs.

Chandler, A. (1990). *Scale and Scope*. Cambridge. MA: Belknap Press.

Chang, H.-J. (1993). 'The Political Economy of Industrial Policy in Korea', *Cambridge Journal of Economics*, vol.17, no.2, pp.131-57.

———. (1994). *The Political Economy of Industrial Policy*. London and Basingstoke: Macmillan.

———. (1995). 'Explaining "Flexible Rigidities" in East Asia', in T. Killick (ed.), *The Flexible Economy*. London: Routledge.

Coase, R. (1988). 'The Firm, the Market and the Law', in *The Firm, the Market and the Law*. Chicago: The University of Chicago Press.

Cohen, S. (1997). *Modern Capitalist Planning: The French Model*, 2nd edn. Berkely, CA: University of California Press.

David, P. (1985). 'Clio and the Economics of QWERTY', *American Economic Review*, vol.75, pp.332-7.

Dore, R. (1986). *Flexible Rigidities: Industrial Policy and Structural Adjustment in the Japanese Economy 1970-80*. London: The Athlone Press.

Dosi, G., Freeman, C., Nelson, R., Silverberg, G. and Soete, L. (eds.) (1988). *Technical Change and Economic Theory*. London: Pinter Publishers.

Edquist, C. Lundvall, B.-A. (1993). 'Comparing the Danish and Swedish Systems of Innovation', in R. Nelson (ed.), *National Innovation Systems*. New York: Oxford University Press.

ELTA, IFF, IUI and IØI (1987). *Growth Policies in Nordic Perspective*. Helsinki, Copenhagen, Stockholm and Bergen: ELTA, IFF, IUI and IØI.

Evans, P., Rueschemeyer, D. and Skocpol, T. (eds.) (1985). *Bringing the State Back In*. Cambridge: Cambridge University Press.

Gamble, A. (1987). *The Free Market and Strong State*. London and Basingstoke: Macmillan.

Gerschenkron, A. (1996). 'Economic Backwardness in Historical Perspective', in *Economic Backwardness in Historical Perspective*. Cambridge, MA: Belknap Press.

Giersch, H. (1986). 'Liberalization for Faster Economic Growth', *IEA Occasional Paper*, no.74. London Institute of Economic Affairs.

Goldthorpe, J. (1984). *Order and Conflict in Contemporary Capitalism*. Oxford: Oxford University Press.

Hall, P. (1987). *Governing the Economy*. Cambridge: Polity Press.

──── . (ed.) (1989). *The Political Power of Economic Ideas: Keynesianism across the Nations*. Princeton: Princeton University Press.

Hayek, F. (1949). *Individualism and Economic Order*. London: Routledge & Kegan Paul.

──── . (1988). *The Fatal Conceit*. London: Routledge.

Hirschman, A. (1958). *The Strategy of Economic Development*. New Haven: Yale University Press.

Hodgson, G. (1989). 'Institutional Rigidities and Economic Growth', *Cambridge Journal of Economics*, 13, pp.79-101.

Jessop, B., Kaastendiek, H., Nielsen, K. and Pedersen, P. (eds.) (1991). *The Politics of Flexibility - Restructuring State and Industry in Britain, Germany and Scandinavia*. Aldershot: Edward Elgar.

Johnson, C. (1982). *MITI and the Japanese Miracle*. Stanford: Stanford University Press.

──── . (ed.) (1984). *The Industrial Policy Debate*. San Francisco: Institute of Contemporary Studies.

Katzenstein, P. (1985). *Small State in World Markets*. Ithaca and London: Cornell University Press.

Kirzner, I. (1973). *Capitalism and Entrepreneurship*. Chicago: University of Chicago.

Koike, K. (1987). 'Human Resource Development and Labour-Management Relations', in K. Yamamura and Y. Yasuba (eds.), *The Political Economy of Japan*, vol.1. Stanford: Stanford University Press.

Korpi, W. (1983). *The Democratic Class Struggle*. London: Routledge and Kegan Paul.

Kuznets, S. (1973). 'Innovations and Adjustment in Economic Growth', in *Population, Capital and Growth*. London: Heinemann.

Landesmann, M. (1992). 'Industrial Policies and Social Corporatism', in J. Pekkarinen, M. Pohjola and B. Rowthorn (eds.), *Social Corporatism*. Oxford: Clarendon Press.

Lazonick, W. (1991). *Business Organisation and the Myth of the Market Economy*. Cambridge: Cambridge University Press.

Lindberg, L. and Maier, C. (eds.) (1985). *The Politics of Inflation and Economic Stagnation*. Washington, D.C.: The Brookings Institute.

LO(LANDSORGANISATIONEN I SVERUGE) (1963). *Economic Expansion and Structural Change*. Edited and translated by T. Johnson. London: George Allen and Unwin.

Loasby, B. (1991). *Equilibrium and Evolution*. Manchester: Manchester University Press.

Lundberg, E. (1985). 'The Rise and Fall of Swedish Model', *Journal of Economic Literature*, vol.23, pp.1-36.

Lundvall, B.-A. (ed.) (1992). *National Systems of Innovation: Towards a Theory of Innovation and Interactive Learning*. London: Pinter.

Maier, C. (1987). *In Search of Stability*. Cambridge: Cambridge University Press.

Marglin, S. and Schor, J. (eds.) (1990). *The Golden Age of Capitalism*. Oxford: Clarendon Press.

Matthews, R. (1986). 'The Economics of Institutions and the Source of Growth', *Economic Journal*, vol.96, pp.903-18.

Mises, L. (1929). *A Critique of Interventionism*. Translated by H. Sennholz (1977). New Rochele, New York: Arlington House.

Nelson, R. (ed.) (1993). *National Innovation Systems*. New York: Oxford University Press.

Nozick, R. (1974). *Anarchy, Utopia and the State*. Oxford: Basil Blackwell.

Okimoto, D. (1989). *Between MITI and the Market: Japanese Industrial Policy for High Technology*. Stanford: Stanford University Press.

Olson. M. (1982). *The Rise and Decline of Nations*. New Haven: Yale University Press.

Peacock, A. and Rowley, C. (1979). 'Pareto Optimality and the Political Economy of Liberalism', in A. Peacock (ed.), *The Economic Analysis of Government*. Oxford: Martin Robertson.

Pekkarinen, J. (1992). 'Corporatism and Economic Performance in Sweden, Norway, and Finland', in J. Pekkarinen, M. Pohjola and B. Rowthorn (eds.), *Social Corporatism*. Oxford: Clarendon Press.

Pekkarinen, J., Pohjola, M. and Rowthorn, B. (eds.) (1992). *Social Corporatism*. Oxford: Clarendon Press.

Piore, M. and Sabel, C. (1984). *The Second Industrial Divide*. New York: Basic Books.

Polanyi, K. (1957). *The Great Transformation*. Boston: Beacon Press.

Pontusson, J. (1987). 'Radicalism and Retreat in Swedish Social Democracy', *New Left Review*, Sept-Oct. pp.5-33.

Renshaw, J. (1986). *Adjustment and Economic Performance in Industralised Countries*. Geneva: ILO.

Rosenstein-Rodan, P. (1943). 'Problems of Industrialisation of Eastern and South-Eastern Europe', *Economic Journal*, vol.53, pp.202-11.

Rowthorn, R. (1971). 'Imperialism in the Seventies - Unity or Rivalry?', *New Left Review*, Sept-Oct, pp.31-54.

―――. (1977). 'Inflation and Crisis', *Marxism Today*, November.

Salmon, P. (1990). 'Scandinavia', in A. Graham and A. Seldon (eds.), *Government and Economies in the Postwar World - Economic Policies and Comparative Performance, 1945-85*. London: Routledge.

Schelling, T. (1960). *The Strategy of Conflict*. Cambridge, MA: Harvard University Press.

Schott, K. (1984). *Policy, Power and Order*. New Haven and London: Yale University Press.

Scitovsky, T. (1954). 'Two Concepts of External Economics', *Journal of Political Economy*, vol.62, pp.143-51.

Simon, H. (1991). 'Organisations and Markets', *Journal of Economic Perspectives*, vol.5, pp.25-44.

Skocpol, T. (1985). 'Bringing the State Back In', in P. Evans, D. Rueschemeyer and T. Skocpol (eds.), *Bringing the State Back In*. Cambridge: Cambridge University Press.

Stiglitz, J. (1992). 'Alternative Tactics and Strategies in Economic Development', in A.K. Dutt and K. Jameson (eds.), *New Directions in Development Economics*. Aldershot: Edward Elgar.

Thompson, G. (ed.) (1989). *Industrial Policy: USA and UK Debates*. London: Routledge.

Vartiainen, J. (1995). 'The State of Structural Change: What Can Be Learnt from the Successful Late Industralisers?', in H.-J. Chang and B. Rowthorn (eds.), *Role of the State in Economic Change*. Oxford: Oxford University Press.

Wade, R. (1990). *Governing the Market*. Princeton: Princeton University Press.

Williamson, O. (1985). *The Economic Institutions of Capitalism*. New York: The Free Press.

Zysman, J. (1983). *Governments, Markets and Growth*. Oxford: Martin Robertson.

3장 신자유주의를 넘어서

Albert, M. (1991). *Capitalism vs. Capitalism*. New York: Four Walls Eight Windows.

Arrow, K. (1974). *The Limits of Organisation*. New York and London: W.W. Norton and Company.

Baumol, W. (1965). *Welfare Economics and the Theory of the State*, 2nd edn. London: London School of Economics.

Berger, S. and Dore, R. (eds.) (1996). *National Diversity and Global Capitalism*. Ithaca and London: Cornell University Press.

Bobbio, N. (1990). *Liberalism and Democracy*. London: Verso.

Buchanan, J. (1986). 'Contractarianism and Democracy', in *Liberty, Market and State*. Brighton: Wheatsheaf Books Ltd.

Chang, H.-J. (1994a). *The Political Economy of Industrial Policy*. London and Basingstoke: Macmillan.

―――. (1994b). 'State, Institutions, and Structural Change', *Structural Change and Economic Dynamics*, vol.5, no.2, pp.293-323.

―――. (1995). 'Explaining "Flexible Rigidities" in East Asia', in T. Killick (ed.), *The Flexible Economy*. London: Routledge.

―――. (1996). *El Papel del Estado en el Cambio Economico*. Mexico City: Editorial Planeta Mexicana.

―――. (1997). 'Markets, Madness, and Many Middle Ways: Some Reflections on the Institutional Diversity of Capitalism', in P. Arestis, G. Palma and M. Sawyer (eds.), *Essays in Honour of Geoff Harcourt - Volume 2: Markets, Unemployment, and Economic Policy*. London: Routledge.

Chang, H.-J. and Nolan, P. (1995). 'Europe versus Asia - Contrasting Paths to the Reform of Centrally Planned Systems of Political Economy', in H.-J. Chang and Nolan, P. (eds.), *The Transformation of the Communist Economies - Against the Mainstream*. London: Macmillan.

―――. (1996). 'La Transición en Europea Oriental y en Asia: Caminos Contrapuestos, Politicas Económicas Diferentes', *Revista de Estudios Asiaticos*, (3), pp.11-34.

Chang, H.-J. and Rowthorn, R. (1995a). 'Introduction', in H.-J. Chang and R. Rowthorn (eds.), *Role of the State in Economic Change*. Oxford: Oxford University Press.

―――. (1995b). 'Role of the State in Economic Change - Entrepreneurship and Conflict Management', in H.-J. Chang and R. Rowthorn (eds.), *Role of the State in Economic Change*. Oxford: Oxford University Press.

Coase, R. (1992). 'The Institutional Structure of Production', *American Economic Review*, vol.82., no.4. pp.713-9.

Deane. P. (1989). *The State and the Economic System*. Oxford: Oxford University Press.

Elster, J. (1983). *Sour Grapes*. Cambridge: Cambridge University Press.

Evans, P. (1995). *Embedded Autonomy - States and Industrial Transformation*. Princeton: Princeton University Press.

Evans, P., Rueschemeyer, D. and Skocpol, T. (eds.) (1985). *Bringing the State Back In*. Cambridge: Cambridge University Press.

Freeman, C. (1989). 'New Technology and Catching-up', *European Journal of Development Research*, vol.1, no.1, pp.85-99.

Friedman, M. (1962). *Capitalism and Freedom*. Chicago and London: The University of Chicago Press.

Gamble, A. (1988). *The Free Economy and the Strong State: The Politics of Thatcherism*. London and Basingstoke: Macmillan

Hall, P. (ed.) (1989). *The Political Power of Economic Ideas: Keynesianism Across Nations*. Princeton: Princeton University Press.

Hayek, F. (1949). *Individualism and Economic Outlook*. London: Routledge & Kegan Paul.

Hirschman, A. (1958). *The Strategy of Economic Development*. New Haven: Yale University Press.

———. (1982a). 'Rival Views of Market Society', *Journal of Economic Literature*, vol.48, no.4, pp.1463-84.

———. (1982b). *Shifting Involvements*. Princeton: Princeton University Press.

Johnson, C. (1982). *MITI and the Japanese Miracle*. Stanford: Stanford University Press.

King, D. (1987). *The New Right: Politics, Markets and Citizenship*. London and Basingstoke: Macmillan.

Kozul-Wright, R. (1995). 'The Myth of Anglo-Saxon Capitalism: Reconstructing the History of the American State', in H.-J. Chang and R. Rowthorn (eds.), *Role of the State in Economic Change*. Oxford: Oxford University Press.

Krueger, A. (1990). 'Government Failure in Economic Development', *Journal of Economic Perspective*, vol.4, no.3, pp.9-23.

Lavoie, D. (1985). *Rivalry and Central Planning*. Cambridge: Cambridge University Press.

Lazonick, W. (1991). *Business Organisations and the Myth of the Market Economy*. New York: Cambridge University Press.

Lucas, R. (1990). 'Review of *Trade Policy and Market Structure* by E. Helpman and P. Krugman (1989, Cambridge, Massachusetts, MIT Press)', *Journal of Political Economy*, vol.98, no.3, pp.664-7.

Marglin, S. and Schor, J. (eds.) (1990). *The Golden Age of Capitalism*. Oxford: Clarendon Press.

North, D. (1994). 'Economic Performance Through Time', *American Economic Review*, 84 (3), pp.359-68.

Nozick, R. (1974). *Anarchy, Utopia and the State*. Oxford: Basil Blackwell.

Pagano, U. (1985). *Work and Welfare in Economic Theory*. Oxford: Basil Blackwell.

Polanyi, K. (1957). *The Great Transformation*. Boston: Beacon Press.

Schotter, A. (1985). *Free Market Economics - A Critical Appraisal*. New York: Saint Martin's Press.

Schumpeter, J. (1987). *Capitalism, Socialism and Democracy*, 6th edn. London: Unwin Paperbacks.

Scitovsky, T. (1954). 'Two Concepts of External Economies', *Journal of Political Economy*. vol.62, no.2, pp.143-51.

Shonfield, A. (1965). *Modern Capitalism*. Oxford: Oxford University Press.

Short, R. (1984). 'The Role of Public Enterprises: An International Statistical Comparison', in R. Floyd, C. Gary and R. Short (eds.), *Public Enterprises in Mixed Economies: Some Macroeconomic Aspects*. Washington, D.C.: International Monetary Fund.

Simon, H. (1991). 'Organisations and Markets', *Journal of Economic Perspectives*, vol.5, no.2, pp.25-44.

Stiglitz, J. (1992). 'Alternative Tactics and Strategies in Economic Development', in A.K. Dutt and K. Jameson (eds.), *New Directions in Development Economics*. Aldershot: Edward Elgar.

Toye, J. (1987). *Dilemmas of Development*. Oxford: Blackwell.

―――. (1991). 'Is there a New Political Economy of Development?', in C. Colclough and J. Manor (eds.), *States of Markets?: Neo-liberalism and the Development of Policy Debate*. Oxford: Oxford University Press.

Vira, B. (1998). 'The Political Coase Theorem: Identifying Differences Between Neoclassical and Critical Institutionalism', *Journal of Economic*

Issues, vol.31, no.3, pp.761-79.

Williamson, O. (1975). *Markets and Hierarchies*. New York: The Free Press.

World Bank (1991). *World Development Report 1991*. New York: Oxford University Press.

———. (1995). *Bureaucrats in Business*. New York: Oxford University Press.

———. (1997). *World Development Report 1997*. New York: Oxford University Press.

2부 (대외 경제 정책 이슈 점검) 발전과 진보를 위한 경제학을 향하여

4장 초국적기업의 등장과 산업 정책

Amsden, A. (1989). *Asia's Next Giant*. New York: Oxford University Press.

Archibugi, D. and Michie, J. (1995). 'The Globalisation of Technology: A New Taxonomy', *Cambridge Journal of Economics*, vol.19, no.2.

Bairoch, P. and Kozul-Wright, R. (1996). 'Globalisation Myths and Realities: Some Historical Reflections on Integration, Industrialisation and Growth in the World Economy', UNCTAD Discussion Paper, no.113. Geneva: United Nations Conference on Trade and Development (UNCTAD).

Brittan, L. (1995). 'Investment Liberalisation: The Next Great Boost to the World Economy', *Transnational Corporations*, vol.4, no.1.

Cable, V. (1995). 'The Diminished Nation-State: A Study in the Loss of Economic Power', *Daedalus*, vol.124, no.2.

Chang, H.-J. (1994). *The Political Economy of Industrial Policy*. London and Basingstoke: Macmillan.

Chang, H.-J. and Rowthorn, B. (eds.) (1995). *Role of the State in Economic Change*. Oxford: Oxford University Press.

———. (1995). 'The Role of the State in Economic Change - Entrepreneurship and Conflict Management' in H.-J. Chang & B. Rowthorn (eds.), *Role of the State in Economic Change*. Oxford: Oxford University Press.

Chudnovsky, D. (ed.) (1993). *Transnational Corporations and Industrialisation*. London: Routledge.

Dicken, P. (1992). *The Global Shift*. New York and London: Guilford Press.

EPB(Economic Planning Board) (1981). *Oegoogin Tooja Baeksuh* (White Paper on Foreign Investment) (in Korean). Seoul: The Government of Korea.

Evans, P. (1987). 'Class, State, and Dependence in East Asia: Lessons for Latin Americanists', in F. Deyo (ed.), *The Political Economy of the New Asian Industrialism*. Ithaca: Cornell University Press.

―――. (1998). 'TNCs and Third World States: From the Old Internationalisation to the New', in R. Kozul-Wright and R. Rowthorn (eds.), *Transnational Corporations and the World Economy*. London and Basingstoke: Macmillan Press.

Fransman, M. (1986). *Technology and Economic Development*. London: Frank Cass.

―――. (1994). 'Is National Technology Policy Obsolete in a Globalised World?: The Japanese Response', mimeo., Institute for Japanese-European Technology Studies (JETS), University of Edinburgh.

Fransman, M. and King, K. (eds.) (1984). *Technological Capability in the Third World*. London and Basingstoke: Macmillan.

Financial Times, various issues.

Haque, I., Bell, Dahlman, C., Lall, S. and Pavitt, K. (1996). *Trade, Technology and International Competitiveness*. Washington, D.C.: World Bank.

Helleiner, G. (1989). 'Transnational Corporations and Direct Foreign Investment', in H. Chenery and T.N. Srinivasan (eds.), *Handbook of Development Economics*, vol.2. Amsterdam: Elsevier Science Publishers, B. V.

Hirst, P. and Thompson, G. (1992). 'The Problem of "Globalisation": International Economic Relations, National Economic Management and the Formation of Trading Blocs', *Economy and Society*, vol.21, no.4.

―――. (1996). *Globalisation in Question*. Cambridge: Polity Press.

Hutton, W. (1995). 'Myth that Sets the World to Right', *The Guardian*, 12 June 1995.

Julius, D. (1990). *Global Companies and Public Policy*. London: Pinter Publishers.

———. (1994). 'International Direct Investment: Strengthening the Policy Regime', in G. Kenen (ed.), *Managing the World Economy*. Washington, D.C.: Institute for International Economics.

Koo, B. (1993). 'Foreign Investment and Economic Performance in Korea', in S. Lall (ed.), *Transnational Corporations and Economic Development*. London: Routledge.

Kozul-Wright, R. (1995). 'Transnational Corporations and the Nation State', in J. Michie and J. Grieve Smith (eds.), *Managing the Global Economy*. Oxford: Oxford University Press.

Lall, S. (ed.) (1993). *Transnational Corporations and Economic Development*. London: Routledge.

———. (1995). 'Malaysia: Industrial Success and the Role of the Government', *Journal of International Development*.

Michalet, C.-A. (1994). 'Transnational Corporations and the Changing International Economic System', *Transnational Corporations*, vol.3, no.1.

Milberg, W. (1998). 'Globalisation', in R. Kozul-Wright and R. Rowthorn (eds.), *Transnational Corporations and the World Economy*. London and Basingstoke: Macmillan Press.

Ostry, S. (1990). *Governments and Corporations in a Shrinking World*. New York and London: Council on Foreign Relations Press.

Ozawa, T. (1995). 'The "Flying-geese" Paradigm of FDI, Economic Development and Shifts in Competitiveness', mimeo. Fort Collins, Co.: Colorado State University.

Panic, M. (1998). 'Transnationals, International Interdependence and National Economic Policy', in R. Kozul-Wright and R. Rowthorn (eds.), *Transnational Corporations and the World Economy*. London and Basingstoke: Macmillan Press.

Rowthorn, R. (1995). 'Manufacturing in the National Economy and Related Policy Issues', a paper presented at the 'Future of Manufacturing Forum', organised by the Australian Manufacturing Council. April, 1995.

―――. (1996). 'Replicating the Experience of the NIEs on a Large Scale', mimeo., Faculty of Economics and Politics. Cambridge, UK: University of Cambridge.

Schive, C. (1993). 'Foreign Investment and Technology Transfer in Taiwan', in S. Lall (ed.), *Transnational Corporations and Economic Development*. London: Routledge.

Stopford, J. (1994). 'The Growing Interdependence between Transnational Corporations and Governments', *Transnational Corporations*, vol.3, no.1.

Stopford, J. and Strange, S. (1991). *Rival States, Rival Firms*. Cambridge: Cambridge University Press.

The Economist (1993). 'A Survey of Multinationals', 27 March 1993.

UNCTAD (United Nations Conference on Trade and Development) (various years). *World Investment Report*. New York and Geneva: United Nations.

UNCTC (United Nations Centre for Transnational Corporations) (1992). *World Investment Report*. New York: United Nations.

World Bank (1985). *World Development Report 1985*. New York: Oxford University Press.

5장 경제 발전에서 지적재산권의 역할

Akyüz, Y., Chang, H.-J. and Kozul-Wright, R. (1998). 'New Perspectives on East Asian Development', *Journal of Development Studies*, vol.34, no.6, pp.4-36.

Amsden, A. (2000). 'Industrialisation under New WTO Law', a paper for the UNCTAD X meeting, 12-19 February, 2000. Bangkok.

Berg, M. (1980). *The Machinery Question and Making of Political Economy, 1815-1848*. Cambridge: Cambridge University Press.

Bronckers, M. (1994). 'The Impact of TRIPS: Intellectual Property Protection in Developing Countries', *Common Market Law Review*, vol.31, pp.1245-81.

Bruland, J. (ed.) (1991). *Technology Transfer and Scandinavian Industrialisation*. New York: Berg.

Chang, H.-J. (1998). 'Globalisation, Transnational Corporations and Economic Development', in D. Baker, G. Epstein and R. Pollin (eds.), *Globalisation and Progressive Economic Policy*. Cambridge: Cambridge University Press.

———. (2002). 'Breaking the Mould - An Institutionalist Political Economy Alternative to the New-Liberal Theory of the Market and the State', *Cambridge Journal of Economics*, vol.26, no.5, pp.539-59.

Chang, H.-J. and Cheema, A. (2001). 'Conditions for Effective Technology Policy in Developing Countries - Learning Rents, State Structures, and Institutions', *Journal of Innovation and New Technology*, vol.11, nos.4/5, pp.369-98.

Cipolla, C. (1993). *Before the Industrial Revolution - European Society and Economy, 1000-1700*, 3rd edn. London: Routledge.

Cochran, T. and Miller, W. (1942). *The Age of Enterprise: A Social History of Industrial America*. New York: The Macmillan Company.

Crafts, N. (2000). 'Institutional Quality and European Development before and after the Industrial Revolution', a paper prepared for World Bank Summer Research Workshop on Market Institutions, 17-19 July, 2000, Washington, D.C.

Davids, K. (1995). 'Openness or Secrecy? - Industrial Espionage in the Dutch Republic', *The Journal of European Economic History*, vol.24, no.2, pp.333-48.

Evans, P. (1995). *Embedded Autonomy - States and Industrial Transformation*. Princeton: Princeton University Press.

Evenson, R. (1990). 'Survey of Empirical Studies', in W. Siebeck (ed.), *Strengthening of Intellectual Property Rights in Developing Countries*, Discussion Paper no.112. Washington, D.C.: World Bank.

Fransman, M. (1990). *The Market and Beyond: Information Technology in Japan*. Cambridge: Cambridge University Press.

Fransman, M. and King, K. (eds.) (1984). *Technological Capability in the*

Third World. London and Basingstoke: Macmillan.

Ghosh, J. (1999). 'Rules of International Economic Integration and Human Rights', a background paper for *Human Development Report 2000*, Jawaharlal Nehru University.

Harris, J. (1991). 'Movement of Technology between Britain and Europe in the Eighteenth Century', in D. Jeremy (ed.), *International Technology Transfer - Europe, Japan, and the USA, 1700-1914*. Aldershot: Edward Elgar.

―――. (1992). *Essays in Industry and Technology in the Eighteenth Century*. Aldershot: Ashgate.

―――. (1998). *Industrial Espionage and Technology Transfer - Britain and France in the Eighteenth Century*. Aldershot: Ashgate.

Helleiner, G. (1989). 'Transnational Corporations and Direct Foreign Investment', in H. Chenery and T.N. Srinivasan (eds.), *Handbook of Development Economics*, vol.2, Amsterdam: Elsevier.

Jeremy, D. (1977). 'Damming the Flood: British Government Efforts to Check the Outflow of Technicians and Machinery, 1780-1843', *Business History Review*, vol.51, no.1, pp.1-34.

―――. (1981). *Transatlantic Industrial Revolution: The Diffusion of Textile Technologies Between Britain and America, 1790-1830s*. Cambridge, MA: The MIT Press.

Kindleberger, C. (1978). 'Germany's Overtaking of England, 1806 to 1914 (chapter 7)', in *Economic Response: Comparative Studies in Trade, Finance, and Growth*. Cambridge, MA: Harvard University Press.

Lall, S. (1993). 'Introduction', in S. Lall (ed.), *Transnational Corporations and Economic Development*. London: Routledge.

Landes, D. (1969). *The Unbound Prometheus - Technological Change and Industrial Development in Western Europe from 1750 to the Present*. Cambridge: Cambridge University Press.

Levin, R., Klevorick, A., Nelson, R. and Winter, S. (1987), 'Appropriating the Returns from Industrial Research and Development', *Brookings Papers on Economic Activity*, 1987, no.3.

Machlup, F. and Penrose, E. (1950). 'The Patent Controversy in the Nineteenth Century', *Journal of Economic History*, vol.10, no.1, pp.1-29.

Mansfield, E. (1986). 'Patents and Innovation: An Empirical Study', *Management Science*, vol.32, pp.173-81.

McLeod, C. (1988). *Inventing the Industrial Revolution: The English Patent System, 1660-1800*. Cambridge: Cambridge University Press.

National Law Centre for Inter-American Free Trade (1997). 'Strong Intellectual Property Protection Benefits the Developing Countries', http://www.natlaw.com/pubs/spmxip11.htm.

Palast, G. (2000). 'Keep Taking Our Tablets (No One Else's)', *The Observer*, Business Section. p.7, 23 July 2000.

Patel, S. (1989). 'Intellectual Property Rights in the Uruguay Round - A Disaster for the South?', *Economic and Political Weekly*, 6 May, pp.978-1057.

Penrose, E. (1951). *The Economics of the International Patent System*. Baltimore: The Johns Hopkins Press.

Peterson, M. (1970). *Thomas Jefferson and the New Nation: A Bibliography*. New York: Oxford University Press.

Primo Braga, C. (1996). 'Trade-related Intellectual Property Issues: The Uruguay Round Agreement and Its Economic Implications', in W. Martin and A. Winters (eds.), *The Uruguay Round and the Developing Countries*. Cambridge: Cambridge University Press.

RAFI (Rural Advancement Foundation International) (2000). *RAFI Communique*, September/October 2000, Issue no.66.

Reinert, E. (1995). 'Competitiveness and Its Predecessors - A 500-year Cross-national Perspective', *Structural Change and Economic Dynamics*, vol.6, pp.23-42.

Scherer, F. (1984). Innovation and Growth. Cambridge, MA: The MIT Press.

Scherer, F. and Ross, D. (1990). *Industrial Market Structure and Economic Performance*. Boston: Houghton Mifflin Company.

Schiff, E. (1971). *Industrialisation without National Patents - the Netherlands, 1869-1912 and Switzerland, 1850-1907*. Princeton: Princeton University

Press.
Schumpeter, J. (1987). *Capitalism, Socialism, and Democracy*, 6th edn. London: Unwin.
Shell, S. (1998). *Power and Ideas*. Albany: State University of New York Press.
Siebeck, W. (1990a). 'Introduction', in W. Siebeck (ed.), *Strengthening of Intellectual Property Rights in Developing Countries*, Discussion Paper no.112. Washington, D.C.: World Bank.
―――. (1990b). 'Conclusions and Recommendations', in W. Siebeck (ed.), *Strengthening of Intellectual Property Rights in Developing Countries*, Discussion Paper no.112. Washington, D.C.: World Bank.
Sokoloff, K. and Khan, B.Z. (2000). 'Intellectual Property Institutions in the United States: Early Development and Comparative Perspective', a paper prepared for World Bank Summer Research Workshop on Market Institutions, 17-19 July, 2000, Washington, D.C.
UNDP (United Nations Development Programme) (1999). *Human Development Report 1999*. New York: Oxford University Press.
Vaitsos, C. (1972). 'Patents Revisited: Their Function in Developing Countries', *Journal of Development Studies*, vol.9, no.1, pp.71-97.
Williams, E. (1896). *Made in Germany*. London: William Heinemann. The 1973 edition with an introduction by Austen Albu. Brighton: The Harvester Press.

6장 선별적 산업 정책은 지금도 유효한가?

Akyüz, Y., Chang, H.-J. and Kozul-Wright, R. (1998). 'New Perspectives on East Asian Development', *Journal of Development Studies*, vol.34, no.6.
Amsden, A. (1985). 'The State and Taiwan's Economic Development', in P. Evans, D. Rueschemeyer and T. Skocpol (eds.), *Bringing the State Back In*. Cambridge: Cambridge University Press.
―――. (1989). *Asia's Next Giant*. New York: Oxford University Press.
―――. (2000). *Industrialisation under New WTO Law*, a paper presented at

the UNCTAD X meeting, 12-19 February, 2000, Bangkok, Thailand.

Badaracco, J. and Yoffie, D. (1983). '"Industrial Policy": It Can't Happen Here', *Harvard Business Review*, November/December.

Balassa, B. (1982). 'Development Strategies and Economic Performance', in B. Balassa et al., *Development Strategies in Semi-Industrial Economies*. Baltimore: The Johns Hopkins University Press.

Balassa, B. et. al. (1982). *Development Strategies in Semi-Industrial Economies*. Baltimore: The Johns Hopkins University Press.

Bruton, H. (1998). 'A Reconsideration of Import Substitution', *Journal of Economic Literature*, vol.36, no.2.

Chang, H.-J. (1993). 'The Political Economy of Industrial Policy in Korea', *Cambridge Journal of Economics*, vol.17, no.2.

———. (1994). *The Political Economy of Industrial Policy*. London and Basingstoke: Macmillan.

———. (1997). 'The Economics and Politics of Regulation', *Cambridge Journal of Economics*, vol.21, no.6.

———. (1998a). 'Korea: The Misunderstood Crisis', *World Development*, vol.26, no.8.

———. (1998b). 'The "Initial Conditions" of Economic Development - Comparing the East Asian and the Sub-Saharan African Experiences', a report prepared for UNCTAD *Trade and Development Report, 1998*.

———. (1999). *Industrial Policy and East Asia - The Miracle, the Crisis, and the Future*, a paper presented at the World Bank workshop on 'Rethinking East Asian Miracle', 16-17 February, 1999, San Francisco, USA.

———. (2000). 'The Hazard of Moral Hazard - Untangling the Asian Crisis', *World Development*, vol.28, no.4.

———. (2001). 'Intellectual Property Rights and Economic Development - Historical Lessons and Emerging Issues', *Journal of Human Development*, July, 2001.

———. (2002a). *Kicking Away the Ladder - Development Strategy in Historical Perspective*. London: Anthem Press.

———. (2002b). 'Breaking the Mould - An Institutionalist Political Economy

Alternative to the Neo-Liberal Theory of the Market and the State', *Cambridge Journal of Economics*, vol.26, no.5.

Chang, H.-J., Park, H.-J. and Yoo, C. G. (1998). 'Interpreting the Korean Crisis: Financial Liberalisation, Industrial Policy, and Corporate Governance', *Cambridge Journal of Economics*, vol.22, no.6.

Chang, H.-J. and Rowthorn, R. (1995a). 'Introduction', in H.-J. Chang and R. Rowthorn (eds.), *Role of the State in Economic Change*. Oxford: Oxford University Press.

———. (1995b). 'Role of the State in Economic Change: Entrepreneurship and Conflict Management', in H.-J. Chang and R. Rowthorn (eds.), *Role of the State in Economic Change*. Oxford: Oxford University Press.

Chang, H.-J. and Singh, A. (1993). 'Public Enterprises in Developing Countries and Economic Efficiency - A Critical Examination of Analytical, Empirical, and Policy Issues', *UNCTAD Review*, no.4.

———. (1997). 'Can Large Firms Be Run Efficiently Without Being Bureaucratic?', *Journal of International Development*, vol.9, no.6.

Cheng, T., Haggard, S. and Kang, D (1998). 'Institutions and Growth in Korea and Taiwan: The Bureaucracy', *Journal of Development Studies*, vol.34, no.6.

Cohen, S. (1977). *Modern Capitalist Planning: The French Model*, 2nd edn. Berkeley: University of California Press.

Cook, P. and Kirkpatrick, C. (eds.) (1988). *Privatisation in Less Developed Countries*. New York: Harvester Wheatsheaf.

Corden, M. (1998). *Sense and Nonsense on the Asian Crisis*. The Sturc Lecture, delivered on 8 November, 1998, at the Paul H. Nitze School of Advanced International Studies, Johns Hopkins University.

Cox, A. (ed.) (1986). *State, Finance, and Industry in Comparative Perspective*. Brighton: Wheatsheaf Books.

Demigruc-Kunt, A. and Maksimovic, V. (1996). 'Stock Market Development and Firm Financing Choices', *The World Bank Economic Review*, vol.10, no.2.

Dertouzos, M., Lester, R. and Solow, R. (1989). *Made in America*. Cambridge,

MA: The MIT Press.

Dore, R. (1986). *Flexible Rigidities: Industrial Policy and Structural Adjustment in the Japanese Economy 1970-80*. London: The Athlone Press.

Evans, D. and Alizadeh, P. (1984). 'Trade, Industrialisation, and the Visible Hand', *Journal of Development Studies*, vol.21, no.1.

Evans, P. (1995). *Embedded Autonomy - States and Industrial Transformation*. Princeton: Princeton University Press.

———. (1998). 'Transferable Lessons?: Re-examining the Institutional Prerequisites of East Asian Economic Policies', *Journal of Development Studies*, vol.34, no.6.

———. (2000). *Economic Governance Institutions in a Global Political Economy*, a paper presented at the UNCTAD X meeting. 12-19 February, 2000, Bangkok, Thailand.

Fagerberg, J., Cappelen, A., Mjoset, L. and Skarstein, R. (1990). 'The Decline of Social Democratic State Capitalism in Norway', *New Left Review*, no.181, May/June 1990.

Feldstein, M. (1998). 'Refocusing the IMF', *Foreign Affairs*, March/April 1998.

Fields, K. (1995). *Enterprise and State in Taiwan and Korea*. Ithaca, New York: Cornell University Press.

———. (1998). 'KMT, Inc. - Party Capitalism in a Developmental State', *JPRI Working Paper no.47*, Japan Policy Research Institute.

Fishlow, A., Gwin, C., Hagaard, S., Rodrik, D. and Wade, R. (1994). *Miracle or Design? - Lessons from the East Asian Experience*. Washington, D.C.: Overseas Development Council.

Fransman, M. (1990). *The Market and Beyond: Information Technology in Japan*. Cambridge: Cambridge University Press.

Freeman, C. (1989). 'New Technology and Catching-Up', *European Journal of Development Research*, vol.1, no.1.

Furman, J. and Stiglitz, J. (1998). 'Economic Crises: Evidence and Insights from East Asia', *Brookings Paper on Economic Activity*, 1998, no.2.

Hall, P. (1986). *Governing the Economy*. Cambridge: Polity Press.

Hare, P. (1985). *Planning the British Economy*. London and Basingstoke:

Macmillan.

Hirschman, A. (1967). 'The Political Economy of Import Substituting Industrialisation', *Quarterly Journal of Economics*, vol.82, no.1.

Johnson, C. (1982). *MITI and the Japanese Miracle*. Stanford: Stanford University Press.

―――. (ed.) (1984). *The Industrial Policy Debate*. San Francisco: Institute for Contemporary Studies.

Jones, L. and Sakong, I. (1980). *Government, Business and Entrepreneurship in Economic Development: The Korean Case*. Cambridge, MA: Harvard University Press.

Kuisel, R. (1981). *Capitalism and the State in Modern France*. Cambridge: Cambridge University Press.

Lal, D. (1983). *The Poverty of Development Economics*. London: The Institute of Economic Affairs.

Lall, S. (1998). *Selective Industrial and Trade Policies in Developing Countries: Theoretical and Empirical Issues*, a paper prepared for the IDRC (International Development Research Centre) Project on 'Economic Policymaking and Implementation in Africa: A Case for Strategic Trade and Selective Industrial Policies'.

Little, I. (1982). *Economic Development*. New York: Basic Books.

Luedde-Neurath, R. (1986). *Import Controls and Export-Oriented Development: A Reassessment of the South Korean Case*. Boulder and London: Westview Press.

Magaziner, I. and Hout, T. (1980). *Japanese Industrial Policy*. London: Policy Studies Institute.

Okimoto, D. (1989). *Between MITI and the Market: Japanese Industrial Policy for High Technology*. Stanford: Stanford University.

Radelet, S. and Sachs, J. (1998). 'The East Asian Financial Crisis: Diagnosis, Remedies and Prospects', *Brookings Paper on Economic Activity*, 1998, no.1.

Rauch, J. and Evans, P. (2000). 'Bureaucratic Structure and Bureaucratic Performance in Less Developed Countries', *Journal of Public Economics*, no.75.

Reinert, E. (1995). 'Competitiveness and Its Predecessors - A 500-year Cross-national Perspective', *Structural Change and Economic Dynamics*, vol.6.

Renshaw, G. (1986). *Adjustment and Economic Performance in Industrialised Countries: A Synthesis*. Geneva: International Labour Office (ILO).

Schultze, C. (1983). 'Industrial Policy: A Dissent', *The Brookings Review*, Fall.

Singh, A. (1994). '"Openness" and the "Market-friendly" Approach to Development: Learning the Right Lessons from Development Experience', *World Development*, vol.22, no.12.

Stiglitz, J. (1998). *Sound Finance and Sustainable Development in Asia*, keynote address to the Asia Development Forum, jointly organised by the World Bank and the Asian Development Bank, 9-12 March, 1998, Manila, the Philippines.

———. (2001). 'The Role of International Financial Institutions in the Current Global Economy', in H.-J. Chang (ed.), *The Rebel Within: Joseph Stiglitz at the World Bank*. London: Anthem Press.

Toye, J. (1987). *Dilemmas of Development*. Oxford: Blackwell.

Vartiainen, J. (1995). 'State and Structural Change: What Can be Learnt from the Successful Late Industrialisation', in H.-J. Chang and R. Rowthorn (eds.), *Role of the State in Economic Change*. Oxford: Oxford University Press.

Vickers, J. and Yarrow, G. (1988). *Privatisation: An Economic Analysis*. Cambridge, MA: The MIT Press.

Wade, R. (1990). *Governing the Market*. Princeton: Princeton University Press.

Westney, R. (1987). *Imitation and Innovation: The Transfer of Western Organisational Patterns to Meiji Japan*. Cambridge: Cambridge University Press.

World Bank (1983). *World Development Report, 1983*. New York: Oxford University Press.

———. (1991). *World Development Report, 1991*. New York: Oxford University Press.

———. (1993). *The East Asian Miracle*. New York: Oxford University Press.

──. (1995). *Bureaucrats in Business*. New York: Oxford University Press.

Yarrow, G. (1989). 'Does Ownership Matter?', in C. Valjanovski (ed.), *Privatisation and Competition*. London: Institute of Economic Affairs.

Zysman, J. (1983). *Governments, Markets, and Growth*. Oxford: Martin Robertson.

3부 (국내 경제 정책 이슈 점검) 신자유주의 경제학의 반경제성 비판

7장 산업 정책의 정치경제학

Abramovitz, M. (1986). 'Catching Up, Forging Ahead, and Falling Behind', *Journal of Economic History*, vol.46, no.2.

Alchian, A. (1950). 'Uncertainty, Evolution and Economic Theory', *Journal of Political Economy*, vol.58, no.3.

Amadeo, E. and Banuri, T. (1991). 'Policy, Governance, and the Management of Conflict', in T. Banuri (ed.), *Economic Liberalisation: No Panacea*. Oxford: Clarendon Press.

Amsden, A. (1989). *Asia's Next Giant*. New York: Oxford University Press.

Amsden, A. and Hikino, T. (1993). 'Borrowing Technology or Innovating: An Exploration of Paths of Industrial Development', in R. Thomson (ed.), *Learning and Technological Change*. London and Basingstoke: Macmillan.

Axelrod, R. (1984). *The Evolution of Co-operation*. New York: Basic Books Inc.

Badaracco, J. and Yoffie, D. (1983). '"Industrial Policy": It Can't Happen Here', *Harvard Business Review*, Nov./Dec. 1983.

Baumol, W. (1990). 'Entrepreneurship: Productive, Unproductive, and Destructive', *Journal of Political Economy*, vol.98, no.5.

Baumol, W., Blackman, S., and Wolff, E. (1989). *Productivity and American Leadership*. Cambridge, MA: The MIT Press.

Bhagwati, J. (1988). *Protectionism*. Cambridge, MA: The MIT Press.

———. (1989). 'U.S. Trade Policy at Crossroads', *The World Economy*, vol. 12, no.4.

Blackaby, F. (ed.) (1979). *De-Industrialisation*. London: Gower.

Boltho, A. (1985). 'Was Japan's Industrial Policy Successful?', *Cambridge Journal of Economics*, vol.9, no.2.

Bowles, S. and Gintis, H. (1990). 'Contested Exchange: New Microfoundations for the Political Economy of Capitalism', *Politics and Society*, vol.18, no.2.

Burton, J. (1983). *Picking Losers...?: The Political Economy of Industrial Policy*. London: Institute of Economic Affairs.

Cairncross, A., Kay, J. and Silberston, Z. (1983). 'Problems of Industrial Recovery', in R. Matthews and J. Sargent (eds.), *Contemporary Problems of Economic Policy*. London: Methuen.

Chandler, A. (1962). *Strategy and Structure*. Cambridge, MA: The MIT Press.

Chang, H.-J. (1993). 'The Political Economy of Industrial Policy in Korea', *Cambridge Journal of Economics*, vol.17, no.2.

———. (1994). *The Political Economy of Industrial Policy*. London and Basingstoke: Macmillan.

Cohen, S. (1977). *Modern Capitalist Planning: The French Model*, 2nd edn. Berkeley: University of California Press.

Cohen, S. and Zysman. J. (1987). *Manufacturing Matters*. New York: Basic Books.

Corden. W. (1980). 'Relationships between Macro-economic and Industrial Policies', *The World Economy*, vol.3, no.2.

Cox. A. (ed.) (1986). *State, Finance, and Industry in Comparative Perspective*. Brighton: Wheatsheaf Books.

Dahmén, E. (1988). '"Development Blocks" in Industrial Economics', *Scandinavian Economic History Review*, vol.36, no.1.

David, P. (1985). 'Clio and the Economics of QWERTY', *American Economic Review*, vol.75. no.2.

Dawkins, R. (1986). *The Blind Watchmaker*. Harmondsworth: Penguin

Books.
Demsetz, H. (1982). *Economic, Legal, and Political Dimensions of Competition*. Amsterdam: North-Holland.
Dobb, M. (1925). *Capitalist Enterprise and Social Progress*. London: Routledge & Sons Ltd.
Donges. J (1980). 'Industrial Policies in West Germany's Not so Market-oriented Economy', *The World Economy*, vol.3, no.2.
Dore, R. (1986). *Flexible Rigidities: Industrial Policy and Structural Adjustment in the Japanese Economy 1970-80*. London: The Athlone Press.
──. (1987). *Taking Japan Seriously*. London: The Athlone Press.
──. (1989). 'Latecomers' Problems', *European Journal of Development Research*, vol.1, no.1.
Dornbusch, R., Poterba, J. and Summers, L. (1998). 'Macroeconomic Policy Should Make Manufacturing More Competitive', *Harvard Business Review*, Nov./Dec. 1988.
Duchêne, F. and Shepherd, G. (eds.) (1987). *Managing Industrial Change in Western Europe*. London: Frances Pinter.
Eatwell, J. (1982). 'Competition', in I. Bradley & M. Howard (eds.), *Classical and Marxian Political Economy*. London: Macmillan.
Fudenberg, D. and Tirole, J. (1986). 'A Theory of Exit in Duopoly', *Econometrica*, vol.54, no.4.
Gerschenkron, A. (1966). *Economic Backwardness in Historical Perspective*. Cambridge, MA: Belknap Press.
Ghemawat, P. and Nalebuff, B. (1985). 'Exit', *The Rand Journal of Economics*, vol. 16, no.2.
Gould, S. (1983). *The Panda's Thumb*, Pelikan Books edn. Harmondsworth: Penguin Books.
Grossman, G. (1988). 'Strategic Export Promotion: A Critique', in P. Krugman (ed.), *Strategic Trade Policy and the New International Economics*. Cambridge, MA: The MIT Press.
Hall. P. (1987). *Governing the Economy*. Cambridge: Polity Press.

Hare, P. (1985). *Planning the British Economy*. London and Basingstoke: Macmillan.

Hayek, F. (1949a). 'Economics and Knowledge', in F. Hayek, *Individualism and Economic Order*. London: Routledge & Kegan Paul.

———. (1949b). 'The Meaning of Competition', in F. Hayek, *Individualism and Economic Order*. London: Routledge & Kegan Paul.

———. (1949c). 'The Use of Knowledge in Society', in F. Hayek, *Individualism and Economic Order*. London: Routledge & Kegan Paul.

———. (1978). 'Competition as a Discovery Procedure', in F. Hayek, *New Studies in Philosophy, Politics, Economics and the History of Ideas*. London: Routledge & Kegan Paul.

Hayward, J. (1986). *The State and Market Economy*. Brighton: Wheatsheaf Books.

Heiner, R. (1983). 'The Origin of Predictable Behaviour', *American Economic Review*, vol.73, no.4.

Heiner, R. (1988). 'Imperfect Decisions and Routinised Production: Implications for Evolutionary Modeling and Inertial Technical Change', in G. Dosi, C. Freeman, R. Nelson, G. Silverberg and L. Soete (eds.), *Technical Change and Economic Theory*. London: Pinter Publishers.

Hirschman, A. (1958). *The Strategy of Economic Development*. New Haven and London: Yale University Press.

Hodgson, G. (1988). *Economics and Institutions*. Cambridge: Polity Press.

Jacquemin, A. (ed.) (1984). *European Industry: Public Policy and Corporate Strategy*. Oxford: Clarendon Press.

Johnson, B. and Lundvall, B. (1989). 'Limits of the Pure Market Economy', in *Samhällsventenskap, Ekonomi och Historia - Festskrift till Lars Harlitz*. Göteborg: Daidalos.

Johnson, C. (1982). *MITI and the Japanese Miracle*. Stanford: Stanford University Press.

———. (1984). 'Introduction: The Idea of Industrial Policy', in C. Johnson (ed.), *The Industrial Policy Debate*. San Francisco: Institute for Contemporary Studies.

──────. (ed.) (1984). *The Industrial Policy Debate*. San Francisco: Institute for Contemporary Studies.

Jones, L. and Sakong, I. (1980). *Government, Business and Entrepreneurship in Economic Development: The Korean Case*. Cambridge, MA: Harvard University Press.

Jorde, T. and Teece, D. (1990). 'Innovation and Cooperation: Implications for Competition and Antitrust', *Journal of Economic Perspectives*, vol,4. no.3.

Kaldor, N. (1985). *Economics without Equilibrium*. Cardiff: University College of Cardiff Press.

Khan, M.A. (1987). 'Perfect Competition', in *The Palgrave Dictionary of Economics*, vol.3. London: Macmillan.

Kirzkowski, H. (ed.) (1984). *Monopolistic Competition and International Trade*. Oxford: Oxford University Press.

Kirzner, I. (1973). *Competition and Entrepreneurship*. Chicago: The University of Chicago Press.

Kitching, G. (1983). *Rethinking Socialism: A Theory for a Better Practice*. London: Methuen.

Knight, F. (1921). Risk, *Uncertainty, and Profit*. Chicago: The University of Chicago Press.

Korpi, W. (1983). *The Democratic Class Struggle*. London: Routledge & Kegan Paul.

Krueger, A. (1990). 'Government Failure in Economic Development', *Journal of Economic Perspective*, 1990, no.3.

Krugman, P. (1984). 'The U.S. Response to Foreign Industrial Targeting', *Brookings Papers on Economic Activity*, 1984, no.1.

──────. (ed.) (1988). *Strategic Trade Policy and the New International Economics*. Cambridge, MA: The MIT Press.

Kuisel, R. (1981). *Capitalism and the State in Modern France: Renovation and Economic Management in the Twentieth Century*. Cambridge: Cambridge University Press.

Landes, D. (1990). 'Why Are We So Rich and They So Poor?', *American Economic Review*, vol.80, no.2.

Landesmann, M. (1992). 'Industrial Policies and Social Corporatism', in J. Pekkarinen, M. Pohjola and B. Rowthorn (eds.), *Social Corporatism*. Oxford: Clarendon Press.

Lavoie, D. (1985). *Rivalry and Central Planning*. Cambridge: Cambridge University Press.

Lawrence, R. (1984). *Can America Compete?*. Washington D.C.: Brookings Institution.

Lindbeck, A. (1981). 'Industrial Policy as an Issue in the Economic Environment', *The World Economy*, vol.4, no.4.

Lippincott, B. (ed.) (1938). *On the Economic Theory of Socialism*. Minneapolis: The University of Minnesota Press.

Luedde-Neurath, R. (1986). *Import Controls and Export-Oriented: A Reassessment of the South Korean Case*. Boulder and London: Westview Press.

Magaziner, I. and Hout, T. (1980). *Japanese Industrial Policy*. London: Policy Studies Institute.

Maier, C. (1987). *In Search of Stability*. Cambridge: Cambridge University Press.

Marx, K. (1976). *Capital*, vol.1. Harmondsworth: Penguin Books.

———. (1981). *Capital*, vol.3. Harmondsworth: Penguin Books.

Maynard Smith, J. (1982). *Evolution and the Theory of Games*. Cambridge: Cambridge University Press.

McNulty, P. (1968). 'Economic Theory and the Meaning of Competition', *Quarterly Journal of Economics*, vol.82, November.

NEDO(National Economic Development Office). (1978). *Competition Policy*. London: Her Majesty's Stationery Office.

Nelson, R. (1981). 'Assessing Private Enterprise: An Exegesis of Tangled Doctrine', *The Bell Journal of Economics*, vol.12, no.1.

———. (1986). 'Incentives for Entrepreneurship and Supporting Institutions', in B. Balassa and H. Giersch (eds.), *Economic Incentives*. London and Basingstoke: Macmillan.

Nelson, R. (1991). 'Diffusion of Development: Post-World War II Convergence Among Advanced Industrial Nations', *American Economic*

Review, vol,81. no.2.

Nelson, R. and Soete, L. (1988). 'Policy Conclusions', in G. Dosi, C. Freeman, R. Nelson, G. Silverberg and L. Soete (eds.), *Technical Change and Economic Theory*. London: Pinter Publishers.

Nelson, R. and Winter, S. (1982). *An Evolutionary Theory of Economic Change*. Cambridge, MA: Belknap Press.

North, D. (1981). *Structure and Change in Economic History*. New York: W.W. Norton & Co.

―――. (1990). *Institutions, Institutional Change and Economic Performance*. Cambridge: Cambridge University Press.

Norton, R. (1986). Industrial Policy and American Renewal, *Journal of Economic Literature*, vol.24, no.1.

O'Driscoll, G. (1986). 'Competition as a Process: a Law and Economics Perspective', in R. Langlois (ed.), *Economics as a Process*. Cambridge: Cambridge University Press.

OECD (Organisation for Economic Cooperation and Development) (1989). *Industrial Policy in OECD Countries; Annual Review 1989*. Paris: OECD.

Okimoto, D. (1989). *Between MITI and the Market: Japanese Industrial Policy for High Technology*. Stanford: Stanford University Press.

Pagano, U. (1985). *Work and Welfare in Economic Theory*. Oxford: Basil Blackwell.

Panitch, L. (1981). 'Trade Unions and the Capitalist State', *New Left Review*, no.125.

Parker, G. and Maynard Smith, J. (1990). 'Optimality Theory in Evolutionary Biology', *Nature*, vol.348, no.1.

Pelikan, P. (1988). 'Can the Innovative System of Capitalism be Outperformed?', in G. Dosi, C. Freeman, R. Nelson, G. Silverberg and L. Soete (eds.), *Technical Change and Economic Theory*. London: Pinter Publishers.

Pinder, J. (1982). 'Causes and Kinds of Industrial Policy', in J. Pinder (ed.), *National Industrial Strategies and the World Economy*. London: Croom Helm.

———. (ed.) (1982). *National Industrial Strategies and the World Economy*. London: Croom Helm.

Porter, M. (1990). *Competitive Advantage of the Nations:* London and Basingstoke: Macmillan.

Price, V. (1980). 'Alternatives to Delayed Structural Adjustment in "Work-shop Europe"', *The World Economy*, vol.3, no.2.

Rasmusen, E. (1989). *Games and Information*. Oxford: Basil Blackwell.

Reich, R. (1982). 'Why the U.S. Needs an Industrial Policy', *Harvard Business Review*, Jan./Feb. 1982.

Renshaw, J. (1986). *Adjustment and Economic Performance in Industrialised Countries*. Geneva: ILO.

Richardson, G.B. (1960). *Information and Investment*. Oxford: Oxford University Press.

———. (1971). 'Planning versus Competition', *Soviet Studies*, vol.22, no.3.

———. (1972). 'The Organisation of Industry', *Economic Journal*, vol.82, no.3.

Rosenberg, N. (1976). *Perspectives on Technology*. Cambridge: Cambridge University Press.

Rosenberg, N. and Birdzell, L. (1986). *How the West Grew Rich*. London: I.B. Tauris & Co. Ltd.

Rowthorn, B. and Wells, J. (1987). *Foreign Trade and De-Industrialisation*. Cambridge: Cambridge University Press.

Salter, W. (1960). *Productivity and Technical Change*. Cambridge: Cambridge University Press.

Schultze, C. (1983). 'Industrial Policy: A Dissent', *The Brookings Review*, Fall, 1983.

Schumpeter, J. (1987). *Capitalism, Socialism and Democracy*, 6th edn. London: Unwin Paperbacks.

Simon, H. (1983). *Reason in Human Affairs*. Oxford: Basil Blackwell.

Singh, A. (1977). 'UK Industrialisation and the World Economy: A Case of De-Industrialisation', *Cambridge Journal of Economics*, vol.1, no.2.

Stigler, G. (1951). 'The Division of Labour is Limited by the Extent of the

Market', *Journal of Political Economy*, vol.59, no.3.

Stinchcombe, A. (1990). *Information and Organisation*. Berkeley and Los Angeles: University of California Press.

Stout, D. (1979). 'De-industrialisation and Industrial Policy', in F. Blackaby (ed.), *De-industrialisation*. London: Gower.

Telser, L. (1987). *A Theory of Efficient Cooperation and Competition*. Cambridge: Cambridge University Press.

Thompson, G. (1989). 'The American Industrial Policy Debate: Any Lessons for the UK?', in G. Thompson (ed.), *Industrial Policy: USA and UK Debates*. London: Routledge.

Tirole, J. (1988). *The Theory of Industrial Organisation*. Cambridge, MA: The MIT Press.

Tomlinson, J. (1982). *The Unequal Struggle?: British Socialism and the Capitalist Enterprise*. London: Methuen.

Trezise, P. (1983). 'Industrial Policy is not the Major Reason for Japan's Success', *The Brookings Review*, vol.1, spring.

Varian, H. (1984). *Microeconomic Analysis*. New York: W.W. Norton.

Vernon, R. (1987). 'Product Cycle', in *The Palgrave Dictionary of Economics*, vol.3. London: Macmillan.

Williamson, O. (1975). *Markets and Hierarchies; Analysis and Antitrust Implications*. New York: The Free Press.

―――. (1985). *The Economic Institutions of Capitalism*. New York: The Free Press.

―――. (1988). 'The Logic of Economic Organisation', *Journal of Law, Economics and Organisation*, vol.4, no.1.

Winter, S. (1988). 'On Coase, Competence, and the Corporation', *Journal of Law, Economics and Organisation*, vol.4, no.1.

Yamamura, K. (1988). 'Caveat Emptor: The Industrial Policy of Japan', in P. Krugman (ed.), *Strategic Trade Policy and the New International Economics*. Cambridge, MA: The MIT Press.

Young, A. (1928). 'Increasing Returns and Economic Progress', *Economic Journal*, vol.38, no.4.

Zysman, J. (1983). *Governments, Markets and Growth: Financial Systems and the Politics of Industrial Change.* Oxford: Martin Robertson.

__8장__ 규제의 경제학과 정치학

Armstrong, P., Glyn, A. and Harrison. J. (1991). *Capitalism since 1945.* Oxford: Blackwell.

Arrow, K. (1974). *The Limit of Organisation.* New York and London: W.W. Norton.

──. (1991). 'The Economics of Agency', in I. Pratt and R. Zeckhauser (eds.), *Principals and Agents: The Structure of Business.* Boston: Harvard Business School Press.

Balassa, B. *et al.* (1982). *Development Strategies in Semi-Industrial Economies.* Baltimore: The Johns Hopkins University Press.

Bardhan, P. (1984). *The Political Economy of Development in India.* Oxford: Basil Blackwell.

Barzel, Y. (1989). *Economic Analysis of Property Rights.* Cambridge: Cambridge University Press.

Bates, R. (1981). *Markets and States in Tropical Africa.* Berkely and Los Angeles: University of California Press.

Baumol, W., Panzer, I. and Willig, D. (1982). *Contestable Markets and the Theory of Industrial Structure.* New York: Harcourt Brace Jovanovich.

Bryer, S. (1990). 'Regulation and Deregulation in the United States: Airlines, Telecommunications and Antitrust', in Majone (ed.), *Deregulation or Reregulation? - Regulatory Reform in Europe and the United States.* London: Pinter.

Buchanan, J. and Tullock, G. (1962). *The Calculus of Consent.* Ann Arbor: University of Michigan Press.

Buchanan, J., Tollison, R. and Tullock, G. (eds.) (1980). *Toward a Theory of the Rent-Seeking Society.* College Station: Texas A&M University Press.

Byres, T. (1979). 'Of Neo-populist Pipe-dreams: Daedalus in the Third World

and the Myth of Urban Bias', *Journal of Peasant Studies*, vol.6, no.2.
Caillaud, B., Guesnerie, R. and Rey, P. (1988). 'Government Intervention in Production and Incentives Theory: A Review of Recent Contributions', *RAND Journal of economics*, vol.19, no.1.
Cairncross, F. and Cairncross, A. (eds.) (1992). *The Legacy of the Golden Age - The 1960s and Their Economic Consequences*. London: Routledge.
Chang, H.-J. (1994). *The Political Economy of Industrial Policy*. London and Basingstoke: Macmillan.
———. (1995). 'Explaining "Flexible Rigidities" in East Asia', in T. Killick (ed.), *The Flexible Economy*. London: Routledge.
Chang, H.-J. and Rowthorn, R. (eds.) (1995). *The Role of the State in Economic Change*. Oxford: Oxford University Press.
Coase, R. (1960). 'The Problem of Social Coast', *Journal of Law and Economics*, vol.3.
———. (1988). 'The Firm, the Market, and the Law', in R. Coase, *The Firm, the Market, and the Law*. Chicago: University of Chicago Press.
Coase, R. (1992). 'The Institutional Structure of Production', *American Economic Review*, vol.82, no.4.
Colclough, C. (1991). 'Structuralism versus Neo-liberalism: An Introduction', in C. Colclough and J. Manor (eds.), *States or Markets?: Neoliberalism and the Development Policy Debate*. Oxford: Clarendon Press.
Colclough, C. and Manor, J. (eds.) (1991). *States or Markets? Neoliberalism and the Development Policy Debate*. Oxford: Clarendon Press.
Cullis, J. and Jones, P. (1987). *Microeconomics and the Public Economy: A Defence of Leviathan*. Oxford: Basil Blackwell.
———. (1992). *Public Finance and Public Choice*. London: McGraw-Hill.
Demsetz, H. (1968). 'Why Regulate Utilities?', *Journal of Law and Economics*, vol. 11.
———. (1988). 'A Framework for the Study of Ownership', in H. Demsetz, *Ownership, Control, and the Firm*. Oxford: Basil Blackwell.
Diaz-Alejandro, C. (1985). 'Good-bye Financial Repression, Hello Financial Crash', *Journal of Development Economics*, vol.19, nos.1-2.

Dobb, M. (1969). *Welfare Economics and the Economics of Socialism*. Cambridge: Cambridge University Press.

Dornbusch, R. and Edwards, S. (eds.) (1991). *The Macroeconomics of Populism in Latin America*. Chicago: University of Chicago Press.

Dosi, G., Freeman, C., Nelson, R., Silverberg, G. and Soete, L. (eds.) (1988). *Technical Change and Economic Theory*. London: Pinter.

Friedman, M. (1962). *Capitalism and Freedom*. Chicago and London: University of Chicago Press.

Giersch, H. (1986). 'Liberalisation for Faster Economic Growth', Occasional Paper no.74. London: Institute of Economic Affairs.

Granovetter, M. (1985). 'Economic Action and Social Structure: The Problem of Embeddedness', *American Journal of Sociology*, vol.91, no.3.

Gray, C. (1995). 'Options for State Intervention in a Market Economy - from Laissez-Faire to Command and Control', unpublished paper prepared for Economic Development Institute. Washington, D.C.: World Bank.

Haque, I., Bell, M., Dahlman, C., Lall, S. and Pavitt, K. (1996). *Trade, Technology and International Competitiveness*. Washington, D.C.: World Bank.

Harberger, A. (1954). 'Monopoly and Resource Allocation', *American Economic Review*, vol.44, no.2.

Hayek, F. (1944). *The Road to Serfdom*. London: Routledge and Kegan Paul.

———. (1949). 'The Meaning of Competition', in F. Hayek, *Individualism and Economic Order*. London: Routledge and Kegan Paul.

———. (1988). *The Fatal Conceit - The Errors of Socialism*. London: Routledge.

Hirschman, A. (1958). *The Strategy of Economic Development*. New Haven and London: Yale University Press.

———. (1982). *Shifting Involvement*. Princeton: Princeton University Press.

Hughes, A. and Singh, A. (1991). 'The World Economic Slowdown and the Asian and Latin American Economies: A Comparative Analysis of Economic Structure, Policy, and Performance', in T. Banuri (ed.), *Economic Liberalisation: No Panacea*. Oxford: Clarendon Press.

Johnson, C. (1982). *MITI and the Japanese Miracle*. Stanford: Stanford University Press.

―――. (ed.). (1984). *The Industrial Policy Debate*. San Francisco: Institute for Contemporary Studies.

Journal of Economic Perspectives, 1994, no.1, Symposium on 'New Growth Theory'.

Joskow, P. and Rose, N. (1989). 'The Effects of Economic Regulation', in R. Schmalensee and R. Willig (eds.), *Handbook of Industrial Organisation*, vol.2. Amsterdam: Elsevier Science Publishers.

Krueger, A. (1974). 'The Political Economy of the Rent-seeking Society', *American Economic Review*, vol.64, no.3.

―――. (1980). 'Trade Policy as an Input to Development', *American Economic Review*, vol.70, no.2.

Krugman, P. (ed.) (1988). *Strategic Trade Policy and the New International Economics*. Cambridge, MA: MIT Press.

Lal, D. (1983). *The Poverty of Development Economics*. London: Institute of Economic Affairs.

Langlois, R. (ed.) (1986). *Economics as a Process*. Cambridge: Cambridge University Press.

Leibenstein, H. (1966). 'Allocative Efficiency vs X-efficiency', *American Economic Review*, vol.56, no.3.

Levy, B. and Spiller, P. (1994). 'Regulations, Institutions and Commitment in Telecommunications: A Comparative Analysis of Five Country Studies', in *Proceedings of the World Bank Annual Conference in Development Economics 1993*. Washington, D.C.: World Bank.

Lipsey, R. and Lancaster, K. (1956). 'General Theory of the Second Best', *Review of Economic Studies*, vol.24, no.63.

Lipton, M. (1977). *Why Poor People Stay Poor - Urban Bias in World Development*. Cambridge, MA: Harvard University Press.

Little, I. (1982). *Economic Development*. New York: Basic Books.

Majone, G. (ed.) (1990). *Deregulation or Re-regulation? - Regulatory Reform in Europe and the United States*. London: Pinter.

Marglin, S. and Schor, J. (eds.) (1990). *The Golden Age of Capitalism*. Oxford: Clarendon Press.

McCormick, R., Shughart, W. and Tollison. R. (1984). 'The Disinterest in Deregulation', *American Economic Review*, vol.74, no.5.

McNulty, P. (1968). 'Economic Theory and the Meaning of Competition', *Quarterly Journal of Economics*, vol.82, no.4.

McPherson, M. (1984). 'Limits of Self-seeking: The Role of Morality in Economic Life', in D. Colander (ed.), *Neoclassical Political Economy*. Cambridge, MA: Ballinger Publishing Company.

Michie, J. (1995). 'Institutional Aspects of Regulating the Private Sector', in J. Groenewegen, C. Pitelis and S.-E. Sjostrand (eds.), *On Economic Institutions - Theory and Applications*. Aldershot: Edward Elgar.

Milgrom, P. and Roberts, J. (1990). 'Bargaining Costs, Influence Costs, and the Organisation of Economic Activity', in J. Alt and K. Shepsle (eds.), *Perspectives on Positive Political Economy*. Cambridge: Cambridge University Press.

Mueller, D. (1979). *Public Choice*. Cambridge: Cambridge University Press.

Musgrave, R. and Musgrave, P. (1984). *Public Finance in Theory and Practice*, 4th edn. New York: McGraw Hill.

Nelson, R. (ed.) (1993). *National Innovation Systems*. Oxford: Oxford University Press.

Noll, R. (1989). 'Economic Perspectives on the Politics of Regulation', in R. Schmalensee and R. Willig (eds.) *Handbook of Industrial Organisation*, vol.2. Amsterdam: Elsevier Science Publishers, B.V.

North, D. (1981). *Structure and Change in Economic History*. New York: W.W. Norton & Co.

———. (1994). 'Economic Performance Through Time', *American Economic Review*, vol.84, no.3.

Nurkse, R. (1952). 'Some International Aspects of the Problem of Economic Development', *American Economic Review*, vol.42, no.2.

Olson, M. (1965). *The Logic of Collective Action*. Cambridge, MA: Harvard University Press.

───. (1982). *The Rise and Decline of Nations*. New Haven: Yale University Press.

Palma, G. (1978). 'Dependency: A Formal Theory of Underdevelopment or a Methodology for the Analysis of Concrete Situations of Underdevelopment?', *World Development*, vol.6, nos.7-8.

Peltzman, S. (1976). 'Toward a More General Theory of Regulation', *Journal of Law and Economics*, vol.19.

Pigou, A. (1920). *The Economics of Welfare*. London: Macmillan.

Polanyi, K. (1957). *The Great Transformation*. Boston: Beacon Press.

Posner, R. (1974). 'Theories of Economic Regulation', *Bell Journal of Economic and Management Science*, vol.5.

Rosenstein-Rodan, P. (1943). 'Problems of Industrialisation of Eastern and South-Eastern Europe', *Economic Journal*, vol.53, no.3.

Sachs, J. (ed.) (1989). *Developing Country Debt and the World Economy*. Chicago and London: University of Chicago Press.

Samuelson, P. (1954). 'The Pure Theory of Public Expenditure', *Review of Economics and Statistics*, vol.36, no.4.

Sappington, D. (1991). 'Incentives in Principal-Agent Relationships', *Journal of Economic Perspectives*, vol.5, no.2.

Schumpeter, J. (1987). *Capitalism, Socialism and Democracy*, 6th edn. London: Unwin Paperbacks.

Scitovsky, T. (1954). 'Two Concepts of External Economies', *Journal of Political Economy*, vol.62, no.2.

Sherman, R. (1989). *The Regulation of Monopoly*. Cambridge: Cambridge University Press.

Simon, H. (1983). *Reason in Human Affairs*. Oxford: Basil Blackwell.

───. (1991). 'Organisations and Markets', *Journal of Economic Perspectives*, vol.5, no.2.

Singh, A. (1990). 'The State of Industry in the Third World in the 1980s: Analytical and Policy Issues', Working Paper no.137, The Helen Kellogg Institute for International Studies. Indiana, USA: University of Notre Dame.

Solimano, A. (1992). 'After Socialism and Dirigism - Which Way?', Policy Research Working Paper, Country Economics Department. Washington, D.C.: World Bank.

Stigler, G. (1971). 'The Theory of Economic Regulation', *Bell Journal of Economic and Management Science*, vol.2.

Stiglitz, J. (1987). 'Principal-Agent Problem', *The Palgrave Dictionary of Economics*, vol.3. London: Macmillan.

———. (1988). *Economics of the Public Sector*, 2nd edn. New York: W.W. Norton & Co.

———. (1992). 'Alternative Tactics and Strategies in Economic Development', in A.K. Dutt and K. Jameson (eds.), *New Directions in Development Economics*. Aldershot: Edward Elgar.

Swann, D. (1988). *The Retreat of the State - Deregulation and Privatisation in the UK and US*. New York: Harvester Wheatsheaf.

Taylor, L. (1993). 'Review of *World Development Report 1991* by the World Bank', *Economic Development and Cultural Change*, vol.41, no.2.

Tirole, J. and Laffont, J.-J. (1993). *A Theory of Incentives in Procurement and Regulation*. Cambridge, MA: MIT Press.

Toye, J. (1987). *Dilemmas of Development*. Oxford: Blackwell.

———. (1991). 'Is There a New Political Economy of Development?', in C. Colclough and J. Manor (eds.), *States or Markets?: Neoliberalism and the Development Policy Debate*. Oxford: Clarendon Press.

Tullock, G. (1967). 'The Welfare Costs of Tariffs, Monopolies and Theft', *Western Economic Journal*, vol.5, no.3.

UNCTAD(United Nations Conference on Trade and Development) (1995). *Trade and Development Report 1995*. New York and Geneva: United Nations.

Vickers, J. (1991). 'Government Regulatory Policy', *Oxford Review of Economic Policy*, vol.7, no.3.

Vickers, J. and Yarrow, G. (1988). *Privatisation*. Cambridge, MA: MIT Press.

Vietor, R. (1994). *Contrived Competition - Regulation and Deregulation in America*. Cambridge, MA: Harvard University Press.

White, L. (1993). 'A Cautionary Tale of Deregulation Gone Awry: The S&L Debacle', *Southern Economic Journal*, vol.59, no.3.

Williamson, O. (1985). *The Economic Institutions of Capitalism*. New York: The Free Press.

Willig, R. (1994). 'Public Versus Regulated Private Enterprise', in *Proceedings of the World Bank Annual Conference on Development Economics 1993*. Washington, D.C.: World Bank.

Winston, C. (1993). 'Economic Deregulation - Days of Reckoning for Microeconomists', *Journal of Economic Literature*, vol.31, no.3.

World Bank (1983). *World Development Report 1983*. New York: Oxford University Press.

────. (1991). *World Development Report 1991*. New York: Oxford University Press.

You, J. and Chang, H.-J. (1993). 'The Myth of the Free Labour Market in Korea', *Contributions to Political Economy*, vol.12.

9장 개발도상국에서 공기업의 효율성

Aharoni, Y. (1986). *The Evolution and Management of State-Owned Enterprises*. Cambridge, MA: Ballinger Publishing Company.

Ahluwalia, I. (1987). 'The Role of Policy in Industrial Development', paper presented at the Orstom Conference on Economies Industrielles et Stratégies d'Industrialisation dans Le Tiers Monde, Paris.

Amsden, A. (1985). 'The State and Taiwan's Economic Development', in P. Evans, D. Rueschemeyer and T. Skocpol (eds.), *Bringing the State Back In*. Cambridge: Cambridge University Press.

────. (1989). *Asia's Next Giant*. New York: Oxford University Press.

Arcirio, R. (1988). 'The Brazilian Public Enterprise Performance Evaluation System', *Public Enterprise*, vol.8, no.1.

Avramovic, D. (1988). 'Conditionality: Facts, Theory and Policy - Contribution to the Reconstruction of the International Financial System', Helsinki:

WIDER.

Aylen, J. (1987). 'Privatisation in Developing Countries', *Lloyds Bank Review*, January 1987.

Ayub, M. and Hegstad, S. (1986). 'Public Industrial Enterprises', *World Bank Industry and Finance Series*, vol.17. Washington, D.C.: The World Bank.

Balassa, B. *et al.* (1986). *Toward Renewed Economic Growth in Latin America*. Washington D.C.: Institute for International Economics/Mexico City: Colegio de Mexico.

Basu, P. (1990). 'Some Strategic Issues in the Management of India's Central Public Enterprises: Does "Government's Failure" Overshadow "Managerial Failure"', Management Studies Research Paper, no.9/90, Engineering Department, University of Cambridge.

Baumol, W. (1980). 'On the Implications of the Conference Discussions', in W. Baumol (ed.), *Public and Private Enterprises in a Mixed Economy*. London and Basingstoke: Macmillan.

———. (ed.) (1980). *Public and Private Enterprises in a Mixed Economy*. London and Basingstoke: Macmillan.

Bienen, H. and Waterbury, J. (1989). 'The Political Economy of Privatisation in Developing Countries', *World Development*, vol.17, no.5.

Bishop, M. and Kay, J. (1988). 'The Impact of Privatisation on the Performance of the UK Public Sector', paper presented to the Fifteenth Annual Conference of EARIE, Erasmus University, Rotterdam.

———. (1989). 'Privatisation in the United Kingdom: Lessons from Experience', *World Development*, vol.17, no.5.

Byé, M. (1955). 'Nationalisation in France', in M. Einaudi, M. Byé and E. Rossi, *Nationalisation in France and Italy*. Ithaca: Cornell University Press.

Camerer, C. (1989). 'Bubbles and Fads in Asset Prices', *Journal of Economic Surveys*, vol.3, no.1.

Commander, S. and Killick, T. (1988). 'Privatisation in Developing Countries: A Survey of the Issues', in P. Cook and C. Kirkpatrick (eds.), *Privatisation in Less Developed Countries*. New York: Harvester Wheatsheaf.

Conte, M. and Darrat, A. (1988). 'Economic Growth and Expanding Public Sector: A Re-examination', *Review of Economics and Statistics*.

Cook, P. and Kirkpatrick, C. (1988). 'Privatisation in Less Developed Countries: An Overview', in P. Cook and C. Kirkpatrick (eds.), *Privatisation in Less Developed Countries*. New York: Harvester Wheatsheaf.

Cosh, A., Hughes, A and Singh, A. (1989). *Openness, Financial Innovation, Changing Patterns of Ownership and the Structure of Financial Markets*, Discussion Paper, Helsinki, World Institute for Development Economics Research.

──. (1990). *Takeovers, Short-termism and Finance-Industry Relations in U.K. economy*, Department of Applied Economics, University of Cambridge.

Daring, R. (1989). *Successful PE: The Code of the Double Paradox*, the 1989 Hatfield Lecture, Hatfield Polytechnic.

Dertouzos, M., Lester, R. and Solow, R. (1989). *Made in America*. Cambridge, MA: The MIT Press.

Dholakia, B. (1978). 'Relative Performance of Public and Private Manufacturing Enterprises in India: Total Factor Productivity Approach', *Economic and Political Weekly*, no.1.

Edwards, J., Kay, J. and Mayer, C. (1987). *The Economic Analysis of Accounting Profitability*. Oxford: Clarendon Press.

Evans, D. (1987a). 'Tests of Alternative Theories of Firm Growth', *Journal of Political Economy*, vol.95, no.4.

──. (1987b). 'The Relationship between Firm Growth, Size, and Age: Estimates for 100 Manufacturing Industries', *Journal of Industrial Economics*, vol.35, no.4.

Fernandes, P. (1983). 'An Approach to Evaluating the Performance of Public Industrial Enterprises', *Industry and Development*, no.7.

Fisinger, J. (1984). 'The Performance of Public Enterprises in Insurance Markets', in M. Marchan, P. Pestieau and H. Tulken (eds.), *The Performance of Public Enterprises: Concepts and Measurement*. Amsterdam: North Holland.

Floyd, R. (1984). 'Some Topical Issues Concerning Public Enterprises', in R. Floyd, C. Gary and R. Short (eds.), *Public Enterprises in Mixed Economies: Some Macroeconomic Aspects*. Washington, D.C.: International Monetary Fund.

Funkhouser, R. and MacAvoy, P. (1979). 'A Sample of Observations on Comparative Prices in Public and Private Enterprises', *Journal of Public Economics*, vol.11, no.3.

Galán, T. (1980). 'Thoughts on the Role of Public Holdings in Developing Economies: INI's Experience in Spain', in W. Baumol (ed.), *Public and Private Enterprises in a Mixed Economy*. London and Basingstoke: Macmillan.

Gemmell, N. (1983). 'International Comparison of the Effects of Non-Market Sector Growth', *Journal of Comparative Economics*, vol.7.

Georgakopolous, T., Prodromidis, K. and Loizides, J. (1987). 'Public Enterprises in Greece', *Annals of Public and Cooperative Economics*, vol.58, no.4.

Gerschenkron, A. (1962). 'Economic Backwardness in Historical Perspective', in *Economic Backwardness in Historical Perspective*. Cambridge, MA: The Belknap Press.

Green, R. H. (1985). 'Malaise to Recovery: An Overview', *Journal of Development Planning*, no.15.

Greer, D. (1986). 'Acquiring in Order to Avoid Acquisition', *Antitrust Bulletin*, vol.31, Spring.

Grossman, S. and Hart, O. (1980). 'Takeover Bids, the Free-rider Problem, and the Theory of the Corporation', *The Bell Journal of Economics*, Spring, 1980.

Heller, P. and Schiller, C. (1989). 'The Fiscal Impact of Privatisation, with Some Examples from Arab Countries', *World Development*, vol.17, no.5.

Hirschman, A. (1970). *Exit, Voice and Loyalty - Responses to Decline in Firms, Organisations, and States*. Cambridge, MA: Harvard University Press.

———. (1982). *Shifting Involvements - Private Interest and Public Action*. Oxford: Basil Blackwell.

Hughes, A. (1989). 'The Impact of Merger: A Survey of Empirical Evidence for the U.K.', in J. Fairburn and J. Kay (eds.), *Mergers and Merger Policy*. Oxford: Oxford University Press.

Hughes, A. and Singh, A. (1987). 'Takeovers and the Stock Market', *Contributions to Political Economy*, vol.6.

Jenkins, G. and Lahouel, M. (1983). 'Evaluation of Performance of Industrial Public Enterprises: Criteria and Policies', *Industry and Development*, no.7.

Jensen, M. and Meckling, W. (1976). 'Theory of Firm: Managerial Behaviour, Agency Costs and Ownership Structure', *Journal of Financial Economics*, vol.3.

Jones, L. and Mason, E. (1982). 'Role of Economic Factors in Determining the Size and Structure of the Public Enterprise Sector in Less-developed Countries with Mixed Economies', in L. Jones (ed.), *Public Enterprise in Less-developed Countries*. Cambridge: Cambridge University Press.

Kaldor, N. (1980). 'Public or Private Enterprise - the Issues to be Considered', in W. Baumol (ed.), *Public and Private Enterprises in a Mixed Economy*. London and Basingstoke: Macmillan.

Keynes, J.M. (1936). *The General Theory of Employment, Interest, and Money*. London and Basingstoke: Macmillan.

Khan, M.H. (1989). 'Clientelism, Corruption, and Capitalist Development: An Analysis of State Intervention with Special Reference to Bangladesh', unpublished Ph.D. thesis, Faculty of Economics and Polities, University of Cambridge.

Killick, T. (1983). 'The Role of Public Sector in the Industrialisation of African Developing Countries', *Industry and Development*, no.7.

Kirkpatrick, C. (1986). 'The World Bank's View on State Owned Enterprises in Less Developed Countries: A Critical Comment', *Rivista Internazionale di Scienze Economiche e Commerciali*, vol.33, nos.6-7.

Krueger, A. and Tuncer, B. (1982). 'Growth of Factor Productivity in Turkish Manufacturing Industries', *Journal of Development Economics*, vol.11. no.3.

Kumar, M. (1984). *Growth, Acquisition and Investment.* Cambridge: Cambridge University Press.

Landau, D. (1983). 'Government Expenditure and Economic Growth: A Cross-Country Study', *Southern Economic Journal,* vol.49.

———. (1986). 'Government and Economic Growth in the Less Developed Countries: An Empirical Study for 1960-80', *Economic Development and Cultural Change,* vol.35.

Likierman, A. (1984). 'The Use of Profitability in Assessing the Performance of Public Enterprises', in V. Ramanadham (ed.), *Public Enterprise and the Developing World.* London: Croom Helm.

Littlechild, S. (1986). *Economic Regulation of Privatised Water Authorities.* London: HMSO.

Luke, D. (1988). 'The Economic and Financial Crisis Facing African Public Enterprise', *Public Enterprise,* vol.8, no.2.

MacAvoy, P. and McIsaac, G. (1989). 'The Performance and Management of United State Federal Government Corporations', in P. MacAvoy, W. Stanbury, G. Yarrow and R. Zeckhauser (eds.), *Privatisation and State-Owned Enterprises: Lessons from the United States, Great Britain and Canada.* Boston: Kluwer Academic Publishers.

Mallon, R. (1982). 'Public Enterprise versus Other Methods of State Intervention as Instruments of Redistribution Policy: the Malaysian Experience', in L. Jones (ed.), *Public Enterprise in Less-developed Countries.* Cambridge: Cambridge University Press.

Manasan, R., Amatong, J. and Beltran, G. (1988). 'The Public Enterprise Sector in the Philippines: Economic Contribution and Performance, 1975-1984', *Public Enterprise,* vol.8, no.4.

Marsedn, K. (1983). 'Links between Taxes and Economic Growth: Some Empirical Evidence', World Bank Staff Working Paper, no.605.

Marshall, J. and Montt, F. (1988). 'Privatisation in Chile', in P. Cook and C. Kirkpatrick (eds.), *Privatisation in Less Developed Countries.* New York: Harvester Wheatsheaf.

Meeks, G. and Whittington, G. (1976). 'The Financing of Quoted Companies in the United Kingdom', Background Paper no.1, Royal Commission on the Distribution of Income and Wealth. London: HMSO.

Millward, R. (1982). 'The Comparative Performance of Public and Private Ownership', in E. Roll (ed.), *The Mixed Economy*. London and Basingstoke: Macmillan.

―――. (1988). 'Measured Sources of Inefficiency in the Performance of Private and Public Enterprises in LDCs', in P. Cook and C. Kirkpatrick (eds.), *Privatisation in Less Developed Countries*. New York: Harvester Wheatsheaf

Nellis, J. and Kikeri, S. (1989). 'Public Enterprise Reform: Privatisation and the World Bank', *World Development*, vol.17, no.5.

Newbery, D. (1990). 'Reform in Hungary: Sequencing and Privatisation', paper to be presented at the Fifth Annual Congress of the European Economic Association, Lisbon, September, 1990.

Nickell, S. and Wadhwani, S. (1989). 'The Effects of the Stock Market on Investment: A Comparative Study', *The European Economic Review*, vol.33.

Nove, A. (1973). *Efficiency Criteria for Nationalised Industries*. London: George Allen and Unwin.

ÖIAG (Österreichische Industrieholding Aktiengesellschaft) (1990). *Austrian Industries: The New Economic Power of Austria*. Vienna: ÖIAG.

Okimoto, D. (1989). *Between MITI and the Market: Japanese Industrial Policy for High Technology*. Stanford: Stanford University Press.

Olson, M. (1965). *The Logic of Collective Action*. Cambridge, MA: Harvard University Press.

Parris, H., Pestieau, R. and Sayner, P. (1987). *Public Enterprises in Western Europe*. London: Croom Helm.

Pryke, R. (1980). 'Public Enterprise in Practice: The British Experience of Nationalisation during the Past Decade', in W. Baumol (ed.), *Public and Private Enterprises in a Mixed Economy*. London and Basingstoke: Macmillan.

Ram, R. (1986). 'Government Size and Economic Growth: A New Framework and Some Evidence form Cross-Section and Time-Series Data', *American Economic Review*, vol.76.

Rees, R. (1976). *Public Enterprise Economics*, 2nd edn. Oxford: Philip Allan.

Rowthorn, B. (1990a). 'Notes on Competition and Public Ownership', mimeo., Faculty of Economics and Politics, University of Cambridge.

———. (1990b). 'Privatisation in the UK', mimeo., Faculty of Economics and Politics, University of Cambridge.

Rowthorn, B. and Chang, H.-J. (1993). 'Public Ownership and the Theory of the State', in T. Clarke and C. Pitelis (eds.), *The Political Economy of Privatisation*. London: Routledge.

Rubinson, R.m (1977). 'Dependency, Government Revenue, and Economic Growth, 1955-70', *Studies in Comparative International Development*, vol.12.

Sandbrook, R. (1985). *The Politics of Africa's Economic Stagnation*. Cambridge: Cambridge University Press.

———. (1988). 'Patrimonialism and the Failing of Parastatals: Africa in Comparative Perspective' in P. Cook and C. Kirkpatrick (eds.), *Privatisation in Less Developed Countries*. New York: Harvester Wheatsheaf.

Shepherd, W. (1965). *Economic Performance under Public Ownership: British Fuel and Power*. New Haven and London: Yale University Press.

Shiller, R. (1981). 'Do Stock Prices Move Too Much to be Justified by Subsequent Changes in Dividends?', *American Economic Review*, vol.71, June.

Shirley, M. (1983). 'Managing State-Owned Enterprises', World Bank Staff Working Papers, no.577. Washington D.C.: World Bank

Short, R. (1984). 'The Role of Public Enterprises: An International Statistical Comparison', in R. Floyd, C. Gary and R. Short (eds.), *Public Enterprises in Mixed Economies: Some Macroeconomic Aspects*. Washington, D.C.: International Monetary Fund.

Sikorski, D. (1986). 'Public Enterprise (PE): How is it Different from the Private Sector – A Review of Literature', *Annals of Public and Cooperative Economics*, vol.57, no.4.

———. (1989). 'Competitive Advantages of State-Owned Enterprises –

Comparative Case Studies of National and Private Companies in Singapore', *Public Enterprise*, vol.9, no.1.

Singh, A. (1971). *Takeovers: Their Reference to the Stock Market and the Theory of the Firm*. Cambridge: Cambridge University Press.

———. (1975). 'Takeovers, Economic Natural Selection and the Theory of the Firm: Evidence from the Post-war U.K. Experience', *Economic Journal*, vol.85, Sept.

Singh, A. (1990). 'The Stock Market in a Socialist Economy', in P. Nolan and F. Deng (eds.), *The Chinese Economy and Its Future*. Cambridge: Polity Press.

Singh, A. and Ghosh, J. (1988). 'Import Liberalisation and New Industrial Strategy in India', *Economic and Political Weekly*, 1988.

Singh, A. and Whittington, G. (1968). *Growth, Profitability and Valuation*. Cambridge: Cambridge University Press.

———. (1975). 'The Size and Growth of Firms', *Review of Economic Studies*.

Singh, B. and Sahni, B. (1984). 'Causality between Public Expenditure and National Income', *Review of Economics and Statistics*, vol.66.

Song, D. (1986). 'The Role of the Public Enterprises in the Korean Economy', in K. Lee (ed.), *Industrial Development Policies and Issues*. Seoul: Korea Development Institute.

Stiglitz, J. (1985). 'Credit Markets and the Control of Capital', *Journal of Money, Credit and Banking*, vol.17, no.2.

———. (1987). 'Principal-Agent Problem', in J. Eatwell, M. Milgate and P. Newman (eds.), *The Palgrave Dictionary of Economics*. London and Basingstoke: Macmillan.

Summers, L. (1986). 'Does the Stock Market Rationally Reflect Fundamental Values?', *Journal of Finance*, July.

Tobin, J. (1984). 'A Mean-Variance Approach to Fundamental Valuations', *Journal of Portfolio Management*.

Trivedi, P. (1988). 'Theory and Practice of the French System of Contracts for Improving Public Enterprise Performance: Some Lessons for LDCs', *Public Enterprise*, vol.8, no.1.

Vernon, R. (1981). 'Introduction', in R. Vernon and Y. Aharoni (eds.), *State-Owned Enterprise in the Western Economies*. London: Croom Helm.

——. (1988). *The Promise of Privatisation: A Challenge for U.S. Policy*. New York: Council on Foreign Relations.

Vernon, R. and Aharoni, Y. (eds.) (1981). *State-Owned Enterprise in the Western Economies*. London: Croom Helm.

Vernon-Wortzel, H. and Wortzel, L. (1989). 'Privatisation: Not the Only Answer', *World Development*, vol.17, no.5.

Vickers, J. and Yarrow, G. (1988). *Privatisation: An Economic Analysis*. Cambridge, MA: The MIT Press.

——. (1989). 'Privatisation in Britain', in P. MacAvoy, W. Stanbury, G. Yarrow and R. Zeckhauser (eds.), *Privatisation and State-Owned Enterprises: Lessons from the United States, Great Britain and Canada*. Boston: Kluwer Academic Publishers.

World Bank (1981). *Accelerated Development in Sub-Saharan Africa*. Washington, D.C.: World Bank.

——. (1983). *World Development Report 1983*. New York: Oxford University Press.

——. (1987). *World Development Report 1987*. New York: Oxford University Press.

Yarrow, G. (1986). 'Privatisation in Theory and Practice', *Economic Policy*, 1986.

——. (1989). 'Does Ownership Matter?', in C. Valjanovski (ed.), *Privatisation and Competition*. London: IEA.

Yotopoulos, P. (1989). 'The (Rip) Tide of Privatisation: Lessons from Chile', *World Development*, vol.17, no.5.